版本目錄學研究

Bibliographical Studies of Traditional Chinese Texts

北京大學國學研究院主辦

版本目錄學研究

袁行霈題

Bibliographical Studies of Traditional Chinese Texts

第十輯

國家圖書館出版社

圖書在版編目（CIP）數據

版本目録學研究. 第十輯 / 沈乃文主編. -- 北京 : 國家圖書館出版社, 2019.5
ISBN 978-7-5013-6743-6

Ⅰ.①版… Ⅱ.①沈… Ⅲ.①版本目録學—中國—文集 Ⅳ.① G256.22-53

中國版本圖書館 CIP 數據核字（2019）第 086331 號

書　　名　版本目録學研究（第十輯）
著　　者　沈乃文　主編
責任編輯　廖生訓　潘肖薔

出版發行　國家圖書館出版社（北京市西城區文津街 7 號　100034）
　　　　　（原書目文獻出版社 北京圖書館出版社）
　　　　　010-66114536　63802249　nlcpress@nlc.cn（郵購）
網　　址　http://www.nlcpress.com
排　　版　北京九章文化有限公司
印　　裝　北京科信印刷有限公司
版次印次　2019 年 5 月第 1 版　2019 年 5 月第 1 次印刷

開　　本　787×1092（毫米）　1/16
印　　張　22
字　　數　355 千字
書　　號　ISBN 978-7-5013-6743-6
定　　價　110.00 圓

本書學術顧問李學勤先生於 2019 年 2 月 24 日因病逝世，享年 86 歲。
先生治學，融通博大，不可勝言。今駕鶴去，乙亥春寒。謹致深切哀悼。

目録

典籍 版本目録學研究第十輯

新見《永樂大典》(卷二二七二至二二七四)中的宋佚詩輯存[*]

趙　昱

　　《永樂大典》是中國古代規模最大的一部類書，原有正文 22877 卷，凡例、目錄共 60 卷，成於明成祖永樂五年（1407），是爲正本。嘉靖四十年（1561）至隆慶元年（1567），又重録副本一部。時至今日，正本久已亡佚，副本也僅殘存 800 餘卷，散落世界各地。然而，這些數量有限的殘本，仍然保留下來許多不見於其他典籍的珍貴資料，爲相關領域的學術研究提供了重要的文獻依據。

　　2007 年 11 月，全國古籍普查專家組赴華東地區核查古籍善本時，意外獲知加拿大籍華人袁葰文女士藏有《永樂大典》一册，内容爲卷二二七二至二二七四“模”韻“湖”字“詩文”。這册零本原爲沈燕謀舊藏，後歸袁安圃（袁葰文女士之父），“有兩方藏書印章‘曾在袁安圃處’‘南通沈燕謀藏’”；“從封面至紙頁皆無缺損，品相完好，其内容爲有關‘湖’字”的唐、宋、元詩文，字迹端工的館閣體，當是真品無疑”，且能夠與中國國家圖書館收藏的卷二二七〇至二二七一、二二七五至二二七六這兩册首尾相連，“彌

　　* 本文爲教育部人文社會科學重點研究基地北京大學中國古文獻研究中心“十三五”重大項目“《全宋詩》失收詩人詩作及專卷彙編”（批號：16JJD750004）及第 63 批中國博士後科學基金面上資助項目“《永樂大典》（卷 2272-2274）輯佚研究”（編號：2018M631227）的階段性成果。

補了湖字韻的缺卷，達到了承上啓下的聯結作用"①。經過多方努力，袁女士同意將家藏的這册《永樂大典》捐贈國家。2013 年 9 月 30 日，它正式入藏中國國家圖書館②。

《永樂大典》（卷二二七二至二二七四）這册新見零本，内容既然主要爲唐、宋、元、明四朝之詩、文、詞，尤以宋元作品最多，那麼它對於宋元詩文别集、總集的拾遺補闕，便具有十分重要的意義。

以宋詩爲例，由北京大學古文獻研究所承擔編纂的《全宋詩》③，薈萃有宋一代詩人詩作，共收作者 9079 人，得詩 247183 首、殘詩 5983 句（聯）、存目 323 首（句），近 4000 萬字④，是目前爲止體量最爲宏大的一部宋詩總集。而《永樂大典》作爲《全宋詩》項目組早在資料準備階段就已劃定的輯佚書目之一，無論在宋人詩作輯佚還是宋詩文獻輯考方面，都發揮了無可替代的作用。當然，由於時代條件所限，《全宋詩》編纂期間并未得見《永樂大典》（卷二二七二至二二七四）載録的宋詩，所以未能整理收録。本文今從這三卷中新輯宋佚詩161 首，分 "《全宋詩》已收詩人之佚作" 和 "《全宋詩》失收詩人詩作" 兩部分——前者包括張先、晏殊等 51 位詩人的 144 首作品，依《全宋詩》中所在起始卷頁爲次；後者涉及徐安國等 7 位詩人的 17 首作品，依《永樂大典》（卷二二七二至二二七四）中的出現先後爲序。同時綜合既有研究成果，對其中引及的各種宋人别集也略作探討分析，以就正於方家。

一、《全宋詩》已收詩人之佚作（51 人、144 首）

1. 張先（1 首）

泛　湖

林下旌旄冒翠條，移舟岸口漾輕橈。還應風物如前歲，難得晴明過此宵。未必青春無覓處，隨教素髮不相饒。主人澄净同湖水，肯似寒江日夜潮。

《永樂大典》卷二二七四

按：張先（990-1087），字子野，湖州（今屬浙江）人。有詞名。《全宋詩》册 3 卷 170 頁 1933 録其詩二十五首、殘句四聯，此首失收。

---

① 　張忱石：《記述國圖新入藏〈永樂大典〉（卷 2272-2274）往昔藏者行蹤》，《光明日報》2015 年 11 月 17 日，第 11 版。

② 　張忱石：《〈永樂大典〉史話》，國家圖書館出版社，2014 年，第 40 頁。

③ 　《全宋詩》（全 72 册），北京大學出版社，1998 年。本文所引《全宋詩》均用此本。

④ 　關於《全宋詩》所涉詩人詩作的統計數據，見漆永祥《簡論〈全宋詩〉的編纂特色與學術價值》，《古籍整理出版情況簡報》2000 年第 5 期（總 351 期），第 8 頁。

2. 晏殊（4首）

置酒湖上坐客有爲余咏文靖呂公鳳池鴨陂之句

春風殿裏棲雞樹，落日城邊鬪鴨陂。華衮昔年曾冒處，滄州今日始相宜。廟犧豐養教誰羨，塞馬群亡莫我知。即席舉觴須强醉，了它官事是癡兒。

余郡齋親決州事爲識者所誚又二月初吉再到湖上

鴨頭春水欲平堤，城上春禽百種啼。莫道韶光無次序，湖東花柳勝湖西。

三月中旬至湖上

曲水初收會，重來已及旬。殘花深避日，垂柳倒藏春。淺沚翹歸鷺，孤舟伴釣人。年華吁可惜，猶賴似江濱。

去歲中秋夜與運使樞直王學士置酒湖上今歲復同茲賞因即席成詩并勸王酒

蕭蕭風景舊汀洲，一匭光陰若箭流。月是去年池上色，人驚今夕鬢邊秋。跳光碎處魚應樂，避影飛時鵲暗愁。珍重貴交須釅飲，崢嶸芳歲壓人頭。

以上《永樂大典》卷二二七二引《晏元獻公集》

按：晏殊（991-1055），字同叔，撫州臨川（今屬江西）人。謚元獻。原有別集數種，皆已佚。《全宋詩》册3卷171頁1940據宋、元、明、清四朝總集、筆記、詩話、方志、類書等輯編晏殊詩三卷，此四首失收。

3. 張伯玉（1首）

同孫資政游西湖席上

湖上春風滿白蘋，湖邊游馭擁雕輪。翦裁越徼千峰麗，繡畫吳王一國春。隔崦潮聲來席面，奪標船影亂龍鱗。誰何得似征南將，解與江山作主人。

《永樂大典》卷二二七二

按：張伯玉（1003- 約1070），字公達，建安（今福建建甌）人。著有《蓬萊集》二卷，已佚。《全宋詩》册7卷383頁4723據《嚴陵集》《會稽掇英總集》等書所錄，編爲二卷，此首失收。

4. 韓維（3首）

和晏相公湖上二首依韻

撐舟入湖面，倚柂望嵩顏。目與孤雲斷，心如流水閒。魚兒蓮葉底，鶴子稻苗間。歸路城陰晚，泉聲響佩環。

元老優游地，高賢放曠心。景緣塵外勝，趣入靜中深。游屐通朝暮，詩豪盡古今。何須解圭組，即自是山林。《永樂大典》卷二二七二引《南陽集》

同子華仲蓮二兄游湖

濁酒非陶令，方池似習家。放船風動柳，著岸水浮花。德義誠爲樂，

銀黃未足誇。歡來不知醉，屢舞落烏紗。《永樂大典》卷二二七四引《南陽集》

按：韓維（1017-1098），字持國，潁昌（今河南許昌）人。著有《南陽集》三十卷，明、清以來多以抄本形式流傳。《全宋詩》冊 8 卷 417 頁 5105 以影印文淵閣《四庫全書》本《南陽集》爲底本，另附新輯集外詩，編爲十四卷，此三首失收。

5. 陳輔（1首）

望湖上

湖山祇隔一重籬，孤負秋光無句題。却憶少年湖上醉，鱸魚三尺鱠金虀。《永樂大典》卷二二七二

按：陳輔，字輔之，號南郭子，丹陽（今屬江蘇）人。生卒年不詳。著有《南郭集》四十卷，已佚。《全宋詩》冊 10 卷 578 頁 6790 錄其詩十七首、殘句三則（聯），此首失收。

6. 強至（3首）

依韻和安道節推與貫之著作光世先輩避暑湖上

五月湖光照眼明，傍湖游觀似登瀛。席邊禽鼓微風過，荷底魚吹細浪生。草檄元瑜才最捷，劇談夷甫坐還傾。更携新上青天客，河朔遙慚避暑名。

冬暮獨出湖上

流年應傍鬢邊行，綠少蒼多漸可驚。細雨有無同宦意，寒雲斷續近交情。閑來物象便詩句，數去人家厭履聲。祇道湖上客笑傲，幽禽也愛喚愁生。

湖上作時將入京

二年湖上耽雲水，今日浮名有動機。野老謾言招客隱，沙鷗已欲背人飛。秋風未犯雙吟鬢，生事猶辜一釣磯。傳語蒼波莫相笑，且留清處濯塵衣。以上《永樂大典》卷二二七二

按：強至（1022-1076），字幾聖，杭州（今屬浙江）人。生卒年不詳。著有《祠部集》四十卷，已佚。清四庫館臣據《永樂大典》輯爲《祠部集》三十五卷。《全宋詩》冊 10 卷 587 頁 6898 以影印文淵閣《四庫全書》本爲底本，另附新輯集外詩，編爲十二卷，此三首失收。

7. 張舜民（1首）

送友人還湖外

入關情緒厭塵埃，喜遇持書使者回。談笑共尋當日事，襟懷聊得暫時開。渾渾汴水初流雪，歷歷湘山已見梅。傳語湖南舊親友，好因歸雁寄書來。《永樂大典》卷二二七四引《畫墁集》

按：張舜民，字芸叟，號浮休居士，長安（今陝西西安）人。生卒年不詳。著有《畫墁集》一百卷，已佚。清四庫館臣據《永樂大典》輯爲《畫墁集》八卷。《全宋詩》册 14 卷 833 頁 9662 以影印文淵閣《四庫全書》本爲底本，另附新輯集外詩，編爲六卷，此首失收。

8.鄭俠（1首）

春日同好德游湖上

宰哲丞賢兩妙圓，皁汙流落面看天。庭中日永民無訟，湖上春晴看柳綿。山好淺深分晚岫，農耕慵惰指春田。白芽細碾清心去，何必歸時馬似船。

《永樂大典》卷二二七二引《西塘集》

按：鄭俠（1041-1119），字介夫，號大慶居士、一拂居士、西塘老人，福清（今屬福建）人。著有《西塘集》二十卷，已佚。明萬曆三十七年（1609）重刻《西塘先生文集》，編爲十卷。《全宋詩》册 15 卷 892 頁 10411 録其詩一卷，此首失收。

9.劉跂（2首）

和定國湖上（其四、五）

落晚湖光一鏡新，此中佳句古何人。少陵若盡滄洲趣，須向劉侯思入神。
腳靴手板意何如，裝點青衫舟舟趨。不見錢塘湖上寺，山僧活計一團蒲。

《永樂大典》卷二二七三引《劉學易先生集》

按：劉跂，字斯立，號學易先生，東光（今屬河北）人。生卒年不詳。著有《學易集》二十卷，已佚。清四庫館臣據《永樂大典》輯爲《學易集》八卷。《全宋詩》册 18 卷 1070 頁 12178 以影印文淵閣《四庫全書》本爲底本，另附新輯集外詩，編爲四卷。其中，《和定國湖上》原當爲組詩八首，《四庫全書》本《學易集》卷四僅録六首，此二首失收。

10.陳瓘（2首）

至湖上寄伯常

水麇紅鱗漾晚暉，背人鸂鶒巧相隨。春歸尚有花盈塢，客醉猶禁酒滿巵。一棹漁舟尋岸戲，數聲羌笛隔林吹。風流太守朝天去，湖上烟波欲付誰。
柳絮悠揚雪滿堤，新荷池沼漾鳧鷖。留連好景花猶亂，斷送行人鶯自啼。望遠頗嫌青嶂近，臨高如覺翠雲低。烟波更指閩山外，雨過斜陽照碧溪。

《永樂大典》卷二二七二引《陳了齋集》

按：陳瓘（1057-1124），字瑩中，號了翁，南劍州沙縣（今屬福建）人。著有《了齋集》四十二卷，已佚；《兩宋名賢小集》僅收録《了齋集》一卷。《全宋詩》册 20 卷 1191 頁 13466 以影印文淵閣《四庫全書·兩宋名賢小集》爲底本，另附新輯集外詩，編爲一卷，此二首失收。

11. 鄒浩（1首）

五月上澣偕鄒敏卿張元善約同僚爲湖上之游分韻得蜩字

假日平湖上，煙波千里遥。蘆深時見筍，柳暗未聞蜩。灔灔銀盃醁，悠悠玉尺跳。兹游端不惡，誰與掃生綃。《永樂大典》卷二二七二引《鄒道鄉先生集》

按：鄒浩（1060-1111），字志完，號道鄉，晉陵（今江蘇常州）人。著有《道鄉集》四十卷，宋高宗紹興間始刊，明成化、正德、萬曆三朝屢有重刻。《全宋詩》册21卷1232頁13916以明成化六年（1470）鄒量刻《道鄉先生鄒忠公文集》爲底本，另附新輯集外詩，編爲十四卷，此首失收。

12. 張煒（1首）

湖邊次韻

湖邊舊好即潘楊，惜不同舟艤岸傍。竹葉肯陪三揖醉，荷花分受一襟涼。雪壺色净冰姿爽，金縷歌停玉骨香。客散小樓收晚照，獨看西子學吳粧。《永樂大典》卷二二七四引《江湖續集》

按：張煒（1094-？），字子昭，杭（今浙江杭州）人。著有《芝田小詩》，已佚。清四庫館臣據《永樂大典》輯《江湖後集》，卷一〇録其詩。《全宋詩》册32卷1826頁20323以影印文淵閣《四庫全書·江湖後集》爲底本，另附新輯之詩，編爲一卷，此首失收。

13. 董穎（2首）

同少李游湖上故人用之具茗論文少李有詩乃和其韻

步屧湖邊欲夕陰，粲然一笑得詩人。詩情應被荷花惱，嫋嫋凌波似洛神。《永樂大典》卷二二七三引《董霜傑先生集》

渡湖田

林下啼螿聲斷續，沙頭宿鷺影聯拳。歸舟天遣乘佳月，凌亂寒光雪一川。《永樂大典》卷二二七四引《董霜傑文集》

按：董穎，字仲達，饒州德興（今屬江西）人。生卒年不詳。著有《霜傑集》三十卷，已佚。《全宋詩》册32卷1827頁20345録其詩十五首、殘句一聯，此二首失收。

14. 朱翌（1首）

湖上分韻得憂字

冬晴美如春，微波生淺洲。逢人問梅花，欲往不自由。因行了人事，半日得少留。煩僧具湯餅，自起傾督郵。一一數行魚，更以餅餌投。釣手老不用，亦自無直鈎。但恨葑四合，如翳刺兩眸。清渠走城中，渴虎争引喉。

下霑數斗泥，可以一鍾收。常爲有力言，出口輒遇矛。鄙夫胡爲者，終以此爲憂。湖開天下平，諸公聞此不。《永樂大典》卷二二七二

按：朱翌（1097-1167），字新仲，號潛山道人、省事老人，舒州懷寧（今安徽潛山）人。著有《潛山文集》四十五卷，已佚。清四庫館臣據《永樂大典》輯爲《潛山集》三卷。《全宋詩》册 33 卷 1863 頁 20809 以影印文淵閣《四庫全書》本爲底本，另附新輯集外詩，編爲四卷，此首失收。

15. 胡銓（1 首）

入純未幾轉入湖舟人以湖爲捷然四無畔岸終日泛泛無一舟過者

舍江入湖避江迂，湖水瀰漫無四隅。但見遠山如拳樹如髮，時有島嶼星疏疏。秋濤終日喧客枕，有酒不能供痛飲。遲留自作賈胡嘲，浪走得無高士哂。《永樂大典》卷二二七四引《澹庵集》①

按：胡銓（1102-1180），字邦衡，號澹庵，廬陵（今江西吉安）人。著有《澹庵集》一百卷（此據《宋史》本傳，《直齋書録解題》卷一八著録"七十八卷"、《宋史·藝文志》著録"七十卷"），已佚。明末以降，有六卷本、三十二卷本《澹庵文集》傳世，均爲後裔重新裒集，非原帙舊貌；集外佚詩佚文尚多。《全宋詩》册 34 卷 1932 頁 21573 據《廬陵詩存》、殘本《永樂大典》及他書散見者輯編胡銓詩三卷，此首失收。

16. 韓元吉（2 首）

清明湖上分韻二首得風字上字

興來跂馬任西東，浦浦村村綠映紅。但覺湖山宜曉日，不知花柳又春風。幽情已寄茶烟外，樂事猶須酒盞中。記取蘇仙舊詩語，勝游難復五人同。

西湖水闊山相向，借與幽人作屏障。波光雲物漾空明，便覺身行九天上。一春風雨雖可惜，兩岸烟花得無恙。不妨拍手和吳歈，爲買扁舟釣烟浪。

《永樂大典》卷二二七二引《南澗集》

按：韓元吉（1118-？），字無咎，號南澗翁，祖籍開封雍丘（今河南杞縣），南渡後居信州上饒（今屬江西）。維玄孫，淲父。著有《南澗甲乙稿》七十卷，已佚。清四庫館臣據《永樂大典》輯爲《南澗甲乙稿》二十二卷。《全宋詩》册 38 卷 2093 頁 23600 以影印文淵閣《四庫全書》本爲底本，另附新輯集外詩，編爲六卷，此二首失收。

17. 李流謙（2 首）

同鄉人游湖分韻得灩字

老大狙威殊未斂，駕言及此休沐暫。西湖四面無遮攔，漲曉水紋鋪碧簟。

---

① 原題"胡銓《澹齋集》"，誤，"齋"當作"庵"。

去家萬里誰疏親，放意一尊同屬厭。娟娟日蕚蓮閒吐，子子風根荷屢颭。
吟蜩翳葉自棲哽，立鷺窺人最閒淡。銀絲胃筋柳貫魚，玉粒破包盤走芡。
其室則邇人甚遠，三酌寒泉惻孤念。碁驅市人亦浪戰，詩束深文期未減。
城頭吹角暮色上，坐上懽呼色猶懍。明朝坐局仍鷗蹲，鍾鼎山林須揀點。
少年欲傳南山虎，說取單于纏一劍。如今心期已疏闊，行矣歲華驚荏苒。
吾家盤谷萬檀欒，下有一溪清濈灩。何時乞得此身歸，笑脫朝衫謝繩撿。

游湖

平湖演漾千頃寬，周遭仍插萬鬐鬣。霽光雨態兩奇絕，造物何以施剸剫。
江衣浴波嬌婭姹，晚吹吹香香可把。小舫中流臥看之，一對飛禽恰飛下。
高樓百尺臨湖陰，樓頭美人歌采菱。呼觴飲客客未醉，已見落日跳黃金。
西湖西湖雖足樂，遙望西南天一角。何時小舫載人歸，夢見潮生與潮落。

以上《永樂大典》卷二二七四引《澹齋集》

按：李流謙（1123-1176），字無變，號澹齋，德陽（今屬四川）人。著有《澹齋集》八十九卷，已佚。清四庫館臣據《永樂大典》輯爲《澹齋集》十八卷。《全宋詩》冊 38 卷 2113 頁 23857 以影印文淵閣《四庫全書》本爲底本，另從《永樂大典》輯得集外詩一首，編爲八卷，此二首失收。

18. 王萊（9 首）

九月四日侍大兄五兄偕張伯子游湖上詩所記歷

承日雲爲蓋，籠烟樹作屏。湖光開水鑒，堤面燦沙星。樓觀翬飛接，
林園櫛比扃。秋高增爽致，馬足上青冥。

林巒分面勢，臺殿出稜層。相好長廊壁，光明古殿燈。湖音開大施，
鐘響肅群僧。身在虛空境，將心問上乘。

鼓吹松篁引，行行紫翠高。遍游天竺境，遠瞰浙江濤。營壘輸拳勇，
丘墟肅貴豪。黃葵側金盞，渾欲勸香醪。

高柳驚秋色，枯荷落水痕。近山多見寺，遠郭不知村。林響凋松子，
田青長稻孫。清游留戀意，城禁未黃昏。

再用韻

昆閬神仙境，丹青卷畫屏。兵楊攢箭雪，佛髻炯珠星。小艇衝荷過，
幽扉映竹扃。午甌翻茗乳，睡思破沉冥。

世路如山路，高低幾許層。蟻浮秋後秋，花結夜來燈。九九塵中客，
三三衲下僧。倦游疏勝地，清興喜同乘。

天竺分三竺，南高對北高。雲天垂雨露，山海足烟濤。霜冷初欺袂，
秋明可析豪。蒼官風九里，誰與醖松醪。

山歛晴雲氣，楓滋曉露痕。塵闤喧酒市，烟寺帶漁村。世仰重華帝，民看幾代孫。隔林雞犬吠，聲出翠烟昏。

以上《永樂大典》卷二二七二引《龜湖集》

趙達明同年相招游湖

平湖風細渙漣漪，遠岫煙濃滴翠微。舊觀已多青菲卷，閑情似欠白鷗飛。林園錯綜迷春國，江海朝宗護日畿。蠟屐畫船窮勝賞，日長判取夕陽歸。

《永樂大典》卷二二七四引《王龜湖集》

按：王萊，字邦基，號龜湖，無爲（今屬安徽）人。生卒年不詳。著有《龜湖集》十卷，已佚。《全宋詩》冊 47 卷 2518 頁 29092 僅據《永樂大典》卷一一三一三引《龜湖集》錄其詩一首，此九首失收。

19. 呂祖儉（5 首）

湖上偶成

春波十頃碧琉璃，月榭風亭遶曲磯。盡日畫船供醉眼，何如衝浪覓漁師。

春朝漠漠晚來寒，亭院深沉夜雨闌。默數寒更對殘火，嗒然隱几夢邯鄲。

乾元妙理與誰論，醉魄浮沉寄夢魂。四序平分如轉磨，春來天氣又氤氳。

湖上二首

滿目湖山指顧間，風枝雨葉自翩翩。天容漠漠難模寫，欲與閑官子細看。

曉雨蕭蕭密復疏，恰來精舍得幽居。小窗深靜渾無事，午枕欹斜幾冊書。以上《永樂大典》卷二二七三引《大愚叟集》

按：呂祖儉（？－1196），字子約，自號大愚叟，金華（今屬浙江）人。祖謙弟。著有《大愚集》十一卷，已佚。《全宋詩》冊 47 卷 2535 頁 29312 錄其詩二十六首，此五首失收。

20. 樓鑰（1 首）

與胡都丞游山泛湖

選勝來劉寺，登高憩小亭。珠泉光錯落，石戶碧玲瓏。秋半川原净，年豐黍稷馨。鳳鸞齊覽德，誰復美鴻鳴。《永樂大典》卷二二七四引《樓攻媿先生集》

按：樓鑰（1137-1213），字大防，號攻媿主人，鄞縣（今浙江寧波）人。

著有《攻媿集》一百二十卷，初由其子樓治編刊。此南宋刻本今雖存世，然已不全，明、清以來則多以抄本形式流傳。《全宋詩》册 47 卷 2536 頁 29317 以南宋四明樓氏家刻本《攻媿集》爲底本，底本殘缺部分據武英殿聚珍本補足，另附新輯集外詩，編爲十四卷，此首失收。

21. 滕岑（1首）

和趙琳父游湖韻

拂面花香吹好風，快哉却笑楚臺雄。京蟾忽到湖堤上，小艇如行畫障中。山寺藏烟迷翠碧，水軒隔竹見青紅。勝游更得新詩紀，陳迹誰云轉首空。

《永樂大典》卷二二七四

按：滕岑（1137-1224），字元秀，嚴州建德（今屬浙江）人。著有《無所可用集》三十卷，已佚。《全宋詩》册 47 卷 2553 頁 29599 據《瀛奎律髓》《永樂大典》等書所録，編爲一卷，此首失收。

22. 崔敦詩（3首）

二月湖上得光字韻

朝雲漏澄鮮，暮雲變蒼凉。雲山亦有意，百態隨軒昂。晚氣寒尚力，平川澹晴光。開簾曉淥净，倚袂春風長。同來道義侣，意合成形忘。妙語發金石，清姿照圭璋。行流信所遇，散策徐徜徉。疏疏翠篁路，杳杳青霞房。幽尋正云適，嘉會何當常。徘徊意未已，晚景明千岡。《永樂大典》卷二二七二引《舍人集》①

過湖

柂轉三義港，風平十里湖。煙村隨指點，浦樹費招呼。夢淺俄歸店，心驚尚畏途。并船蕘鱠美，全似過松吴。《永樂大典》卷二二七四引《舍人集》

涉湖

颶風吹酷暑，送我入長安。野迥開心目，湖清照肺肝。櫂歌聲軋軋，客路去漫漫。回首瀨陽遠，依然不忍看。《永樂大典》卷二二七四引崔敦詩詩

按：崔敦詩（1139-1182），字大雅，静海（今江蘇南通）人。著有《崔舍人玉堂類稿》二十卷、《西垣類稿》二卷。《全宋詩》册 48 卷 2568 頁 29826 以上海涵芬樓刊日本《佚存叢書》本《崔舍人玉堂類稿》爲底本，另附新輯集外詩，編爲二卷，此三首失收。

23. 趙蕃（1首）

---

① 原題“崔敦禮《舍人集》”，誤，當爲崔敦詩詩。

初六日絕湖二首（其二）

俱日洞庭在目，誰歟雲夢吞胸。歸思已過彭蠡，舊游還憶吳松。《永樂大典》卷二二七四引《淳熙稿》

按：趙蕃（1143-1229），字昌父，號章泉，原籍鄭州（今屬河南），南渡後居玉山（今屬江西）。著有《淳熙詩稿》四十卷（《千頃堂書目》卷二九著錄），已佚。清四庫館臣據《永樂大典》輯爲《乾道稿》二卷、《淳熙稿》二十卷、《章泉稿》五卷。《全宋詩》冊 49 卷 2616 頁 30389 以影印文淵閣《四庫全書》本爲底本，另附新輯集外詩，編爲二十七卷。其中，《初六日絕湖》原當爲組詩二首，《四庫全書》本《淳熙稿》卷五僅錄其一，此首失收。

24. 徐恢（2 首）

韓尚書邀至湖上

鬚髯如戟竟成癡，面目可憎無復疑。不有清游呼我共，祇今羈思遣誰知。岸山脫葉難藏巧，湖水因風屢出奇。何處曉梅春信動，冷香應在竹邊枝。

十六日晴約何千六兄至湖上因賦五言

厭雨難趨市，因晴直到湖。桑鳩夫婦喚，林鳥友朋呼。山意多方好，湖光別處無。儀形想西子，風味憶林逋。
以上《永樂大典》卷二二七二引《玉堂集》①

按：徐恢，生平不詳。著有《玉雪詩》六卷（《千頃堂書目》卷二九），已佚。《全宋詩》冊 49 卷 2643 頁 30953 據《永樂大典》引《月臺集》《月臺玉雪集》錄其詩十三首，此二首失收。

25. 張鎡（3 首）

湖上

來禽葉暗方塘晚，荷面蒲根香滿滿。么花并蒂綠風嬌，斜日鶯聲易腸斷。輕舟采藕鴛波遠，雨意不成吹望眼。病餘把酒欠心情，休放秦箏催楚怨。

謁客湖上

支水縱橫漱石根，疏籬欹到插苔痕。山容頓慘風頭釅，春意潛回日腳溫。蕭寺記游聊引筆，野園移坐不攜樽。重城屢恨歸時逼，卜築終期外外村。
以上《永樂大典》卷二二七二

敬和東宮春日泛湖韻二首（其二）

畫鷁風隨舞燕輕，鏡中天地著佳晴。湖山自古詩多少，妙處青宮爲發

---

① "《玉堂集》"，疑當作"《玉雪集》"。

明。《永樂大典》卷二二七四

按：張鎡（1153-？），字功甫，又字時可，號約齋居士，祖籍成紀（今甘肅天水），南渡後居臨安（今浙江杭州）。著有《南湖集》二十五卷，已佚。清四庫館臣據《永樂大典》輯爲《南湖集》十卷。《全宋詩》冊 50 卷 2681 頁 31523 以影印文淵閣《四庫全書》本爲底本，另附新輯集外詩，編爲十卷，此三首失收。其中，《敬和東宮春日泛湖韻》原當爲組詩二首，《四庫全書》本《南湖集》卷七僅錄其一。

26.任希夷（1首）

與廉君澤泛湖之次日復登戢山

右軍宅廢今爲寺，賀老湖荒已變田。歲月無端自今古，江山不盡獨雲煙。西風昨鼓湖邊棹，落日來看海外天。應有峴山留叔子，此身飲罷更蒼然。

《永樂大典》卷二二七四引《斯庵集》

按：任希夷（1156-？），字伯起，號斯庵，祖籍眉州（今四川眉山），徙居邵武（今屬福建）。著有《斯庵集》，已佚。《全宋詩》冊 51 卷 2727 頁 32086 據《錦繡萬花谷》《全芳備祖》《永樂大典》等書所錄，編爲一卷，此首失收。

27.李壁（48首）

湖上探韻得尊字通敬課成拙詩二首送李君亮知府修史侍郎

聚散從來事，年侵易斷魂。湖弦追勝日，秋色墮離尊。分閫君恩重，維舟峽浪奔。平生斷金志，懷抱得深論。

湖上雜言十七首

老鶴先露警，高蟬挾風清。閑居感時節，悵焉起遐情。命酒泛瑤瑟，水花與欄平。

涼蟾出城東，照我湖上柳。清暉來萬里，玩玩夜將久。皐禽亦何爲，逸響發雙咮。

人生嗟長勤，對月姑飲酒。夫渠旅萬玉，池閣晤如畫。幽香如高人，可聞不可嗅。

四序各一時，誰能奪炎熱。啼鵑常收聲，來去但深樾。不見古之人，語嘿皆有節。

酌泉注流芳，器自何代作。土花蝕將盡，銅綠瑩如濯。獨訝年歲深，胡然事輕薄。

西榮榜時習，松竹蔚蔥青。婉婉媚學子，於焉玩遺經。習久心則悅，翰飛庶高冥。原注：字書習字訓鳥數飛也。

平生我同胞，室邇人則遠。經時闕書素，欄檻生碧蘚。何以慰離憂，報國極綣繾。

故鄉不可忘，老境況華髮。園屋稍補治，竹樹亦行列。我道蓋如斯，悠哉玩風月。

參旗正當中，庭月呼我起。乾坤荶回互，萬化惟一執。不有先覺興，繄誰示玄旨。

林間百慮澹，但願農畝秋。隆景困赫赤，雖勤亦何收。安得鞭萬雷，玉淵起潛虬。原注：時方閔雨。

故人眇天末，遺我雙素書。勉我崇明德，奉身劇璠璵。行違固有命，道遠將何如。

永日靜如水，南風進微凉。虛堂寄午夢，一枕同羲皇。群兒忽鬧我，讀易聲琅琅。

暮登古城隅，遙見東嶺碧。佳哉小羅浮，昨夢猶歷歷。中有洞宮存，神清殆其匹。原注：嵩山有神清洞，蘇書成文，昨夢記三十年前事也。

笑花玉瓏瓏，移自汝江側。幽人坐東牖，靜對終日夕。揚揚固奇芬，況乃絕代色。

白社呼已遠，青門邀難儔。哀哉火銷膏，馳逐老未休。誰能八極外，一飲天河流。

恢然萬頃波，季漢稱叔度。哲人隨伸屈，和氣四時具。如何摻摣生，勃鬱有餘怒。

善端初本微，既久則綿密。老衰不自力，勇寸復懦尺。作詩詔諸生，勉勉寸陰惜。

送客北關循湖上路歸得四十言

山半雲全黑，湖邊雨欲來。草深渾欠治，荷敗不禁裁。鶴靜心常遠，鷗輕性苦猜。故林應好在，荒却釣魚臺。

休日泛舟湖上小詩四解

木末樓臺似畫圖，蕭蕭凉吹滿菰蒲。稻畦水足分餘浸，一夜清波到兩湖。
蘭舟日晚不知還，心似兒童鬢已班。喚起江湖六年夢，一蓑煙雨暗君山。
湖光洗却簿書塵，舫小纔容瘦鶴身。老覺濠梁有真趣，此中不著蕩舟人。
枯槎貼水半鱗皴，樓鵲當頭不避人。醉裏不知題竹扁，護持應付主林神。
原注：湖上有竹三郎祠，頗靈異。

湖上三絕寄范少才

苦無公事送迎稀，傍水穿林晚未歸。一陣南風吹過雨，筍香荷氣着水衣。
故人秋後約重來，昨日題詩醉幾回。望帝聲中煙樹遠，相思獨立上高臺。

夕陽橋影瀉清陂，往事憑欄旋覺非。鬢禿欹巾人易老，水流花發燕雙飛。

上七日湖上雜言十首嘉定癸酉正月

深築溝泥帶藻栽，醴泉溪畔記分來。誰憐霜逼清枝苦，未到臘前花盡開。

從來三徑說柴桑，爭及清湖映畫廊。野鶩隨波近人沒，渚梅和樹破晴香。

先生卷葑出清波，湖水今年一倍多。今日憑欄對高鶴，有時蕩槳趁新鵝。

原注：一作盡日憑欄倍老鶴。

見日常稀別日多，掃除湖徑待君過。武昌官柳雖然好，來歲春風憶此麼。

水光林影淨相磨，翠羽飛來勝錦馳。試比樂天池上看，祇無人唱採菱歌。

風漪一片玉生肥，卷盡如雲古錦機。何必洞庭賒月去，分明人在鏡中歸。

略勝仲蔚隱墻東，庭樹猶存十八公。更入平湖鷗鳥社，不妨流落馬牛風。

糟粕沉迷笑斷輪，是非紛糾竟誰真。不如拋却湖邊去，白鳥滄波不負人。

將軍援臂為誰雄，更說封侯品下中。不見新堂榜陶白，傍相仍繪石林翁。

原注：石林翁自斥。

小呼船舫怕魚驚，畫屏輿臺共鶴行。千載謫仙風雅繼，可能容易比陰鏗。

偶校正邛南李翰林集故云湖上

遠途相戒莫忽忽，早日元知臭味同。左竹出分驚昨夢，長楊入侍各衰翁。幹時未信書真惧，守道何妨宦路通。一別故園秋又老，因君歸思滿西風。

以上《永樂大典》卷二二七二引《雁湖集》

再和泛湖四絕

意合真須畫作圖，一雙魚戲水中蒲。獨憐連蹇房丞相，老卧風煙十頃湖。

城頭盡日暮鴉還，徑路苔紋稱意班。病得一州逢歲稔，閑將筆墨照湖山。

西風吹盡雨如塵，月在船頭影半身。敕賜知章栽一曲，五湖煙浪屬何人。

風漪向晚縠紋皴，岸篠汀蘋綠映人。懷抱因依更牢落，池臺得水却精神。

從倪正甫真院泛湖二首

水邊秋色已斑斑，難得都城半日閑。學士新栽天詔了，却攜賓從過孤山。

冊方雲錦度星槎，細雨疏疏不濕花。曲館涼臺人不到，路人搖①指是天家。

泛湖晚過淨慈見徽老復泛湖以歸

捫思坐何事，跼若轅下駒。起尋清絕處，不憚路險紆。況有陶謝手，杖屨爭攜扶。奚暇顧市人，舉手相揶揄。輕舟亂流去，縱棹穿菰蒲。湖山隨處佳，品目經大蘇。若人去已久，風景固不殊。龜魚粲可數，鷗鷺馴可呼。

---

① "搖"，疑當作"遙"。

泳飛各其適，對此懷抱舒。言登峰頭寺，華屋高浮屠。霜眉八十老，見客猶勤劬。蕭然淡凝思，妙語或起予。置之且復去，我欲歌烏烏。

九月二十一日泛湖作

去年美人同綵舟，折花弄水湖中游。菱腰新剝薦明玉，歌送清醑行雲留。原注：一作菱腰剝玉薦清醑，妍唱一起行雲留。今年我游何錯莫，綠戶塵生暗絃索。早知零落湖岸花，悔不從翁祇猿鶴。

九日同諸友泛湖登城五言一首

徑合梧桐老，湖深蒲稗秋。倦依礴石愒，閒喚畫船游。取樂非紅袖，登高尚黑頭。從人嘲酩酊，自省實良謀。原注：黑頭，謂諸友也。

九月一日自道人磯抛江過散花洲入湖行舟即事五言一首

暮宿防他盜，朝行畏逆風。淮山侵岸聳，江浪與湖通。遡月猶征雁，吟秋聽候蟲。惟懂終不醉，枕藉故書中。

同年約講團拜之禮於西齋堂飯已航湖訪梅孤山天氣甚佳因成鄙句

半夜東風作意顛，晚來光景變澄鮮。不妨几格抛文案，暫借湖天著畫船。屈指舊游如昨日，知心今代幾同年。春寒未放新桃李，一醉梅邊絕可憐。

以上《永樂大典》卷二二七四引《雁湖集》

按：李壁（1159-1222），字季章，號雁湖，眉州丹稜（今屬四川）人。著有《雁湖集》一百卷，已佚。《全宋詩》冊 52 卷 2744 頁 32310 據《永樂大典》等書所錄，編為一卷，此四十八首失收。

28. 韓淲（6首）

湖上

湖邊到天竺，佳處必裴徊。秦皇纜船石，謝公翻經臺。人去屋突兀，時異山崔嵬。意思寫不出，臨風空擲杯。《永樂大典》卷二二七二引《澗泉集》

湖中呈坐客

舟泊斷橋下，盃迎落照中。放懷千載後，勝踐四人同。尚憶坡翁句，難追處士風。芙蕖蔭楊柳，歸棹莫匆匆。《永樂大典》卷二二七四

初八日午後同致道泛湖入南屏

小舟吹我泛煙波，匝眼春山長綠蘿。應有高人深處隱，可無閒客靜中過。友逢勝己因同載，僧若能詩試與哦。古寺殘陽見嗁鳥，紅塵歸路復如何。

孤山山下野人家，松樹林邊薺菜花。少憩枯藜醒午醉，一盃泉水興天涯。

同斯遠過顯應觀飮了買船泛湖

望見湖山已爽神，更尋道院著吾身。兩峰雨後衹如舊，一水風前却似新。城闕高華多達者，林廬澹泊有閒人。經行落托浮游去，麥潤荷輕記此辰。

泛湖

晴雲映湖色，水滿山轉青。方舟誰家園，與步花下亭。牡丹尚餘芳，海棠已飄零。平生幾春游，何地非昔經。年年衹如此，但覺老我形。有酒不肯飲，何以陶性靈。寄言同游者，急須臥長瓶。

以上《永樂大典》卷二二七四引《澗泉集》

按：韓淲（1159–1224），字仲止，號澗泉，祖籍開封（今屬河南），南渡後隸籍上饒（今屬江西）。著有《澗泉集》，然歷代書目多未見錄。清四庫館臣據《永樂大典》輯爲《澗泉集》二十卷。《全宋詩》册 52 卷 2752 頁 32384 以影印文淵閣《四庫全書》本爲底本，另附新輯集外詩，編爲十九卷，此六首失收。

29. 周端臣（3 首）

秋日湖上

西山煙靄不曾收，船去沙鷗滿渡頭。一路晚風吹落日，殘荷疏柳正爭秋。

三月湖上

三月湖天春晝長，東風飄暖草吹香。櫻桃熟處游人倦，柳絮飛時燕子忙。

小飲湖上晚歸

家隔重關外，游情每自忙。別憐秋又暮，歸覺路猶長。野艇分芰白，村盤薦栗黃。西風楊柳下，人影亂斜陽。

以上《永樂大典》卷二二七三引《葵窗小稿》

按：周端臣，字彥良，號葵窗，建業（今江蘇南京）人。生卒年不詳。著有《葵窗小稿》，已佚。清四庫館臣據《永樂大典》輯《江湖後集》，卷三錄其詩。《全宋詩》册 53 卷 2784 頁 32958 以影印文淵閣《四庫全書·江湖後集》爲底本，另附新輯之詩，編爲一卷，此三首失收。

30. 王與鈞（3 首）

徐太古有湖上之約

西湖三十里，春入綠楊波。已約吟詩伴，明朝載酒過。僧寒吟客懶，鷗没避船多。不計他晴雨，幽期豈爾嗟。

湖上分韻塘字

草青時節雨，春水滿春塘。小艇斷橋外，斜楊古柳傍。櫓聲妨晚唱，簾影界羅裳。却羨乘驄者，鳴鞭踏紫芳。

以上《永樂大典》卷二二七二引《藍縷稿》

贐金部陳郎中泛湖

德人心逸自休休，暇日巾車復掉舟。喚客不妨凌曉集，携尊猶得及春游。詩盃吟處知圓美，酒興豪時欲拍浮。滿目湖山看不盡，好將餘韻寄滄洲。

《永樂大典》卷二二七四引《藍縷稿》

按：王與鈞，字立之，德興（今屬江西）人。生卒年不詳。著有《藍縷稿》七十四卷，已佚。《全宋詩》册53卷2805頁33334據《永樂大典》卷二八一二、一二〇四三引《藍縷稿》錄詩三首，此三首失收。

31. 黃簡（1首）

秋塘招泛湖分韻得稱字

嘉辰漾安舲，霽來頓清鏡。潤綠縹空翠，到眼互森映。泠泠吹午涼，灔灔涵晚瑩。適哉社中游，一洗古聲病。心澂趣斯遠，意足句自稱。紺宇扣幽深，滄隄步脩静。瀹芳有餘味，撫實無夸咏。合語兩山雲，記此一段勝。

《永樂大典》卷二二七四引《中興江湖集》

按：黃簡，一名居簡，字元易，號東浦，建安（今福建建甌）人。生卒年不詳。著有《東浦集》《雲墅談雋》等，皆已佚。《全宋詩》册54卷2835頁33762據《詩苑衆芳》《永樂大典》、影印本《詩淵》等錄其詩八首，此首失收。

32. 吳泳（1首）

和李微之游湖

斷橋風日永銷憂，春拍湖堤水漫流。前此詩人都放過，後來畫史不拘收。時粧未免蒙西子，古調誰能繼莫愁。上巳一篇猶欠在，更須彩筆記重游。

《永樂大典》卷二二七四引《鶴林稿》

按：吳泳，字叔永，號鶴林，潼川府中江（今屬四川）人。生卒年不詳。著有《鶴林稿》，已佚。清四庫館臣據《永樂大典》輯爲《鶴林集》四十卷。《全宋詩》册56卷2940頁35035以影印文淵閣《四庫全書》本爲底本，另附新輯集外詩，編爲四卷，此首失收。

33. 陳昉（1首）

湖上

昔日題詩湖上寺，天寒歲晚暮雲昏。重來一笑知誰在，又載籃輿到水門。《永樂大典》卷二二七三引《臨安志》

按：陳昉，字叔方，號節齋，平陽（今屬浙江）人。生卒年不詳。著有《潁川語小》二卷。《全宋詩》册57卷3020頁35980錄其詩四首，此首失收。

34. 曾由基（1首）

雨中泛湖

騷人愛看煙雨圖，放舟直向荷香入。葭葦從中出短篙，不見漁翁見簑笠。《永樂大典》卷二二七四

按：曾由基，字朝伯，號蘭墅，三山（今福建福州）人。生卒年不詳。著有《蘭墅集》《蘭墅續稿》，皆已佚。清四庫館臣據《永樂大典》輯《江湖後集》，卷一三錄其詩。《全宋詩》册 57 卷 3029 頁 36081 以影印文淵閣《四庫全書·江湖後集》爲底本，另附新輯之詩，編爲一卷，此首失收。

35. 陽枋（1首）

盧新之上舍約游湖賦詩

環湖十里青山寺，夾岸千章翠柳家。月榭風軒紛爽凱，蓼汀蒲渚亂參差。濃雲欲雨新晴曉，白月初生晚照斜。記我來游當夏首，藕柚繁葉尚無花。《永樂大典》卷二二七四引《字溪陽先生集》

按：陽枋（1187-1267），字正父，號字溪，原名昌朝，字宗驥，巴川（今四川銅梁東南）人。著有《字溪集》十二卷，已佚。清四庫館臣據《永樂大典》重新輯爲《字溪集》十二卷。《全宋詩》册 57 卷 3031 頁 36094 以影印文淵閣《四庫全書》本爲底本，另附新輯集外殘句，編爲二卷，此首失收。

36. 劉克遜（1首）

湖上

竟日遲回興未闌，更過道院訪幽閒。深深廊宇無人迹，時有棋聲出竹間。《永樂大典》卷二二七三引《江湖續集》

按：劉克遜（1189-1246），字無競，莆田（今屬福建）人。著名詩人劉克莊弟。《全宋詩》册 59 卷 3101 頁 37019 據《永樂大典》及影印本《詩淵》錄其詩七首，此首失收。

37. 劉子澄（1首）

同趙端甫樓亶父飲湖上和亶父詩

孤山山下寺，曾到幾千回。人自來還去，花應落又開。一僧清似水，三友淡如梅。雪屋何時架，它年杖屨[①]陪。《永樂大典》卷二二七二引《玉淵吟稿》

按：劉子澄，字清叔，太和（今江西泰和）人。生卒年不詳。著有《玉淵

---

① "屨"，疑當作"屨"。

吟稿》，已佚。清四庫館臣據《永樂大典》輯《江湖後集》，卷二錄其詩。《全宋詩》册 59 卷 3104 頁 37042 以影印文淵閣《四庫全書·江湖後集》爲底本，另附新輯之詩，編爲一卷，此首失收。

38. 吳惟信（2 首）

湖上簡徐抱獨

孤山多勝處，隨客一追尋。隔塢聞僧語，看雲得我心。夕陽臨水薄，春事入花深。未可輕回去，鷗邊欠好吟。《永樂大典》卷二二七二

過湖

荷蒲香清蓼岸深，不須移櫂過湖心。暝煙起處眠鷗醒，一半隨風上柳林。《永樂大典》卷二二七四

按：吳惟信，字仲孚，號菊潭，湖州（今屬浙江）人。生卒年不詳。《南宋六十家小集》收錄其《菊潭詩集》一卷。《全宋詩》册 59 卷 3106 頁 37058 以汲古閣影宋抄《南宋六十家小集》爲底本，另附新輯自《全芳備祖》《永樂大典》、影印本《詩淵》中的集外詩，編爲二卷，此二首失收。

39. 李龏（2 首）

臘晴偶到湖上有感

柳色輕籠菉豆塵，東風暗破碧梅春。絶憐和靖飛仙後，勝賞今歸名利人。《永樂大典》卷二二七三

送月浦王叔敬往京湖謁制閫觀文吳退庵

南征南楚去，發脚古丹陽。旅鬢染秋色，新詩懷夜光。吳船寬泛月，荊樹遠臨霜。一見貂蟬帥，春歸置草堂。《永樂大典》卷二二七四引《（和）雪林擁篲吟稿》

按：李龏（1194-？），字和父，號雪林，祖籍菏澤（今屬山東），家居吳興（今屬浙江）。著有《吳湖藥邊吟》《雪林採蘋吟》《雪林撚髭吟》《雪林漱石吟》《雪林擁蓑吟》等，皆已佚；另有集句詩《梅花衲》一卷、《剪綃集》二卷。清四庫館臣據《永樂大典》輯《江湖後集》，卷二十錄其詩。《全宋詩》册 59 卷 3130 頁 37410 以影印文淵閣《四庫全書·江湖後集》、汲古閣影宋抄《梅花衲》《剪綃集》爲底本，另附新輯之詩，編爲五卷，此二首失收。

40. 王諶（2 首）

湖上

過了雲濤雪浪堆，小舟搖入斷溝來。分明似箇花茵上，兩岸浮萍撥不開。
乍明乍暗梧桐月，似有似無荷葉風。久立湖邊衫袖冷，十年前事到心中。《永樂大典》卷二二七三引《潛泉蛙》

按：王諶，字子信，號畫溪吟客，陽羨（今江蘇宜興）人。生卒年不詳。著有《潛泉蛙吹集》，已佚。清四庫館臣據《永樂大典》輯《江湖後集》，卷一三錄其詩。《全宋詩》册62卷3253頁38806以影印文淵閣《四庫全書·江湖後集》爲底本，另附新輯之詩，編爲一卷，此二首失收。

41. 王志道（1首）

秋日泛湖

半篙秋水蕩輕漿，一抹暮烟橫遠山。策策驚風墜林葉，白鷗飛起蓼花灘。《永樂大典》卷二二七四

按：王志道，字希聖，義興（今江蘇宜興）人。生卒年不詳。著有《閭風吟稿》，已佚。清四庫館臣據《永樂大典》輯《江湖後集》，卷一五錄其詩。《全宋詩》册62卷3254頁38818據《江湖後集》及《永樂大典》錄其詩三十二首，此首失收。

42. 武衍（2首）

次芸居湖中韻

放櫂湖心去，風恬雨静時。插天青嶂合，戀水白雲飛。酬酢杯頻舉，樗蒲局屢移。碧蓮香不斷，歸路浥人衣。《永樂大典》卷二二七四引《江湖續集》

積潦方收泛湖舟中得二十韻

平湖五月涼，小雨一灑止。天光豁層翳，霽色落明水。山椒白雲收，石根紫烟起。烟雲互吞吐，變態發奇詭。嶄嶄樓觀開，比比松桂峙。雙峰領群岫，峭翠新若洗。菱歌動渺茫，鳥影没菰葦。從衡指顧外，繡繪圖畫裏。我方榜輕艓，解衣坐篷底。冷然天風來，翛爾塵慮委。開書誦空闊，捉瓢弄清泚。酒烈呼碧筩，香幽采芳茝。夷猶往而復，應接殊未已。平生山水癖，清夢三萬里。安知跬步間，勝絶有如此。桃李鬧春陽，彤鑪已閑艤。伊誰於此時，重來訪西子。玩世真蜉蝣，得處竟能幾。當其欣所遇，樂貴極天理。縱令兒輩覺，春風吹馬耳。《永樂大典》卷二二七四引武朝宗詩

按：武衍，字朝宗，祖籍汴梁（今河南開封），南渡後居臨安（今浙江杭州）。著有《適安藏拙餘稿》一卷、《適安藏拙乙稿》一卷。《全宋詩》册62卷3268頁38965以顧氏讀畫齋《南宋群賢小集》本爲底本，另附新輯集外詩，編爲二卷，此二首失收。

43. 朱繼芳（1首）

湖上即事

湖水自歸東海，潮頭不到西陵。三三兩兩游女，日暮長歌採菱。《永樂大典》卷二二七二引《静佳吟稿》

按：朱繼芳，字季實，號静佳，建安（今福建建甌）人。生卒年不詳。《南

宋六十家小集》收録其《静佳龍尋稿》一卷、《静佳乙稿》一卷。清四庫館臣據《永樂大典》輯《江湖後集》，卷二三新補二十三首。《全宋詩》册 62 卷 3278 頁 39057 以汲古閣影宋抄《南宋六十家小集》、影印文淵閣《四庫全書·江湖後集》爲底本，另附新輯集外詩，編爲三卷，此首失收。

44. 程炎子（1首）

湖上次友人韻

春風湖上柳，曾共把杯看。竹杖今重到，梅花又一寒。雲深藏佛屋，石瘦露僊壇。彼此皆爲客，挑燈語夜闌。《永樂大典》卷二二七二

按：程炎子，字清臣，宣城（今安徽宣州）人。生卒年不詳。著有《玉塘煙水集》，已佚。清四庫館臣據《永樂大典》輯《江湖後集》，卷一四録其詩。《全宋詩》册 62 卷 3292 頁 39237 據《江湖後集》及嘉慶《寧國府志》等録其詩十七首，此首失收。

45. 趙崇懌（1首）

連雲天霜思出湖上適次熊丈韻

九月盡時黄菊荒，秋在芙蓉湖上堂。野水背城初落雁，西風挾雨不成霜。有形天地會枯槁，無事市朝堪隱藏。我爾明年遠相憶，北湖信美非吾鄉。《永樂大典》卷二二七三引《古今詩統》

按：趙崇懌，字成叔，號東林，臨川（今屬江西）人。生卒年不詳。《全宋詩》册 64 卷 3391 頁 40353 僅據《宋詩拾遺》卷一三録其詩一首，此首失收。

46. 陳杰（1首）

沔陽湖中古祠行紀

荊州渺上游，古沔僻一隅。蜀江淘西來，稍北疏爲湖。一水分合流，取勢極縈紆。十年再行行，俱值夏潦初。且復避風波，竟日牽高蘆。沮洳莽相翳，白晝蛟嚌膚。百里不逢人，併與炊烟無。晚泊古祠下，舉頭見棲烏。水鳥亦三四，飛來頗忘吾。憑舷聊欲狎，徑去不可呼。惟餘舊楊柳，短髮共蕭疏。風物何足紀，我行歲年徂。《永樂大典》卷二二七四引《自堂存稿》

按：陳杰，字燾父，豐城（今屬江西）人。生卒年不詳。著有《自堂存稿》十三卷，已佚。清四庫館臣據《永樂大典》輯爲《自堂存稿》四卷。《全宋詩》册 65 卷 3450 頁 41100 以影印文淵閣《四庫全書》本爲底本，另附新輯集外詩，編爲五卷，此首失收。

47. 甘泳（2首）

湖上二首

去年湖上宿，今年湖上宿。湖上月來時，寒光動幽緑。

水浸月不濕，月照水不乾。有人湖上坐，夜夜共清寒。

《永樂大典》卷二二七三引《中興江湖集》

按：甘泳（1232-1290），字泳之，一字中夫，號東溪子，崇仁（今屬江西）人。生卒年不詳。著有《東溪集》，已佚。《全宋詩》冊 67 卷 3543 頁 42383 錄其詩二十首，此二首失收。

48.周密（3首）

湖上感事

柳寒無葉蔽殘蟬，獨立斜陽意惘然。一自山中居宰相，十年不見裏湖船。

《永樂大典》卷二二七三引《弁陽蠟屐集》

追凉湖外

南屏雨後清如玉，白鷺時時繞塔飛。老叟得魚無一事，亂荷香裏數船歸。

柳影夜凉湖上亭，一湖秋水浸疏星。山空月黑不知處，忽向松梢見塔燈。

《永樂大典》卷二二七四引《弁陽蠟屐集》

按：周密（1232-1298），字公謹，號草窗、蘋洲、弁陽老人、華不注山人等，祖籍濟南（今屬山東），南渡後居湖州（今屬浙江）。著有《弁陽集》《蠟屐集》，已佚；另有《草窗韻語》一至六稿、《齊東野語》《武林舊事》《癸辛雜識》《浩然齋雅談》《志雅堂雜抄》《雲煙過眼錄》《絕妙好詞》等傳世。《全宋詩》冊 67 卷 3556 頁 42497 以民國景刊宋咸淳本《草窗韻語六稿》爲底本，另附新輯集外詩，編爲七卷，此三首失收。

49.林昉（1首）

秋日湖上

小舟租得載吟翁，流水斜陽秋思中。老却六橋楊柳樹，一蟬猶自咽西風。《永樂大典》卷二二七三

按：林昉，字旦翁，三山（今福建福州）人。生卒年不詳。清四庫館臣據《永樂大典》輯《江湖後集》，卷九錄其詩。《全宋詩》冊 72 卷 3745 頁 45168 據《江湖後集》錄其詩十五首，此首失收。

50.盛烈（2首）

湖邊晚望

半村莒雨濕斜暉，白鷺聯翩柳外歸。歌斷采菱人去後，祇留空艇傍漁磯。

同鄉友泛湖

客中快簪盍，一舸泛清波。長日人閑少，好山雲占多。倩鶯飜白苧，呼蟻度金荷。行樂吾生事，流年迅擲梭。以上《永樂大典》卷二二七四引《峴窗浪言》

按：盛烈，永嘉（今浙江温州）人。生卒年不詳。著有《峴窗浪言》，已佚。清四庫館臣據《永樂大典》輯《江湖後集》，卷一一錄其詩。《全宋詩》冊 72 卷 3745 頁 45171 據《江湖後集》錄其詩十六首，此二首失收。

51. 大梁李氏（1 首）

湖上

菰蒲望不斷青青，山色雲陰幾晦明。孤塔出林知有寺，尚嫌水遠隔鐘聲。《永樂大典》卷二二七三引《中興江湖集》

按：李氏，失其名，大梁（今河南開封）人。《全宋詩》冊 72 卷 3762 頁 45365 收錄李氏《西湖》詩，出處爲《永樂大典》卷二二六四引《中興江湖集》，疑即同一人，此首失收。

二、《全宋詩》失收詩人詩作（7 人、17 首）

1. 陳德昭（1 首）

湖上

練塘清淺似瀟湘，塘草肥牛溢乳漿。紅蓼岸邊江月滿，木蘭舟畔海風長。芙蓉秋淡輕盈國，楊柳春深縹緲鄉。剩有數根張祐石，近來移刻隱居堂。
《永樂大典》卷二二七二

按：陳德昭，晉江（今屬福建）人。生卒年不詳。仁宗皇祐五年（1053）特奏名進士（明弘治《八閩通志》卷五〇）。另有《宿崇真觀》《明秀亭》等詩，原見《京口集》，今皆已佚 [1]。

2. 徐安國（10 首）

次呂浩然湖上韻

雨餘紅濺落花泥，莫向風前折柳枝。好在湖光與山色，弄晴時欲出新奇。
森森脩竹倚雲屯，竹外花飛減却春。幾悟殘枝最堪折，一樽相向盡沉淪。
去去湖邊買小舟，綠波深處儘夷猶。機心自笑今亡幾，試遣同盟問白鷗。
彈却從前冠上塵，朅來湖上覓詩人。謝他一霎籠晴雨，洗出孤山分外新。

再到湖上

千門碧瓦散青烟，試問西湖着那邊。好在蘭舟方載酒，可能冰柱已安

---

[1] （宋）史彌堅修、盧憲纂《嘉定鎮江志》卷九，《宋元方志叢刊》本，中華書局，1990 年，第 3 冊，第 2383 頁；（元）脫因修、俞希魯纂《至順鎮江志》卷八，《宋元方志叢刊》本，第 3 冊，第 2736 頁。

絃。濃歡漸逐朝雲散，清夢頻招午睡便。堪美芳年事豪飲，半酣獨覆倒垂蓮。

答周景仁

何日西湖宿暮烟，釣舟長繫小橋邊。從他珠履三千客，苦愛箜篌十四絃。夜飲沙頭醒不了，晝眠篷底老猶便。遙知不作迷香夢，安用華燈照鎖蓮。

原注：迷香洞、鎖蓮燈見《雲仙散録》。

遠岫輕籠薄薄烟，綠楊圍繞畫欄邊。須君滿飲盃中酒，容我試聽徽外絃。揮手雅知夫子意，捧心誰似若人便。何當共泛扁舟去，折取波心二色蓮。

次董明老湖上韻

湖邊行樂記頻年，剩折梅花伴水仙。白苧塵泥可毋恨，青衫風日最堪憐。重游共喜交情見，雅志休爲俗慮牽。薄莫遲留望南北，兩山相向欲爭妍。

以上《永樂大典》卷二二七三引《西窗集》

泛湖至南山訪長眉再次韻

向曉樓臺失暝煙，艤舟聊傍小亭邊。平分霽色乾紅日，盡屏新聲過素絃。絳闕岧嶢知可到，禪關空寂若爲便。殷勤舉似桃花偈，更與宣揚出水蓮。

七月三日太乙宮祠事畢陳正之同二應約就靈芝寺素飯取道顯慶下湖留連終日再用韻[①]

激灔湖光泛曉烟，催歸來傍柳堤邊。幾看仙馭棲三島，況有悲風寓七絃。痛飲未酬狂客願，清游惟獨病夫便。情鍾尚憶前歡在，餘韻中涵隔浦邊。

以上《永樂大典》卷二二七四引《西窗集》

按：徐安國，字衡仲，號西窗，上饒（今屬江西）人。生卒年不詳。幼育於龔氏。孝宗隆興元年（1163）進士。年逾五十，游宦四方，復歸徐姓。與汪應辰、韓元吉、楊萬里、朱熹、張栻、呂祖謙等皆有交。著有《西窗集》十五卷，已佚。《永樂大典》殘本尚載録六十首之多[②]，可窺一斑。事見宋張栻《南軒集》卷一三《一樂堂記》《西窗集》有關各詩等[③]。

3.永嘉盧氏（1首）

湖上懷友

湖邊久不到，霜日似春晴。遠寺林間出，寒沙水面橫。蓮空鳧競集，

---

① 原題"徐衡《西窗集》"，蓋脫一"仲"字，當爲徐安國詩。

② 欒貴明：《〈永樂大典〉索引》，作家出版社，1997年，第415-416頁。

③ 兩宋三百年間，共有三位徐安國：一爲北宋哲宗時人，一爲江西上饒人徐安國字衡仲，一爲浙江富陽人徐安國號春渚。具體生平、行迹、交游等考辨，詳見吳鷗《宋人徐安國詩歌事迹考》，《北京大學中國古文獻研究中心集刊》（第五輯），北京大學出版社，2005年，第38-50頁。

竹静鶴孤鳴。忽憶同吟者，年時共此行。《永樂大典》卷二二七三

4. 無名氏（1 首）

蔣侍郎暮春湖上宴集

地遙北闕是孤臣，忝幸西湖作主人。樓下煙波浮畫舸，樽前簫鼓送殘春。衰顏未減從游興，坦率都忘侍從身。澤國遲留又經歲，浮雲一望隔楓宸。《永樂大典》卷二二七三引《詩海繪章》

5. 施清（2 首）

湖邊即事

挾彈呼鷹寶勒嘶，鳴騧爭驟綠楊堤。芙蓉花底傳觴處，十里秋紅照馬蹄。

度曲新腔紫玉簫，護晴簾額窣蘭橈。柳迷遠近花迷畫，小泊蘇堤第六橋。《永樂大典》卷二二七四引《中興江湖集》

6. 顧世名（1 首）

湖邊書所見

湖光山色隔窗紗，一帶朱闌綠水涯。再二十年來此看，樓臺又屬別人家。《永樂大典》卷二二七四引《顧梅山續集》

按：顧世名，號梅山。生卒年不詳。著有《顧梅山集》《顧梅山續集》等，已佚。《永樂大典》另載錄十五首[①]，大多誤收於《全宋詩》冊 64 卷 3349 頁 39997 顧逢名下[②]。

7. 卓汝恭（1 首）

湖隱即事

山見雲開花旋明，風收簷溜雨初晴。窗前黃妳夢回處，猶自芭蕉點滴聲。《永樂大典》卷二二七四引《江湖後集》

按：卓汝恭，清源（今福建泉州）人，生平不詳，《永樂大典》卷九〇三另有其詩《刊劉後村先生選唐宋絕句漫題一絕》。劉克莊（1187-1269），字潛夫，號後村，莆田（今屬福建）人，嘗編選《唐五七言絕句》《本朝五七言絕句》《中

---

① 欒貴明：《〈永樂大典〉索引》，第 477 頁；《海外新發現〈永樂大典〉十七卷》，上海辭書出版社，2003 年，第 287 頁。

② 《全宋詩》顧逢小傳稱："明《詩淵》輯顧逢詩，似將逢與梅山顧先生視爲二人，詩中并有《顧逢詩集》之題，是否一人已不能明。""梅山顧先生"即顧世名，與顧逢非同一人，當以《永樂大典》題署爲是。孔凡禮《見於〈永樂大典〉的若干宋集四考》對顧世名與顧逢詳加辨析，可參；不過他將《珊瑚木難》卷六"顧梅山詩"一并視爲顧世名作品，似嫌武斷。見《孔凡禮古典文學論集》，學苑出版社，1999 年，第 95-98 頁。

興五七言絶句》（以上見《後村先生大全集》卷九四）、《唐絶句續選》《本朝絶句續選》《中興絶句續選》（以上見《後村先生大全集》卷九七）等。前三書至晚於理宗淳祐六年（1246）刊行於莆田、建陽、杭州等地，後三書大約在理宗寶祐四年（1256）先後續成 ①。卓汝恭詩題中既稱"刊劉後村先生選唐宋絶句"，或即前三書刊刻不久，則其主要生活時代亦爲南宋後期理宗一朝。

三、餘論

宋人別集編刻興盛，僅《宋史·藝文志》著録，即有 651 家 1824 部 23604 卷，尚未能盡括。自宋迄今的近千年之間，宋人別集屢有散亡，現存者還有 741 家之多（包括四庫館臣根據《永樂大典》重新輯編者）②，堪稱大觀。明初去宋未遠，不少宋人別集在當時仍然流傳，因而其中的詩文内容多爲《永樂大典》所採録，引據的書題信息亦可與《文淵閣書目》《内閣藏書目録》等明代官修目録的著録相互印證。上文輯録《永樂大典》（卷二二七二—二二七四）這一零册中的宋佚詩凡 58 家 161 首，涉及宋人別集共計 33 種，它們依次爲：晏殊《晏元獻公集》、韓維《南陽集》、張舜民《畫墁集》、鄭俠《西塘集》、劉跂《劉學易先生集》、陳瓘《陳了齋集》、鄒浩《鄒道鄉先生集》、董穎《董霜傑先生集》《董霜傑文集》、胡銓《澹庵集》、韓元吉《南澗甲乙稿》、李流謙《澹齋集》、王莱《龜湖集》、吕祖儉《大愚叟集》、樓鑰《樓攻媿先生集》、崔敦詩《舍人集》、趙蕃《淳熙稿》、徐恢《玉雪集》、任希夷《斯庵集》、李壁《雁湖集》、韓淲《澗泉集》、周端臣《葵窗小稿》、王與鈞《藍縷稿》、吳泳《鶴林稿》、陽枋《字溪陽先生集》、劉子澄《玉淵吟稿》、李龏《雪林擁篲吟稿》、王諶《潛泉蛙》、朱繼芳《静佳吟稿》、陳杰《自堂存稿》、周密《弁陽蠟屐集》、盛烈《峴窗浪言》、徐安國《西窗集》、顧世名《顧梅山續集》。具體言之：

第一，晏殊、韓維、張舜民、鄭俠、劉跂、陳瓘、鄒浩、胡銓、韓元吉、李流謙、樓鑰、崔敦詩、趙蕃、韓淲、周端臣、吳泳、陽枋、劉子澄、李龏、王諶、朱繼芳、陳杰、周密等 23 人，今皆有單行的別集或《兩宋名賢小集》《江湖後集》《南宋六十家小集》等書所收之成卷小集。其中：1.晏殊、韓維、鄭俠、鄒浩、胡銓、樓鑰、崔敦詩、周密等 8 家別集，各有淵源——晏殊集先後有清康熙年間胡亦堂輯本、道光年間勞格輯本，韓維集現存最古者爲明末祁氏

---

① （宋）劉克莊著，辛更儒箋校《劉克莊集箋校》卷九七《唐絶句續選·序》："余嘗選唐絶句詩，既板行於莆、於建、於杭，後十餘年，覺前選太嚴而名作多所遺落。……前選未收李、杜，今併屈二公印證。宝祐丙辰立秋，後村翁序。"中華書局，2011 年，第 9 册，第 4085 頁。

② 沈治宏：《現存宋人別集版本目録·編例》，巴蜀書社，1989 年，第 1 頁。

澹生堂抄本，鄭俠集、鄒浩集、胡銓集，皆是明代中後期重新編刻，樓鑰集雖存宋刊但殘闕十餘卷，崔敦詩集源於日本宮內廳書陵部藏宋刊本《崔舍人玉堂類稿》（據《文淵閣書目》著錄，與《崔舍人文集》非一書），周密集數種卻僅存一部宋刊本《草窗韻語》。而《永樂大典》的引錄來源是明初內府藏書，較之上述各家別集的現存版本，內容自然更加豐富。2. 張舜民、劉跂、韓元吉、李流謙、趙蕃、韓淲、吳泳、陽枋、陳杰等 9 家別集，爲《永樂大典》輯本。3. 陳瓘、周端臣、劉子澄、李龏、王諶、朱繼芳 6 家，見於《兩宋名賢小集》《江湖後集》《南宋六十家小集》等宋詩總集。這裏我們著重討論四庫館臣根據《永樂大典》重新輯編的宋人別集。

清乾隆年間詔修《四庫全書》期間，四庫館臣從《永樂大典》中輯出當時已經亡佚的宋、金、元、明別集 166 種，尤以宋集（130 種）數量爲最多，極大程度地促進了這一部分宋人詩文作品的保存與流傳。然而，這次的輯佚工作進行得并不徹底，據欒貴明先生《四庫輯本別集拾遺》的統計，已經"發現四庫'大典本'及各家補輯本共漏輯一千八百六十四條。條數漏輯率達百分之二十八點八。其中沒有發現漏輯的僅八種；共補輯了別集一百五十八種，'附錄'兩種。種數漏輯率竟達百分之九十五"①。就《永樂大典》（卷二二七二一二二七四）這一冊而言，開《四庫全書》館時原書尚存②，其中的很多詩作也已經輯出，但是對於強至《祠部集》、張舜民《畫墁集》等十餘種《永樂大典》輯本，仍有或多或少的遺漏。如下表所示：

作者、書名、卷數	《四庫輯本別集拾遺》輯錄數量	《永樂大典》（卷二二七二一二二七四）新輯數量
強至《祠部集》三十五卷	2	3
張舜民《畫墁集》八卷	32	1
劉跂《學易集》四卷	4	2
朱翌《潛山集》三卷	13	1
韓元吉《南澗甲乙稿》二十二卷	—	2
李流謙《澹齋集》十八卷	2	2
趙蕃《淳熙稿》二十七卷	16	1
張鎡《南湖集》十卷	18	3

---

① 欒貴明：《四庫輯本別集拾遺·序》，中華書局，1983 年，第 2 頁。
② 郭伯恭《永樂大典考》第七章《清乾隆間之〈永樂大典〉》引"四庫修書時大典存缺一覽表"，山西人民出版社，2014 年，第 135 頁。

作者、書名、卷數	《四庫輯本別集拾遺》輯録數量	《永樂大典》（卷二二七二一二二七四）新輯數量
韓淲《澗泉集》二十卷	9	6
吳泳《鶴林集》四十卷	5	1
陽枋《字溪集》十二卷	—	1
陳杰《自堂存稿》四卷	14	1

説明：①《永樂大典》卷二二七二引强幾聖詩、朱翌詩、張鎡功詩及卷二二七四引張鎡詩，雖未標明引自《祠部集》《潜山集》《南湖集》，但這三種別集開《四庫全書》館時已佚，四庫館臣據《永樂大典》重新輯編時理應收入他們的詩作；②欒貴明先生《四庫輯本別集拾遺》從《永樂大典》輯録的内容，包括各家別集當收而漏收的詩、文、詞，這裏僅統計其中的詩作數量。

其實，除了表中列出的佚詩數量之外，卷二二七四收録强至《依韻和達夫泛湖之作》《與王仲密諸君泛湖》《泛湖有作》三詩，又見《祠部集》卷六、四、一二；卷二二七三收録劉跂《和定國湖上》組詩八首，《學易集》卷四僅録六首，漏了中間的其四、其五；卷二二七二收録韓元吉《雨中同伯恭至湖上》《清明日雨中同中甫子雲二兄集湖上》《清明後一日同諸友湖上值雨》三詩，又見《南澗甲乙稿》卷四，前後接連；卷二二七四收録李流謙《次德茂湖中韻》，又見《澹齋集》卷四；卷二二七四收録趙蕃《二十一日湖中》《過湖》《二月初十日自荻浦絶湖三首》《昨日絶湖頗危追賦二詩》《初六日絶湖二首》（其一），又見《淳熙稿》卷八、一六、八、一三、五；卷二二七四收録張鎡《靈芝寺避暑因携茶具泛湖共成十絶》組詩十首，又見《南湖集》卷八。類似的，卷二二七二收録鄭獬《汪正夫云已厭游湖上顧予猶未數往遂成長篇寄之》，又見《鄖溪集》卷二五；卷二二七二收録張嵲《齋祠湖上作》《四月十一日游湖上作》二詩，又見《紫微集》卷四，前後接連；卷二二七四收録王之道《歸自合肥於四項山絶湖呈孫仁叔抑之》，又見《相山集》卷七。而無論《鄖溪集》《紫微集》還是《相山集》，同樣屬於《永樂大典》輯本。

爲什麽即便針對同一册《永樂大典》，仍會發生這種同一作者的詩作漏輯呢？我們推測，可能有如下幾個原因。一是《永樂大典》引文題署的不同。例如，卷二二七二、二二七四兩處引録强至詩，前一處祇題"强幾聖詩"，後一處題"《祠部集》"，結果是前一處三首漏輯而後一處的三首爲《祠部集》收録；卷二二七二、二二七四引録張鎡詩，前一處題"張鎡功詩"，將名與字（功甫）混淆，後一處題"張鎡詩"，因而《南湖集》未收張鎡功詩。由於《永樂大典》這樣的大型類書在引文題署方面難以整齊劃一，四庫館臣的各人學力又難免有限，當然增加了輯佚的難度。正如既有研究者已經指出："也正因爲佚書没有統一的判斷參照，沒有一個佚書總目，館臣祇能各自憑經驗判斷，所以《大典》中同一佚書的內容，有的被簽出，有的則未被簽出。這就自然造成大量該輯的內容沒有輯出，漏輯現象較嚴重。"[①] 二是分卷編次的形式不同。《永樂大典》作爲依韻編排的類書，以韻統字，以字隷事，同一作者的不同體式的詩歌因爲相同的關鍵詞語集中在一起，及至採取分體編排的宋人別集，那些原本集中排列的詩作又要分置各卷。以趙蕃詩爲例，卷二二七四引錄《初六日絕湖二首》，其一爲七言，其二爲六言，前者收入卷五"七言古詩"，後者因無六言詩專卷而失收。三是館臣的明顯疏忽。最典型者，即卷二二七三引錄劉跂《和定國湖上》組詩八首，《學易集》卷四僅錄六首，漏了中間的其四、其五。誠然，四庫館臣根據《永樂大典》輯佚成帙，經過了"簽出佚書——抄出佚文（散片或散篇）——粘連成册——校勘并擬定提要——謄錄成正本"的一系列程序[②]，在成於衆手的條件下，任何一個環節都無法保證絕對的萬無一失。所以，新發現的《永樂大典》零本在進一步提供佚詩材料的基礎上，更能夠幫助我們充分檢視并有效借鑒四庫館臣輯佚工作的疏失。

第二，王萊、呂祖儉、徐恢、任希夷、李壁、王與鈞、徐安國、顧世名等8 人，其集久佚，且無輯本，但詩作殘存或非少數。例如，李壁原有《雁湖集》一百卷，已佚，《全宋詩》從《永樂大典》輯詩 93 首，出自《雁湖集》的有 76首，今又從《永樂大典》（卷二二七二—二二七四）續得 48 首，則明確可知爲本集作品者數量逾百。又如，徐安國《西窗集》十五卷，已佚，前揭《永樂大典》殘本載錄 60 首，今又續得 10 首，《全宋詩》均未收。再如，王萊《龜湖集》十卷，已佚，《全宋詩》據《永樂大典》僅輯出《陶隱居上館》一首作品，今續得 9 首，遠倍於前。而這八種已佚別集，孔凡禮先生也曾據《永樂大典》其他卷次徵引的內容，就其流傳、著錄逐一進行了詳細的考證[③]。

第三，董穎《董霜傑先生集》《董霜傑文集》和盛烈《峴窗浪言》兩部佚集未見討論，略述於次。

首先是董穎集。據洪邁《夷堅乙志》卷一六"董穎《霜傑集》"條，董穎"平生作詩成癖，每屬思時，寢食盡廢"，其家甚貧，死後"葬不以禮，亦無錢能作佛事"，宗人董應夢始爲刻集[④]。後來，朱熹曾親見《霜傑集》，并題詩稱贊董

---

① 張升：《〈永樂大典〉流傳與輯佚研究》，北京師範大學出版社，2010 年，第 141 頁。

② 張升：《〈永樂大典〉流傳與輯佚研究》，第 125 頁。

③ 徐恢集見《見於〈永樂大典〉的若干宋集考》，王萊集、任希夷集、王與鈞集、徐安國集見《見於〈永樂大典〉的若干宋集續考》，呂祖儉集、李壁集見《見於〈永樂大典〉的若干宋集三考》，顧世名集見《見於〈永樂大典〉的若干宋集四考》，這四篇文章統一收錄於《孔凡禮古典文學論集》，第 22-129 頁。

④ （宋）洪邁撰，何卓點校：《夷堅志》，中華書局，2006 年，第 1 册，第 319 頁。

穎"平生尚友陶彭澤，未肯輕爲折腰客"（《晦庵集》卷一〇《題霜傑集》）。陳振孫《直齋書錄解題》卷一八最早著錄"《霜傑集》三十卷，德興董穎仲達撰。紹興初人。從汪彥章、徐師川游。彥章爲作序"①，或即董應夢刊本，惜原集與汪藻序俱不傳。至《文淵閣書目》卷九著錄"董仲達《霜傑文集》，一部四册，闕"②，則其書明代前期尚存。今檢《永樂大典》引錄董穎詩詞，或稱《董霜傑先生集》，或稱《董霜傑文集》，或稱董穎《霜傑集》，或徑稱董穎詩，名異而實同。

其次來看盛烈集。盛氏生平不詳，其集亦不見於歷代書目。前述《永樂大典》卷二二七四引盛烈《峴窗浪言》中的《湖邊晚望》《同鄉友泛湖》二詩，則《峴窗浪言》或爲其集之名。及至清代四庫館臣據《永樂大典》輯編《江湖後集》二十四卷，卷一一收錄盛烈詩十六首，小傳僅稱"烈，永嘉人，有《峴窗浪語》"③，而各詩之下又均未注明卷次出處，《永樂大典》現存殘本中似也不見這些作品，使人無法逐一覆核原有題署情況。因此其集究竟"浪言"還是"浪語"，今亦存疑俟考④。

宋人別集 33 種之外，《永樂大典》（卷二二七二—二二七四）中的宋佚詩還涉及宋代總集 5 種——《江湖續集》（張煒詩、劉克遜詩、武衍詩）、《中興江湖集》（黃簡詩、甘泳詩、大梁李氏詩、施清詩）、《古今詩統》（趙崇懌詩）、《詩海繪章》（無名氏詩）、《江湖後集》（卓汝恭詩）。《中興江湖集》《江湖後集》《江湖續集》爲南宋後期出現的中下層詩人群體的詩歌作品彙集，這一群體也由此統稱"江湖詩派"。這些江湖詩集在明初的《永樂大典》中多見引錄，而於明代中後期漸次散亡。清代的四庫館臣曾經重新輯編《江湖後集》，在一定程度上"搶救"了部分江湖詩人的作品。不過隨著《永樂大典》的大量亡佚，江湖詩集的内容仍然嚴重殘闕。今人討論江湖詩派，除了依據宋代以降的筆記、目錄中的有限記

---

① （宋）陳振孫撰，徐小蠻、顧美華點校：《直齋書錄解題》，上海古籍出版社，1987 年，第 539 頁。

② （明）楊士奇：《文淵閣書目》，《明代書目題跋叢刊》本，書目文獻出版社，1994 年，第 89 頁。

③ （宋）陳起：《江湖後集》，景印文淵閣《四庫全書》本，上海古籍出版社，1987 年，第 1357 册，第 856 頁。

④ 王嵐《江湖派詩人小集的編刊（一）》一文，將江湖詩人的詩歌作品流傳分爲六種情況，"E 也許有詩集，今僅《江湖後集》存詩若干，未言集名，除個別人外，往往章不盈卷"者，計 17 家，盛烈即其中之一，見《北京大學中國古文獻研究中心集刊》（第十五輯），北京大學出版社，2016 年，第 235 頁。但我們通過《永樂大典》卷二二七四的引錄和《江湖後集》的盛烈小傳，認爲《峴窗浪言》當爲其集，今已失傳。此外，據孔凡禮《見於〈永樂大典〉的若干宋集續考》《三考》《四考》等系列文章，王文 E 類中的林昉、曾由基、史衛卿、董杞、李時可（當爲李時，"可"字誤衍）諸人分別有《石田別稿》《蘭墅集》《蘭墅續稿》《桂山小稿》《聽松吟稿》《愚谷小稿》（《孔凡禮古典文學論集》，第 45、90、91、126、127 頁），則他們都應歸入"D 有詩集但已失傳（8 家）"之類，與劉克遜《西墅集》的情形相同。

載、著録之外，《永樂大典》殘本一直是最爲重要的文獻。那麽這册零本中新發現的諸多江湖詩人詩作（包括因《全宋詩》已據他書文獻收入而不在本文輯録範圍内的作品），無疑可以爲江湖詩派的推進研究繼續提供豐富的資料佐證。至於《古今詩統》和《詩海繪章》這兩部佚籍，前者尚知爲劉辰翁編選，後者由於未見任何著録，編者、流傳等情況都無從考索，幸賴《永樂大典》存其吉光片羽①。這裏又新添兩首作品，當對原書面貌的零星恢復有所助益。

最後，古籍輯佚歷來要求保證準確，避免因襲舊誤，以訛傳訛。《永樂大典》卷二二七三收録了一首薛宗海《湖上》：“一舸泛霜晴，湖波寒更清。平堤連野色，遠市合春聲。塵土浪終日，山林負半生。回頭夕陽外，烟渚白鷗輕。”朱字標示出處爲《中興江湖集》。然而，“宗海”實元人薛漢（？—1324）之字，此詩亦見元人蔣易編《元風雅》卷一〇。以時代視之，《中興江湖集》“取中興以來江湖之士以詩馳譽者”（《直齋書録解題》卷一五），主要選録南宋江湖詩人詩作。薛漢生年雖不可考，但其卒時距離宋亡已有近50年，與陳起於宋理宗寶慶、紹定間編刊《中興江湖集》更相隔將近百年，而他又和元儒趙孟頫、虞集、柳貫等多有交往，絕不可能被歸入江湖詩人群體。《永樂大典》在這裏誤將薛漢詩置於《中興江湖集》名下，其實也體現了中國古代類書抄録駁雜、失之精審的通弊②。

附記：本文初稿完成後，北京大學中文系、中國古文獻研究中心王嵐、李更、陳曉蘭諸先生曾先後提出寶貴意見，謹致謝忱！

趙昱：北京大學中文系博士後

---

① 說詳卞東波《南宋詩選與宋代詩學考論》第六章《宋元之際詩歌選本考論》“四、劉辰翁《古今詩統》考論”、第九章《〈永樂大典〉所載南宋詩選〈詩海繪章〉考釋》，中華書局，2009年，第159-164、262-272頁。

② 關於《永樂大典》的引録失誤，學者已經多有指出。例如，費君清《〈永樂大典〉中南宋詩人姓名考異九則》（《文獻》1988年第4期）列舉李龏寫成李龔、李龔父、李功父，陳起寫成陳起宗，朱靜佳寫成朱靜修等九則；王媛《江湖詩集考》（《文史》2016年第3輯）專門分析了《永樂大典》引用江湖詩集時存在闕抄、誤抄等問題，具體使用時應當仔細推敲；等等。類似的，本文前揭“胡銓《澹庵集》”誤作“胡銓《澹齋集》”、“崔敦詩《舍人集》”誤作“崔敦禮《舍人集》”、“徐衡仲《西窗集》”闕脫爲“徐衡《西窗集》”等，以及“張鎡”寫成“張鎡功”之類的情形，也都可説明這一問題的普遍。

上海圖書館藏《全唐文》編纂底稿叙録[*]

夏　婧

　　清嘉慶間官修《全唐文》以康、雍之際朝臣陳邦彦纂輯稿爲基礎，調用多方典籍增補，在長達近八年的編校過程中，參修諸員反覆斟酌考訂篇目、文句，形成了數種編纂文稿，時人謂有正、副二本。部分底稿及校訂檔案留存至今，筆者曾撰《清編〈全唐文〉稿、抄本及校檔述要》通過館藏調查，推定上海圖書館藏《全唐文》内府抄本一千卷爲進呈正本，北京大學圖書館藏稿本十九册與中國嘉德國際拍賣有限公司拍售《全唐文》七册同屬移交兩淮鹽署、擬作梓刻底本之副本，北京大學圖書館藏《全唐文校檔》四十卷、臺灣"國家"圖書館藏《全唐文移篇删篇補篇目録》疑係正本首次進呈之後陸續進行的校改意見彙總記録。^①其中嘉德公司 2008 年秋、2010 年春季兩度上拍《全唐文》底稿七卷，此前僅據拍賣圖録所示書影推求梗概，未窺全貌。近承郭立暄先生告示，確知文本入藏上海圖書館，乃得以翻檢原書，兹就相關問題補述一二。

───────────

　　* 本文係教育部人文社會科學研究青年基金項目"清輯唐五代文篇目來源考索"（項目編號 16YJC751031）階段成果。

　　① 《清編〈全唐文〉稿、抄本及校檔述要》，《文獻》2013 年第 4 期，第 170-182 頁。

一、上海圖書館藏《全唐文》底稿叙録

　　上海圖書館藏《全唐文》底稿七册（綫善 863916–922），竹紙、毛裝，板框高、廣爲 19.7 厘米、14.3 厘米，半葉九行、行二十二字，單邊朱欄，無界格，白口單魚尾，魚尾上方題撰者姓名，魚尾下題卷次，下魚尾對應位置標示頁碼。每册存文一卷，分別爲卷五一〇、五一二、五一三、五三一、五三九、五五一及五五六，各卷目録及正文均僅題“全唐文”，與刊本作“欽定全唐文”有別。其中卷五一二、五三一、五三九書册封面尚存墨筆標記所屬函帙狀况（如“全唐文第五十二函”“全唐文第五十四函”）、撰者分文類所存作品數量（如卷五百十二，題“李吉甫，册文一、表十二、奏一、疏三、謚議一、序一、論一、碑一”）。

　　與《全唐文》刊本及現存其它編纂稿相較，此七卷底稿最突出的抄録特徵表現爲文字内容，包括小傳與首篇正文、各篇正文之間均不相接續（參圖 1）。據負責刊校事宜的兩淮鹽政奏報“嘉慶十九年六月十九日欽奉頒發《全唐文》黄綾正本一千卷、總目四卷，計一百套，副本一千卷，計二百本，欽定頒刻樣本一套，計四本，敕交兩淮敬謹刊校。……其中篇章字句有一二重複訛脱之處，陸續將改移抽補各條分別存檔。又查原書款式每篇離寫，今刊板遵照館咨接寫”①，其中“頒刻樣本”係内府指定作爲版刻字體樣式的《唐宋文醇》，與《全唐文》本身無關，揚州衙署實際領受編纂稿即奏文提及正、副本二種。此本特點與“原書款式”相符，如考慮七卷文本并非連續卷次，又每十卷爲一函，“每篇離寫”至少可推定爲自卷五〇一至五六〇各卷的共有特徵。此前參據拍賣圖録，曾指出卷五一〇陸長源《唐東陽令戴公去思頌》篇内存在大量校訂，今據原本，可知因改易頗多，爲清眉目，批語云“此篇照石刊拓本校增補七十六字、改正七字，附另謄一篇，附録於後”②，故此本重作謄寫，前後兩稿并存，且於重録篇首再作批示“正本副本原缺甚多，今据石拓本校增補七十餘字、改正十餘字，另録此篇，較爲清晰，將來即照改定本寫樣付刊”（參圖 2），顯示此本校改意在付梓刊行。結合《全唐文》内府初纂定稿時爲後續校刻工作確立的基本原則“伏懇將正、副本一併敕交兩淮，令刊刻時以正本校定副本，即以校定本寫樣發刻，其正本敬謹儲藏備查”③，此部存卷内多處批校提及“正本作某”“遵／

---

　　① 嘉慶廿一年十月二十七日兩淮鹽政阿克當阿奏，中國第一歷史檔案館、揚州市檔案館編：《清宮揚州御檔選編》第四册，廣陵書社，2009 年，第 329 頁。

　　② 底稿内校語或直接批寫於書册，或以粘籤貼於天頭地脚，今作迻録，盡可能保留批校本身改動痕迹。

　　③ 嘉慶十九年二月三十日文穎館總裁董誥奏，翁連溪編：《清内府刻書檔案史料彙編》下册，廣陵書社，2007 年，第 466 頁。

從正本"，將之比定爲"副本"合乎各方綫索。現存各卷經校改後之篇目與《全唐文》刊本對應卷次完全一致，具體字句雖偶有歧互，但或與進呈正本相合，或經校訂者據其它材料再作裁奪，均在正常出入範圍。如卷五五六韓愈《送水陸運使韓侍御歸所治序》進呈正本作"而屬愈爲序"，此本同，眉批云"愈，諸方本作余，可不改"，刊本仍作改訂。部分校例則可佐證刊本汲取了此本文字及校改意見，如卷五一三于公異《李晟收復西京露布》，此本與進呈本皆作"謹差監軍使王敬親牙觀御史大夫符郡王邵張少引謹奉露布以聞"，校語分兩處考按，云"牙觀二字未詳，當是牙官，見前""符郡二字未詳"，刊本改作"牙官""符群"；又卷五五六韓愈《送石處士序》，進呈本作"方念寇聚於恒"，此本作"方今寇集於垣"，眉批云"垣，從諸本東雅作恒"，刊本據改作"集於恒"，可證此本屬於付刻底本的推論。

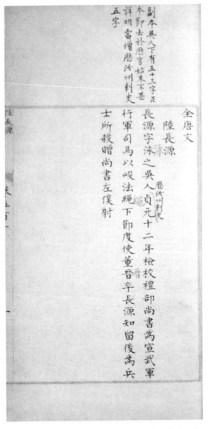

圖1（1）上海圖書館藏《全唐文》底稿卷五一〇

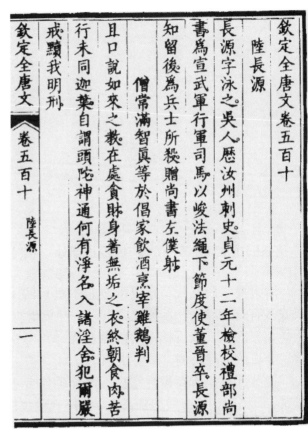

（2）《欽定全唐文》刊本卷五一〇

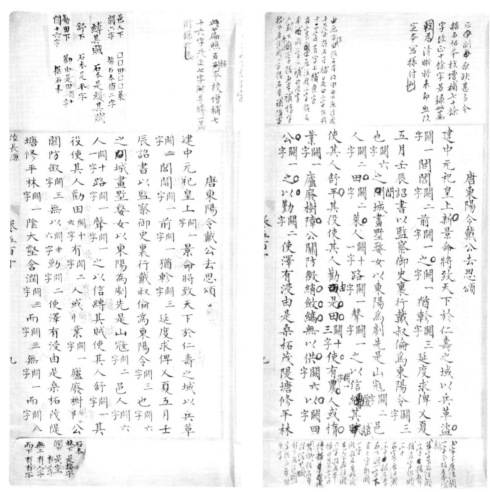

圖2（1）底稿卷五一〇葉9A原抄部分　（2）底稿卷五一〇葉9A重錄部分

　　清人纂輯唐五代篇章以形成定本爲目的，儘管編修階段對文本來源、改動依據多有查證討論，具體校改也逐一存檔備查，但多未體現於刊本，難以覆按。此類編纂底稿、校訂檔案的陸續發現，爲考察清人整理工作得失提供了切實綫索。今以此七卷爲例，舉要説明。

　　從此部底稿所存校補意見，可獲悉作者小傳撰寫增改依據。如卷五三九令狐楚，原稿與刊本面貌差別甚大，今據底稿迻録，校訂增改部分以［　　　］表示，刪節部分以——表示：

　　楚字殼士，［燉煌人］（眉批：小傳以從正本改。據《世系表》，楚爲燉煌人，"殼士"下當增"燉煌人"三字）。自言十八學士德棻之裔。貞元七年進士歷佐王拱李説嚴綬鄭儋幕府由掌書記至判官殿中侍御史徵拜右拾遺改太常博士禮部員外郎歷刑部職方知制知誥充翰林學士遷職方郎中中書舍人。元和十二年出爲華州剌史擢河陽懷節度使十四年分爲[累遷]中書侍郎同平事。穆宗立親吏汗~~職事發出~~[朝罷]爲宣歙觀察使。~~再貶衡州剌史長慶元年量移郢州遷太子賓客分司東都授陝虢觀察使諫官論奏復罷遷東都敬宗立拜河南尹遷~~[文宗朝歷]宣武[天平河東]節度使。大和三[七]年徵爲户部尚書拜東都留守徙天平節又徙河東入爲吏部尚書，轉太常卿，進左僕射，封彭陽郡公。李訓亂帝召楚宿禁中許~~用爲相因草詔惡仇士乃以本官領鹽鐵轉運使~~開成元年，拜山南西道節度。卒年七十二，贈司空，謚曰文。子絢貴，累贈至太尉。有文集一百卷

原稿所述行歷殆據《舊唐書》卷一七二《令狐楚傳》節錄，校改參據"正本"删繁就簡，又據《新唐書·宰相世系表》補入郡望，改寫篇幅過半。對於史書闕載事迹撰人，如卷五一三冷朝陽，小傳原作"朝陽，金陵人。大曆中進士，爲潞州節度使薛嵩從事"，底稿天頭粘簽"据石本《吳岳祠堂記》，前有一行'將仕郎守太子正字馮翊冷朝陽'書銜，當補入小傳，擬增'興元時官將仕郎守太子正字'八字"，刊本據以全補。同卷于公異小傳，原作"公異，吳人。建中二年進士，爲李晟招討府掌書記。與陸贄有隙，貞元中，贄爲宰相，奏公異無素行，黜之，縣是轗軻以卒"，天頭粘簽"《吳岳祠堂記》有'掌書記朝散大夫殿中侍御史內供奉'諸銜"，雖未明確提出校改意見，刊本仍於原傳"掌書記"下補入"朝散大夫殿中侍御史"九字。可知編校者往往多方抉取文本內證，并連類旁及相關人物行迹，充實小傳內容。

文本方面，校改範圍包括刊寫格式釐定，如表奏中"臣""中謝""中賀"等語詞原係小字旁寫，校語指示"居中正寫"。清諱字處理，如卷五三一武元衡《賀甘露表》"無爲而禎祥荐至"，夾簽作"禎，正正，非，下篇同，酌避此字，書內甚宜歸一律"，校語雖以正本爲誤，因涉本朝帝諱，刊本仍從權改作"正"。類似"酌避"如卷五三九令狐楚《賀白鹿表》原作"聖敬日躋，禎祥薦至"、《中書門下賀白野雞表》"時和自叶於禎祥"，刊本均改作"休祥"。除遵循以正、副本對校外，各篇也多據相關文獻再作比勘。如卷五一三于公異《李晟收復西京露布》"隴州節度右廂兵馬使郭審全又"，校云"審全，《舊唐書》作審金，又《文粹》'審金'下無'又'字，從之"；"神策行營商州節度都虞侯彭光俊"，校云"光俊，《舊唐書》作元俊"；"賊將姚令言張廷之"，校云"延之，《舊唐書》作廷芝，《新唐書》作庭芝"，刊本均作相應改訂。

眉批校語反映了整理者援據的某些參校資料，如卷五一二李吉甫《請罷永昌公主祠堂疏》，底本據《舊唐書》卷一四八《李吉甫傳》，其中"德宗皇帝恩出一時"，校云"德宗上，《册府》增蓋字"；"當時人間不無竊議"，粘簽云"人間，《册府》作人聞，不必改"；"東平王即光武之愛子"，粘簽"即，《册府》作則，可不改"；"以充守奉"，粘簽"《册府》無奉字，不必從"，則又據校《册府元龜》卷三二八。又如卷五五一、五五六爲韓愈作品，從篇題、文句等異文推斷，

部分底本與《文苑英華》《唐文粹》等總集存篇較爲接近①，後續校訂進而徵及數種韓集別本，如校語提及“考異”“方本”“東雅”，或汎言“諸本”，即指朱熹《韓文考異》、方崧卿《韓集舉正》所據本、《東雅堂昌黎集注》等。結合具體校例，所列他本異文或逕據《考異》轉述，如卷五五六《韋侍講盛山十二詩序》“韋侯爲中書舍人，侍講六經禁中，名處厚，和者：通州元司馬積爲宰相、洋州許使君康佐爲京兆、忠州白使君居易爲中書舍人、李使君景儉爲諫議大夫、黔府嚴中丞爲秘書監、温司馬造爲起居舍人”，眉批云“名處厚名積名康佐居易景儉武造十四字，諸方本無”。按朱熹《考異》原作：“諸本此下有‘名處厚’字。其下諸公亦各書其名：元司馬云‘名積’，許使君云‘名康佐’，白使君云‘居易’，李使君云‘景儉’，嚴中丞云‘武’，温司馬云‘造’。方以閣、杭本刪十四字。”②

校語也揭示了部分特殊校本的援用，如卷五一三于公異《爲崔冀公請赴山陵表》“空懸魏闕之心，未展子平之戀”，校云“子平，何校《英華》作子牟”。又卷五三一武元衡《賀連理棠樹合歡瓜白兔表》“非葳蕤合還，無以彰神明”，校云“還當是遷字，正、副本同，何校《英華》改作遷，從之”；“懷徠反側，優容真諒”，校云“真當是直字，正、副本同，何校《英華》改作直，從之”。所云“何校《英華》”應指《文苑英華》何焯校本，底本係明崇禎刊本③。此部何校本曾爲秦恩復篋藏，秦氏本人參與《全唐文》揚州階段刊校④，具備取校可能。

整理者考辨文字歧互疑誤，也時以理校勘定，其間得失則多可商榷。如卷五三一楊系《通天台賦》原作“以洪臺獨存浮景在下爲韻”，眉批“獨存，案賦中八段無‘存’字韻，第二段用四質韻，韻腳中所無。《英華》韻腳亦作‘存’，而其中賦三首皆無‘存’字、有‘出’字。據此，‘存’字應改作‘出’”，故底稿即圈改爲“獨出”，刊本從之。但同題賦又見於《全唐文》卷四五九、四八二，彼處則失察未改。至如卷五三一鄭叔齊《新開石巖記》“則蓬蒿向晦，

---

① 如卷五五六《送水陸運使韓侍御歸所治序》“而私有其贏餘”，眉批“諸本《考異》無有字”；“夫田五千頃”，眉批“諸方本無夫字”；“中國坐耗虛”，眉批“《考異》無虛字”；同卷《送湖南李正字序》“李生之尊父”，眉批“父，諸本從《考異》作府”；“今愈以都官司員外郎守東都省”，眉批“司員外三字，[從]《考異》無刪”；“惟愈與河南司録周君巢獨存”，眉批“考異方無巢字”，底稿異文均與《文苑英華》卷七三〇同。如卷五五一《後廿九日復上書》“方一沐三握其髮”，眉批“握，《考異》作捉”，底稿異文與《唐文粹》卷八七同。此二卷大半篇目同時見於《英華》《文粹》，據校語指出異文情況可推求底本源出。

② （宋）朱熹：《昌黎先生集考異》卷六葉 14B-15A，上海古籍出版社影印山西祁縣圖書館藏宋刻本，1985 年。

③ 宋紅霞：《何焯手批本〈文苑英華〉考述》，《圖書館雜誌》2014 年第 11 期，第 93-98 頁。

④ 《全唐文職名》列有監刊官“翰林院編修臣秦恩復”，中華書局，1983 年，第 12 頁。

畢命淪悟”，初校云“淪悟，正本‘悟’字下注疑，副本無。案‘悟’字似是‘恨’字之譌”，再校“‘悟’當作‘誤’，鮑照詩‘南國有儒生，迷方獨淪誤’”，刊本從初校改爲“恨”。據是篇所存摩崖石刻，即作“悟”[1]，館臣僅憑文意而改，并無實據。

《全唐文》刊本所存作品面貌，經歷次校改，較之源出文獻往往有所刪削，也可藉編纂底稿印證。如卷五三一武元衡《議朝參官班序奏》題下注“永貞元年十月”，據《册府元龜》卷五一六“永貞元年十月武元衡爲御史中丞奏”[2]，眉批云“題目下副本有永貞元年十月六字，黄紙簽出刪去以歸畫一從副本刪”[3]；同人《請停忌日告陵并荐瓜果等使奏》題注“元和二年九月”，據《册府》卷五九一“武元衡爲門下侍郎平章事，元和二年九月與諸宰相上言”[4]；《請待制官於延英候對疏》據《唐會要》卷二六題注“元和元年四月”，眉批皆云“從正本刪”。初稿保存的進奏時間，作爲繫年依據，對理解相關篇目撰作背景實具重要意義，但此類信息或存或闕，難以逐一考補，故一概刪削以求劃一，也是實際操作中折衷從簡的必然選擇。

二、《全唐文》編校諸本關係補述

現存數種編纂底稿與校訂檔案并非完帙，所存卷次參差，大多無法直接對應比勘。此七卷底稿與臺灣“國家”圖書館藏《全唐文移篇删篇補篇目錄》（包括《全唐文移篇》《全唐文删篇》《全唐文補篇》及《全唐文館補人名篇目》四部分）內容則有較多關聯，共涉及篇目增删移改五例，可據以考察文本屬性及編次關係，俱錄如下：

1.卷五一三《廬山女道士梁洞微石碣銘》，眉批：卷六百九十一符載名下亦有此題，《英華》七百九十卷有此篇，符載作，與此無異，應删此歸彼。

《删篇目錄》：第五十二函，卷五百十三《廬山女道士梁洞微石碣銘》，與卷六百九十一符載文重，删此。

2.卷五三一武元衡《奏加嶺南州縣官課料錢狀》，眉批：此篇見《文苑英華》六百四十三，卷下注孔戣所作。案《舊唐書》孔戣曾任廣州刺史，武元衡止充劍南節度，其爲孔戣作無疑。此篇應歸孔戣名下，卷六百九十三孔戣名下有此題。

---

① 杜海軍輯校：《桂林石刻總集輯校》，中華書局，2013年，第12頁。
② 《宋本册府元龜》卷五一六，中華書局，1989年，第1323頁。
③ 既云注文爲副本所有，又云“從副本删”，參以同卷他處類似校語，疑係“正本”之誤。
④ 《宋本册府元龜》卷五九一，第1770頁。

《删篇目録》：第五十四函，卷五百三十一《奏加嶺南州縣官課料錢狀》，與卷六百九十三孔戣文重，删此。

3. 卷五三一趙需《諫復用盧杞爲饒州刺史疏》，眉批：前陳京文内有此二疏，已删。据《舊唐書·盧杞傳》，此疏首列趙需，應歸入趙需。

《删篇目録》：卷五百十五《駁授盧杞饒州刺史疏》《第二疏》，以上二篇與五百三十一趙需《諫復用盧杞爲饒州刺史疏》《重論復用盧杞疏》二篇重，删此。

4. 卷五五一韓愈《爲河南令上留守鄭相公書》，眉批：書，諸本作啓。案文中有"愈啓"二字，當另編入啓類。

《移篇目録》：第五十六函，卷五百五十一《爲河南令上留守鄭相公書》，移入卷五百五十四。

5. 卷五五六韓愈《石鼎聯句詩序》，眉批：此篇正本删，當存。

《補篇目録》：第五十六函，卷五百五十六，《石鼎聯句詩序》。

此前已指出該《目録》實質更接近校改檔案，兩相參讀，可知底稿眉批即《目録》記載篇目去取的原始依據，存檔時以更爲簡明方式表達處理意見。在整個編修過程中，正、副兩本幾經互校，最終篇目近乎一致，而據第5例《石鼎聯句詩序》有無，可進一步判斷《目録》呈現的篇目更動主要針對"正本"而言，由於二本互校時發現正本無此序，故《目録》列居補篇，符合刊校階段"改移抽補各條分別存檔"工序流程。目前推定爲進呈正本的抄本中另有幾處綫索也可印證上述推論，如《删篇目録》云"卷十六，《令僧道齊班并集詔》，與卷十八《令僧道并行制》題文重"，正本在卷一六中宗《貶敬暉等詔》與《賞郭山惲詔》之間即存《令僧道齊班并集詔》，可知初稿確有此篇，且已擬作删削，因故成爲抄本内唯一删篇未盡之處。又如《全唐文館補人名篇目》"卷七百五十九，《論十體書》，補入唐元度名下"，正本該卷葉26-27字迹與前後相異，所抄即《論十體書》；《全唐文館補人名篇目》"第八十七函，卷八百六十一，許中孚小傳，《敕留啓母少姨廟記》"，正本内此篇字迹與前後有別，且自該篇首葉至卷末各葉版心頁碼均有明顯改寫痕迹，應係後補插入所致。

目前所知《全唐文》編校階段留存之實物文本，因具特殊"離寫"形式，上海圖書館藏七卷底稿屬於編纂副本應無疑義。此外，北京大學圖書館所藏《全唐文》十九册（存卷九一至一〇〇目録及卷七二、七七、四五四、四五五、七〇七、七一三、七三九、七四一、七四八、七四九、七六六、八四二、八六一至八六四、八六七、九九三）亦經兩淮鹽署組織校訂①，且多處校語標

---

① 其中卷四五四、四五五題"臣石韞玉恭校"，卷八六三《賜華山處士陳搏勅》署"吳山尊校改過"，據《全唐文》編校諸臣職名，石韞玉、吳鼒（字山尊）皆在揚州參與刊校。

示參據"正本"，具有明顯付刻意圖，但抄錄形式卻非"每篇離寫"，兩部分文本關係如何？由於迭經改動，現存各冊幾乎不保存原初單一文本面貌，往往多有勾改重錄，如北大本卷九九三封底書"連目錄重抄計十九頁共七千（下闕）頁至十四頁共五千八百卅五字，十五頁至卅二頁共六千八百九十（下闕）"，按《移篇目錄》云"卷二百六十五，唐故太原節度使韋湊神道碑，移入卷九百九十三"，比照刊本，可知該卷共計三十二葉，其中葉 15B 至葉 20A 正爲韋湊碑，之所以自十五頁起重錄，應與此篇自他卷移入有關。若副本增刪篇幅較大，或在正式付梓前重新繕寫清樣，爲與刊刻版式銜接，因之改變原有"離寫"特徵亦不無可能。鑒於上圖藏本所存卷帙與北大本并無重複，將北大本仍歸屬爲副本系統，應是較爲合理的推斷。

《全唐文移篇刪篇補篇目錄》編次情況，也可綜合考察相關編纂底稿稍作補充。其一，北大本卷九一至一〇〇目錄，附存大量籤條記載與"館書"對校情形，其中所有涉及跨卷篇目的改動，共計移篇十三、刪篇三、補篇一，均可與該《目錄》相關內容對應，表明《目錄》很可能直接據各函目錄定本內類似籤條彙總成檔。其二，鑒於《全唐文館補人名篇目》中不少補篇與《續古文苑》一致①，而該書係由孫星衍輯錄，顧廣圻襄助勘正，於嘉慶十七年至十九年編修，書成不久，《全唐文》即移交揚州付刻，孫、顧二人均參與校書，因此至少該部分目錄的形成時間可推定於揚州刊校階段。其三，《移篇目錄》云"第四十六函，卷四百五十四，《涇渭合流賦》《大史奉靈旗指蔡賦》《善師不陣賦》《刺鐘無聲賦》，以上四篇移入卷四百五十六"，《刪篇目錄》"卷四百五十四，獨孤綬傳略，獨孤綬即四百五十六獨孤授，文移人刪"，兩相結合并參照正本、刊本，可知《移篇目錄》開列四篇賦文後改屬卷四五六獨孤授；據《刪篇目錄》，知其名又訛作"獨孤綬"，以致一人分爲二人。更爲重要在於，刪移意見表明《目錄》編訂者所見卷四五四曾以"獨孤綬"立目，且收錄四篇賦文，應反映"正本"在某一編纂階段的文本狀況；而現存北大藏本、正本卷四五四已無"獨孤綬"其人及相關作品，表明文本已作調整。《全唐文》在內府編纂階段主要以陳邦彥舊輯本爲基礎，採據各類典籍增補校考，那麼《目錄》揭示"獨孤綬"名下收存四篇作品的狀況是否可能爲陳輯舊本面貌？儘管陳輯原本未傳，但上海圖書館另藏有一

---

① 分別爲《全唐文》卷一五九所增李淳風《玉曆通政經序》（《續古文苑》卷一二據舊寫本）、卷三五六王邕《後浯溪銘》（卷一四據《浯溪考》）、卷三九六宋儋《報友書》（卷八據《淳化閣帖》）、卷四五九杜確《岑嘉州集序》（卷一二據仿宋本）、卷八一三齊光乂《陳公神廟碑》及裴導《陳公神廟銘》（卷一九據《武進縣志》）、卷八六一許中孚《敕留啓母少姨廟記》（卷一〇據《偃師金石遺文補錄》）、卷九八八闕名《渾儀銘》（卷一四據《開元占經》）。

部抄存舊本所有篇目的《全唐文目》①，可資檢討。陳輯本共分十六函、每函十冊②，上述四篇作品中《涇渭合流賦》列於七函四冊獨孤綬、其餘三篇均在十六函九冊闕名部分，可知"獨孤綬"之誤承自舊本③，而另三篇之移併則非舊本所爲。其中《太史奉靈旗指蔡賦》源出《英華》卷六四闕名，次於獨孤授《靈旗賦》篇後；《善師不陣賦》源出《文苑英華》卷六五闕名，次於獨孤授《師貞丈人賦》；《刺鐘無聲賦》源出《英華》卷一〇三闕名，次於獨孤授《斬蛟奪寶劍賦》。對出自《英華》的闕名作品承前篇改屬撰者，應係內府編修時所作更動，且一度誤繫於"獨孤綬"名下，《目錄》可部分反映清廷初編階段的文本狀況。

小結

如將陳邦彥舊輯《全唐文》與《欽定全唐文》刊本視作此次清廷編纂活動的起止兩端，目前所知一系列編纂稿及校改檔案，可在其間大致定位：《全唐文目》反映陳邦彥輯本篇目規模，文本經清廷過錄并組織增修，繕寫形成正、副兩部初稿，交付揚州核勘。《全唐文移篇刪篇補篇目錄》主要針對正本篇目的去取移乙，呈現了清廷初纂至校訂付刻之間的多次調整，相關改補也體現於上海圖書館所藏千卷進呈正本，《全唐文校檔》則更爲詳盡地記述了具體文句的更訂及考校依據。上海圖書館新藏七卷底稿因具備"每篇離寫"特徵，文本屬性可比定爲時人所稱副本，校改前後的文本內容可大致對應於清廷初纂稿與刊本前身；北京大學圖書館藏本雖未呈現"離寫"形式，但同樣經由揚州校改，或在原副本基礎上重新繕錄，二者共同構成刊刻所據之工作底本。

夏婧：復旦大學中國語言文學系講師

---

① 抄本《全唐文目》係嘉慶間內府纂修階段過錄的陳邦彥舊輯本存文總目，具體考訂筆者另撰有《上海圖書館藏抄本〈全唐文目〉考釋》（待刊）。

② （清）法式善撰，涂雨公點校：《陶廬雜錄》卷一，中華書局，1959年，第7頁。法式善曾任唐文編修總纂官，親述聞見，所言可信。

③ 陳邦彥輯本作"獨孤綬"又係承襲閩刻本《文苑英華》卷三四之誤，故《全唐文》凡例云"原書編載《文苑英華》諸文，所據係明刊閩本，其中訛脫極多"，中華書局，1983年，第13頁。

目　録 版本目録學研究第十輯

《崇文總目輯釋》編纂考

——兼論南京圖書館錢大昕舊藏本《崇文總目》非《崇文總目輯釋》底本

董岑仕

　　嘉慶年間，錢東垣、錢繹、金錫鬯、秦鑑、錢侗及陳詩庭以錢侗家藏的簡本《崇文總目》爲底本，勾稽群書，稽考類叙、解題佚文，試圖恢復《崇文總目》繁本面貌，撰成《崇文總目輯釋》（以下簡稱“《輯釋》”）。《輯釋》梓行後，該本成爲清代至近代以來最爲通行的《崇文總目》版本，但對於《崇文總目輯釋》的底本來源、印本先後、編刊體例，尚多有晦暗不明處。以往學者雖關注到了今藏南京圖書館的錢大昕跋本《崇文總目》與《輯釋》有密切關係，但部分認識仍有不確之處①。《輯釋》與其他傳抄本《崇文總目》有怎樣的不同，這些不同，是源於錢東垣等輯校時的改動，抑或受制於所得底本的面貌？本文擬結合《崇

---

　　① 該本有題爲錢大昕所作跋語，無錢大昕鈐印，此前收得此本的丁丙未辨出字迹爲錢大昕手迹；之後，該本一直被認爲是佚名過録錢大昕跋。楊恒平《紹興改定本〈崇文總目〉現存版本考論》（《中國典籍與文化》，2012 年第 4 期）一文，指出南京圖書館藏本與《崇文總目輯釋》底本關係密切，但因爲未鑒定出文末跋爲錢大昕手迹，以爲“此本應該不是汪抄本原本，極有可能是依據汪氏抄本的傳抄之本”。侯印國《錢大昕佚文〈清抄本崇文總目〉考叙》（《湖南人文科技學院學報》，2015 年第 5 期），在南京圖書館沈燮元先生的幫助下，論定書末手跋爲錢大昕字迹，并認爲該本“正是錢東垣等的工作底本”。不過，錢大昕手跋爲《輯釋》的工作底本的説法并不準確，文中亦未認識到抄本中部分批校筆迹亦出錢大昕之手，對於該本上的批校、手跋與錢大昕的學術歷程的發覆，亦嫌不足。

文總目》清代傳本的源流考察，梳理錢大昕藏本《崇文總目》與《崇文總目輯釋》底本間的關係，分析《崇文總目輯釋》的編纂體例，以期爲更好地理解、利用《崇文總目》提供幫助。

一、《崇文總目》傳本系統簡述

北宋慶曆年間，王堯臣、歐陽脩等編撰完成《崇文總目》，共六十六卷，每類下有叙録，每書下有解題。南渡之後，館閣圖籍亡佚嚴重，紹興十三年（1143）[①]，向子固建議在《新唐書·藝文志》《崇文總目》《秘書省續編到四庫闕書》南渡後秘閣所缺之書下注 "闕" 字，由國子監刻印頒行以作爲訪求遺書的依據，遂有紹興改定本。紹興年間改定《崇文總目》時，删削了類叙與解題，成爲有目無文的簡本。原六十六卷帶有叙録解題的慶曆繁本，入明之後亡佚。今傳的《崇文總目》，均屬紹興改定本。天一閣藏本，在康熙年間，由張希良抄出，寄予朱彝尊，朱彝尊舊藏本，成爲清代《崇文總目》傳抄本的祖本。

在明清的《崇文總目》傳抄本系統中，主要有半頁九行本和半頁十行本兩種行款的傳抄本，其中，半頁九行本來源較早，半頁十行本來源稍晚。兩種行款的傳抄本中，在各自系統內，依底本行款、換頁翻抄，版式一致，而兩個系統間，呈現出不少系統性異文。其中，今藏天一閣博物館的天一閣本、今藏日本静嘉堂文庫的朱彝尊本、今藏南京圖書館的張蓉鏡舊藏本屬半頁九行本，今藏湖南圖書館的葉啓勛、葉啓發舊藏本與今藏上海圖書館的封文權舊藏本屬半頁十行本。根據文獻考辨、異文系統的分析，四庫館輯校《崇文總目》的底本——亦即四庫全書館采進本《崇文總目》——屬半頁十行本系統[②]。

清代傳抄本《崇文總目》的祖本，實皆爲朱彝尊本。朱彝尊本依照天一閣本的半頁九行的行款録副，有少量訛字與誤抄。朱彝尊本上，包含兩次校勘的痕迹，第一次爲朱彝尊手校，在三十條經部書名下補題撰人。第二次校勘，校人不詳，主要據《玉海·藝文》校核抄本中的錯衍等訛誤，另外，這次校勘中，還在小學、編年、小説下共三條條目上補題了撰人。半頁十行本的系統約爲乾隆年間出現，從有兩次校勘的朱彝尊本而出，遵從朱彝尊校本中二校中的校改，謄抄時，改變了原有的行款、部分條目的上下欄的位置，并有部分系統性異文。

---

① 此年份據徐松輯《永樂大典》之《宋會要輯稿》。清代，翁方綱所引《永樂大典》之 "《中興會要》"，及從翁方綱分纂稿而出的《四庫全書總目》等引 "《續宋會要》"，均作 "紹興十二年（1142）"，兩説有一年之差。

② 關於《崇文總目》明清抄本源流、系統及各本的校勘層次，筆者另撰有《〈崇文總目〉明清抄校本源流考》（待刊）。

二、《崇文總目》錢大昕本簡述

南京圖書館藏清抄本《崇文總目》（書號：110421），爲丁丙善本書室舊藏，封面題“宋崇文總目”，卷首有丁丙的題識浮簽，題爲“舊抄本”，丁丙《善本書室藏書志》卷十四的叙錄，幾同浮簽。抄本用無格稿紙，版心無書名，有頁數，正文共計抄至九十七頁的頁 a，半頁十行，行二十餘字，多分上下兩欄抄。抄本正文首行作“宋崇文總目”，各卷卷目，上空一字，出“卷×”，而較其他《崇文總目》明清抄本多作“宋崇文總目卷×”爲省。抄本避“曆”諱，往往改作“厤”，亦有作“歷”者，偶見避諱不嚴，當爲乾隆時期抄本。抄本正文首葉，鈐有“錢塘丁氏修正堂藏書”朱方、“八千卷樓藏書之記”朱方、“江蘇第一圖書館善本書之印記”朱方和“四庫著錄”白方。卷末有跋，從筆迹來看，該本跋語字迹，爲錢大昕手跋，書中另有朱筆校勘、黑筆批校，批校集中在別集部分，其中部分校勘筆迹，亦爲錢大昕手迹。故該本實爲錢大昕舊藏，後入藏丁氏八千卷樓，以下稱此本爲“錢大昕本”。

錢大昕本《崇文總目》，雖采用半頁十行的行款，但從行款、分欄、換頁和條目排序等來看，與半頁九行本和其他的半頁十行本均有不同。該本的文本内容上，已吸收采納了朱彝尊本上兩次校補撰人後的面貌，故此本實出自朱彝尊本。此本有兩處排序與其他明清抄本《崇文總目》差别較大。一，錢大昕本卷三六後半和卷三七起各卷中，“闕”的條目被集中於一類之末。其中，卷三六“醫書三”前半，仍與天一閣本、朱彝尊本保持大致相同的順序，至後半，在“《五臟鑑元》四卷”之前，先插入原先排在兩條之後的“不闕”的“《萬全方》三卷”，復於“《五臟鑑元》四卷”下，注小注“以下俱闕”，卷三六之後各條，天一閣本、朱彝尊本中原均注“闕”，而錢大昕本不復逐條加注。從卷三七“醫書四”起至全書最末卷六六，各類均先列“不闕”之書，次列“闕”書，在首條“闕”書後注“以下俱闕”或“以下闕”。二，有三十六條卷六十“別集二”中的條目，在其他各抄本中，載於卷五九“別集一”中。此三十六條，包括“別集二”不注闕部分從“《吕温集》十卷”至“《笠澤叢書》三卷”二十九條，和注“闕”部分從“《柳冕文集》一卷”起至“《胥臺集》七卷”七條①。細繹其故，可知該本排序的差别，當由錯頁和人爲調整排序共同造成。比勘天一閣本、朱彝尊本，可知此三十六條，全爲半頁九行本中卷五九“別集一”的頁九六上條目，而被錯入“別集二”的“闕”與“不闕”條目的起訖，也恰在半頁九行本卷六十“別集二”的頁九八與頁九九之間。由此可知，錢大昕本實從半頁九行本系統而出，傳錄本的祖本卷五九、六十存在錯頁，卷三六後半起卷帙，又在錯頁本的基礎上，抽出注

---

① 其中，“《馮宿文集》一卷”，在各本中原作“闕”，而錢大昕本中，屬“不闕”，當爲祖本漏抄“闕”，而隨後誤調整入“別集二”的“不闕”條目中。

"闕"的條目，移至一卷之末，由此，打亂了原書的排序。打亂排序後，拆散了不少同一作者前後相連的條目，而亂序之本，并非《崇文總目》舊貌的體現①。

除了上述二處較大的排序差別以外，錢大昕本亦有部分條目排列次第與天一閣本、朱彝尊本有差別。這些差別，往往出現在天一閣本、朱彝尊本上欄字數不多、下欄空缺而獨占一行的條目中。錢大昕本中，這些條目的下欄，往往從後文較短的條目抽取填補，導致出現排序的差異。

錢大昕本的祖本，吸收了朱彝尊抄本上兩次校勘的成果，但該本更多的異文，當源於傳抄時出現了脱漏、訛誤。較之天一閣本、朱彝尊本，錢大昕本總計脱漏了三十條書名，其中尤以在調整"闕"與"不闕"的卷三七以後的條目爲多②。在

① 《玉海》中保留了《崇文總目》部分類目的書籍數量、卷數和各卷起訖書籍，可以印證錢大昕本打亂次第，如《玉海》卷三"天文·天文書下""唐十二家天文"條，注："《崇文總目》'天文占書'五十一部，百九十七卷。自《荆州劉石甘巫占》至《乾象新書》。"天一閣本等卷四十"天文占書"類，正以注"闕"的"《荆州劉石甘巫占》一卷"爲始，不注"闕"的"《景祐乾象新書》三十卷"爲尾。錢大昕本正將不"闕"的條目抽至一類之始，"闕"的條目抽至一類之末，而"天文占書"類的首尾條目，無法與《玉海》記載相合。

② 從朱彝尊本至錢大昕本脱漏的三十條，大致可分四類：1.《崇文總目》天一閣本、朱彝尊本原有重出，天一閣本書名重複而無撰人注人小注時，錢大昕手跋本刪削條目致脱漏，包括卷四"樂類"中"《廣陵止息譜》一卷"，卷十三"雜史下"中"《陷蕃記》四卷"（前有"《晉朝陷蕃記》四卷）、"《十二國史》四卷"，卷十四"僞史"中"《家王故事》一卷（闕）"，卷十七"刑法"中"《法要》一卷（闕）"，卷二十"歲時"中"《四時纂要》五卷"，卷三十"類書上"中"《通典》二百卷""《會要》四十卷"，卷三四"醫書一"中"《本草》二十卷"，卷三九"卜筮"中"《靈棋經》一卷"，卷四四"《元靈子相法》一卷"，卷四六"道書二"中"《神仙可學論》一卷"，卷五十"道書六"中"《靈砂受氣用藥訣》一卷（闕）"，卷五二"道書八"中"《老子六甲秘符妙録》一卷（闕）"，卷五四"釋書上"中"《起信（言）論》二卷"（依次第，天一閣本有"《起言論》二卷"與"《起信論》二卷"，錢大昕手跋本改在前的"《起言論》二卷"作"《起信論》二卷"，并刪後一條"《起信論》二卷"），卷五八"總集下"中"《雜詩》一卷（闕）"，共計十六條。另外，錢大昕手跋本卷十九"氏族"中，天一閣本、朱彝尊本等有兩條"《唐氏譜略》一卷"，前後相差五條，錢大昕手跋本僅出一條，而下注"又一部"，但這一體例，在該本他處未見。2.迻録時脱漏整行或臨行的，包括卷二二"傳記下"中"《紀文譚》一卷""《朝野僉載》二十卷"，此二條原載一行，迻録時整行脱漏；卷三五"醫書二"中"《王氏醫門集》二十卷（闕）""《集驗方》一卷（闕）"，此二條原載一行，迻録時整行脱漏；卷三七"醫書四"中"《食性本草》十卷（闕）""《食療本草》三卷（闕）"，此二條天一閣本原載前行下欄與次行上欄，當爲迻録時上下欄錯行脱漏，二條均屬"闕"，不詳是抽出"闕"前脱漏還是抽出"闕"後迻録脱漏；此類情況，共計六條。3.散見脱漏，包括卷三九"卜筮"中"《周易八仙經》一卷"，卷四十"天文占書"中"《元象應驗録》二十卷"，卷四六"道書二"中"《學道登真論》二卷"，卷五八"總集下""《十哲僧詩》一卷（闕）"，卷六一"別集三"中"《僧子蘭詩》一卷"，卷六三"別集五"中"丘光業詩一卷（闕）"，共計六條，均出現在抽出"闕"排於類末的卷帙。4.朱彝尊本等有空字，而脱漏。卷六三"別集五"中"《□鼎詩》一卷（闕）""《□□詩》一卷（闕）"，共計二條。從天一閣本起，《崇文總目》抄本中就有較多的脱文、空字，部分脱文較多的條目，較難推測底本原爲何書，而錢大昕本中，仍保留了部分帶闕文空字的條目，此二條或爲迻録時的偶脱。

類目上的訛誤，如卷三五"醫書二"，各本作"計三百八十八卷"，錢大昕本"三"訛作"二"；卷四一"曆數"類，各本均作"計四十七卷"，錢大昕本"七"訛作"六"。卷二六各本均作"小説上"，而錢大昕本脱"上"字。錢大昕本中，部分撰人注語也從簡，如卷九"正史"類的《新校史記》《新校（後）[前]漢書》《新校後漢書》三書，他本三條小注，均作"余靖等校正"，而錢大昕本僅第一條作"余靖等校正"，其它兩條，則均省作"余靖等"，且屢屢省略小注中"某某撰"的"撰"字①，他本作"不著撰人名氏"的，亦間或省作"無名氏"。抄本中的形近訛誤、條目傳抄中的脱漏文字等，亦較夥。

錢大昕本卷末的跋，共計三段，分別書於卷末頁 97 的 b 面空白處和書後加頁上，其中，頁 97b 有兩段，其一爲錢大昕迻録陳振孫解題，起首增"《直齋書録解題》云"②；其二爲錢大昕按語，較陳振孫解題低一格。書後加頁，共一段，爲錢大昕迻録朱彝尊《曝書亭集》中《崇文書目跋》，起首增"朱彝尊跋云"五字。其中，書於頁 97b 的錢大昕按語，作：

> 按：陳伯玉所見，即是此本。蓋南渡時館閣諸臣以《崇文目》校當時秘閣所儲，記其闕佚，以備采訪者。標題"紹興改定"，疑當爲"孜定"，謂孜其闕否，非有所更改也。秀水朱氏謂"因鄭漁仲之言，去其序釋"，不知紹興之初，漁仲名望未著，又未爲館職，此有目無説之本，取便檢閲，本非完書，謂因夾漈一言而去之，失其實矣。錢大昕。

錢大昕的按語，在頁 97b 陳振孫的解題後空處書寫，而末行略擠。錢大昕按語的内容，實基於錢大昕迻録的陳振孫解題、朱彝尊文集跋引發考證與辯駁，從書寫順序上，疑錢大昕先抄録《直齋書録解題》與朱彝尊《曝書亭集》，隨後再在頁 97b 的空處作按語。

錢大昕《十駕齋養新録》卷十四，交代了錢大昕得到《崇文總目》的來龍去脈，亦駁朱彝尊的看法，但内容上，與抄本手跋有較大差別：

> 《崇文總目》一册，予友汪炤少山游浙東，從范氏天一閣抄得之。其書有目而無叙釋，每書之下，多注"闕"字。陳直齋所見，蓋即此本，題云"紹興改定"，今不復見題字，或後人傳抄去之耳。朱錫鬯跋是書，

① 如卷三七"醫書四"的兩部《發背論》，他本分別注"僧智宣撰""白岑撰"，而錢大昕本均無"撰"字。

② 陳振孫言："《崇文總目》一卷，景祐初，學士王堯臣同聶冠卿、郭稹、吕公綽、王洙、歐陽脩等撰定。凡六十六卷，諸儒皆有議論。歐公文集頗見數條，今此惟六十六卷之目耳。題云'紹興改定'。"見陳振孫撰，徐小蠻、顧美華點校《直齋書録解題》，上海古籍出版社，1987 年，第 231 頁。

謂"因鄭漁仲之言，紹興中從而去其注釋。"① 今考《續宋會要》載紹興十二年十二月，權發遣盱眙軍向子堅言"乞下本省，以《唐藝文志》及《崇文總目》所闕之書，注'闕'字於其下，付諸州軍照應搜訪。"是今所傳者，即紹興中頒下諸州軍搜訪之本。有目無釋，取其便於尋檢耳。豈因漁仲之言而有意刪之哉？且漁仲以薦入官，在紹興之末，未登館閣，旋即物故，名位卑下，未能傾動一時。若紹興十二年，漁仲一閩中布衣耳，誰復傳其言者？朱氏一時揣度，未及研究歲月，聊爲辨正，以解後來之惑。②

據錢大昕言，錢大昕所得之本，爲友人汪焌（一作照，字少山，1731-1788）③在游歷浙東時從天一閣迻録。汪焌於乾隆五十三年去世，錢大昕得到該抄本當不晚於此。如上文所述，抄本底本，實從有兩次校勘的朱彝尊本傳抄本而出。該本雖從朱彝尊本而出，但迻録時，未録副朱彝尊手跋④，故錢大昕在自藏本上迻録的、《十駕齋養新録》中立論的朱彝尊説，均從當時刊版而通行易得的朱彝尊《曝書亭集》出。可能是因爲朱彝尊本從天一閣本而出，而汪焌所得本題"天一閣本"，故轉述之後，錢大昕誤以爲汪焌抄本爲直接從天一閣抄出。那麼，該本調整次第和抽出注"闕"條目，是汪焌在傳録時的調整，還是傳録前的底本便已調整？從錢大昕本同一類中前後各頁會因頁的變化而出現不同抄手的字迹來看，此本當爲請不同的抄手依頁計工録副；若該本爲第一個調整本，抽換謄録當由一人完成，難免留下調整次第的痕迹。

《崇文總目》抄本上手跋與《十駕齋養新録》中，錢大昕均認爲己藏本與陳振孫所見"六十六卷之目"爲同本，以爲有目無説之本便於檢閱，而錢大昕否定朱彝尊認爲的刪削序釋出於鄭樵之説。唯手跋中疑"改"爲"攺"之形訛，《十駕齋養新録》中無此説，而在《十駕齋養新録》中，補充引用了《續宋會要》中的紹興改定的過程。細繹史源，《十駕齋養新録》中的《續

① 今按，"注"，朱彝尊《曝書亭集》及錢大昕手跋中迻録，均作"序"，疑刊刻誤作"注"。
② （清）錢大昕：《十駕齋養新録》卷十四"《崇文總目》"條，上海書店，2011年，第288頁。
③ 汪焌生卒年，參見陳鴻森《〈清史列傳·儒林傳〉續考》，《中國典籍與文化》，2012年1月。陳鴻森據王鳴韶《鶴溪文編》稿本中《少山汪先生哀詞》，考得汪焌生於雍正九年（1731），卒於乾隆五十三年（1788）。
④ 今按，静嘉堂文庫所藏朱彝尊舊藏本書前，有朱彝尊手跋，在陸心源作《皕宋樓藏書志》時，該本的手跋文字已有殘蝕。湖南圖書館藏清代抄校本《崇文總目》的最末，録副了朱彝尊的手跋。朱彝尊手跋與朱彝尊《曝書亭集》所收《崇文書目跋》文辭略有差別。

宋會要》的史源，實源於乾隆六十年（1795）刊版的《四庫全書總目》①，故《十駕齋養新録》中的看法，當不早於乾隆六十年定稿。手跋中，錢大昕疑"紹興改定"當作"紹興玫定"，而從《四庫全書總目》所引《續宋會要》可知"紹興改定"的過程，故《十駕齋養新録》中未對此説再作發覆。由是可知，手跋當爲初稿，而《十駕齋養新録》中的觀點，當爲錢大昕在手跋的基礎上整理修訂而成。

三、《崇文總目輯釋》底本與錢大昕本關係考

嘉慶三年至四年間，錢東垣、錢繹、金錫鬯、秦鑑、錢侗五人編纂《崇文總目輯釋》，陳詩庭亦參與其中，提出考證意見，最終，該書釐爲五卷。關於《輯釋》底本，錢侗嘉慶四年（1799）二月所撰《崇文總目輯釋小引》，言底本爲"侗家舊藏四明范氏天一閣抄本"，該本"止載卷數，時或標注撰人，然惟經部十有一二，其餘不過因書名相仿，始加注以別之。此外別無所見，讀者病焉"，而秦鑑"偶見是書，吒爲秘笈"，遂興起作"輯釋"之念，同時，"讎校方半，又屬友人於文淵閣中借抄四庫館新定之本，互勘異同"。

據《輯釋小引》，《輯釋》底本即爲錢侗舊藏的"天一閣抄本"，故《輯釋》書中的"闕"字下，往往有小注，言"見天一閣抄本"，惟卷三"道家類"（原卷

---

① 清代所見《宋會要》，實出自《永樂大典》。《續宋會要》此段，今見《宋會要輯稿·崇儒四之二六》，作"（紹興十三年十二月）二十五日，權發遣盱眙軍向子固言：'比降旨，令秘書省以《唐藝文志》乃《崇文總目》，據所闕者，榜之擑鼓院，許外路臣庶以所藏上項之書投獻。尚恐遠方不知所闕名籍，難於搜訪抄録。望下本省，以《唐藝文志》及《崇文總目》應所闕之書，注闕字於其下，鏤板降付諸州軍，照應搜訪。'從之。"按，徐松嘉慶十五年之後，利用《全唐文》館，從《永樂大典》輯出《宋會要輯稿》，時錢大昕已去世。此前，翁方綱乾隆四十二年在四庫館時負責《崇文總目》的修纂，完整地摘抄了《永樂大典》中此段《宋會要》，書名原作"《中興會要》"（翁方綱撰，吳格整理《翁方綱纂四庫提要稿》，上海科學技術文獻出版社，2005年，第421頁），唯記爲"紹興十二年十二月二十五日"事；而翁方綱作分纂稿時，改題作"《宋續會要》"，并有節引，作"紹興十二年十二月，權發遣盱眙軍向子固言，'乞下本省，以《唐藝文志》及《崇文總目》所闕之書，注'闕'字於其下，降付諸州軍，照應搜訪。'"刪去"二十五日"，改"望下"爲"乞下"，刪"應所闕"之"應"字及"鏤板"二字（見翁方綱撰，吳格整理《翁方綱纂四庫提要稿》，上海科學技術文獻出版社，2005年，第419頁）；至《四庫全書總目》，從翁方綱分纂稿刪改而出，改題作"《續宋會要》"，并刪"降付"之"降"字，錢大昕《十駕齋養新録》中的所引書名、異文等，全同《四庫全書總目》，唯"向子固"誤作"向子堅"，而《十駕齋養新録》他處尚有引及《四庫全書總目》，由此可知，錢大昕所引《續宋會要》，實從《四庫全書總目》轉引。

二十五）的《陰符經小解》，"闕"下小注作"見汪氏抄本"，透露出《崇文總目輯釋》底本與錢大昕所述的汪炤傳録本有著密切的關係。《輯釋》、錢大昕本在條目順序上、條目脱漏等上，多有一致，亦爲錯頁重編本的反映。那麼，《崇文總目輯釋》底本的"汪氏抄本"，與錢大昕所得的汪炤傳録本究竟有怎樣的關係？二者是否爲同書？

1.《輯釋》印本先後考

在明晰《崇文總目輯釋》底本面貌之前，先要考察《崇文總目輯釋》的刊本與印次問題。《崇文總目輯釋》今有汗筠齋叢書、粤雅堂叢書、後知不足齋叢書本。其中，秦鑑刊汗筠齋叢書本，爲《崇文總目輯釋》的最早刊本。

汗筠齋叢書本《崇文總目輯釋》（以下簡稱爲"汗筠齋本"）的初版，約刊成於嘉慶四年二月，内容包括錢東垣等《崇文總目輯釋》五卷、錢侗輯《補遺》一卷、錢侗輯《附録》一卷[①]。半頁十行，行二十字，版心單魚尾，魚尾下有"崇文總目卷幾／附録／補遺"等字樣。在各卷首頁等版心下方，有"汗筠齋叢書第一集"字樣。汗筠齋本"原釋"，用陰文識出，眉目清晰。

值得注意的是，汗筠齋本有早印本、晚印本的不同。早印本與晚印本的主要差别，爲《崇文總目輯釋》的《附録》部分有板片的更替。從版刻頁面看，早印本《附録》共十二頁，晚印本《附録》共十三頁，晚印本的頁十二、頁十三爲重刻，替去了早印本的原刻頁十二。《輯釋》的《附録》，爲錢侗輯録的《崇文總目》資料彙編。在早印本的附録部分，依出處計，從《歐陽文忠公事迹》起，至《四庫全書簡明目録》，共二十二則[②]。晚印本的附録部分，修訂了早印本末則"《四庫全書簡明目録》"錢侗案語的位置和内容，并增補"錢大昕文集"一則，共有二十三則。早印本"《四庫全書簡明目録》"則首句"《崇文總目》二十卷"後，有雙行

---

① 通常使用的《崇文總目輯釋》汗筠齋叢書本的影印本，爲收入《續修四庫全書》第九一六册之影印本。該本據上海辭書出版社圖書館藏本影印，從板片面貌來看，當爲汗筠齋叢書早印本的影印本。但《續修四庫全書》影印本無"《補遺》一卷"的内容。今未見上海辭書出版社圖書館藏本實際情況，影印本目録撰人題"（宋）王堯臣等撰，（清）錢東垣等輯釋，（清）錢侗補遺"，或上海辭書出版社圖書館藏本原有"補遺"部分，而影印時或有誤脱。且錢侗嘉慶四年撰《崇文總目輯釋小引》時，即明言："侗又别爲《補遺》，附著卷後。"故《補遺》一卷，原屬早印本完成時即有的内容。從今存的板片字體來看，筆者所閲汗筠齋叢書本晚印本，均有《崇文總目補遺》部分，寫樣字體較爲硬瘦，與汗筠齋晚印本中重新寫樣刻板的《附録》部分寫樣字體略胖不同，《補遺》當與《輯釋》五卷、《附録》一卷的早印本原版同時寫樣。

② 如"《歐陽文忠公年譜》二條""《郡齋讀書志》二條"，注明"二條"的，均僅記爲一則。

夾注的錢侗按語:"侗按:四庫館新定《崇文總目》作十二卷,提要所錄亦同此,作二十卷,疑刊寫者誤倒。"晚印本中重刻頁12a時,"《四庫全書簡明目錄》"無夾注,而改在段後換行另起,出大字按語:"侗按:四庫館新定本作十二卷,提要所錄亦同。此作二十卷,傳刻誤也。是書編類,悉依天一閣所抄紹興改定本。歐陽公集、《文獻通考》所載《敘釋》并采附諸書之後,餘如《永樂大典》所引各書,亦取證一二,凡原叙二十七篇、原釋二百一十七條,引證三十一條。"按語當經過錢侗重撰,較早印本完善。此則後,晚印本增補"錢大昕文集"一則,實即迻錄上引錢大昕《十駕齋養新錄》卷十四條目[①]。補刻的兩頁板片,寫樣字體仍用方體字,但較原刻字體稍胖。

《崇文總目輯釋》晚印本補刻《附錄》,與錢大昕《十駕齋養新錄》有密切關係。錢大昕嘉慶四年十月撰《十駕齋養新錄》自序,當時,書稿已初步成形,但正式刊刻此書,則始於嘉慶八年十二月。至嘉慶九年十月去世前,錢大昕仍在不停地修訂、增補,最終,《養新錄》於嘉慶十年梓行[②]。《十駕齋養新錄》不早於嘉慶十年刊成,而錢侗於嘉慶二十年(1815)去世,故《崇文總目輯釋》汪筠齋叢書本補刻晚印本的板片,約在嘉慶十年至二十年之間完成,其後,早印本的附錄頁十二的板片似尚存,故在刷印時,亦間或攙入[③]。

國家圖書館藏汪筠齋叢書《崇文總目輯釋》晚印本(書號:37312)

---

① 汪筠齋晚印本《崇文總目輯釋》中"《潛研堂文集》"條,與《十駕齋養新錄》嘉慶刻本相較,有兩處異文:一,"每書之下,多注"闕"字。陳直齋所見","陳"前,汪筠齋晚印本衍一"有"字,從汪筠齋晚印本翻刻的粵雅堂本,改"有"爲"者"字。二,"朱氏一時揣度",汪筠齋晚印本、粵雅堂本作"朱氏不過一時揣度之詞",多"不過""之詞"四字。

② 關於《十駕齋養新錄》的成書過程,參見陳鴻森《錢大昕養新餘錄考辨》,《"中央研究院"歷史語言研究所集刊》,1988年,五十九本第四分;陳鴻森《錢大昕年譜別記》,《乾嘉學者的治經方法》,"中央研究院"中國文哲研究所,2000年,第865-988頁。

③ 國家圖書館藏汪筠齋晚印本(書號:37312)的《崇文總目輯釋》的《附錄》部分,同時保留了早印本、晚印本的頁十二的頁面,故頁十二重,而用紙一致,當爲同時刷印。該本中的早印本的頁十二,已較爲漫漶,但可知,在刷印時,被替去的板片仍存。大多數汪筠齋本的晚印本,僅裝有晚印本的頁十二、頁十三,并未同時有早印本、晚印本的附錄頁。另外,汪筠齋本的《補遺》中有誤字。"《廣陵止息歌》一卷","歌",據文意等,當作"譜","五音類中","音"當作"行",粵雅堂本翻刻時襲其誤。

遣肝眙軍何于固言乞下本省以唐羲文志及崇
文總目所闕之書下付諸州軍照應
投訪六云今所傳本每書之下多注闕字蓋由于
此今亦仿之王應麟嘗時國史謂總目敘
錄多所謬誤黃伯思東觀餘論有校正崇文總目
十七條今鄭樵通志校讐略則全爲攻擊此書而作
李燾長編亦云總目或有相重亦有可取而誤棄
不錄者今覩其書載籍浩繁狨狢減所難保然數
千年著作之目總滙于斯百世而下藉以驗存佚
辨眞質核同異固不失爲刪府之驪淵藝林之玉
□也

四庫全書簡明目錄
崇文總目二十卷　侗按四庫館新定崇文總目作
十二卷疑別本以奉敕撰舊本佚
寫古誤俐第子等奉敕撰舊題今
從永樂大與輯轉其書以四庫分編所錄凡三萬
六百六十九卷……雜保者家時有科
正鄭樵通志至專作校讐略之亦有刪中其失
者然平心而論終在樵所行藝文略十倍上也
嘉定錢侗同人甫錄

汗筠齋叢書本　附錄（原刻頁12a）　汗筠齋叢書本　附錄（頁11b）

崇文總目闕錄終

四庫全書簡明目錄
崇文總目二十卷宋王堯臣等奉敕撰舊本佚其
解題今從永樂大典補輯其書以四庫分編所錄
凡三萬六百六十九卷篇帙既多牴牾難保諸家
時有科正鄭樵通志至專作校讐略攻之亦有刪
中其失者然平心而論終在樵所作藝文略十倍
上也
侗按四庫館新定本作十二卷提要所錄亦
同此作二十卷傳刻誤也是書綱類悉依天

汗筠齋叢書本　附錄（重刻頁12a）　汗筠齋叢書本　附錄（原刻頁12b）

粤雅堂叢書刊本的行款，依粤雅堂叢書本體例，作半頁九行，行二十一字，翻刻時，"原釋"不用陰文，僅與書名空一字。粤雅堂本據汗筠齋本的晚印本翻刻，故《附錄》中有換行另起的"《四庫全書簡明目録》"錢侗按語和"《潛研堂文集》"一則。最末，粤雅堂本增補咸豐三年癸丑（1853）伍崇曜跋一篇。

光緒年間的鮑廷爵主編的後知不足齋叢書本《崇文總目輯釋》，實即汗筠齋叢書晚印本板片，僅改換版心"汗筠齋叢書第一集"作"後知不足齋叢書校刊"，并於内封增補"光緒壬午季冬常熟後知不足齋鋟版"的書牌，而書中部分板片磨損已較爲嚴重。

以下討論，在汗筠齋叢書的早印本、晚印本與粤雅堂叢書本無異文的情况下，基本使用汗筠齋本的早印本。

2.《輯釋》底本與錢大昕本并非同本

判斷《輯釋》底本錢侗本與錢大昕本關係之前，先要根據《輯釋》刻本體例，恢復錢侗本面貌。《輯釋》在刊刻時，已對底本作了校勘與改動。因錢侗等以爲所得《崇文總目》傳抄本源出天一閣本，故《輯釋》往往注底本面貌爲"見天一閣抄本"；底本有文字錯訛時，錢東垣等根據史志、《玉海》《文獻通考》等徵引的《崇文總目》面貌進行考證，對底本的部分錯訛進行了校改，往往以"舊本作某"的形式識出，而這些校勘與改動，出校較爲謹嚴，故可據"見天一閣抄本"的小注和"舊本作某"的校記，恢復錢侗本之貌。

通過《崇文總目輯釋》復原的錢侗本《崇文總目》面貌，并以之與錢大昕本相比勘，可以發現，錢大昕本與錢侗本有異文，而異文面貌上，多爲錢大昕本有訛誤，而錢侗本不訛，且《輯釋》并無校記[1]。錢大昕本中，部分文字存在脱漏，

① 如卷十"編年"的"《帝皇歷數歌》一卷"，錢大昕本作"皇"，他本及《輯釋》均作"王"；卷十二"雜史上"的"《河洛春秋》一卷"，卷數上，錢大昕本作"一"，他本及《輯釋》均作作"二"；卷二八"小説下"的"《合圃芝蘭集》一卷"，錢大昕本作"合"，他本及《輯釋》均作"令"，；卷四一"曆數"的"《七曜符天人九歷》三卷"，錢大昕本作"九"，他本及《輯釋》作"元"；卷四四"五行下"的"《六神相神字法》一卷"，錢大昕本作"神宇"，他本及《輯釋》作"押字"。卷四五"道書上"的"《赤松子誠》一卷"，錢大昕本作"誠"，他本及《輯釋》均作"誡"；卷四五"道書上"的"《上清青安紫書金根衆經》一卷"，錢大昕本作"安"，他本及《輯釋》均作"要"；卷四八"道書四"的"《養生日慎訣》一卷"，錢大昕本作"日"，他本及《輯釋》均作"自"；卷四九"道書五"的"《參同契大易忠圖》三卷（張處撰）"，錢大昕本作"忠"，他本及《輯釋》均作"志"（此條後有重名書，作"志"）；卷五七"總集上"的"《兩制璣珠》二卷"，錢大昕本作"璣珠"，他本及《輯釋》作"珠璣"；卷五七"總集上"的"《止戎書》五十卷"，錢大昕本作"戎"，他本及《輯釋》作"戈"；卷六十"别集二"的"王仁路《乘輻集》五卷"，錢大昕本作"路"，他本及《輯釋》作"裕"；卷六十"别集二"的"《胥堂集》七卷"，錢大昕本作"堂"，他本及《輯釋》作"臺"。

如卷五"春秋類"的"《非國語》二卷"，朱彝尊本以降，均有朱彝尊增補的小注"柳宗元撰"，《崇文總目輯釋》注"柳宗元撰。（見天一閣抄本）"，可見《輯釋》底本有注而錢大昕本誤脱。錢大昕本脱漏"闕"字的，《輯釋》中有"闕（見天一閣抄本）"的小注的現象亦夥 ①。《輯釋》不訛而錢大昕本訛誤，《輯釋》不脱而錢大昕本有脱文，説明在版本源流上，《輯釋》底本的錢侗本當早於錢大昕本。

　　問題在於，錢侗的《崇文總目輯釋小引》中曾明言："讎校方半，又屬友人於文淵閣中借抄四庫館新定之本，互勘異同。"那麽，《輯釋》中不訛、不脱的這些異文，是不是因爲錢侗等參考了友朋借抄的四庫館新定本？答案恐怕是否定的。

　　從版本性質上來説，四庫本亦爲輯校本。四庫館在輯校四庫本時，以半頁十行本系統的傳抄朱彝尊本爲底本，據《永樂大典》所引《崇文總目》紹興改定本進行校勘，從周必大編定的歐陽脩《歐陽文忠公文集》中輯補類叙，從《文獻通考》《東觀餘論》等輯補《崇文總目》六十六卷本解題，加注案語，重定爲十二卷本。遺憾的是，四庫本輯校過程中，失校了屢屢引及《崇文總目》舊貌的《玉海》②。

　　通過校勘可以發現，在錢東垣等所撰《輯釋》，當未通校整部四庫本。錢大昕本與錢侗本，存在大量的脱漏、訛誤與異文。與朱彝尊本等相較，錢大昕本、錢侗舊藏本，脱漏三十條書名。四庫本源出半頁十行本系統的傳抄朱彝尊本，半頁十行本系統與半頁九行本系統有部分系統性異文，其中誤衍書名一條，而經四庫館據《永樂大典》校訂後，校刪十一條，誤脱八條，又校增二條 ③，通計有無，可以發現，有二十五條書名，在錢大昕本、錢侗本中無而四庫本有 ④。在

---

①　如卷五"春秋類"的"《春秋纂要》十卷"、卷十九"氏族""《聖朝臣寮家譜》一卷"、卷三一"類書下"的"《王論家要》四卷"、卷三一"類書下"的"《畧玉字》十卷"，錢大昕本無"闕"，而他本均有，《輯釋》均有"闕（見天一閣抄本）"字樣。

②　今按，《四庫全書總目》中著録《崇文總目》爲"《永樂大典》本"，但該本的性質上，并非通常"《永樂大典》本"所指的四庫館從《永樂大典》中輯佚而得之本。趙庶洋最早對四庫本《崇文總目》的"《永樂大典》本"提出質疑，參見《〈四庫全書〉本〈崇文總目〉底本質疑》，《中國典籍與文化》，2010年第三期。四庫館輯校重編《崇文總目》的底本、校勘過程等，參見拙文《〈崇文總目〉明清抄校本源流考》。

③　四庫本的校刪的十一條中，刪去了半頁十行本中誤衍的卷六六"文史"類中"《續古今詩人秀句》二卷（闕）"。錢大昕本脱文條目在四庫本中被校刪的，包括《十二國史》《家王故事》《法要》《四時纂要》《靈棋經》《□鼎詩》一卷、《□□詩》共七條。四庫本校補二條，包括卷二五道家類的"《陰符經辨命論》一卷"和卷三九卜筮類的"《周易火珠》一卷"。

④　四庫本有而《崇文總目輯釋》所無條目的比照，可參見范艷君《〈崇文總目〉與學術史研究》，吉林大學2008年碩士論文，第17-18頁。范艷君共列出二十七條四庫本（指文淵閣本）有而錢輯本無之條目，其中，四庫本之"《雲氣測候賦》"，實即從錢大昕本、《輯釋》《雲氣□氣》校改而來，并不屬於四庫本有而《輯釋》無；另外，"《續本事詩》二卷"一條，錢大昕本有，當爲《輯釋》刊刻時誤脱，故計爲二十五條。

58　版本目録學研究　第十輯

排序上，四庫本并未改編卷三六之後的注“闕”條目，故錢大昕本、錢侗舊藏本後半部分，與四庫本排序差別較大。在具體文字上，錢大昕本、錢侗舊藏本與四庫本亦多有異文，而這些異同，《輯釋》中往往未校。如《輯釋·補遺》的“天文占書”類中，據《玉海·天文》補“《天象應驗録》二十卷”，此條實爲錢大昕本、錢侗本存在脱漏，在天一閣本、朱彝尊本、湘圖本、四庫本等“天文占書”類中，均有“《元象應驗録》二十卷”一條，《玉海》卷三《天文》的“周靈臺秘苑、隋垂象志、觀臺飛候”條中，“《崇文目》有……《天象應驗録》二十卷”，同卷“星書要畧”條中，“《國史·志》：……《元象應驗録》二十卷。”《通志·藝文略》“天文類·天文總占”有“《天象應驗集》二十卷”，《宋史·藝文志》有“《玄象應驗録》二十卷”，疑“元”爲“玄”諱，“元”“天”形近，各本雖有異文而所指皆同，而《輯釋》并未校出“四庫館新定本”的“《元象應驗録》二十卷”異文。上述的《輯釋》注“闕”而錢大昕本無“闕”的例子中，卷三一“類書下”的“《畧玉字》十卷”，半頁九行本的天一閣本、朱彝尊本與半頁十行本的湘圖本、上圖本原抄均作“《畧玉集》十卷（闕）”，湘圖本有旁校，改“畧”爲“累”[1]，而文淵閣本、文津閣本等四庫閣本均改作“《累玉集》十卷（闕）”，據《宋史·藝文志》著録的“李欽玄《累玉集》十卷”可知，天一閣本等“畧”字爲“累”之形訛，四庫館校改無誤，而錢大昕本、錢侗本“集”更轉誤作“字”。若《輯釋》爲據四庫本補“闕”字，則理應注意到書名的異文，由此可知，錢大昕本脱“闕”而錢侗本不脱，《輯釋》之“闕”字并非取四庫本校補，而《輯釋》全書，亦未取四庫本逐一比核。

事實上，錢侗等作《輯釋》時，重點關注的，是所得四庫本中帶有解題的條目與四庫館臣加入“謹按”考證的條目，來關心自己的輯校工作有無遺漏。《輯釋》汗筠齋本晚印本重刻時修訂《附録》，詳細統計了所得四庫本中原叙、原釋、引證的數量，亦證錢侗等對於這些條目的關心。《輯釋》關注四庫本中帶有“謹按”的條目，如《崇文總目輯釋·補遺》中，據“四庫館新定本”中“謹按”，補入《輯釋》底本所無的“《廣陵止息譜》”，并關注《廣雅音》《續事始》四庫本“謹按”所引《永樂大典》的注釋。《崇文總目》經部、史部以外，諸書徵引的解題較少[2]，而子、集部分版本異文，乃至《輯釋》底本排序與四庫本排序的差異等，《輯釋》均未參校。

另外，從版本面貌來看，錢侗《小引》中所述的四庫館新定本爲“文淵閣中借抄”，恐怕也是傳聞之辭。從異文來看，錢侗所得的四庫館新定本的傳

---

[1]　按，湘圖本的旁校，實爲録副四庫館采進本上的校語，故與四庫本關係密切。

[2]　錢侗《輯釋小引》中提出，“馬貴與、王伯原所見，乃當時原本而佚其後半帙者也。”即《文獻通考》《玉海·藝文》等所引多爲《崇文總目》慶曆本之經部、史部解題，故疑“佚其後半帙”。

抄本，定非文淵閣本的傳抄本。一方面，《輯釋》原卷五"《春秋指元》十卷"下有解題："唐張傑撰。摘左氏傳文申釋其義。"此條有錢東垣按語："四庫新定本無《春秋圖》，原釋以此釋繫於其下。"事實上，文淵閣本、文津閣本的《春秋指元》前一條，爲"《春秋圖》"，據《文獻通考》有解題："唐張傑撰，以《春秋》所載車服器用都城井邑之制繢而表之。"《春秋圖》《春秋指元》均爲唐張傑撰，可能某個四庫閣本存在脱文，或錢侗所得傳抄本在傳抄時脱漏，致《輯釋》以爲"四庫新定本無《春秋圖》"，但這一面貌與文淵閣本、文津閣本均不合。另一方面，《輯釋》條目與錢大昕本基本同源，唯有一處異文，差別較大，此處異文，當爲《輯釋》據四庫本帶"謹按"條目校補，而這一四庫本的引文面貌，與文淵閣四庫本版本面貌不合。原卷二九"兵家"下，《輯釋》在"《神機武略兵要望江南詞》一卷"後，有條目"《□見管十卷餘》"，錢侗按："此條疑有脱誤，無本可證。"錢大昕本無此條文字，而天一閣本、湘圖本等，"見管十卷餘"實爲《輯釋》中排列在後的條目"《清邊前要》五十卷"下的小字注文。在四庫本中，撰人注語和從《文獻通考》等輯得的解題，以大字低一格書於書名之後，故文津閣本在"《清邊前要》五十卷"條後，首空一字，大字書注語，有"□見管十卷餘"一行，次行則有"謹按：此五字有脱訛，無本可證。"文淵閣本對注語文字進行了校改，此行作"□見管子十卷"，"謹按"的按語則與文津閣本同。《輯釋》底本與錢大昕本同源，原無此條注文，而錢侗等或因見文津閣本系統的四庫本之"謹按"①，而將此條補入，補入時又誤認四庫本的注文行款，以爲當有一條書名首字爲闕文空字的"《□見管十卷餘》"的正文條目，而插入的位置，與《崇文總目》舊抄本的次第亦不合。從抄本異文來看，此條書目，文淵閣本在抄寫時有校改，而錢侗等得到的傳抄四庫本，并非出自文淵閣本②。

由上可知，錢大昕本與錢侗本，均出汪玿抄本。汪玿與錢氏同爲嘉定人，

① 四庫各閣本，因使用的四庫稿本的校次不同，文字面貌，間或出現大同小異的情況。今按，國家圖書館藏清抄本《崇文總目》十二卷（書號：目 305 / 534.3），從分卷、行款、文字内容來看，該本爲清代録副的四庫閣本，唯未迻録四庫本的"欽定四庫全書"字樣。該書書前録副了底本的校上提要，校上時間書"乾隆五十一年九月恭校上"。《崇文總目》其他閣本的校上時間，文淵閣本作"乾隆四十六年十月恭校上"，文津閣本作"乾隆四十九年十一月恭校上"，文溯閣本作"乾隆四十七年五月恭校上"，國圖清抄本時間較晚，故國圖清抄本或爲南三閣的録副本。異文系統上，文淵閣本、文津閣本有異文時，國圖清抄本往往近乎文津閣本，此亦證在四庫本的《崇文總目》中，實有不同系統。

② 另外，《崇文總目》卷二九"兵家"，錢大昕本有"《韜鈐祕録》五卷（闕）"，《輯釋》此條則作"《韜鈐祕録》一部五卷（闕）"。他本均有"一部"，錢大昕本無。四庫本有"謹按：此條多出'一部'二字，原本如此，無本可證。"《輯釋》有侗按："侗按，此書多出'一部'二字，無本可證，疑衍字也。《宋志》不著撰人。"《輯釋》十分關注四庫本的"謹按"，而與《輯釋》同源的錢大昕本并無"一部"二字，或爲錢大昕本漏抄，或爲《輯釋》從四庫本的"謹按"出發改文字，補按語。

於乾隆五十三年（1788）去世，錢大昕所述"汪炤抄本"，當不晚於此時獲得①。《輯釋》的校勘、考證中，主要關注了有解題的條目和有四庫館臣"謹按"的條目，而并未通校全本。排除《崇文總目輯釋》中錢侗等借得的"友人於文淵閣中借抄四庫館新定之本"的影響後，可以發現，錢大昕本和錢侗本二者當爲同源關係，但并非同本，且錢大昕本訛誤多於錢侗本。

3.《輯釋》未采錢大昕手跋與手校

南京圖書館藏錢大昕本《崇文總目》除最末有錢大昕黑筆手跋以外，另有朱墨校勘痕迹，包括以朱筆校訂異文、校補空字，天頭等以黑筆批注等。書中的朱筆校改，深淡不一。其中，兩處紅色校補，并非錢大昕字迹，所用朱色殷紅，當晚於錢大昕校②。另有較淺紅色校改，亦分兩種，其一，爲校核抄本底本③；其二，爲校閱時的疑誤，而此類文字校勘，在《崇文總目》抄本系統中往往未見，其中部分疑誤，從筆迹來看，實爲錢大昕手校。另外，天頭黑色批注，均爲錢大昕筆迹，集中於書末的集部各類中。

值得注意的是，錢大昕部分手校的成果與天頭批注中的觀點，并未被《崇文總目輯釋》所采納。

---

① 錢大昕乾隆四十五年（1780）時，《廿二史考異》稿成，其中《宋史》卷七部分，考《宋史·藝文志》，引及《崇文總目》，不過，這些《崇文總目》內容，均從《文獻通考》中引《崇文總目》而來，并非當時錢大昕已得到《崇文總目》汪炤抄本。這從另一個側面反映出錢大昕得到《崇文總目》抄本應當不早於乾隆四十五年。另外，《廿二史考異》最終刊成，在嘉慶二年。

② 卷三四"醫書一"的"□方一卷（闕）"，錢大昕本有朱校"集諸要"，此條《輯釋》作"□方一卷（闕）"。天一閣本、朱彝尊本、湘圖本空二字，上圖本空三字，湘圖本有旁校，據《永樂大典》補"集諸要"三字；文淵閣本、文津閣本校補此條作"《集諸要方》一卷（闕）"。卷三八"醫書五"的"《神仙□丹粉方》一卷"，錢大昕本有朱校填補作"雲"，此條《輯釋》作"《神仙□丹粉方》一卷"，未補空字，有錢侗按："陳詩庭云：《宋志》有《神仙雲母丹粉方》，不著撰人，疑闕處是'雲母'二字。"此條天一閣本作"神仙云母粉方"，朱彝尊本、湘圖本、上圖本則誤作"神仙云丹粉方"，湘圖本"云丹"旁，有據《永樂大典》朱校作"雲母"，文淵閣本、文津閣本作"雲母"。此二條殷紅朱校的校補，均當校自《崇文總目》四庫本系統，而二條又均載四庫本卷七，或爲後來得此本的丁丙在補抄文瀾閣本（今存原抄卷七、卷八，餘爲丁抄）時校補自藏書籍。

③ 錢大昕本，卷二六"雜家"《十代興正論》十卷"，朱校改"正"爲"亡"；卷三八"醫書五"《服史丹砂訣》一卷"，朱校改"史"爲"火"；卷三九"卜筮"的"《龜經》一卷。（無名氏。迹龜卜之法）"，朱校改"迹"爲"述"；卷四一"曆數"的"《略例》一數"，朱校改"數"爲"卷"；卷四五"道書上"的"《太上洞九靈寶部經》一卷"，朱校改"九"爲"元"；卷四九"道書五"的"《爐鼎要妙粉圖經》"，朱校補"一卷"；卷五十"道書六"的"《唐朝煉大丹感應煩》一卷"，朱校改"煩"爲"頌"；卷五四"釋書上"的"裝修《拾遺問》"，朱校補"一卷"；卷五五"釋書中"的"《華嚴法界觀門》"，朱校補"一卷"，"《圓覺道場修誣儀》十八卷"，朱校改"誣"爲"証"；卷六十"別集二"的"《鞠氏父集》二十卷"，朱校改"父"爲"文"，這些朱校校改，質之《崇文總目》其他抄本與《輯釋》，可知爲原抄有誤而校改，從校勘性質上來説，當爲校核底本。此類校改，《輯釋》中亦不見"舊本作某"的校改之語。

錢大昕於自藏的《崇文總目》舊抄本上的朱筆校改，有多達十二條的意見，與《輯釋》中的校勘、改易等意見不同①；儘管錢大昕的校改未必盡然，但部分校改，則有真知灼見②。《輯釋》并未采納錢大昕朱校，可證《輯釋》底本另有所出。

　　從黑筆批注的情況來看，錢大昕在自藏本上的批注，共十條，集中在"別集"與"文史"類中，多爲錢大昕據史志目録等稽考《崇文總目》著録書籍的撰人，并對所得底本的闕文等作出稽考，如錢大昕本卷六十"別集二"有"《姑□集》五卷"與"《丹陽□》一卷"③，錢大昕於天頭分別注："《宋志》有李德裕《姑臧集》五卷"，"《宋志》有商璠《丹陽集》一卷。商璠，即殷璠也。""《姑臧集》"，《輯釋》亦校補"臧"字而補釋撰人作"李德裕撰，段令緯集"，并有秦鑑按："舊本闕臧字，今校補。"而"《丹陽集》一卷"，《輯釋》并未補釋撰人，有秦鑑按："《東觀餘論》'校正崇文總目'云：'《丹陽集》，已見總集，此重出。'舊本闕'陽'字，今校補。"《崇文總目》天一閣本、朱彝尊本等及錢大昕本，原均脱"集"

---

　　① 錢大昕本中的淺朱色校字，多爲錢大昕手校，其中，卷二八"小説下"的"《漆紅》三卷"，朱校改作"《漆録》"，《輯釋》則校作"《漆經》"；卷三一"類書下"的"《翰院》"，朱校改作"《翰院集》"，《輯釋》則改作"翰苑"；卷三三"藝術"的"《畫後畫品》一卷"，朱校改作"《後畫品》"，《輯釋》則改作《畫後品》；卷三四"醫書一"的"《黃帝素問》八卷（全元起）"，朱校於"全元起"後補"注"字，《輯釋》則無；卷三九"卜筮"的"《陶隱居林》一卷"，朱校於"居"下補"易"字，《輯釋》則無；卷五一"道書類七"的"《靈芝服食五芝晶經》一卷"，朱校改"五"爲"玉"，《輯釋》則不從；卷五三"道書類九"的"《續神傳》三卷"，朱校改作"《續神仙傳》三卷"，《輯釋》則改作"《續仙傳》三卷"；卷五三"道書類九"的"《正一真二十四治圖》一卷"，朱校於"真"下補"人"字，《輯釋》則無；卷五五"釋書中"的"《一宿覺傳》一卷"，朱校於"覺"下補"禪師"二字，《輯釋》則無；卷五七"總集上"的"《名臣雜文》二編"，朱校改"編"爲"卷"，《輯釋》仍作"編"；卷六一"別集三"的"《元正長慶集》十卷"，朱校改"正"爲"氏"，《輯釋》則作"稹"；卷六四"別集六"的"常莊《諫疏集》三卷"，朱校改"常"爲"韋"，《輯釋》則未改。

　　② 其中，卷二八"小説下"，改"漆紅"爲"《漆録》"，爲錢大昕據形近疑誤，而據《宋史·藝文志》等，《輯釋》作"《漆經》"的校當更爲準確；卷五一"道書類七"的"《靈芝服食五芝晶經》一卷"，朱校改"五"爲"玉"，與目録所載不合。不過，卷五三"道書類九"的"《正一真二十四治圖》一卷"，校補作"真人"，卷六四"別集六"的"常莊《諫疏集》三卷"改"常莊"爲"韋莊"，而事實上，天一閣本、湘圖本等正作"韋"，而《宋史·藝文志》有《韋莊諫疏牋表》四卷，這兩處校改，均屬正確。

　　③ 按，此二條，在天一閣本、朱彝尊本中均載卷五九別集一，屬錢大昕本、錢侗本恰錯葉入"別集二"之條目。"姑□集"，天一閣本作"姑臧集"，"臧"字原有校改，而校改不清，朱彝尊本抄出時作空字。"丹陽□一卷"，天一閣本、朱彝尊本、湘圖本等原作"丹陽一卷"，不空字，錢大昕本有空字。湘圖本朱校校補"集"字，文淵閣本、文津閣本均補"集"字，并有謹按："《東觀餘論》云：'《丹陽集》，已見總集，此重出。'（按《崇文總目》各門中疑於重出者尚多，因無別本，不敢定其爲重出，惟此條是黃伯思已經糾正者，自此以外，則未敢遽爲刪併爾，附識於此。）"

字，《輯釋》此處校補的校記，云補"陽"字，當有誤記，而《輯釋》未補"殷璠"或"商璠"之撰人，此亦錢侗等爲未見錢大昕本之證。卷六六"文史"的"《登科記題解》二十卷"，天頭有錢大昕手批："《宋志》有樂史《登科記解題》二十卷。"其中，據《宋史·藝文志》有乙文，而《宋史·樂黃門傳》則作"題解"，或緣此，《輯釋》則未校書名異文，僅補釋撰人"樂史撰"。錢大昕的這些批注輯補，是錢大昕熟稔史志別集的反映。

從"別集五"的兩條批注內容來看，錢大昕此卷內批注，當不早於乾隆五十七年（1792）。卷六三"別集五"的"《探龍集》一卷"書名下，錢大昕用黑筆補單行小注："僞唐徐寅撰。"天頭有："徐師仁《〈釣磯文集〉序》引《崇文總目》云云，正字實未嘗仕僞唐也。"此卷後所載的"《徐寅賦》一卷"，天頭有錢大昕黑筆批校："徐師仁《〈釣磯文集〉序》，引作《賦》五卷。"錢大昕在自藏《崇文總目》的徐寅別集處作批校，實源於錢大昕在乾隆五十七年在黃丕烈處得閱錢曾也是園抄本《釣磯文集》，并作手跋一篇①：

　　徐正字譔述見於《崇文總目》者，《賦》五卷，《探龍集》一卷，今皆不傳。此《釣磯集》十卷，乃其後人可珍所編，可珍未詳何時人，其序稱延祐丁酉，似是元時，然延祐實無丁酉歲，疑傳寫誤爾。正字名，它書多作寅，此獨作夤，未詳其審。唐人集傳於今者鮮矣，此雖闕其第五卷，較之它本作二卷者爲善。壬子十月從堯圃孝廉假讀，因記於卷尾。竹汀居士錢大昕。

此篇手跋，後經整理收入錢大昕《潛研堂文集》卷三一，僅少量異文，且刪"竹汀居士錢大昕"之落款，餘皆同②。

據《四部叢刊》三編影印的錢大昕曾過目的也是園抄本《釣磯文集》可知，也是園抄本《釣磯文集》書前，有兩篇序，其一爲建炎三年（1129）三月徐寅族孫徐師仁所作序，其二爲署延祐丁酉的可珍所作序（按，延祐爲元仁宗年號，

① 該本《四部叢刊》三編曾據以影印，版心左上角有"虞山錢遵王也是園藏書"字樣。民國二十二年（1933），傅增湘曾借此本（傅增湘《藏園群書經眼錄》卷十二，中華書局，2009年，第928頁），并用該本校勘自藏的《唐人百家詩》清康熙席氏琴川書屋刊本中的《徐寅詩集》。傅增湘舊藏本《徐寅詩集》卷三末葉有傅增湘校跋："也是園抄本《釣磯文集》，自卷六至卷十皆詩也。從瞿氏假得，以席刻校之，其字句略有異。惜篋中未携有全集，以致前半文集無從校定也。癸酉四月，沅叔記。"（見傅增湘撰，王菡整理《藏園群書校勘跋識錄》，中華書局，2013年，第700頁。）據傅增湘所錄印識與書後跋，知該本曾藏黃丕烈處，後入汪士鐘藝芸書舍，再入瞿氏鐵琴銅劍樓，《四部叢刊》影印，并經傅增湘借閱後，下落不明。因《四部叢刊》三編石印影印，可藉影印本斷定筆迹爲錢大昕手跋。

② "徐正字"，《潛研堂文集》作"正字"；"釣磯集"，《潛研堂文集》作"釣磯文集"；"似是元時"四字，《潛研堂文集》無；"未詳"，《潛研堂文集》作"未知"；"堯圃"，《潛研堂文集》作"黃"。

然延祐無丁酉年）。從兩序來看，《釣磯文集》經過南宋建炎年間的徐師仁重編，至可珍復又進行了重編。抄本中，徐師仁序題作"唐秘書省正字先輩徐公《釣磯文集》古序"，徐序言："按《崇文總目》：'正字《賦》五卷，《探龍集》一卷，題曰偽唐徐某撰。'正字實未嘗仕偽唐也。師仁家故有《賦》五卷，《探龍集》五卷，正字自序其後，又於蔡君謨家得《雅道機要》一卷，又訪於族人及好事者，得五言詩并絕句，合二百五十餘首，以類相從，爲八卷，并藏焉。"徐師仁序早於紹興改定本《崇文總目》的面世，故序中保留的是《崇文總目》慶曆本中的解題與卷數。

徐寅（一作夤）《釣磯文集》在乾嘉之際，并非常見書籍，開四庫全書館時，即未徵得此書，後來阮元《四庫未收書提要》中收錄錢曾影宋本提要。在黃丕烈處得見也是園抄本的錢大昕，據《釣磯文集》中徐師仁序，於自藏《崇文總目》抄本的"《探龍集》一卷"書名下，校補解題"偽唐徐寅撰"，并出校"《徐寅賦》一卷"與《釣磯文集》徐師仁序所引《崇文總目》的"五卷"的卷數異文。錢侗等作《崇文總目輯釋》時，既未得見《釣磯文集》，又未見錢大昕批校，故《輯釋》中於《釣磯文集》僅"補釋撰人"，題"徐寅撰"，而未輯得慶曆本原釋的"偽唐徐寅撰"一事，於"《徐寅賦》一卷"則無任何考證附注。

綜上來看，錢大昕本和《崇文總目輯釋》底本的錢侗家藏本，同出一系，當從汪焌處傳來。錢大昕本、錢侗本，均爲錯頁重編本的反映。錯頁重編本之《崇文總目》抄本，實均從半頁九行的朱彝尊本傳抄天一閣舊藏紹興改定本而出，經朱彝尊校補，而祖本錯頁後致"文集一"中三十六條書名錯載"文集二"中，同時，在錯頁本的基礎上，重編了卷三六以後的"闕"與"不闕"書。

錢大昕所藏的"汪焌抄本"在抄成錄副、校核底本後，當一直藏於錢大昕處，其中的批注、校勘等意見，爲錢大昕讀書筆記，有乾隆五十七年以後的校語。錢大昕《十駕齋養新錄》中的"《崇文總目》"條，當以自藏本手跋爲基礎修改而成，寫定於乾隆六十年以後。錢侗等嘉慶三年至四年初刻成《崇文總目輯釋》汪筠齋叢書初印本，錢侗《崇文總目輯釋小引》曾引朱彝尊、杭世駿意見，并據《四庫全書總目》轉引《續宋會要》，考訂"紹興改定"之始末，但錢侗對於錢大昕手跋疑"紹興改定"爲"紹興攷定"及力駁鄭樵名位不著之事一無所知，對錢大昕本上的校勘、輯補意見一無所取，且錢大昕本訛誤多於《輯釋》底本，故錢侗等并未獲見錢大昕本，而《崇文總目輯釋》底本另有所本，該本今佚。嘉慶十年至二十年間，《崇文總目輯釋》晚印本刊出，《附錄》部分"《四庫全書簡明目錄》"一則有修訂，且據錢大昕《十駕齋養新錄》補入"潛研堂文集"一則，故改刻《附錄》頁十二、頁十三共計兩頁板片。

四、《崇文總目輯釋》編纂體例考論

錢大昕本與錢侗本雖非一書，但二者同出一源，錢大昕本與天一閣本、朱彝尊本等早期《崇文總目》抄本的差異，是了解《輯釋》底本面貌的綫索；與此同時，錢大昕本也爲今人了解《崇文總目輯釋》編纂工作時的輯校體例提供了綫索。

《崇文總目輯釋》與錢大昕本在排序、異文、訛誤上多有相似之處，均爲有相同的錯頁情況且重編"闕"與"不闕"之本，而脫去三十條書名。其他紹興改定本的傳抄本的注文，在《輯釋》中往往有所省略，如省"不著撰人名氏"作"無名氏"，或省去"某某撰"之"撰"字等，揆之錢大昕本，即可知，此類異文，非由錢東垣等編纂《輯釋》時所校改，而是所得底本在版本源流中原非善本造成。唯卷五八"總集下"，錢大昕本有"《本事詩》一卷""《續本事詩》二卷"二書，而《崇文總目輯釋》中僅有"《本事詩》一卷"，脫漏"《續本事詩》二卷"，當爲刊刻時的誤脫。

錢大昕本較其他《崇文總目》抄本的脫、衍等訛誤明顯爲多，《崇文總目輯釋》的底本與錢大昕本同源，因底本的先天不足，亦難免帶來誤考與誤校。卷二七"小説上"的"《續前定録》一卷"，在天一閣本、朱彝尊本等各本中，無"前"字，作"《續定録》一卷"；後"《□定命録》一卷"，在天一閣本、朱彝尊本等各本中，均作"《感定命録》一卷"，無空字。《通志·藝文略》"傳記·冥異"類，多從《崇文總目》此類前後條目輯纂而成，據《通志·藝文略》等可知，前者當是"温畬《續定命録》一卷"而天一閣本等脫漏"命"字，《輯釋》底本、錢大昕本復又誤衍；後者即《通志·藝文略》中不著撰人名氏的"《感定命録》一卷"，《輯釋》底本、錢大昕本有空字，《輯釋》以爲空字當作"續"，并補釋撰人作"温畬撰"，兩條校勘均有誤，實因《輯釋》據有脫、衍的底本進行考證而致連鎖誤校。

錢東垣等在編纂《崇文總目輯釋》時稽考慶曆本解題，并根據他們對《崇文總目》的理解，對底本進行了體例上的調整，其中，不少調整，有明文交代，不少調整，則未交代。交代調整的，如天一閣本等抄本，僅卷一至卷十的"論語類"，逐類有"類"字，後則一概闕如，而《輯釋》在首次出現的"小學上"類目後出注，交代爲之後各卷校補"類"字。

據錢侗《崇文總目輯釋小引》言，《輯釋》"總得原叙三十篇，原釋九百八十條，引證四百二十條。"原釋數量的統計與書中體例可知，在錢侗等看來，紹興改定本所注"闕"字屬"原釋"，而這一觀點，實爲錢侗等對《崇文總目》的慶曆繁本、紹興簡本認識不足。錢侗等并未了解到"闕"字反映的實爲南宋紹興以後館閣藏書面貌，而非《輯釋》力圖勾稽北宋慶曆本的"原釋"。《小引》中交代的九百八十條"原釋"，其中多爲錢侗藏本中注"闕"條目，若將此類原釋條目排除，《輯釋》中據諸書考得的"原釋"，實僅三百三十七條①。

在誤認紹興改定本"闕"字屬"原釋"的同時，錢侗等對於慶曆本解題中"闕佚"與紹興改定本所注"闕"字的含義差別，亦未能區分，以致在編纂《輯釋》時，删削紹興改定本對應條目所注"闕"字。《崇文總目》中著録的卷數，爲北宋仁宗時崇文館實際藏書的卷帙，當時已有書籍出現了部分卷帙有亡佚的情況，在這類書籍的解題中，便會注明該書理應有的卷數、當時館閣藏書實際庋藏卷帙和缺佚情況。至南宋館閣，不少書籍片紙不存，紹興改定時，在删削舊有解題的同時，注"闕"以便訪求。慶曆時著録有缺卷而其書仍存的，則不注"闕"。卷帙著録上，紹興改定時，均僅删削解題而不改動慶曆本著録的卷數②。《輯釋》的編纂中，若條目中紹興改定本原注"闕"，而輯得的解題中述及慶曆時卷帙的闕佚情況，則不復保留"闕（見天一閣抄本）"之注③，而這些"闕"字，在天一閣本、錢大昕本等中原有。這一處理，并未理解《崇文總目》解題與小注的"闕"，分別代表北宋仁宗時藏書情況的"殘缺"與南宋紹興年間秘閣藏書情況的"闕書"。

據錢侗《崇文總目輯釋小引》，《輯釋》在編纂時，"原釋無從攷見，乃爲博稽史志，補釋撰人"，換言之，《輯釋》在輯考相關的文獻而未得確切的《崇文總目》的記載的情況下，會結合史志等，"補釋撰人"，這一輯補，在《輯釋》的刻本中，并無特別識出，而與錢東垣等標注稽考出處的"原釋"有所不同，但《輯釋》經過"補釋撰人"後，實未加出處而增補了大量《崇文總目》舊抄本所無的撰人。"補釋撰人"的體例，使得《輯釋》在撰人方面，與《崇文總目》舊抄本相去愈遠。《輯釋》爲清代以來流傳最廣的《崇文總目》刊本，但以往在未見舊抄本的情況，對於《崇文總目輯釋》書下撰人爲錢東垣等據史志等"補釋撰人"往往缺乏認識，以至於誤以爲這些經錢東垣等補釋的撰人代表了《崇文總目》的舊貌。如同張固也、唐黎明指出的："僅就'補釋撰人'而言，其實際工作顯然有一個通過嚴密考釋，然後補題出撰人的過程，但是他們衹把考釋結果題於條目之下，這就將'補

① 以上統計，參見范艷君《〈崇文總目〉與學術史研究》，吉林大學 2008 年碩士論文，第 69 頁。

② 如南唐徐鍇所撰《説文解字繫傳》，原書當爲四十卷，北宋初館閣中所藏之本與民間流傳之本，均缺卷二五、卷三十兩卷（見熙寧二年（1069）蘇頌所撰《説文解字繫傳後記》："舊闕二十五、三十共二卷，俟別求補寫。"）至南宋，此書卷三十不缺（今傳南宋殘刻本，有卷三十內容），而卷二五仍缺（參見《玉海》卷四四《藝文》），所缺卷二五，改從徐鉉校訂《説文解字》中補入，復爲四十卷。紹興改定本《崇文總目》卷七"小學上"的"《説文解字繫傳》三十八卷"，不注"闕"字，此著録情況，即爲北宋慶曆時有部分闕佚，至南宋館閣時書存而卷帙有變，紹興改定本不改著録卷數的體現。

③ 包括卷六"論語類""《五經鈎沉》五卷"，解題"篇第亡缺，今缺五篇"；卷九"正史"中《史記》八十七卷，解題"今篇殘缺"，"《漢書問答》五卷"，解題"闕列傳以下諸篇"，"《後魏紀》一卷"，解題"今纘《紀》一卷存"，"《魏書·天文志》（一）［二］卷"，"今悉散亡，唯此二篇存焉"，此五書，天一閣本、錢大昕本等均有"闕"，而《輯釋》均無"闕（見天一閣抄本）"。

釋'簡化成了'補題'。從錢氏主觀願望來説，顯然自以爲其'補釋撰人'已合乎《崇文總目》之原題；從客觀效果來説，後人也都以爲這些就是天一閣抄本之舊題。雖然事實上錢氏對其所加補釋與抄本舊題是有嚴格區分的，後人失察，責任不在輯釋者，然其體例確非盡善，易滋疑竇，亦自難辭其咎。"①

與此同時，以往研究中，因未見舊抄本，對《輯釋》在刊刻時因輯得慶曆本解題而泯滅底本小注面貌的現象，亦有所不察。《輯釋》底本，源出半頁九行本系統的朱彝尊本。朱彝尊本經兩次校勘後，較天一閣本增多三十三條撰人小注，其中第一次校補的三十條，全在經部，其中尚有與《文獻通考》所引《崇文總目》中解題相牴牾的情況；第二次校補的三條，包括"小學上"類的"《説文解字繫傳》三十八卷（徐鍇）"、"編年"類的"《開皇紀》三十卷（鄭向撰）"和"小説下"類的"《搜神總記》十卷（不著撰人名氏）"的三書撰人，當據《玉海》所引《崇文總目》校補。如同《輯釋小引》中所述，"侗家舊藏范氏天一閣抄本，止載卷數，時或標注撰人。然惟經部十有一二，其餘不過因書名相仿，始加注以別之，此外別無所見，讀者病焉。"參與《崇文總目輯釋》編纂工作的陳詩庭（字令華），面對底本與《文獻通考》的撰人牴牾，在"《周易正義補闕》"條下亦提出："疑世所傳天一閣本即朱錫鬯所抄，而此數條皆其增加者。錫鬯曾撰《經義考》，故舊本於經部注釋撰人獨多。"《崇文總目》舊抄本中的撰人小注，無論是天一閣本所反映的原抄，還是朱彝尊本校補後本，均較簡單，僅題"某某撰"等，《輯釋》若在相關文獻中考得該書較長較詳盡的解題，往往會附上稽考而得的解題，底本原有的撰人注語，則不複出"見天一閣抄本"之注。如卷五七"總集上"，《文選》六十卷，天一閣本、錢大昕本等有"唐李善注"小注，而《輯釋》卷五（原卷五七）"總集上"中"《文選》六十卷"言："【原釋】唐李善因五臣而自爲注。（見《東觀餘論》）"雖然輯補得到了《崇文總目》中的舊有解題，但泯滅了舊抄本原有小注的面貌。若《輯釋》輯得解題與舊抄本小注全同，《輯釋》亦不注"見天一閣抄本"，如《崇文總目》卷三"禮類"的"《三禮圖》九卷"，天一閣本、錢大昕本等有小注："梁正撰。闕。"《輯釋》則言："【原釋】梁正撰。（見《玉海》藝文類，凡兩引。）闕。（見天一閣抄本。）"未言《輯釋》底本原有"梁正撰"而僅言底本有"闕"字注；"《三禮圖》二十卷"，天一閣本原有小注"聶崇義集"，錢大昕本省作"聶崇義"，而《輯釋》則言"【原釋】聶崇義集。（見《玉海》藝文類）周顯德中……（見《經義考》通禮類）"事實上，《玉海》卷三九《藝文》所引《崇文目》，原作"《三禮圖》九卷，梁正撰。二十卷，崇義集。"無"聶"字，

① 張固也、唐黎明：《〈崇文總目輯釋〉"補釋撰人"考》，《文獻》2011年第3期。尤其值得肯定的是，張固也、唐黎明的這一體例的考察，是在未見舊抄本的情況下，通過探討《崇文總目輯釋》的義例而得出的結論，十分準確。

而《輯釋》最終當由雜糅底本與《玉海》所引而成，而不注底本有"聶崇義"字樣。紹興改定本的小注，原多出現在紹興改定本書名相同而需區分撰人、注人的書籍中，"《文選》六十卷（唐李善注）"實爲與"《文選》三十卷（呂延濟注）"相區分，兩部《三禮圖》，亦注撰人、編纂方式以供區別。《輯釋》體例的影響下，《輯釋》并未如實反映工作底本，亦即經朱彝尊校補撰人的紹興改定本的注文面貌①。

《崇文總目輯釋》在刊刻的過程中，保留了詳細的校勘記，對於底本舊抄本的訛誤進行了更定。不過，值得注意的是，其中也存在一些條目，未出校勘記而在刊刻時進行了校改。這類條目，往往爲《輯釋》在刊刻時據他書輯得解題，并參照他書校改書名②。另有一些刊刻時的校改，包括統一改"序"爲"叙"，改"抄"爲"鈔"，并因避諱改抄本缺筆的"玄"作"元"等③。《輯釋》在校改

---

① 學界以往因未見舊抄本，僅據《輯釋》中"見天一閣抄本"考察《輯釋》底本面貌，故張固也、唐黎明以爲，"（《輯釋》）標明撰人'見天一閣抄本'者，據我們統計僅有85條，分別爲經部16條，史部18條，子部48條，集部僅3條。其中子部占一半多，史部亦略多於經部。但上引陳詩庭却説'舊本於經部注釋撰人獨多'，錢侗《輯釋小引》也説'侗家舊藏范氏天一閣抄本，止載卷數，時或標注撰人。然惟經部十有一二，其餘不過因書名相仿，始加注以別之，此外别無所見，讀者病焉。'兩家都説經部獨多，這與事實并不相符，蓋漫爾操觚，古人亦所難免。"其實，考察錢大昕本即可知，二家所説舊藏本面貌，確爲經部撰人獨多，但因爲輯佚稽考的《崇文總目》慶曆本解題，多在經部、史部，而子部、集部多難以稽考，又因《輯釋》體例，致後來有所誤會。

② 《輯釋》有校改而未出校記的，如卷四"樂類"的《大周正要》一百二十卷"，"要"，各本同，《輯釋》作"樂"，當據《文獻通考》引《崇文總目》解題改；卷二一"傳記上"的"《成都府幕石幢録》二卷（闕）"，"府幕"，各本同，《輯釋》作"幕府"，有錢繹按："《通志·略》'録'作'記'。"《通志·藝文略》有"《成都幕府石幢記》二卷。（記賓佐姓名，起貞元。訖咸通）"，或據《通志·藝文略》乙正；卷二九"兵家"的"《黃石三略》三卷"，各本同，《輯釋》則作有"《黃石公三略》三卷"，增"公"字而無校記，此當爲據傳世本書名校改；卷五十"道書六"的"《麻姑歌》一首"，各本同，《輯釋》"首"作"卷"，或爲據全書體例校改；卷五三"道書類九"的"《吳大師内傳》一卷"，各本同，《輯釋》"大"作"天"，無校記，引《唐志》《宋志》《通志》，而三書均作"天"，當有校改；卷五九"別集一"的"《集遺且録》十卷"，"且"，各本同，湘圖本作"且"而無校記，唯文淵閣本、文津閣本及《輯釋》作"具"，《輯釋》補釋撰人作"顧雲撰"，據《新唐書·藝文志》《通志·藝文略》等知，當作"具"，四庫本、《輯釋》當有校改；卷六十"別集二"的"王仁裕《乘輅集》五卷"，"輅"，各本同，《輯釋》作"輅"，今按，《通志·藝文略》作"《乘輅集》"，或襲《崇文總目》舊本；《宋史·藝文志》"《乘輅集》"，《輯釋》或據《宋史·藝文志》校改；卷六三"別集五"的"《倪明基詩》一卷"，"基"，天一閣本、湘圖本等作"基"，錢大昕本作"基"，《輯釋》作"基"，無校記。《宋史·藝文志》有，作"基"，或爲《輯釋》校改。另外，卷十一"《後唐□祖紀年録》一卷"，天一閣本、錢大昕本等均有空字，《輯釋》校補空字作"懿"，但未出校記言"舊本"原闕；卷二二"《符瑞圖目》□卷"，天一閣本原無卷數，亦不空字，朱彝尊本起，如南圖張蓉鏡舊藏本、湘圖本、錢大昕本均空一字，《輯釋》校補空字作"一"，有錢繹按："《玉海》引《崇文目》同。"當爲據補。

③ 另外，如"張淡正《琴譜》"，"淡"，《崇文總目》舊抄本、鄭樵《通志·藝文略》、王應麟《玉海·音樂》《宋史·藝文志》同，《輯釋》刊刻時改"澹"。

的同時，也存在校改而校勘記誤出的情況，核以《崇文總目》的其他抄本等，可知整理校勘記時訛誤①。另外，考察《崇文總目》各抄本面貌，《輯釋》與錢大昕本、天一閣本等的不少異文，實爲《輯釋》在寫樣刊刻中出現訛誤②，後來

---

① 如卷十"編年"中，各本均作"《歷代王正運五運圖》一卷（闕）"，《輯釋》據《通志·藝文略》改作"《歷代帝王正運五閏圖》一卷"，有錢繹按："舊本脱'王'字，今校增。"，事實上，《輯釋》改"運"作"閏"，校補"帝"字而非"王"字。卷六四"別集六"中，各本均有"令狐楚《章表集》二十卷"，《輯釋》此條作"令狐楚《章奏集》二十卷"，有秦鑑按："《通志·略》無'章'字，十卷。"《通志·藝文略》與《郡齋讀書志》《宋史·藝文志》均著録"令狐楚《表奏》十卷"，《遂初堂書目》則重出，"别集類"有"令狐楚《表奏事》"，"章奏類"有"唐令狐楚《表奏集》"，目録著録上，"表奏（集）"與《崇文總目》舊抄作"章表集"有異文與倒乙，疑《輯釋》據《通志·藝文略》改"表"爲"奏"，而校語所述《通志·略》又有訛誤。上文所舉《丹陽集》亦同。

② 如卷十六"儀注"的"《漢官典職儀式選用》一卷"，"職"，各本同，《輯釋》作"則"，引《隋·志》，《隋書·經籍志》實作"職"；卷十七"刑法""《後唐長定格》一卷（闕）"，"一"，各本同，《輯釋》作"三"，引《通志·略》，《通志·藝文略》實作"一"；卷二一"傳記上"的"李德裕《南行録》一卷"，"一"，各本同，《輯釋》作"四"，有錢繹按，"《通志·略》'南行'作'南遷'"，而《通志·藝文略》亦作"一卷"；卷二二"傳記下""張氏《燕吴行記》二卷"，《輯釋》校補"役"字，作"張氏《燕吴行役記》一卷"，卷數上，《崇文總目》各抄本均作"二"，《新唐書·藝文志》《宋史·藝文志》《通志·藝文略》《直齋書録解題》均作"張氏《燕吴行役記》二卷"，校補"役"字無誤，而"二"當爲刻誤；卷三一"類書下"的"《名字族》十卷"，"字"，各本同，《輯釋》作"氏"，無校記，補釋撰人作"楊知悮撰"。按，《宋史·藝文志》《通志·藝文略》均有楊知悮《名字族》十卷，無"《名氏族》"一書，當爲訛字；卷四一"曆數"的"《稱星經》一卷"，"星"，各本同，《輯釋》作"心"，引《通志·略》《宋志》《讀書後志》，而《輯釋》所引各書亦均作"星"；卷四一"曆數"的"《新修曆經》三卷"，"修"，天一閣本、上圖本等作"脩"，錢大昕本作"修"，《輯釋》作"作"，引《通志·略》"一卷，不著撰人"，《通志·藝文略》"曆數"有"《新修曆經》一卷，太平興國中作"，亦作"修"；卷四九"道書五"的"《靈砂聖石玉露丹訣》一卷"，"砂"，各本同，《輯釋》作"妙"，并有"《通志·略》不著撰人"，《通志·藝文略》作"砂"；卷五二"道書八"的"《太上三五禁氣步罡法》一卷"，"罡"，各本同，《輯釋》作"岡"，引"《通志·略》不著撰人"，《通志·藝文略》作"罡"；卷五五"釋書中"的"《楞迦山主小參録》一卷"，"楞"，各本同，《輯釋》作"釋"，引"《通志·略》《宋志》并不著撰人"，《通志·藝文略》《宋史·藝文志》均作"楞迦"；卷六四"別集六"的"《九諫書》一卷"，"諫"，各本同，《輯釋》作"鍊"，補釋撰人作"郭元振撰"，《新唐書·藝文志》《宋史·藝文志》《通志·藝文略》均著録郭元振《九諫書》。這些例子中，一方面，《輯釋》與《崇文總目》各抄本的面貌有異文，另一方面，《輯釋》稽考卷數、撰人時援據他書，而他書引文實與《崇文總目》各抄本同，可知當爲《崇文總目輯釋》在寫樣刊刻中出現訛誤。類似的，卷五五"釋書中"得"《荷澤禪師微訣》一卷"，"荷"，各本同，《輯釋》作"和"，無校改校語、亦未補釋撰人，據《宋史·藝文志》《通志·藝文略》等，當作"荷"；卷六四"別集六"的"《窮愁志》"，錢大昕本、《輯釋》底本原無卷數（天一閣本等有"三卷"，湘圖本、上圖本有"三"，無"卷"字），《輯釋》據《宋志》校補，作"二卷"，今考《新唐書·藝文志》《宋史·藝文志》《通志·藝文略》《郡齋讀書志》及李德裕《外集》中所收《窮愁志序》均作"三卷"，此二處，亦疑爲刊誤。

陳漢章《崇文總目輯釋補正》中揭橥的不少訛誤，亦肇於此。《輯釋》的刊刻過程中，也存在脫漏"闕"字的情況，這在改變行款的寫樣過程中，在所難免[1]。

綜上，錢東垣等編《崇文總目輯釋》，在探索整理《崇文總目》體例和推動《崇文總目》的流傳上，有著重要意義，但該書底本爲錯頁重編本的先天不足和《輯釋》校刊過程中的失當與訛誤，使得該書的文獻價值受到一定程度上的局限。《輯釋》是清代中後期唯一的《崇文總目》刻本，這一系統本的錯乙、條目的脫漏、文字的訛誤等，都對後來引據《崇文總目》的研究，產生了深遠影響。

附記：本文撰寫過程中，得到天一閣博物館、静嘉堂文庫的協助，并得到北京師範大學文學院董婧宸老師的切磋研討，特此致謝。

董岑仕：人民文學出版社古典文學編輯室編輯

---

① 他本，尤其是錢大昕本有"闕"，《輯釋》無，而又不符合因解題有"殘缺"含義而刪削"闕"的，包括卷十三"雜史下"的"《梁太祖編遺錄》三十卷""《唐朝綱領圖》一卷"，卷十六"儀注"的"《汾陰后土故事》三卷"，卷十八"地理"的"《相州記》一卷"（《輯釋》校改作"《湘洲記》"），卷二二"傳記下""《玉璽雜記》一卷"，卷二三"目録"的"《河南東齋史目録》三卷"，共計六條。

《崇文總目》見存抄本、輯本系統考述

翟新明

据白金考證，《崇文總目》始修於北宋仁宗景祐元年（1034）閏六月，最初係由張觀、李淑、宋郊等針對三館、秘閣藏書展開校讎整理工作，後在此基礎上編修《崇文總目》，至慶曆元年（1041）十二月修成上之，參與編纂者有張觀、宋祁、宋庠、王洙、王堯臣、歐陽脩等。[①]《崇文總目》之編纂，係以館閣藏書爲主，《玉海》卷五二引《兩朝國史藝文志》稱"詔求逸書，復以書有謬濫不全，始命定其存廢"[②]，又附以訪求逸書。

《崇文總目》各類前原有小序，所著録各書之下原有解題，叙録齊全。玉海卷五二引《兩朝國史藝文志》稱"因仿《開元四部録》爲《崇文總目》"[③]，《開元四部録》即《古今書録》四十卷[④]，列有解題，《崇文總目》依仿此目，亦有解題。但《崇文總目》之部類、文獻著録與解題在當時即已遭到詬病，《玉海》卷五二引《國史志》稱"多所謬誤"[⑤]，《續資治通鑑長編》亦稱"或相重，亦有

---

① 參見白金：《北宋目録學研究》，人民出版社，2014年，第174頁。

② （合璧本）《玉海》卷五二，［日］中文出版社，1977年，第1040頁。

③ （合璧本）《玉海》卷五二，第1040頁。

④ 以《開元四部録》實即《古今書録》而非《群書四部録》，見武秀成：《〈新唐書·藝文志〉"著録"探源》，莫礪鋒編：《周勛初先生八十壽辰紀念文集》，中華書局，2008年，第268頁。

⑤ （合璧本）《玉海》卷五二，第1043頁。

可取而誤棄不録者"①，黄伯思《東觀餘論》有《校正〈崇文總目〉》十七條，鄭樵《通志·校讎略》更專門針對《崇文總目》之部類與解題而展開批評。

王堯臣等所上《崇文總目》六十六卷本早已亡逸，《玉海》卷五二載"紹興初，再改定《崇文總目》"②，據徐松所輯《宋會要輯稿》，宋高宗紹興十二年（1143）十二月二十五日，"權發遣盱眙軍向子固言：'比降旨令秘書省以《唐藝文志》及《崇文總目》據所闕者榜之檢鼓院，許外路臣庶以所藏上項之書投獻。尚恐遠方不知所闕名籍，難於搜訪抄録，望下本省以《唐藝文志》及《崇文總目》應所闕之書，注'闕'字於其下，鏤板降付諸州軍照應搜訪。'從之。"③其目的在於搜訪逸書，故刪去原有叙録，并注"闕"字於各闕書之下。袁本《郡齋讀書志》書目類著録有《藝文志見闕書目》一卷，提要稱"右《唐書藝文志》，近因朝廷募遺書，刻牘布告境内，下注書府所闕，俾之訪求"，又《崇文總目》一卷，提要稱"右皇朝崇文院書目也"，④此二目即前述紹興間之搜訪本。《直齋書録解題》亦著録《崇文總目》一卷，稱"今此惟六十六卷之目耳，題云'紹興改定'"⑤，即所謂紹興改定一卷本。然南宋紹興改定一卷本在宋代僅見此二目著録。元泰定元年（1324）《西湖書院重整書目》列有《崇文總目》⑥，按此目爲著録西湖書院所藏刻板書目，即原南宋國子監所藏之舊版，其著録《崇文總目》，則是紹興改定之時即已刻板流行。明代又有抄本，《文淵閣書目》著録"一部二册完全"⑦，當即改定之刻本；胡應麟稱"宋王堯臣《崇文總目》今世當有傳本，余求之尚未獲"⑧。《結一廬書目》卷二著録有《崇文總目》六十六卷，稱"計十本，宋王堯臣等奉勑撰，明抄本，每條均有解題，千頃堂藏書"⑨，然黄虞稷《千頃堂書目》并未著録此目，未知《結一廬書目》何指。然自明代開始，六十六卷的叙録全

---

① （宋）李燾：《續資治通鑑長編》卷一三四，中華書局，2004年，第3206頁。

② （合璧本）《玉海》卷五二，第1045頁。

③ （清）徐松輯：《宋會要輯稿·崇儒四》，中華書局影印國立北平圖書館影印本，1957年，第2243頁。

④ 《昭德先生郡齋讀書志》卷第二下，第二十一葉下，《四部叢刊三編》影印北平故宮博物院藏宋淳祐袁州刊本。

⑤ （宋）陳振孫：《直齋書録解題》卷八，顧美華、徐小蠻點校，上海古籍出版社，2015年，第231頁。

⑥ 見（清）倪濤：《武林石刻記》卷二，《石刻史料新編》第二輯第九册，新文豐出版社，1979年，第6836頁。

⑦ 《文淵閣書目》卷十一，馮惠民等選編：《明代書目題跋叢刊》，書目文獻出版社，1994年，第120頁。

⑧ （明）胡應麟：《經籍會通》二，《少室山房筆叢》卷二，上海書店出版社，2009年，第25頁。

⑨ 《結一廬書目》卷二，第六葉上，《觀古堂書目叢刻》本。

本已亡佚，今僅存紹興改定本。

《崇文總目》現存抄本與輯本兩種系統，輯本復從抄本而來。國內所存抄本有天一閣藏明抄本（善 2084）、湖南圖書館藏朱彝尊抄、翁方綱批校本（善 294.2/2）、南京圖書館藏三種清抄本（120709、110421、118274）、上海圖書館藏清抄本（綫普 403997），日本静嘉堂亦藏有清抄本一種，均爲六十六卷本，有目無釋，各注“闕”字於闕書之下；輯本則有四庫館臣輯本十二卷（以下簡稱“四庫輯本”）[1] 與錢垣等《崇文總目輯釋》五卷（以下簡稱“錢輯本”），民國時陳漢章《崇文總目輯釋補正》復對錢輯本進行補正。

有關《崇文總目》今存各版本，楊恒平《紹興改定本〈崇文總目〉現存版本考論》一文對天一閣本、湖南圖書館藏四庫底本、南京圖書館藏錢輯本底本等均有考述，但未見南京圖書館所藏明抄本與四庫底本轉抄本、上海圖書館藏清抄本，仍有缺漏。[2] 又侯印國《錢大昕佚文〈清抄本崇文總目跋〉考叙——兼説南圖藏清抄本〈崇文總目〉係〈崇文總目輯釋〉底本》亦有考論，但對天一閣本性質未能考論。[3] 筆者得以目驗眾本，在楊、侯二文基礎上對各抄本、輯本譜系進行重新梳理與介紹。[4] 今分論於下。

一　天一閣藏明抄本

天一閣所藏明抄本《崇文總目》（善 2084，以下簡稱“天一閣本”）爲藍絲欄本一册，白口，四周單邊，每半葉九行，小注雙行；封面無題簽，首卷卷首右下鈐有“天一閣”朱文長印。此本每行著錄書名兩種，少數僅錄一種，除目錄外，通計一百十一葉。此本原係范氏天一閣所藏，清初《四明天一閣藏書目録》係分厨著錄，其月字號厨有《崇文總目》，注稱“一本，抄”，[5] 嘉慶間范邦甸編《天一閣書目》，其史部目錄類著錄藍絲欄縣紙抄本《崇文總目》六十五卷[6]。此

<hr />

① 《四庫全書》本據朱彝尊抄、翁方綱批校本，後者係在天一閣本基礎上再據其他書目批校，爲行文方便，本文仍稱其爲《四庫》輯本。

② 楊恒平：《紹興改定本〈崇文總目〉現存版本考論》，《中國典籍與文化》2012 年第 4 期。

③ 侯印國：《錢大昕佚文〈清抄本崇文總目跋〉考叙——兼説南圖藏清抄本〈崇文總目〉係〈崇文總目輯釋〉底本》，《湖南人文科技學院學報》2015 年第 5 期

④ 拙文《〈崇文總目〉總集類校考》亦曾對見存抄本、輯本略有論述，然未爲全備，亦未詳考其版本流傳。見《古典文獻研究》第二十輯下卷，鳳凰出版社，2017 年，第 167-168 頁。

⑤ 《四明天一閣藏書目録》，《叢書集成續編》第 68 册影《玉簡齋叢書》本，上海書店出版社，1994 年，第 53 頁。

⑥ （清）范邦甸編：《天一閣書目》卷二之二，第六十葉下，清嘉慶十三年文選樓刻本。

本後由天一閣散出，爲寧波朱鼎煦別宥齋所得，建國後又贈歸天一閣。①

此本首頁有草書錄其分類四十四類，與正文之楷體抄錄不同，似爲後補，然闕"曆數"一類，實當四十五類。按衢本《郡齋讀書志》稱《崇文總目》"凡四十六類"②，周密《齊東野語》亦稱"四十六類"③，今天一閣本則分四十五類，適爲六十六卷。疑衢本《郡齋讀書志》誤"五"爲"六"，周密因之而誤。其四十五類之類名如下：

　　易、書、詩、禮、樂、春秋、孝經、論語、小學、正史、編年、實録、雜史、偽史、戎官、儀注、刑法、地理、氏族、歲時、傳記、目録、儒家、道家、法家、名家、墨家、縱橫家、雜家、農家、小説、兵家、類書、筭術、藝術、醫書、卜筮、天文占書、曆數、五行、道書、釋書、總集、別集、文史

此抄本仍分六十六卷，但删去叙録，僅存卷次、類目、各類著録部卷數、書名與闕否，少數書名下略注有作者信息與簡要解題，當係便於區別同名著作之故，抑或删改未盡。其中之異體字，俗體寫法如"闕"多作"闚"，"總"作"緫""揔"、"職"作"戠"、"解"作"觧"、"商"作"啇"等，尚保留宋本原貌。又卷一至三十一均題"宋崇文總目"，當即是抄自南宋紹興改定本，但并未如《秘書省續編到四庫闕書目》一般注有"紹興□□年改定"字樣。此外，此本尚有朱、墨筆校改痕迹，墨筆之校改，當是張希良受朱彝尊委託傳抄時所爲（見下文），因其校改在朱彝尊抄本中均有體現，而朱筆未知何人所加，待考。④

二　朱彝尊抄本

最早注意到天一閣本并對此本進行傳抄的是朱彝尊。《曝書亭集》卷四四載有《崇文總目跋》，稱："《崇文總目》六十六卷，予求之四十年不獲。歸田之後，聞四明范氏天一閣有藏本，以語黃岡張學使，按部之日，傳抄寄予。"⑤知此本乃是朱彝尊轉託友人自天一閣傳抄（以下簡稱"朱抄本"）。按朱彝尊《會稽山禹廟窆石題字跋》又稱"黃岡張編修視學兩浙，按部於越，拓會稽山禹穴窆石

---

①　天一閣博物館編：《別宥齋藏書目録》，寧波出版社，2008 年，第 202 頁；駱兆平：《天一閣訪歸書目》，《新編天一閣書目》，中華書局，1996 年，第 164 頁。

②　《衢本郡齋讀書志》卷九，《宛委別藏》，江蘇古籍出版社，1988 年，第 265 頁。

③　（宋）周密：《齊東野語》卷二十"書籍之厄"條，張茂鵬點校，中華書局，1983 年，第 217 頁。

④　相關批校整理可參見楊恒平：《紹興改定本〈崇文總目〉現存版本考論》，《中國典籍與文化》2012 年第 4 期，第 87 頁。

⑤　（清）朱彝尊：《曝書亭集》卷四四，第十三葉下，《四部叢刊初編》影印原刊本。

題字見寄，請予審定其文"①，此處的黃岡張學使、張編修，即曾任浙江學政的張希良。［雍正］《浙江通志・職官》載本省提督學政，中有張希良，注稱："字石虹，湖廣黃岡人，康熙乙丑進士，三十六年以翰林院侍講任。"②查《清代職官年表》，張希良於康熙三十六年至三十八年（1679-1681）任浙江學政③，則《崇文總目》爲此三年中由張希良抄錄而寄示朱彝尊。

此本今傳兩種。一爲日本靜嘉堂所藏，二本，爲陸心源十萬卷樓舊藏④，《靜嘉堂秘籍志》卷二十二著録，解題引此本上朱彝尊跋語："向讀馬氏《經籍考》，中載《崇文總目》，皆有評論，思亟見其書。及借抄於四明天一閣，則僅有其目而已，蓋紹興間惑於夾漈鄭氏之説而去之也。擬從《六一居士集》暨《通考》所采別抄一本，老矣未能，姑識於此。康熙庚辰九月，竹垞老人書，時年七十有二。"又稱"卷中有'竹垞考藏'朱文方印、'秀水朱氏潛采堂圖書'朱文方印"。⑤此本殆實即朱彝尊托張希良傳抄之原本，而《靜嘉堂秘籍志》於其書名下注稱"明抄"，實誤，此本雖自明抄本抄録，但實非明人抄本。

另一本今藏湖南圖書館（善294.2/2），爲朱彝尊抄、翁方綱批校本，後經何紹基、葉啓發、葉啓勛等收藏。此本每半葉十行，無欄。封面題"朱竹垞太史翁覃谿閣學手校""崇文揔目"，前有葉啓發、後有葉啓勛題識⑥，對此本性質、典藏源流等多有考辨。葉啓發稱"則檢討所据校之《永樂大典》本即張氏爲之，從內府抄出者矣"，是以張希良所傳抄者爲《永樂大典》本，但張氏所抄實來自天一閣，葉啓發誤。此本內文有翁方綱據史志與《永樂大典》等批校朱墨筆文字，及朱彝尊康熙庚辰九月手跋、翁方綱引高似孫《緯略》語等。此本實即《四庫全書》輯本之底本。⑦

按朱彝尊托張希良自天一閣傳抄，而今存朱抄本乃有二本，應是朱彝尊得張希良傳抄本後，復別録一本，又加批校。前本後爲陸心源所得，僅從《靜嘉堂秘籍志》解題來看，未能考察是否經朱彝尊修訂，或是張希良所抄原本，而朱彝尊題有跋語；後本爲翁方綱所得，復據《直齋書録解題》《文獻通考》《永樂大典》等書校考文字，卒成《四庫全書》本之底本。

① （清）朱彝尊：《曝書亭集》第四七，第三葉下。
② （清）嵇曾筠等監修、沈翼機等編纂：［雍正］《浙江通志》卷一二一《職官》十一，《景印文淵閣四庫全書》第522册，臺灣商務印書館，1986年，第235頁。
③ 參見錢實甫編：《清代職官年表》第四册，中華書局，1980年，第2627-2628頁。
④ 據《靜嘉堂文庫漢籍分類目録》，1930年，第382頁。
⑤ ［日］河田羆：《靜嘉堂秘籍志》卷二十二，杜澤遜等點校，上海古籍出版社，2016年，第789頁。
⑥ 又見李軍整理：《二葉書録》，上海古籍出版社，2014年，第56-57、226-228頁。
⑦ 此本具體介紹及性質確定見楊恒平《紹興改定本〈崇文總目〉現存版本考論》，第87-88頁。

此本與天一閣本的最大不同，係在易、書、詩、禮、樂、春秋等類部分條目下新增撰人。按天一閣本所著録條目，基本未注撰人，僅有極少數條目涉及到撰人。朱抄本之注撰人，在天一閣本基礎上，於易類《易緯》《元包》《周易新論傳疏》《周易正義》《周易舉正》《周易物象釋疑》《周易甘棠正義》《周易口訣義》《周易正義補闕》《易論》《周易言象外傳》下新增"宋均注"至"王洙"等、書類《尚書大傳》《尚書正義》《尚書廣疏》《尚書斷章》《尚書釋文》下新增"伏勝"至"陸德明"、詩類《韓詩外傳》《毛詩草木鳥獸蟲魚疏》《毛詩正義》《毛詩指説》《毛詩斷章》下新增"韓嬰"至"成伯璵"、禮類《周禮疏》《儀禮疏》《禮記正義》《三禮義宗》《禮記外傳》下新增"賈公彦"至"成伯璵"、樂類《羯鼓録》下新增"南卓"、春秋類《集傳春秋辨疑》《非國語》下新增"陸""柳宗元"等注釋。此類天一閣本下均無撰人，亦無校改痕迹，當是朱氏據張希良傳抄本進行校勘時新加。而天一閣本原有的"玄"避諱作"元"、"符"作"俯"等，原本上有墨筆改寫，當是張希良抄録時所爲，朱抄本均徑改。

三　轉抄朱彝尊抄本

朱抄本影響頗大，除《四庫全書》據此本外，尚有四種抄本係轉抄自朱抄本。其一爲南京圖書館所藏明抄本（120709），此本每半葉九行，行格及著録格式全同天一閣本。卷首鈐有"秘殿紬書"朱文方印、"曾藏張蓉鏡家"朱文方印、"蒗圃收藏"朱文長印、"黎川萬成公二十五世孫"白文方印、"仲遵"朱文方印、"地山"朱文方印，末頁鈐有"蒗圃收藏"朱文長印、"一畞田西是敝廬"朱文方印。末頁又有道光丁酉（1837）蔣因培跋語，稱"道光丁酉秋七月，訪芙川先生於味經書屋，清談半日，出傳展閲，知爲舊抄足本，容當借録，諒必謝我也。中元後三日辛峰蔣因培識"，末鈐"伯生"白文方印。[1] 按蔣因培（1768-1838），字伯生，常熟人，監生，曾任泰安知縣等，其在常熟辛峰巷有燕園，故跋中自稱"辛峰蔣因培"。[2] 此本又夾有名刺一張，中楷書"吳慰曾"，又有草書"尊

　　① 印鑒與跋文識讀參考侯印國：《錢大昕佚文〈清抄本崇文總目跋〉考叙——兼説南圖藏清抄本〈崇文總目〉係〈崇文總目輯釋〉底本》，《湖南人文科技學院學報》2015 年第 5 期，第 53 頁，但該文亦有誤處。

　　② 蔣因培，［道光］《濟南府志》、民國《重修泰安縣志》等均有記載。按上海朵雲軒拍賣有限公司在 1995 年 11 月 20 日秋季中國藝術品拍賣會拍賣的馬和之傳《天竺香會圖》上有李兆洛、蔣因培等題手迹，其中蔣因培即題"辛峰蔣因培"，并鈐"伯生"白文方印，見 http://auction.artron.net/paimai-art17660395/。《滂喜齋讀書志》卷三著録宋刻《淮海居士長短句》三卷，解題亦著録辛峰蔣因培跋文，見《清人書目題跋叢刊》第三册，中華書局，1990 年，第 711 頁。

大老爺，頓首，《崇文目》是古本，即□容再書謝，即頌升安"。按吳慰曾，字子安，安徽當塗人，道光二十七年（1847）進士。[①] 則此本爲蔣因培自張蓉鏡處傳抄，又經吳慰曾鑒定爲"古本"，故此本封面題爲"明人舊抄"。然將此本與天一閣本和朱抄本對照，如易、書、詩、禮等類所增加的撰者姓名均同朱抄本，而天一閣本均無；天一閣本原有之諱字，此本亦徑改，知其亦自朱抄本轉抄者，實爲清抄本。此本封面所題"明人舊抄"，與靜嘉堂藏本相同，是指自明抄本轉錄，尚存明本面貌而已，實非明人抄本。

其二爲上海圖書館藏清抄本（綫普 403997），封面題"宋崇文總目"。此本每半葉十行，首頁鈐有"華亭封氏簣進齋藏書印"白文方印，知爲民國間上海封文權藏書。此本中夾有草書長條一幅："《六一居士集》目錄有《崇文序目總釋》一卷，不載。（《六一集》□□經類總釋，又目錄類不缺，自類書以下皆闕。經類九，史類十三，子類廿二，集類十四）"又鈐有"實樗居士"白文長印。查此本之内容，與朱抄本基本相同。

其三爲南京圖書館藏清抄本（118274），查其内容，與湖南圖書館藏本相同，亦有據《永樂大典》等批校文字，係轉抄自翁方綱批校本。其四爲南京圖書館藏汪炤抄本（110421），亦據朱抄本，但於文獻著錄次第已有不同，見下文。

此四本之得以確定抄自朱抄本，即據其易、書、詩、禮等類中新增之撰人及避諱字、誤字之徑改，知其非抄自天一閣本，而是來自朱抄本。

四　南京圖書館藏汪炤抄本

南京圖書館還藏有一種清抄本（110421），此本每半葉十行，鈐有"八千卷樓珍藏善本"朱文長印、"四庫著錄"白文長印、"八千卷樓藏書之記"朱文方印、"錢塘丁氏正修堂藏書"朱文方印、"江蘇第一圖書館善本書之印記"朱文方印。有別紙過錄朱彝尊、錢大昕跋。此本實爲清汪炤抄本，亦即錢東垣等輯本所據之底本，楊恒平、侯印國二人均有詳細考證，不贅述。[②] 又此本自卷三十六以下，先錄未闕書，後錄闕書，改變原本面貌，錢東垣等輯本照抄，亦致失誤。

總體來説，現存各清抄本均是從朱彝尊抄本而來，而朱彝尊抄本則抄自天一閣本，天一閣本實爲現存最古之本，也是唯一存世的明抄本，亦是衆本之祖，更是最接近紹興改定本原貌的抄本。四庫館臣與錢東垣等所見均是朱彝尊抄本

---

① 吳慰曾，民國《當塗縣志》有傳，見《中國地方志集成·安徽府縣志輯》（40）影印民國抄本，江蘇古籍出版社，1998 年，第 88 頁。

② 見楊恒平：《紹興改定本〈崇文總目〉現存版本考論》，第 88-89 頁；侯印國：《錢大昕佚文〈清抄本崇文總目跋〉考叙——兼説南圖藏清抄本〈崇文總目〉係〈崇文總目輯釋〉底本》。

或據朱彝尊抄本之轉抄本，并非天一閣原本，將朱抄本與天一閣本對照，也可發現其增删訛誤之處，而自朱抄本以下，均有對原本的改易之處。今人若要對《崇文總目》進行研究，仍需以天一閣本爲底本，以朱抄本與其他自朱抄本轉抄本及《四庫全書》本、錢東垣等輯本爲參校本，并廣涉宋代以來文獻及近現代研究著作，方不至於據誤本以訛傳訛。①

今據上文，列今存《崇文總目》抄本、輯本譜系如下：

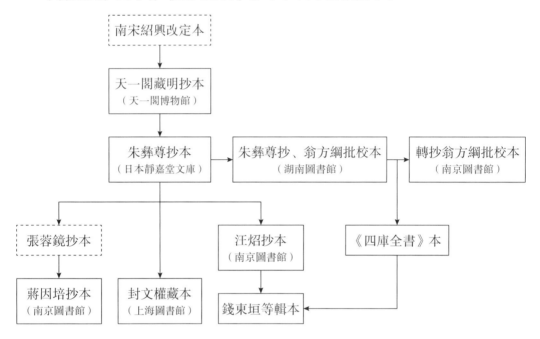

翟新明：湖南大學文學院助理教授

---

① 楊恒平有古委會項目"《崇文總目》新輯校證"，然尚未見其完整成果。拙作《〈崇文總目〉總集類校考》即是此類嘗試之一，載《古典文獻研究》第二十輯下卷，鳳凰出版社，2017 年。當然，也存在天一閣本有誤而後傳各本改正者，如小學類《辨體補修加字切韻》，天一閣本誤"加"爲"如"，而《新唐志》《通志》《玉海》不誤，《四庫》與錢輯本亦均改正（此條經武秀成師指正，特此致謝）。此尤須校勘精審，方可避免失誤。

錢大昕《元史藝文志》刊误

王　媛

　　有元一代未曾進行過大規模的書籍整理和著録工作，明初修纂《元史》時没有藍本可依，因此《元史》中未撰《藝文志》，在古代典籍源流上造成缺失的一環。明清學者多次爲《元史》補撰《藝文志》。明萬曆年間，王圻《續文獻通考·經籍考》首次稽索文獻，爲南宋後期、遼、金、元四朝補撰《經籍考》，但内容簡略，并且錯誤很多。清初學者黄虞稷在準備修纂《明史藝文志》時，也對遼金元三朝著述重新進行調查，《千頃堂書目》中著録的元代著述多達1946部，基本奠定了《元志》的規模和格局。康熙年間陸元輔、倪璨有感於黄虞稷《千頃堂書目》所録尚有缺漏，又相繼撰寫《續經籍考》和《補遼金元史藝文志》。乾嘉學者錢大昕在前代諸志的基礎上，廣泛考索群書，撰成了《元史藝文志》。

　　錢大昕生活在文獻彙聚和整理已臻極盛的清代中期，不僅能夠利用明代到清初多種《元史藝文志》輯本，還能夠利用許多基礎文獻，例如遼金元史、宋元明方志、元明文集、明清藏書家書目，以及四庫館采進之後經館臣整理的《欽定續文獻通考》和《四庫全書總目》。錢《志》是在前人學術積纍的基礎上撰成，在諸多補元史藝文志中數量最夥，所録遼金人著作302種，元人著作2921種，共3223種[①]。此外，錢《志》還具有許多方面的突破和創新。《十駕齋養新録附餘録》卷一四《元藝文志》言："予補撰《元藝文志》，所見元明諸家文集、志乘、

---

①　此據陳高華《讀錢大昕〈元史藝文志〉》（《中國史研究》2007年第1期）的統計。

小説無慮數百種，而於焦氏《經籍志》、黃氏《千頃堂書目》、倪氏《補金元藝文》、陸氏《續經籍考》、朱氏《經義考》采擿頗多，其中亦多訛踳不可據者，略舉數事以例其餘，非敢指前人之瑕疵，或者別裁苦心，偶有一得耳。"[①] 文中列舉了數十個例子，包括分類不當、時代誤著、著錄疏誤、重複著錄、誤著作者、誤著僞作等多方面的問題，糾正了舊志不少錯誤。

毫無疑問，錢《志》是明清諸多《元志》輯本中學術價值最高的一部。此書行世之後，成爲學者研究和利用元人文獻的重要參考書。晚清魏源《元史新編》和曾廉《元書》均以此書爲藍本撰《藝文志》，今人雒竹筠《元史藝文志輯本》亦大量引用錢《志》的成果。

但是，由於各種原因，此書仍然存在不少問題。近現代以來隨着對元代文獻利用和研究的深入，學者們陸續發現錢《志》中存在不少訛誤。陳垣先生已經有所揭示，陳高華先生《讀錢大昕〈元史藝文志〉》中也指出此書的若干訛誤。此外，尚有不少未經揭示。總結錢《志》中的問題，大概可以分爲十二類（以下所引皆據《潛研堂全書》本）：

一，漏著。錢《志》屬於補史志，以著錄一代之著述爲目的，雖較舊《志》使用更多的文獻，但由於佔有數量仍有局限，稍一翻檢，即可發現許多失錄著作。此外，有的條目也出現闕漏作者、卷數的情況。爲了更全面地呈現出一代的著述風氣和學術發展，有必要重新進行調查補錄。二，分類不當。錢《志》中著錄許多早已失傳的書籍，分類時僅依據書名以及有關序跋進行判斷，比較容易產生失誤。三，著錄不規範。由於書寫習慣的原因，錢《志》中不少地方著錄作者時稱其字號而非姓名，例如"俞琰"著爲"俞玉吾"，"歐陽玄"著爲"歐陽原功"，"蔣玄"著爲"蔣子晦"，"陳冲素"著爲"陳虛白"，"張雨"著爲"張天雨"，"夏侯尚玄"著爲"夏侯文卿"，諸如此類著錄不規範的情況比比皆是，但此類不規範載錄并不屬於訛誤。還有因爲忽視書籍體制而導致的問題，比如將"册""篇"著錄爲"卷"，這種情況則有必要加以辨正。四，誤著作者姓名、字號。錢《志》中以刊刻者爲作者、以作序者爲作者、混淆作者本人與親友著作的情況不止一例，很容易對後人造成誤導。五，誤著書名。有的元人典籍屢經刊刻傳抄，書名已被後人改易，以致本來名目不可辨析。錢《志》中載錄的書名有不少與元明文獻所載略異，如方回《讀易釋疑》作《讀易析疑》，張君立《春秋集義》作《春秋集議》，鄭奕夫《論語本義》作《論語本意》之類，雖稱名不同而無妨大旨，可以不認爲是誤著。但有些疏誤容易引起讀者的誤解，則

① （清）錢大昕：《十駕齋養新録》，《嘉定錢大昕全集（柒）》（田漢云點校），江蘇古籍出版社 1997 年，第 400 頁。

有必要加以訂正。六，誤著卷數。有的典籍明清時期多次重刊，分卷各殊，莫詳孰爲原本，錢《志》作爲簡目僅著録其中一種，無可厚非，但有些典籍雖然傳本衆多，但其原貌尚可考知，則需著録其成書時的卷數，而不能著録後人重新厘定之本。七，誤著時代。錢《志》中對生活在易代之際的人物的年代歸屬，一般遵照傳統史家的思路，可以不必討論。但其中個別將宋人、明人著作誤著入《元志》中的疏失，則有必要加以糾正。八，史實訛誤和考證不詳。錢《志》間或以小注形式對作者或典籍加以考訂，其中存在個別失誤之處。九，著録節本而未注明。元人著述流傳至於明清，有的經過删繁就簡，有的被叢書編纂者摘取部分内容刻入叢書之中，形成卷帙較少的本子。對於志書而言，其原集既已著録，實無必要再著録後世别出之節本。十，著録殘本或重編本、重輯本。作爲著録一代著述的目録，應當反映著作成書時或經作者本人修訂以後的面貌，而不是殘本、重編本或重輯本的面貌。錢氏也意識到這個問題，對輯佚本著録爲"作者＋書名＋卷數＋今存幾卷"或"作者＋書名＋今存幾卷"，如"劉仁本《羽庭集》十卷，今存六卷""王結《文忠文集》十五卷，今存六卷"之類，示意此書屬於殘本或輯佚本。但對此類著作的著録很有隨機性，大量的輯佚本并未注明。十一，誤著僞作。由後人撰著而托名於元人的書，在目録中一般是不予登録的。錢氏《元藝文志》云："程魚門家藏程復心《孔子論語年譜》《孟子年譜》各一卷，不見於前人著録，或是好事僞托，今不收。"[1]舊本張題王偕《荻溪集》、王士熙《王魯公詩抄》，《四庫總目》皆已辨其僞，故錢氏皆未著録。但仍有不少僞作因爲未經考辨而仍沿舊著録。十二，重複著録。

以上問題在錢《志》中均不止一例。錢《志》中失録的問題偶爾造成使用的不方便，而已有之的疏誤則可能造成以訛傳訛的不良影響。陳高華先生在十年前曾深有感慨地説："錢《志》無論對元史或中國目録學史來説，都具有重要價值。但本身存在一些問題，而現有的整理本尚難令人滿意，希望有好的整理本出現。"[2]有鑒於此，筆者不揣譾陋，對此書進行系統考訂和補録。

一、經部訂誤

（一）周易類

○俞玉吾《大易會要》一百三十卷。或作一百卷。案：《大易會要》當作一百三十卷，作"一百卷"，誤。俞琰《周易集説序》言："乃歷考諸家《易》説，

---

① 錢大昕《嘉定錢大昕全集（柒）》第 401 頁。
② 陳高華《讀錢大昕〈元史藝文志〉》。

撷其英華，萃爲一書，名曰《大易會要》，凡一百三十卷。"《席上腐談》卷下："予自德祐後，集諸儒之説，爲卷一百二十，名曰《大易會要》。"此云"一百二十"，疑爲"三"訛作"二"。

○黄超然《周易通義》二十卷，《周易或問》五卷，《周易釋蒙》五卷，《周易發例》一卷。字立道，黄岩人。案：朱彝尊《經義考》卷一四引《台州府志》："超然推本伏羲先天圖，翼以邵子《皇極經世》，著《周易通義》二十卷。發程朱傳義未盡之意，别爲《或問》五卷《發例》三卷《釋象》五卷。"然則"《周易釋蒙》"當作"《周易釋象》"，"蒙"與"象"形近而訛。《發例》"一卷"當作"三卷"。

○胡衹遹《易直解》。字紹聞，磁州武安人，翰林學士。案："字紹聞"當作"字紹開"。《元史》初刊於洪武三年，今不見初刻初印之本。嘉靖年間南京國子監曾以洪武本補版重修印行，此爲南監本；萬曆年間北京國子監重刊二十一史，是爲北監本。清乾隆四年，武英殿仿北監本重刊《元史》，以上諸本《胡衹遹傳》皆載爲"字紹開"。又白樸《天籟集》（北京大學圖書館藏覆元抄本）卷下《木蘭花慢》題《己醜送胡紹開王仲謀兩按察赴浙右閩中任》，胡紹開爲胡衹遹。又吳弘道纂《中州啓劄》卷三收録《與張可與》書信兩通，題作者爲"胡紹開紫山"。又《元文類》（至正刊本）卷三九宋本《跋蘇氏家藏雜帖》云："胡紹開如拙工鑄鼎，模範未精，沉重孤峭，似奇實陋。"又王惲《秋澗集》（弘治刊本）卷一二有"奉酬紹開外郎"，即與胡衹遹酬答之詩，卷四〇《故翰林學士紫山胡公祠堂記》有"公諱衹遹，字紹開，自號紫山"，卷八〇《中堂事記》載"胡衹遹字紹開武安人終山東按察使"，又卷一〇〇《玉堂嘉話》有"胡紹開年小也，宜唤去"諸語。張之翰《西岩集》卷八有《窗簾寄胡紹開》及《挽胡紫山紹開二首》。又《永樂大典》輯佚本張之翰《西岩集》卷八有《窗簾寄胡紹開》及《挽胡紫山紹開二首》。又《永樂大典》輯佚本乃賢《河朔訪古記》卷中載"公諱衹遹，字紹開，武安人也"。又《新安文獻志》卷七一載方回《王太古埜翁墓誌銘》有"從按察胡公紹開游"，《彰德府志》（嘉靖刻本）卷六、《萬姓統譜》（萬曆刊本）卷一一亦作"胡衹遹字紹開"。以上諸元明本中皆作"字紹開"。其誤爲"紹聞"，乃昉於《四庫提要》。《四庫總目》卷一六六《紫山大全集》提要云："《元史》本傳載其字曰紹開，然'今民將在衹遹乃文考，紹聞衣德言'，實《周書·康誥》之文，核其名義，疑'紹開'當作'紹聞'。《元史》乃傳刻之訛也。"館臣既校作"紹聞"，乃并《元史》本傳史籍所載皆加改竄，故四庫本、道光本《元史》本傳皆作"字紹聞"。錢《志》亦沿此而誤。

○方回《讀易析疑》。案：黄虞稷《千頃堂書目》、倪璨《補遼金元史藝文志》載爲"《讀易析疑》"，又注"一作釋疑"。考元洪焱祖《方總管回傳》載爲"讀易釋疑"，可知其原名爲"釋疑"。

○吳澄《易纂言》十卷，或作十二卷。《易纂言外翼》八卷，《易叙録》

十二篇。案："《易叙録》十二篇"即"《易纂言外翼》"。《外翼》分爲十二篇，曰卦統，曰卦對，曰卦變，曰卦主，曰變卦，曰互卦，曰象例，曰占例，曰辭例，曰變例，曰易原，曰易派。清初流傳極罕，朱彝尊《經義考》著録爲"《易叙録》十二篇"，又云"按《篆竹堂目》又有《纂言外翼》四册"。錢氏不察，乃以"《易叙録》"與"《易纂言外翼》"分列爲二書。

○熊凱《易傳集疏》。字舜夫，南昌人。案：此書撰者當爲熊良輔，參見潘雨廷《讀易提要》①。

○繆主一《易經精藴》。字天德，永嘉人。案："字天德"應作"字天隱"。《萬姓統譜》卷一一〇、《兩浙名賢録》卷二皆載爲"字天隱"，其集亦名爲"《天隱集》"。

○史公斑《蓬廬學易衍義》《象數發揮》。字搢叟，鄞人。案："《學易衍義》"當作"《易演義》"。鄭真《滎陽外史集》卷四三《蓬廬處士史公墓誌銘》："所著有《蓬廬集》若干卷，《易演義》《象數發揮》三卷。"

○嚴用父《易説發揮》二卷。高安縣尹。案：吳澄《吳文正集》卷八六《從仕郎瑞州路高安縣尹嚴君墓誌銘》載爲"三卷"，朱彝尊《經義考》卷四六據陸元輔《經籍考》著録爲"二卷"，此乃沿陸、朱之誤。

○吳夢炎《補周易集義》。歙人，後至元中紫陽書院山長。案：方回跋魏了翁《周易集義》曰："僉書樞密院事魏文靖公鶴山先生了翁華父，前乙酉歲以權工部侍郎坐言事忤時相，謫靖州，取諸經注疏，摘爲《要義》；又取濂洛以來諸大儒易説，爲《周易集義》六十四卷。仲子太府卿靜齋先生克愚明已，壬子歲以軍器監丞出知徽州，刊《要》《集義》置於紫陽書院。至丙子歲，書院以兵興廢，書版盡毀，尋草創新書院於城南門內，獨《集義》僅有存者。今戊子歲山長吳君夢炎首先補刊。"然則吳夢炎曾補刊《周易集義》，而非撰《補周易集義》。王圻《經籍考》誤録，黃《目》、朱《考》、錢《志》均沿其誤。

○周聞《河圖洛書序説》。字以立，吉水人。案："周聞"當作"周聞孫"，錢《志》著録周聞孫著作多種，不當不知其名，此處或爲刊刻脱漏。

○趙然明《意官圖辨》五十卷。婺源人。案："《意官圖辨》"，當據［弘治］《徽州府志》卷八《趙然明傳》、［乾隆］《江南通志》卷一九〇《藝文志》所載爲"《意言圖辨》"，"言"與"官"形近而訛。

○趙元輔編《大易象數鈎深圖》三卷。案：《天禄琳琅書目》卷一載："《六經圖》，一函六册。宋楊甲撰，毛邦翰補。《大易象數鈎深圖》一册，《尚書軌範撮要圖》一册，《毛詩正變指南圖》一册，《周禮文物大全圖》一册，《禮記制度示掌圖》一册，《春秋筆削發微圖》一册，不分卷，苗昌言序。序載陳大夫爲撫

---

① 潘雨廷：《讀易提要》，上海古籍出版社 2006 年，第 288 頁。

之期年，取《六經圖》編類爲書，刊之於學，事在乾道元年。"又據彭元瑞《天禄琳琅書目後編》卷三"六經圖"條載："前後乾道元年苗昌言序，列銜……州學教諭吳鞏飛、黃松年、崔崇之、唐次雲、李自修、趙元輔編。"然則《六經圖》爲宋人楊甲所撰，《易象數鈎深圖》爲《六經圖》之一。錢氏以《大易象數鈎深圖》歸於趙元輔，且著於元志，大誤。然考《澹生堂藏書目》載有"《大易象数鈎深圖》三卷，三册，趙元輔等編"，《經義考》卷七十一"牛氏思純《太極寶局》"條亦載："按思純，師德之子，見趙元輔所編《象數鈎深圖》。"則其誤昉於前人，非自錢氏始也。

　　○饒宗魯《易經庸言》。案："《易經庸言》"，宜據《萬姓統譜》卷三〇《饒宗魯傳》，改爲"《易傳庸言》"。

　　○陳宏《易孟通旨》。莆田人，宋末徙華亭。案："《易孟通旨》"，宜據〔正德〕《松江府志》卷三〇，改爲"《易孟通言》"。

　　（二）書類

　　○韓信同《書經講義》。一作《集解》。案：〔弘治〕《八閩通志》卷七二《儒林傳》載："（信同）著《書經講義》《三禮易經旁注》《書解集》《史類篆》，及詩文十餘卷行於世。"凌迪知《萬姓統譜》卷二四、馮從吾《元儒考略》卷四亦皆以"《書講義》"與"《書集解》"列爲二書，可見《書集解》并非《書經講義》之別名。

　　○胡一中《定正洪範集說》一卷。字允大，諸暨人，紹興路録事。案："字允大"當作"字允文"。張翥《蛻庵詩》卷四《分題若耶溪送胡一中允文録事之紹興》、黃溍《金華黃先生文集》卷五《送胡允文紹興録事》、錢惟善《江月松風集》卷一《分韻送諸暨胡允文》，即其人。〔萬曆〕《紹興府志》卷四三《胡一中傳》載其"字允文"，其誤昉於黃《目》及倪《補志》。

　　○鄒季友《書蔡傳音釋》六卷。鄱陽人。案：書名當有"辯誤"二字，丁丙《善本書室藏書志》卷一載："《尚書蔡傳音釋辨誤》六卷，影寫元刊本，元鄱陽鄒近仁季友著。"《八千卷樓書目》卷一亦載爲"《蔡傳音釋辨誤》六卷"。

　　（三）詩類

　　○趙惪《詩辨説》七卷。一作一卷，隱居豫章，宋宗室。案："《詩辨説》"應作"《詩辨疑》"。今有元刊本一卷附於朱倬《詩經疑問》七卷之後，瞿鏞《鐵琴銅劍樓藏書目録》卷三載："《詩經疑問》七卷附編一卷，元刊本，題進士旰黎朱倬孟章編，附編題豫章後學趙惪編。……趙氏著有《詩辨疑（《經義考》作"説"）》七卷，見《千頃堂書目》。此所附者，其即摘録是書歟？通志堂刻即出此本。"瞿氏疑元刊一卷本爲摘録本，然檢元明文獻所載，未見有七卷本《詩辨疑》流傳，疑此書實僅有一卷，黃《目》以其附於《詩疑問》七卷之後而誤著。又以焦竑《國史經籍志》載"趙惪《詩辨疑》十卷"，故黃《目》載爲"趙惪《詩辨疑》七卷，一作十卷"，其實焦《志》多率爾濫載（《四庫提要》語），不足爲據。至於所云"《詩辨疑》本七卷，附録朱氏《疑問》後者其撮要也"，更爲無稽。朱彝尊《經義考》卷一一〇乃引其説，瞿《目》亦沿黄、朱二人之説，訛以傳訛，至今未明①。倪《志》亦沿黄《目》載爲"七卷，一作十卷"，錢氏則改據《通志堂》本著爲"一作一卷"，然仍誤沿黄《目》著爲"七卷"。

○胡一桂《詩傳附録纂疏》八卷。案：此書當名爲"《詩集傳附録纂疏》"，凡二十卷，今有元刊本藏於國家圖書館。

○朱公遷《詩傳疏義》二十卷。字克叔，樂平人，處州學正。案：作"克叔"，誤。朱公遷，字克升，馮從吾《元儒考略》卷四有傳。

○朱近禮《詩疏釋》。盱江人。案："《詩疏釋》"當作"《詩傳疏釋》"，其書已佚，吳澄《吳文正集》卷六一有《題朱近禮〈詩傳疏釋〉》。

○蘇天爵《讀詩疑問》一卷。案：《讀詩疑問》見《滋溪文稿》卷二五，朱彝尊《經義考》卷一〇一著録。此乃據《經義考》，并無單行之本。

○楊舟《詩經發揮》。《江西通志》：字道濟，吉水人。《湖廣通志》：字梓夫，慈利人，登進士，爲茶陵同知，歷遷翰林待制。案：此據朱彝尊《經義考》卷一一一"楊氏舟《詩經發揮》"條。今考謝旻［康熙］《江西通志》卷七六《人物》："楊舟，字道濟，吉水人，授詩學於謝南窗，作《詩經發揮》。"又［光緒］《湖南通志》卷一六四《人物》載："楊輈，字梓夫，慈利人，居彌勒山。通經史，工詩。登進士，任茶陵州同知，總管阿思蘭海牙最尊禮之。歷翰林待制，明初隱居，建聚奎書院，講學其中。"可知"楊舟"與"楊輈"名、字、籍貫皆不相同，當爲二人無疑。

○韓性《詩音釋》一卷。案："《詩音釋》"，黄溍《金華黄先生文集》卷三二《安陽韓先生墓誌銘》作"《詩釋音》"，《元史》本傳載爲"《詩音釋》"，後人乃沿其誤。

○顔達《詩經講説》。江陵人。案："顔達"，乾隆五十九年《江陵縣誌》卷三〇《人物·文苑》載爲"顔達龍"；劉瑾《詩經通釋》卷一七《生民之什三之二》、卷一九《周頌清廟之什四之一》引其説，亦皆作"顔達龍"。

○方道叡《詩記》。字以愚，淳安人，至正進士，翰林編修，改杭州判官。案：此沿《經義考》卷一〇一之誤。朱彝尊乃據《兩浙名賢録》卷二，然《兩浙名賢録》所載方氏著作爲"《詩説》一卷《文説》一卷"，可知其書名當爲"《詩説》"，與《文説》同爲詩文評，不當著於"詩經類"。

○朱倬《詩疑問》七卷。一作八卷。字孟章，建昌新城人，以進士授遂安尹，至正十二年寇至，不屈死。案：元明時并無八卷本，元刻朱倬《詩疑問》七卷，

① 劉毓慶《歷代詩經著述考》亦沿其説，中華書局，2002年，第331頁。

卷末後附有趙悳《詩辨疑》一卷，"一作八卷"之説，或以此二書合爲八卷耶？

（五）禮類

○陳深《考工記句詁》一卷，《周禮訓隽》十卷，《周禮訓注》十八卷。案：《四庫總目》卷二三："《周禮訓隽》二十卷，副都御史黄登家藏本。明陳深撰。深字子淵，長興人，嘉靖乙酉舉人，官至雷州府推官。是書割裂五官，沿俞庭椿之説，於經義無所發明。"陳深既爲明人，則不當著入《元志》。

○戴右玉《治親書》。凡三篇：一曰治親，二曰宗法，三曰服制。案：戴右玉，當作"戴石玉"。虞集《道園學古録》卷三一《戴石玉所著三禮序》："治親書者，廬陵戴君石玉之所編也。其意以爲記禮者，有曰聖人南面而聽，天下所宜先者五，一曰治親。故取《爾雅》《儀禮》《戴氏記》及先儒之言而成之，凡三篇，一曰釋親，二曰宗法，三曰服制，而親親之道備矣。"

○陳澔《禮記集説》十卷。一作十六卷。字可大，都昌人。案：《禮記集説》元刊本作十六卷，十卷本乃弘治間書賈自《禮記大成》中摘録彙編而成，并非原書卷帙[①]。

○薛子晦《中庸注》。東陽人。案："薛子晦"當作"蔣玄字子晦"。宋濂《宋學士文集》卷七五《東陽貞節處士蔣府君墓銘》："府君諱玄，字子晦，別字若晦，姓蔣氏。……時許文懿公謙以道德爲學者師，府君從而受其説。……著《四書箋惑》《大學章句纂要》《四書述義》通若干卷，《治平首策》二卷，《學則》二十卷，《韻原》六十卷。"其訛昉於陸元輔《經籍考》，而後黄《目》、朱《考》、錢《志》沿其誤。

○吳澄《三禮考注》六十八卷。或云晏璧僞托。案："六十八卷"當作"六十四卷"。此書諸本皆作"六十四卷"。黄《目》卷二著録："吳澄《三禮考注》六十八卷，成化九年癸巳羅倫序。"倪《補志》、錢《志》皆沿其誤。其實成化刊本尚有流傳，乃作六十四卷。

○程榮登《翼禮》。案：程榮登，程敏政《新安文獻志》卷七一《元故江浙等處儒學提舉程公榮秀墓誌銘》作"程榮秀"。黄《目》始誤，倪《補志》、錢《志》皆沿其訛。

（六）樂類

○吾衍《十二月樂舞譜》。案："樂舞譜"，王禕《王忠文公集》卷二一《吾丘子衍傳》作"樂詞譜"，明方志皆同，錢《志》始誤。

（七）春秋類

○虞盤《非國語》。案："《非國語》"當作"《非非國語》"。虞集《道園學

---

① 詳參沈乃文《〈禮記集説〉版本考》，《國學研究》第 5 輯，北京大學出版社，1998 年，第 289-302 頁。

古録》卷四三《亡弟嘉魚大夫仲常墓誌銘》："其幼時常讀柳子厚《非國語》，以爲《國語》誠可非。而柳子之説亦非也，著《非非國語》。"

○郭鏗《春秋傳論》十卷。案："郭鏗"當作"郭陞"。程鉅夫《雪樓集》卷一七《純德郭先生墓碣》載："君諱陞，字德基。……著《春秋傳論》十一卷。"

○蘇壽元《春秋經世》《春秋大旨》。字伯鸞，福安人。案：蘇壽元，字仁仲，伯鸞乃其小字。蔣易《皇元風雅》卷二七"蘇北溪福安蘇壽元仁仲"載其小傳，云："先生九歲能屬文，十三通《春秋》大義，月旦評，嶄然諸老上。其師以詩勖之，曰：伯鸞蘇氏子，年少勤經史。下筆如有神，氣概邁前古。切勿恃其長，囊麝自然香。如有周公美，使驕不足揚。伯鸞，先生小字也。"

○梅致《春秋編類》二十卷。一作致和，宣城人。案：宋濂《宋學士文集》卷三九《梅府君墓誌銘》："府君諱致和，字彦達，姓梅氏。……於是棄去，肥遯於城南，益取《春秋》而研精之，辨其世變，要其指歸，著《春秋類編》十二卷。"王圻《經籍考》始誤"類編"爲"編類"，盧文弨《經籍考》、倪《志》又誤"十二卷"爲"二十卷"，"梅致和"爲"梅致"。此并沿前人之訛。

○楊維楨《春秋透天關》十二卷。案：《春秋透天關》早佚，宋濂《楊維楨墓誌銘》未載卷數，焦竑《國史經籍志》載宋人晏兼善有同名書十二卷，疑此誤移其卷數。

○吳思齊《左傳闕疑》。字子美，永康人。案："子美"當作"子善"。王柏《魯齋集》卷四《吳子善字辭》："寶祐癸丑季冬吉日，松陰先生吳仲淵父冠其子思齊，而謀其字於友人金華王某。……我其字之曰子善，父汝受而保承天之佑。"

○陳深《清全齋讀春秋編》十二卷。一作三卷。案：楊士奇《文淵閣書目》卷一："陳深《讀春秋編》一部三冊。"焦《志》著錄爲"三卷"。納蘭性德《序》："《讀春秋編》十二卷，原本左胡，采撮諸説，深有益於學者。偶獲元槧本，爲加校勘而屬之梓。"可知元槧本當作"十二卷"，焦竑誤"三冊"爲"三卷"，錢《志》乃沿其訛。

（八）孝經類

○《圖像孝經》。大德十一年刊行。案：此據《元史·仁宗本紀》載錄，原書云："時有進《大學衍義》者，命詹事王約等節而譯之，帝曰：'治天下，此一書足矣。'因命與《圖像孝經列女傳》并刊行賜臣下。"可見《圖像孝經》爲元代刊行之書，未必成於元代，似不當著於《元志》。

○林起宗《孝經圖解》一卷。字伯始，內邱人。案：蘇天爵《內邱林先生墓碣銘》云："君諱起宗，字始伯。"錢《志》"始伯"二字互乙[1]。"經解類"已

---

[1] 參見陳高華《讀錢大昕〈元史藝文志〉》。

著“林起宗《中庸》《大學》《論語》《孟子》諸圖”，此處似無需重複著録。

（九）論語類

○王若虛《論語辨惑》五卷。案：此書與“孟子類”所録“王若虛《孟子辨惑》一卷”分見王若虛《滹南遺老集》卷三至卷八。兩書向無單行本，且集部既已著録《滹南遺老集》，則似無必要重複著録。

○林起宗《論語圖》。案：“經解類”已著“林起宗《中庸》《大學》《論語》《孟子》諸圖”，此處爲重複著録。

（十）孟子類

○王若虛《孟子辨惑》一卷。案：《孟子辨惑》即王若虛《滹南遺老集》卷八，未見有單行本流傳。

○劉章《刺刺孟》一卷。以上金。案：劉章，字文孺，紹興十四年廷試第一，曾以秘書少監起居郎使金。淳熙四年，以資政殿學士致仕，卒謚靖文。《宋史》卷三九○有傳。劉氏雖曾使金而實非金人，錢《志》著於金志，誤。

（十一）經解類

○趙孟玉《九經音釋》九卷。案：“趙孟玉”當作“趙孟至”，“《九經音釋》”當作“《九經釋音》”。《文淵閣書目》卷一：“趙孟至《九經釋書》一部三册”。《天禄琳琅書目》卷七：“《九經釋音》一函五册，宋趙孟至撰，不分卷，前孟至自序。”今其書已不傳。

○吳師道《三經雜説》八卷。《易》《詩》各一卷，《書》六卷，一作通十卷。案：宋濂《宋學士集》卷六三《吳先生碑》：“有《蘭溪山房類稿》二十卷，《易》《書》《詩》皆有《雜説》，通十卷，《戰國策校注》十卷，《絳守居園池記校注》一卷，《敬鄉録》二十三卷。”此書早佚，元明并無著爲八卷者，黃《目》卷三始著爲“吳師道《易書詩雜説》八卷”，《易》《詩》各一卷，《書》六卷”，此乃沿自黃《目》。

○虞盤《經説》。案：虞盤并未著此書。虞集《道園學古録》卷四三《亡弟嘉魚大夫仲常墓誌銘》：“……必爲所許可。讀吳公所著諸經説，他人或未足盡知之，而仲常輒得其旨趣。”錢氏有所誤解。

○葉夢鱻《經史音要》。建安人。案：據〔弘治〕《八閩通志》卷六五、《萬姓統譜》卷一二四、〔嘉靖〕《建寧府志》卷一八所載傳記，“葉夢鱻”當作“葉夢鱻”，“《經史音要》”當作“《經史旨要》”。

○許謙《四書叢説》二十卷。今存《大學》一卷《中庸》二卷《孟子》二卷。案：黃溍《白雲許先生墓誌銘》載爲“二十卷”，《元史》本傳亦據《墓誌銘》載爲“二十卷”。今此書有元刊本八卷流傳，其中《大學》一卷、《中庸》二卷、《孟子》二卷、《論語》上中下三卷，内容未見闕佚。阮元《讀〈中庸叢説〉提要》（《宛委叢書》本前）云：“今所録者俱遵元板，《論語》三卷、《中庸》二卷，合之《大學》一卷、《孟子》二卷，得八卷，皆首尾完整。明《秘閣書目》所載《四書叢説》亦止四册，殆與今本相同，蓋未可據《墓誌》、本傳而疑其尚闕佚也。"

○鄭朴翁《四書指要》二十卷。字宗仁，温州平陽人，入元不仕。案："《四書指要》"，據《兩浙名賢録》卷五四"國子正鄭宗仁朴翁"條當爲"《四書要指》"。

○龔霆松《四書朱陸會同注釋》二十九卷，《舉要》一卷。貴溪人，宋咸淳鄉舉以省薦授漢陽教授不就。龔一作張。案：袁桷《清容居士集》卷二一有《龔氏四書朱陸會同序》，可知撰者爲龔霆松，黃虞稷《千頃堂書目》始誤爲"張"，此沿黃《目》之訛而未加考辨。

○程復心《四書章圖》二十二卷，《四書章圖檃括總要發義》二卷。字子見，婺源人，徽州路儒學教授。案：此書仍有後至元三年德新堂刻本流傳，分爲章圖、纂釋兩部分，含《四書章圖檃括總要》三卷、《大學句問章圖纂釋》一卷、《中庸句問章圖纂釋》一卷、《論語句問章圖纂釋》十卷、《孟子句問章圖纂釋》七卷，凡二十二卷。故此條當著録爲"《四書章圖纂釋》十九卷《四書章圖檃括總要》三卷"。題爲"《四書章圖檃括總要發義》"者，乃明人重編，實則僅録元刻本《總要》之上、中二卷[①]。

○何文淵《四書文字引證》九卷。泰定間人。案："《四書文字引證》"，黃《目》作"《四書字文引證》"，錢《志》沿倪璨《補志》作"《四書文字引證》"，皆誤。《文淵閣書目》《内閣藏書目録》均著爲"《四書事文引證》"，《永樂大典》殘卷亦引作"《四書事文引證》"。

○涂揩生《四書斷疑》。字自昭，宜黃人，濂溪書院山長。案："涂揩生"當作"涂溍生"，[嘉靖]《贛州府志》卷七《秩官》："涂溍生自昭，撫州宜黃人，邃於易學，時行省鄉試額取士二十三人，溍生三舉上春官不第，授山長，著有《四書斷疑》《易義矜式》行世。"楊士奇《東里集》卷一六《易主意》亦載："《易主意》一册，元臨川鄉貢進士涂溍生著。"

○吳大成《四書圖》。字浩然，里安人，永嘉縣丞。案："吳大成"當作"吳成夫"。孫詒讓《温州經籍志》卷六《經部》"吳氏成夫《四書圖》"條載："案：吳縣丞成夫，[萬曆]《温州府志·文學傳》[嘉慶]《里安縣誌·文苑傳》并有傳，《經義考》二百五十五誤作吳成大，《元史藝文志一》又誤作吳大成。"

○黃仲元《四書講義》。字四知，莆田人。案："四知"當爲"四如"形訛，"四如"爲黃仲元號，黃仲元字善甫，後改名淵，字天叟號。詳見集部"《四如先生集》"條。

---

① 參見顧永新《元程復心〈四書章圖纂釋〉初探》，《藝衡》第5輯，國家圖書館出版社，2011年，第74-81頁。

（十二）小學類

○杜本《六書通編》十卷，《華夏同音》。案：《元史》本傳載："（本）所著有《四經表義》《六書通編》《十原》等書，學者稱爲清碧先生。"黃《目》誤"十原"爲"十卷"，錢《志》遂沿其誤。

○楊桓《六書統》二十卷，《六書泝源》十三卷。案："《六書泝源》"當作"《六書統溯源》"。瞿鏞《鐵琴銅劍樓書目》卷七載："《六書統溯源》十三卷，元刊本，題與《六書統》同。此取《説文》所無之字作爲篆籀，而以六書之義疏之，惟闕'象形'一門，全書亦其手自寫定以刊者，各家書目俱曰《六書溯源》，原本有'統'字。"

○許謙《假借論》一卷。案：許謙《假借論》向未見著録，檢趙撝謙《六書本義》中有"假借論"一節，疑即此論，而誤"趙撝謙"爲"許謙"。

○鄭杓《衍極》二卷。案：此書當入"子部雜藝術類"。又"二卷"乃《永樂大典》輯佚本，明成化刊本、弘治刊本、萬曆刊本并作五卷，卷末附載元人陳旅尺牘，稱"朱二來，辱惠書，及封至畫像一軸并刻本《衍極》五卷"，可知原書爲五卷。

○李文仲《字鑒》五卷。案：五卷，[正德]《姑蘇志》卷五六、《吳中人物志》卷一三均載作"五篇"。

○劉鑒《經史正音切韻指南》一卷。一名《四聲等子》，字士明，陝西人。案：劉鑒《經史正音切韻指南》與佚名撰《四聲等子》爲二書，《四庫總目》卷四二"《四聲等子》提要"辨之已詳，此不贅述。

○李世英《類韻》三十卷。案：《類韻》，據[正德]《姑蘇志》卷五六、《吳中人物志》卷一三所載，當作"《韻類》"。

（十三）譯語類

○《大學衍義節文》。延祐四年翰林學士承旨忽都魯都兒迷失等譯。案：《道園學古録》卷七《西山書院記》："是年天子命大司農晏、翰林學士承旨忽都魯都兒迷失譯公所著《大學衍義》，用國字書之，每章題其端曰真西山云。"《元史·仁宗本紀》亦載爲譯真德秀《大學衍義》，未詳何以著録爲"節文"。

二、史部訂誤

（一）正史類

（二）實録類

○《顯宗實録》十八卷。泰和三年左丞完顏匡等進。案：《金史》卷一二《章宗本紀》"泰和三年十月"："庚申尚書左丞完顏匡等進《世宗實録》，上降座立受之。"卷九二《完顏匡傳》亦載爲泰和三年進《世宗實録》。錢氏或以《金史》

卷一〇《章宗本紀》載明昌四年"（八月）辛亥國史院進《世宗實錄》"，《世宗實錄》已進於明昌四年，故改泰和三年所進爲"《顯宗實錄》"。然顯宗乃世宗太子完顏允恭廟號，完顏允恭病逝於世宗大定二十五年，實未踐祚，不當有實錄。且趙秉文《滏水集》卷一二《翰林學士承旨文獻黨公碑》載"（明昌）六年預修《世宗實錄》及《遼史》"，可見明昌四年以後仍有編纂《世宗實錄》事，故疑錢氏所改不當。

○《衛王事蹟》。蘇天爵謂：《衛王實錄》，竟不及爲。案：此條黃《目》、倪《志》皆載爲"興定五年進"，乃誤據脫脫《金史》卷一百六"賈益謙傳"所載："興定五年正月，尚書省奏《章宗實錄》，已進呈。衛王事蹟亦宜依海陵庶人實錄纂集成書，以示後世。制可。"《金史》僅載興定年間擬撰《衛王實錄》，未言其成書與否。蘇天爵《滋溪文稿》卷二五《三史質疑》載："時中原新經大亂，文籍化爲灰燼，故其書尤疎略，諸大臣子孫多死於兵，僅著數十傳而已，《衛王實錄》竟不及爲。國亡之後，元好問述《壬辰雜編》、楊奐《天興兵鑒》、王鶚《汝南遺事》，亦足補義宗一朝之事。"錢《志》既引蘇天爵語，又仍黃《目》、倪《補志》之舊，殊不可解。

（三）編年類

○尹起莘《通鑑綱目發明》五十九卷。遂昌人。案：錢氏《元藝文志》云："黃氏、倪氏'史類'有尹起莘《綱目發明》五十卷。按趙希弁《讀書附志》載此書，云建康布衣尹起莘所著，別之傑帥金陵，進其書於朝，魏了翁爲之序，則非元人矣。趙《志》云建康布衣，而黃以爲遂安人，當考。"尹起莘爲宋人，錢氏固已言之，而仍沿黃《目》、倪《志》之誤[1]，可謂不慎。

（四）雜史類

○劉祁《歸潛志》十四卷。案：王惲《渾源劉氏世德碑銘》載其撰"《歸潛志》三卷"，而明代以來諸本皆作"十四卷"，或爲後人所分。

○陳仲微《廣益二王本末》一卷。宋兵部侍郎，國亡避地，卒於安南。案：萬斯同《群書疑辨》卷一一"書宋史陳仲微傳後"疑其爲僞作。

○張雯《繼潛錄》。字子昭，吳人記宋末遺事。案："張雯"當作"張旻"，詳見子部"張雯《書畫補逸》"條。

○《平宋錄》十卷。至元十三年劉敏中奉詔修。案：錢大昕《十駕齋養新錄》卷一三云："按至元十三年詔修《平宋錄》十卷，相傳劉敏中所修，與此卷數不合，且當時雖以伯顏爲大將，而同事尚有阿術、阿里海涯諸人，不應專記伯顏一人。若至正四年追封淮王，更在敏中既没之後，此録必非敏中所修之本。"此

---

[1]　參見陳高華《讀錢大昕〈元史藝文志〉》。

考《伯顔平宋録》非劉敏中所修，故錢《志》中此條之下又有“《伯顔平宋録》二卷，不知撰人，或云平慶安作”條，以“《平宋録》十卷”與“《伯顔平宋録》二卷”爲二書。今考《元史·世祖本紀》至元十三年載：“戊寅詔作《平金》《平宋録》及《諸國臣服傳記》。”并未云詔命何人修纂，亦未詳卷數，《元史·劉敏中傳》《中庵集》亦不載其撰《平宋録》。竹汀以十卷本“相傳劉敏中所修”，蓋出於誤解。首先，“十卷本”始見焦《志》卷三載：“《平宋録》十卷，元伯顔。”焦《志》“雜抄衆家，無所考核”（《四庫提要》語），最不足憑。伯顔爲平宋功臣，《平宋録》之傳主，并無著《平宋録》十卷之事。《伯顔平宋録》僅二卷（或作三卷），并無十卷之數。黃《目》卷五沿襲焦《志》，而載爲：“劉敏中《伯顔平宋録》二卷，一作十卷。”錢《志》以“十卷本”爲別一書，皆誤。其次，《伯顔平宋録》撰者，明清文獻中或載爲劉敏中撰。如《南雍志》卷一八《經籍考》載：“《平宋録》二卷，存者五十七面，欠者九面，尾未見終，元翰林學士劉敏中撰。”《四庫總目》卷五一“平宋録三卷”條亦以爲“此書實劉敏中所撰，慶安特梓刻以傳，後人以其書首不題敏中姓名，未加深考，遂舉而歸之慶安耳”，今傳《守山閣叢書》本、《碧琳琅館叢書》本皆題“劉敏中撰”。其實此書撰者爲平慶安。張之洞《順天府志》卷一二四《藝文志》考之甚詳：“平慶安《丙子平宋録》三卷，存守山閣本。平慶安，燕山人，杭州路司獄。是書上中二卷紀至元十五年巴顔下臨安及宋幼主北遷之事，與史多同。下卷紀巴顔賀表、追贈河南路統軍鄭江事、巴顔功德碑，則史所未備也。舊題平慶安撰。《千頃堂書目》以爲劉敏中作，前人遂徑題劉敏中，以平慶安爲開板印造之人，非著書之人。然大德鄧錡《序》云：大德七年，杭州路司獄官平慶安建白大丞相太傅巴顔公加封淮安王，謐忠武，創祠立石於武成王廟左。又次第《平宋録》訖，大路推官王國寶請序其首。周明《序》云：平獄司錢梓王行實傳於世，名之曰《丙子平宋録》。是書舊題平著，不爲無據。序中明言慶安名之曰《丙子平宋録》，今亦據以改題。”

　　○史□《至正遺編》四卷。案：此條乃據黃《目》卷五載：“史□《至正遺編》四卷，溧陽人。”“《至正遺編》”即孔齊《至正直記》。瞿鏞《鐵琴銅劍樓書目》卷一七“子部”著録：“静齋《至正直記》四卷，抄本，題闕里外史孔齊行素著。行素聖裔，以父退之爲溧陽書掾，遂家焉。”故“史□”當爲“闕里外史孔齊”之誤。

　　（五）古史類
　　○吾衍《晉史乘》一卷，《楚史檮杌》一卷。案：“《晉史乘》”當作“《晉文春秋》”。王禕《王忠文公集》卷二一《吾丘子衍傳》、陶宗儀《南村輟耕録》俱載爲“《晉文春秋》”，明人改題“《晉史乘》”并偽造吾丘衍序於卷首。《四庫總目》卷六六辨之甚詳：“前有大德十年吾邱衍序，稱《晉史乘》於劉向校讎未之聞，近年與《楚史檮杌》并得之。……考《王禕集》有《吾子衍傳記》，衍所著各書甚悉，中有《晉文春秋》《楚史檮杌》二書之名，張習孔《雲谷卧餘續》亦云衍作，俱未嘗言衍得此二書。然則衍特捃摭舊事，偶補二書之闕，原非作僞。傳其書者欲以新異炫俗，因改‘晉文春秋’爲‘晉乘’，以合孟子所述之名，并僞撰衍序冠之耳。序文淺陋，亦決不出衍手也。”

○陳翼子《唐史厄言》三十卷。案：“陳翼子”當作“陳仁子”。翼子、仁子二人皆元初茶陵人，以編刊書籍知名。然翼子字翼甫，仁子字同甫，其爲二人無疑。翼子曾重刊呂大臨《考古圖》，附以考證。仁子號古迂翁，《文選補遺》刊本卷末有門人譚紹烈識後云：“紹烈夙侍舅古迂翁指示古今文法。翁著述甚富，《牧萊脞語》三十卷已刊墨本，今再取所編《文選續補》四十卷刊成，并前昭明所纂《文選》六十卷，共一百卷行世。外有所輯《韻史》三百卷，《迂褚燕説》三十卷，《唐史厄言》三十卷，續用工刻梓，以求知好古君子云。”可見此書爲陳仁子所撰。

（六）史抄類

○倪堯《史學提綱》。案：倪堯，未見典籍記載。王圻《經籍考》載“《史學提綱》，上饒祝堯著”，“倪堯”或是“祝堯”之形訛。又檢《明一統志》、［正德］《建昌府志》《萬姓統譜》所載祝堯傳，有“《策學提綱》”而無“《史學提綱》”，疑王圻所録亦誤。

○鄭滌孫《直説通略》十三卷。案：“鄭滌孫”當作“鄭鎮孫”。北京大學圖書館藏有明成化庚子刊本，卷首有自序，題爲“時至治改元龍集辛酉良月望日括蒼後學鄭鎮孫序”。鄭滌孫字景歐，處州人；鄭鎮孫字安國，括蒼人，乃屬兩人無疑。

○柴望《丙丁龜鑒》五卷。案：柴望《丙丁龜鑒序》：“臣故采摭其實，目曰《丙丁龜鑒》，厘爲十卷，卷各有事，事各有斷。”可知其原本當作“十卷”。《四庫總目》卷一一一考云：“《通考》著録作十卷，此本止五卷，然首尾完且，蓋明人所合併也。”

○謝端《正統論辨》一卷。案：“《正統論辨》”當作“《正統論》”。《元史·謝端傳》：“端又與趙郡蘇天爵同著《正統論》，辨金宋正統甚悉，世多傳之。”黃《目》誤斷爲“正統論辨”，此乃沿其訛。

○董鼎汪亨《史纂通要後集》三卷。案：“汪亨”當作“季亨”，張金吾《愛日精廬藏書志》卷二十載：“《史纂通要後集》三卷，影寫元刊本，元番陽董鼎季亨纂是書，括宋金兩朝事蹟，系以論斷，以續胡一之書，故曰《後集》。”錢《志》卷一“書類”著録“董鼎《尚書輯録纂注》六卷，字季亨，鄱陽人”，并未誤。此處訛爲“汪亨”，乃沿襲黃《目》之故。

○宋□《紀史奇迹》十五卷傅若金《序》稱侍御史魏郡宋公。案：“宋某”

當爲"宋崇録"。許有壬《至正集》卷六三《有元故中奉大夫陝西諸道行御史臺侍御史宋公墓誌銘》："公諱崇禄，字壽卿。……日閱載籍，事可法者手抄成帙。纂《東郡志》十六卷，《紀史奇迹》十五卷，《出師表附録》二卷。"

（七）故事類

○楊廷秀《四朝聖訓》承安二年編類，太祖太宗熙宗世宗聖訓。案："承安二年"當作"承安四年"。脱脱《金史》卷一一《章宗本紀》："（承安四年）十二月己未，除授文字初送審官院。辛酉，更定考試，隨朝檢知法條格。右補闕楊庭秀請類集太祖、太宗、世宗三朝聖訓，以時觀覽。從之，仍詔增熙宗爲四朝。"

（八）職官類

○趙承禧《憲臺通紀》一卷。案：此爲《永樂大典》輯佚本，原本當作"二十四卷"。見《憲臺通紀序》載："乃命參考簿籍，起自至元瓦年以迄於今，凡立法定制、因革變通，與夫除拜先後、官聯名氏，彙集成書，凡二十四卷，定其名曰《憲臺通紀》，於以彰聖朝委任風憲之初。"

○潘迪《憲臺通紀》二十三卷。案：黄佐《南廱志》卷一八《經籍考》："《憲臺通紀》二十三卷，存者二百八十五面，失二百五十八面有餘，元監察御史潘迪編，乃集慶路儒學梓，見《金陵新志》。"焦《志》卷三、黄《目》、錢《志》皆沿此著録。陳垣先生謂："錢氏所載，係一據"千頃堂"等書目，一據《永樂大典》摘録，故卷帙不同。猶之《憲臺通紀》，係憲屬趙承禧所撰，而監察御史潘迪爲之序，故錢氏《元史藝文志》既載潘迪《憲臺通紀》二十三卷，又載趙承禧《憲臺通紀》一卷，卷帙懸絶，非有二書，《南臺備要》亦猶是耳。"[1] 今檢潘迪《憲臺通紀序》言："乃命憲屬趙承禧稽之簡策，參以案牘，旁詢曲采，彙集成書。不惟法制始終、除拜先後昭然可睹，而孰爲邪正、孰爲得失，亦不容掩。書成，憲臣奏請刻梓摹印，以頒内外。"可知此序乃爲趙承禧《憲臺通紀》而作。又索元岱《南臺備要序》稱："至元十四年……爰立行臺於維揚，以式三省，以統諸道，即今江南諸道行臺御史之在集慶者也。……中臺嘗并其官屬之名氏、除拜之歲月，合爲一書，刊布中外，所謂《憲臺通紀》是已。"可知集慶路儒學梓行之《憲臺通紀》即趙承禧所編，潘迪《序》乃爲趙承禧作，非別有一書爲潘迪編著。

○唐惟明《憲臺通紀續集》一卷。案：《憲臺通紀續集》卷首序云："乃命搜輯成書，凡一十五卷，名曰《憲臺通紀續集》。"可知此書原本十五卷，宜據改。

---

[1] 《書傅藏〈永樂大典〉本〈南臺備要〉後》，《陳垣學術論文集》第二集，中華書局，1982，第 368 頁。

○索元岱《南臺備紀》二十九卷。案：焦竑《國史經籍志》卷三載：“《南臺備紀》二十九卷，元索元岱。”索元岱著《南臺備紀》事，史籍無載，今考索元岱有《南臺備要序》，乃爲劉孟琛《南臺備要》而作，或以此而誤爲索氏所著耶？

○劉孟琛《南臺備要》二卷。案：此爲《永樂大典》輯佚本，《南雍志》卷一八《經籍志》：“《南臺備記》二十二卷，有者三百六十四面，失者二百五十八面，元至正三年臺官纂。”二十二卷爲原本卷數，宜據改。

○《資正備覽》三卷。資正院使劄剌爾公。案：此據黄溍《金華黄先生文集》卷一六《資正備覽序》：“至正九年冬，詔以中政院使榮禄大夫劄剌爾公爲資正院使。蒞事伊始，首詢官府之沿革及所總政務之本末次第。……厘爲三卷，號曰《資正備覽》。”劄剌爾公即朵爾直班，字惟中。黄溍與其同朝爲臣，敬稱其爲“劄剌爾公”，後人著録則宜載其姓名。

（九）儀注類

○《太常至正集禮》二十册。案：即脱脱木所撰《太常續集禮》。《内閣藏書目録》卷一載：“《大元續集禮》十五册全，元至元間脱脱木兒等編進，名曰《至正續集禮》。”錢《志》既著録“《太常續集禮》十五册，脱脱木”，則不當重複著録此條。

○大德編輯《釋奠圖》八卷。何元壽。案：“八卷”當作“八册”。《内閣藏書目録》卷四載：“《釋奠圖》八册全。内第一至第四册爲釋奠服器，朱熹所定。第五册釋奠節次，元學録劉芳實、彭埜編次。第六至第八册爲侯國通祀儀禮，宋紹定間吳郡何元壽采摭朱熹《釋奠儀禮》及陳孔碩《儀禮考正》爲書，元大德間刻於潭州路學。”黄《目》改“册”爲“卷”，此乃沿其誤。且此書既爲南宋紹興時何元壽所編，雖大德間曾刻梓流傳，亦不當著於《元志》。

（十）刑法類

○《至正條格》二十三卷。案：此爲《永樂大典》輯佚本，當注出。黄《目》但據《内閣藏書目録》著録爲“四册”。

○趙惟賢《刑統》。案：“《刑統》”當作“《刑統賦批注》”。［成化］《山西通志》卷九：“趙惟賢，崞縣人，號秋江，博學能文，初授孔顔孟三氏子孫教授，轉授平遥縣尹，有《秋江文集》《刑統賦批注》傳於世。”

（十一）傳記類

○鄭當時《節義事實》。案：錢《志》“小學類”載“鄭昌時《韻類節事》，字仲康，洪洞人，汾州教授”，“史部類事類”又載“鄭當時《群書會要》”，此皆沿前代志書之訛。［成化］《山西通志》：“鄭當時，洪洞人，明昌二年登進士第，河汾教授，編《節義事》行於世。”［萬曆］《山西通志》卷十九、［康熙］《山西通志》卷二十并載“鄭昌時”“鄭當時”二人，事蹟則同出於一。檢［康熙］《隰州志·藝文志》存其《題宋簿碑》一文，題名爲"鄭時昌"。然則"鄭昌時"乃"鄭時昌"之訛，又以形近訛爲"鄭當時"。

○《列女傳圖像》。大德十一年刊行。案：此據《元史·仁宗本紀》："時有進《大學衍義》者，命詹事王約等節而譯之，帝曰：治天下，此一書足矣。因命與《圖像孝經》《列女傳》并刊行賜臣下。"此爲元代刊行之書，似不當著於《元史藝文志》。

○張明卿《尚左編》五卷。案：黃宗羲《宋元學案》卷八二、［雍正］《浙江通志》卷一八一引宋濂《張明卿墓誌》皆載爲"《尚友編》"，此以形近而訛。

○《永豐尹莘君政績》一卷。名中。案：《四庫全書》載《永樂大典》輯佚本二卷，陶凱撰。此條闕撰者，宜補。

○真定《東和善政錄》。字朝用，蒙古人，政和縣達魯花赤，縣人紀其事。案："真定"當作"真寶"。［弘治］《八閩通志》卷三七"秩官"載："真寶，字朝用，蒙古人。由崇安主簿遷政和達魯花赤，律己嚴而待物恕，設施舉措侃然不違於理。凡閩中諸郡疑獄難折者，行省必以屬於真寶，經其訊讞，無弗允也。後調南平，政和之民相與集錄其政迹爲書，名曰《東和善政錄》。"［嘉靖］《建寧府志》卷六《名宦志》、［嘉靖］《延平府志》卷五《官師志》皆有其傳記，并作"真寶"。《千頃堂書目》始訛作"真定"，錢《志》蓋沿其誤。

（十二）譜牒類

○吳迁《孔子家世考異》二卷。案：此書未見載錄。《澹生堂書目》有"《孔子世家考異》二卷"，未載作者，或即此書，然則"家世"當作"世家"。

○《孔聖圖譜》三卷。大德間孔子五十三代孫澤刊。案："澤"當作"津"，《內閣藏書目錄》卷七："《孔聖圖譜》三冊全，莫詳編輯姓氏，元大德間孔子五十三代孫津刻。一圖譜，二年譜，三編年，凡三卷。"黃《目》、倪《志》皆不誤。

○《浦江柳氏宗譜》。文肅八世孫穆修。案：文肅即柳貫諡號，柳穆爲柳貫孫，非八世孫。《浙江通志》卷二五四《經籍志》載："《浦江柳氏宗譜》，文肅公孫穆修宋濂序"，錢《志》當沿此條而訛"公"爲"八世"。

（十三）簿錄類

○《共山書院藏書目錄》。柳貫序稱汲郡張公，不詳其名，延祐三年參議中書省。案：柳貫《待制集》卷一六《共山書院藏書目錄序》："汲郡張公自始仕，好蓄書，洎通顯矣，益縮取奉錢轉市四方。積三十年，得凡經史子集若干卷。既以藏之其居共城蘇門百泉之上，而類次其目錄如右。延祐三年，公參議中書省之明年，贅來京師，實客授其家，間乃得其所謂目錄者而觀之。"《元史》卷一七七《張思明傳》："張思明，字士瞻，其先獲嘉人，後徙居輝州。思明穎悟過人，讀書日記千言。至元十九年，由侍儀司舍人辟御史臺掾，又辟尚書省掾。……延祐元年，進參議中書省事。三年，拜中書參知政事。"可知張公當指張思明（1260-1337）。

（十四）地理類

○陳隨應《南渡行宮記》。案："陳隨應"當作"陳世崇"。陳世崇，字伯仁，號隨隱。《南村輟耕録》卷一八引載此文，題作"陳隨隱"，顧炎武《歷代帝王宅京記》、王士禎《居易録》誤作"陳隨應"，此乃沿其誤。

○宋某《東郡志》十六卷。侍御史。案："宋某"當作"宋崇禄"，見"《紀史奇迹》"條。

○劉恭《松江志》八卷。四明人，松江教授。案："劉恭"當作"劉蒙"，形近而訛。［正德］《松江府志》卷首《参據舊志并引用諸書》載："《松江郡志》八卷，元大德己亥正月知府張之翰府學教授四明劉蒙修。"

○俞希魯《鎮江府志》。案：此書陸心源《皕宋樓藏書志》卷三一載："［至順］《鎮江志》二十一卷，舊抄本，元俞希魯撰。"宜據補。

○王仁輔《無錫志》二十八卷。字文友，鞏昌人。案：其書原本四卷，此沿《千頃堂書目》之誤。丁丙《善本書室藏書志》卷一一載："《無錫縣誌》四卷，舊抄本，元王仁輔撰。《無錫金匱志·流寓傳》：'王仁輔字文友，鞏昌人，久寓邑中，爾娶皆吳産，故多知吳中山水人物。創修縣誌成二十八卷，卒於梅里之祇陀村。'《千頃堂書目》有元王仁輔《無錫縣誌》二十八卷。《提要》因卷數不符，疑此書爲明人所撰。按：此書近編四卷，第一卷爲爵里，第二卷爲山川，第三卷爲事物，分上下二子卷，第四爲詞章，亦分上中下三子卷。子卷中又分小類二十一，合之正與二十八數。合而小類有不成卷者，疑撰書目時據縣誌修入，卷數未核實也。至書名以州爲縣，系後人所追改。"

○宣伯聚《浙江潮候圖説》。案：宣伯聚，當作"宣昭"，字伯絅。此作"伯聚"，"聚"與"絅"形近而訛。邵亨貞《蛾術詩選》卷三《答宣伯絅孝廉見寄韻》，即其人。陶宗儀《書史會要》卷七："宣昭字伯絅，號艮齋，漢東人，有雅行，博通古今天文地理陰陽術數百氏之學，無不諳詣。尤精翰墨正書，師歐陽率更，字字該備八法。""絅"與"絅"音近而訛。《南村輟耕録》卷一二："漢東宣伯絅先生昭嘗作《浙江潮候圖説》云。"元刊本尚不誤（《四部叢刊》影印本），明初刊本則已訛作"宣伯聚"。戴良《九靈山房集》（正統本）卷一二《淮南紀行詩後序》："其紀行諸詩，蓋其軍中所賦者。携至吳門，既請宣君伯聚繕寫成卷，且俾余序諸首簡"，當亦後人誤改。又何鏜《古今游名山記》卷一〇下引作"元絅伯宣《浙江潮候圖説》"，《萬姓統譜》卷八七亦作"絅伯宣"，皆爲"宣伯絅"誤倒，然亦可爲宣昭字伯絅之證。

○方回《建德府節要圖經》。至元十四年安撫使。案：方回有《建德府節要圖經序》，未言作者。洪焱祖《方總管回傳》不載其撰此書，或此書爲他人所著而請序於回耶？回於德祐元年（1275）出知建德府，次年舉城出降，改授嘉議大夫、建德路總管兼府尹，此著爲"至元十四年安撫使"亦誤。

○李肖翁《豐水續志》六卷。字克家，富州人，儒學提舉。案：揭傒斯《文安集》卷八《豐水續志序》："王順伯修《豐水志》之六十有三年，邑升爲富州，又二十有五年，李君肖翁典鄉校，居五年，乃輯淳佑以來城池人物時政之迹，及前志所未備者爲《續志》六卷。"吳澄《題葦齋記後》即爲李肖翁而作。據［康熙］《江西通志》卷六七："李克家，字肖翁，富州人，嘗建同文書院於州城之東以訓鄉子弟，任本學教諭，遷遼陽儒學提舉，著有《續豐水志》。"則"肖翁"乃李克家字，此以其名、字互倒。

○李處一《西岳華山志》一卷。案："李處一"當作"王處一"。《千頃堂書目》著錄有"王處一《西岳華山志》一卷"，又著錄"李處一《西岳華山志》一卷"，此即沿黃《目》之訛。今有《道藏》本、抄本多種流傳，卷首題"蓮峰逸士王處一編"。

○張天羽《茅山志》十五卷。案："張天羽"乃"張天雨"之誤。此書撰者當爲劉大彬，現有天曆刊本藏於國家圖書館。永樂年間書版盡毀，姚廣孝重刊此書。卷首有胡儼《茅山志序》，謂"原本爲句曲外史張雨所書，至爲精潔"，可知原刊乃張雨手書上板，故此誤爲張雨撰著。

○劉大彬《茅山志》三十三卷。案：是書天曆初刻本爲十五卷，收入正統《道藏》時析分爲三十三卷。

○曾堅《四明洞天丹山圖咏集》一卷。案：是編卷首有曾堅《序》，故題編者爲曾堅。今考曾堅《序》言："適薛君毅夫由毛尊師（毛永貞）所來，示予二圖云云"，可見此《序》乃因四明山道士刻白水觀原建觀之圖、唐遷觀之圖而作，并非《圖咏集》序言。又集中危素《白水觀記》言："先生門人薛毅夫擁所刻山圖，復請書其所未備。……在余作銘之後。其賦咏留山中，唐自陸、皮之前，有孟東野、劉文房，宋有謝師厚而下若干人，迨國朝黃文獻公而下若干人，君又將刻而傳之。"可知二圖乃薛毅夫所刻，是集亦薛毅夫所編刊。

○周密《武林舊事》十二卷。案：明清所傳諸本皆作"十卷"，別無十二卷之本。［雍正］《浙江通志》沿［萬曆］《錢塘縣誌》作"十二卷"，此又沿其誤。

三、子部訂誤

（一）儒家類

○陳剛《性理會元》二集四十六卷。字公潛，溫州平陽人。案：《國史經籍志》卷四載："《性理會元》二集四十六卷，陳剛。"錢《志》當據此。《永樂大典》殘卷所引《性理會元》皆不載撰者。萬曆《溫州府志》《兩浙名賢錄》陳剛傳中，載其所著書皆無此編。孫詒讓《溫州經籍志》卷一五"陳氏剛《性理會元》二集四十六卷"據此著録，并云："案陳公潛《性理會元》，今無傳本，所謂二集者，或會元本有一集，公潛賡續裒輯，別爲此書，抑公潛書自有前後二集，著録者未爲分析，皆未可定。史氏《管窺外篇》下引《性理會元》二條，并采朱子説。考公潛爲胡石塘長孺弟子，時代與史文璣相接，或即此書也？明《文淵閣書目四》有'《性理會元》一部十五册完全'，無二集之目，未知即陳書否？"今案楊《文淵閣書目》載"《性理會元》一部十五册"，《内閣藏書目録》卷五載："《性理會元》十五册全，宋太學抄本。編集關、洛諸儒共四十家理學語，凡二十三卷。"可知此書實爲二十三卷，焦竑《國史經籍志》載爲"二集四十六卷"，殆出於此乎？

○朱本《太極圖解》《通書解》《皇極經世解》。字致其，豐城人，福州路儒學提舉，明初以賢良征，不至，安置和州。案："致其"當作"致真"，"其"與"真"形近而訛。謝旻［康熙］《江西通志》卷六七："朱本，字致真，富州人，至正間授福州路儒學提舉，途遇寇，妻袁氏義不受辱死，遂終身不娶。洪武初，薦至京，辭官歸。所著有《四書》《皇極經世》《太極圖》《通書》解。"

○張懷遠編《周子書》四卷。案："張懷遠"當作"張淮遠"，黃佐《南雍志》卷一八《經籍考》："《周子書》四卷，好板三十一面，缺九面，其一卷全缺，元張淮遠編。"

○祝泌《皇極經世觀物篇解》六十二卷。字子堅，宋季爲提領幹辦公事。案：見"《祝氏秘鈐》五卷"條。

○齊履謙《皇極經世書入式》一卷，《外篇微旨》一卷。案：《外篇微旨》一卷，蘇天爵《滋溪文稿》卷九《齊文懿公神道碑銘》著録爲"四卷"，《元史》本傳作"一卷"。

○茅知微《至性書》。仙游人。案："茅知微"當作"茅知至"。［弘治］《八閩通志》卷七二《人物》："茅知至，仙游人，操尚介潔，不求聞達。築廬隱於縣西之下，頻以六經教授鄉里，蔡襄甚愛重之。景祐中，麗籍以德行薦補州學教授，有《周詩義》二十卷、《至性書》三卷。"可知茅知微當作"茅知至"，乃宋景祐間人，不當入《元志》。

○《浦江鄭氏家範》三卷。鄭文融字太和撰。案："字太和"誤。揭傒斯《鄭文融傳》載："文融一名太和，字順卿。"

○許熙載《女教》六卷。字敬臣，安陽人。案："敬臣"當作"獻臣"。歐陽玄《許公神道碑銘》："魯公諱熙載，字獻臣，姓許氏。……著《經濟録》四卷、《女教》六卷，尤長於詩，有《東岡小稿》傳於世。"

（二）道家類

○時雍《道德經全解》六卷。案：此書作者并非時雍。《金文最》卷一九載時雍《道德真經全解序》："故人郤去華自真定復歸於亳，出《道德全解》示僕，莫知名氏，玩味紬繹，心目洞開。"據時雍《序》，此編乃卻去華所藏，撰者則名字不詳。後人或以卷首有時雍《序》，乃移於其名下。白雲霽《道藏目錄詳注》卷三《洞神部》已載："《道德經全解》二卷，亳杜時雍逍遙解，言陰陽理焉。"《天一閣書目》亦載："《道德真經全解》二卷，藍絲闌抄本，亳社時雍逍遙解。"可知其誤昉於明人。又明人目錄著爲二卷，今存諸本亦皆作二卷，未詳何以錢《志》著錄爲六卷。

　　○李霖《道德經取善集》十二卷。案：劉允升《道德真經取善集序》云："饒陽李霖字宗傳，性喜恬淡，自幼而老，終身確然，研精於五千之文，可謂知堅高之可慕，忘鑽仰之爲勞，會聚諸家之長，并叙己見，成六卷。"可知原書作六卷，今傳諸本皆十二卷，當爲後人析分。

　　○呂與之《老子講義》。慶元人，失其名。案："慶元人"，誤。［至正］《四明續志》卷一○引危素《四明山仙官祠記》："天曆二年，道士呂君虛夷縣句曲山還四明，朝列大夫臨江路同知總管府事趙由松具書致其治郡城之廢觀，呂君起應之。……呂君，四明人，字與之，端謹而文，慕陶隱居、司馬錬師之風，始著道士服於天台桐柏山，嘗作大瀛海道院於海隅，著《老子講義》若干卷。"可知呂與之即呂虛夷，四明人，與袁桷、張雨、危素等同時。

　　○趙學士《老子集解》四卷，《全解》二卷。案：此據《千頃堂書目》，《千頃堂書目》則據《國史經籍志》。白雲霽《道藏目錄詳注》卷三《洞神部》載："《道德真經集解》卷一之四，趙學士句解。《道德經全解》二卷，亳杜時雍逍遙解言陰陽理焉。"檢《道藏》中有趙秉文《道德真經集解》，可知"趙學士"即趙秉文，而《全解》二卷則與趙氏無涉。

　　○劉惟永《老子集義大旨》三卷，《集義》十七卷。丁易東校。案：《道德經集義》，白雲霽《道藏目錄詳注》卷三《洞神部》載："《道德真經集義》一至十七，劉維永、丁易東編集各家解義。"則此書似爲二人合編。

　　（三）經濟類
　　○楊雲翼、趙秉文等《龜鑒萬年録》二十篇。案：《金史·楊雲翼傳》載："尋進《龜鑒萬年録》《聖學》《聖孝》之類凡二十篇。"可知《龜鑒萬年録》與《聖學》《聖孝》諸書合二十篇之數，并非其書作二十篇。

　　○蘇霖《有官龜鑒》十九卷。案：此爲《永樂大典》輯佚本。楊士奇《文淵閣書目》卷三載"蘇子啓集《有官龜鑒》一部二十册"，未詳卷數。四庫館臣輯自《永樂大典》，釐爲十九卷。以其"體例殊爲猥雜，所引諸書惟有元諸人言行采自家傳墓誌者，間爲他書所未載，其餘經史子集皆人所習見，論斷尤罕所發明，殊無可采"，故《四庫全書》列爲存目，今輯佚本亦不存。

　　○葉留《爲政善惡報應事類》十卷。案："十卷"誤，當作"二十卷"。《百川書志》卷九載："《爲政勸懲錄》前集十卷後集十卷，元括蒼友竹葉留景良編，又名爲《政善惡報應事類韻語》。前集采撝諸書所載爲善而獲善報之事一百一十六則，後集又集惡政而終惡報之事一百一十七則，使人趨善遷惡，知所勸懲。集又陳相良弼注。"

　　〇徐天瑞《史學指南》八卷。字君祥，吳人。案：《四庫總目》卷一三〇："《居家必用事類全集》十卷，内府藏本，不著撰人名氏，載歷代名賢格訓及居家日用事宜，以十干分集，體例頗爲簡潔，辛集中有大德五年吳郡徐元瑞《吏學指南序》，聖朝字俱跳行，又《永樂大典》屢引用之，其爲元人書無疑。黄虞稷《千頃堂書目》云：或謂熊宗立撰。恐未必然也。"

（四）農家類

　　〇魯明善《農桑衣食撮要》二卷。一作《農桑機要》，畏吾人，以魯爲氏，名鐵柱。案：此乃清四庫館臣輯自《永樂大典》之本，題爲"《農桑衣食撮要》"，其實尚有元明刊本多種流傳，原名爲"《農桑撮要》"。注文"一作《農桑機要》"，乃據《千頃堂書目》所載："魯明善《農桑機要》，監壽州時編。"檢諸本并無用此名者，當爲黄氏著錄時不慎致誤。今傳明代諸刻中，或改題爲《養民月宜》，此書坊陋習，不值一哂。高儒《百川書志》卷一〇著錄有"《農桑四時撮要》一卷，不知作者，按月令叙事，幾二百條"，《農桑四時撮要》僅此一見，今亦不傳，視其叙錄所載，與此書内容相合，疑即此書之别名。

（五）雜家類

　　〇張行簡《清臺記》《皇華戒嚴記》《爲善記》。案：此條未見前志所載，當據《金史》本傳："所著文章十五卷，《禮例纂》一百二十卷，會同、朝獻、禘祫、喪葬皆有記錄，及《清臺》《皇華》《戒嚴》《爲善》《自公》等記，藏於家。"《皇華》《戒嚴》當爲二記，《自公記》則漏著。

　　〇李冶《群書叢削》十二卷。案：《群書叢削》，《元史》本傳作"《壁書叢削》"，《千頃堂書目》誤爲"群書"，此乃沿襲其誤。

　　〇史弼《省己錄》一卷。字君佐。案：《百川書志》卷九、《文淵閣書目》卷二載弼有"《景行錄》一卷"，《四庫總目》已辨此書爲偽作。《省己錄》初見於《千頃堂書目》，疑爲誤載。

　　〇雷光霆《史子辨義》三十卷。案：［萬曆］《南昌府志》卷一八《人物傳》載其著"《史辨》三十卷"，［康熙］《江西通志》則載爲"《史子辨》三十卷"，兩名不同，當有一誤，今其書已佚，未詳孰是。錢《志》於史部"史抄類"著"《史辨》三十卷"，又於子部"雜家類"著"《史子辨義》三十卷"，亦必有一誤。

　　〇汪自明《禮義林》三十卷。案：［雍正］《浙江通志》卷二四二據［萬曆］《紹興府志》著錄爲"《禮記義林》四十卷"。朱彝尊《經義考》卷一四三著錄於"禮記類"之下，然則應歸於經部。

　　〇凌緯《董子雜言》。案：《萬姓統譜》卷五六："凌緯字景文，昌化人，號菊山，篤學能文。大德中以才薦爲雪江書院山長，尋棄去。嘗著《唐山紀事》《董子雅言》《壽考録》《冰室集》《事偶韻語》等書，年九十三卒。邑令表之，曰康得先生。"黄虞稷《千頃堂書目》著"董子雜言""董子雅言"二條，"雜言"乃"雅言"形近而訛。

　　○張光祖《言行龜鑒》八卷。案：《文淵閣書目》《内閣藏書目録》皆載"三册"而不言卷數，《國史經籍志》載爲"十卷"，黄《目》、倪《志》皆依《國史經籍志》著録。此爲乾隆時期輯自《永樂大典》之本。

　　○莫惟賢《廣莫子》。字景行，錢唐人。案：凌雲翰《柘軒集》卷四《莫隱君墓誌銘》："晚懼族譜散逸，薄游吳興，搜訪故迹，歸與從子約作家傳，凡先世之遺文翰墨附其後，爲若干卷，曰《吳興莫氏家乘》。及所與文敏諸子倡和，目名《茗溪紀行》。又嘗訪吳松故時所過題咏目，曰《雲間紀游》。計平昔所爲詩詞等，號爲《廣莫子稿》。又有《和陶詩集纂》《名物抄》若干篇藏於家云。"可知《廣莫子》當作《廣莫子稿》，且當移入集部别集類。

　　○葉氏《愛日齋叢抄》十卷。案：此書早佚，僅見《説郛》《永樂大典》引載。《千頃堂書目》著爲十卷，未詳何據。四庫館臣從《永樂大典》輯出五卷，又據《説郛》考其爲"宋葉某撰"，然則不當入《元志》。

　　○方宜孫《經史説》五卷。案：當作"方實孫"，劉克莊《後村集》卷一八有"方實孫長短句"、卷一〇〇有"方實孫樂府""方實孫咏史詩"，卷一〇七有"方實孫經史説"。陸心源《淙山讀周易記跋》："愚案：實孫，字端仲，福建莆田人。慶元五年進士，嘗以所著《易説》上於朝。入史局，著有《讀書》一卷、《讀詩》一卷、《經説》五卷、《讀論語孟中庸大學》四卷、《史論》一卷、《太極説》《西銘説》及此書。"其言當有所據。故方實孫不當著入《元志》。

　　○白珽《湛淵静語》二卷。案：《四庫總目》卷一二二："是書乃其雜記之文，據卷末有明人跋語，稱嘉靖丙午抄自昆山沈玉麟家，而疑其不止此二卷，殆殘本歟。"《宋學士文集》卷三五《元故湛淵先生白公墓銘》："先生所著書曰詩、曰文、曰《經子類訓》、曰《集翠裘》、曰《静語》，皆二十卷，嘗鋟諸梓。"今諸書皆佚，黄《目》、錢《志》據《墓銘》著録"《經子類訓》二十卷""《湛淵文集》二十卷"。又據《墓銘》所載，《静語》全本當爲二十卷，今僅存二卷。

　　○陳世隆《北軒筆記》一卷。案：此書爲清人僞造[①]。"東坡守膠西時"條，出自明何孟春《餘冬録》卷二八"東坡守膠西"條；"三代養老之禮"條出自於慎行《穀山筆麈》卷一六。"問魯兩生云""世傳漢高溺戚姬之寵""唐劉晏領度支"條出自高拱《本語》；"七雄之末"條出自王世貞《史論二十首》所載"魏

---

　　① 詳見拙作《陳世隆著作辨僞》，《文學遺産》2016 年第 2 期。

公子無忌"條。

　　○郭翼《履雪齋筆記》一卷。案："履雪齋"當作"雪履齋"。此書最早見於《學海類編》中，今存《四庫》本、《函海》本、《婁東雜著》（《棣香齋叢書》）本。《四庫總目》卷一二二載："是編乃江行舟中所紀，隨手雜録，漫無詮次，然議論多有可采。如解'商書兼弱攻昧'二句，取張九成説。解《論語》'犬馬有養'，取何晏《集解》説。駁張九齡《金鑒録》之僞，辨蔡氏三仁之論，皆爲有見。其論謝師直語一條、論詩一條，亦具有義理。惟解《論語》'怪力亂神'一條，'爲力不同科'一條，過信古注，未免好奇耳。其書久無刊本，曹溶嘗收入《學海類編》。然中有近時袁了凡之語，袁黄，萬曆時人，翼在元末，何由得見？殆明人有所竄亂，非其舊本矣。"然檢此書所載 48 條，前 47 條全出自陳弘緒《寒夜録》，"至於犬馬皆能有養"條亦在其中，其爲僞書無疑。《寒夜録》原本 287 條，《學海類編》收入時删去 142 條，《雪履齋筆記》所録皆在删去條目中，故疑此僞書即出《學海類編》編者之手。

　　○吾衍《閑居録》一卷。一作《閑中編》《山中新話》。案：《閑居録》一作《閑中編》，見本書陸友仁跋。"一作《山中新話》"則未詳所據。倪《志》著録"吾衍《閑居録》二卷、《山中新話》"，亦不言"《山中新話》"乃此書别名。

　　○宋無《寒齋冷話》。案：此書未見著録、引用，不詳所據。此集名爲"《寒齋冷話》"，語意不通，宋惠洪有《冷齋夜話》，似仿其名而造。《四庫總目》著録宋無《木筆雜抄》二卷、《朝野遺記》一卷、《三朝野史》一卷，皆爲清人僞編，疑此集亦出清人之手。

　　○虞集《就日録》一卷。案：明抄本《説郛》卷一四有"就日録"七條，題宋趙某某，注云：號灌園耐得翁。《直齋書録解題》卷一一著録灌園耐得翁"《山齋愚見十書》一卷"，可知其爲宋人無疑。

　　○《清略録》六卷。自署灌園耐得翁，不知其名。案：此書當名爲"《清暇録》"，王士禎《居易録》卷一五載："《清暇録》，元人撰，自署灌園耐得翁。書凡六卷，多刺取諸家小説成之，異聞殊少。"

　　○陳樵《負暄野録》二卷。案："陳樵"當作"陳槱"。《負暄野録》卷末俞洪識語："陳槱與范石湖、張于湖、姜白石同時。"《四庫總目》卷一二三"負暄野録二卷"條載："今考書中'秦璽'一條，稱槱嘗聞諸老先生議論，則其人名槱無可疑，但不知何據而題爲陳姓？案《閩書》陳槱，陳幾之孫，長樂人，紹熙元年進士。書中'秦璽'條内稱近嘉定己卯，光宗紹熙元年下距寧宗嘉定己卯首尾三十年。又'西漢碑'條内，亦稱聞之梁溪尤袤，惜不再叩之，袤亦當光、寧之時，疑即此陳槱也。"

　　○周達觀《誠齋雜記》二十卷。案：當作"林坤《誠齋雜記》二卷"。孫詒讓《温州經籍志》卷三六："《誠齋雜記》二卷。案《四庫總目》一百三十一《誠齋雜記》二卷，《元史藝文志三》作二十卷，誤。舊本題元林坤撰，前有永嘉周達觀序，稱坤字載卿，會稽人，曾官翰林，所著書凡十二種，此乃其一。誠齋，坤所自號也。考毛晉《津逮秘書》本，《誠齋雜記》卷首亦載周序，與《總目》所稱合。黃、倪、錢三書因達觀作序，遂誤以爲達觀所著。舊通志、府縣志并同，其謬今删之。"孫氏所考甚是，然誤爲"周達觀撰"則始於《澹生堂書目》，黃《目》、倪《志》、錢《志》蓋沿其誤。

（六）小說家類

○關漢卿《鬼董》五卷。案：泰定錢孚《跋》載："《鬼董》五卷，得之毘陵楊道芳家，此祇抄本。後有小序，零落不能詳。其可考者云：太學生沈又雲，孝光時人。而關解元之所傳也。喜其叙事整比，雖涉怪而有據，故録置巾笥中以貽同好。"此僅言傳者爲關解元，未詳撰者姓名。今考《鬼董》卷三："嘉定癸未秋，余在郡治客次中，與嘉興趙丞、德清劉簿偕坐。"卷四："嘉定戊寅春，余在都。"其人生平與關漢卿當不相涉，倪璨《補志》始載爲"關漢卿"，此乃沿其訛。

○喬吉《青樓集》一卷。字夢符，太原人。案：《青樓集》一卷，見《説海》卷一六，題爲"雪簑釣隱輯"，故丁仁《八千卷樓書目》卷一四題其撰人爲"雪簑釣隱"。又《説海》本卷末有至正丙午夏邦彥跋，故祁承爍《澹生堂書目》題其作者爲"夏邦彥"。考明抄《説集》本《青樓集》卷末有朱武跋云"及觀雲間夏伯和氏《青樓集》云云"，又《録鬼簿》續編載："夏伯和，號雪簑釣，松江人。……有《青樓集》行於世。"可知此書出夏伯和之手。夏伯和名庭芝，曾爲《封氏聞見記》作跋，自署"雲間夏庭芝伯和父"。

○陶宗儀《説郛》一百二十卷。案：明抄本《説郛》作一百卷，今傳一百二十卷爲清順治間宛委山堂刊本，乃後人摭拾遺佚重編之本。

（七）類事類

○鄭當時《群書會要》。案："鄭當時"當作"鄭時昌"，參見"節義史實"條。

○吳繡《丹墀獨對》十卷。案：此據《千頃堂書目》著録。此書當爲二十卷，初刊於洪武十九年（1386），今僅北京大學圖書館存殘帙十卷（卷一至卷十）。

○《居家必用事類》十卷。或云熊宗立撰。案：《四庫總目》卷一三〇："《居家必用事類全集》十卷，内府藏本，不著撰人名氏，載歷代名賢格訓及居家日用事，宜以十干分集，體例頗爲簡潔。辛集中有大德五年吳郡徐元瑞《史學指南序》，聖朝字俱跳行。又《永樂大典》屢引用之，其爲元人書無疑。黃虞稷《千頃堂書目》云或謂熊宗立撰，恐未必然也。"今檢陸心源《儀顧堂題跋》卷七《靈樞經跋》載"《靈樞經》十二卷，明成化熊宗立刊本"，丁丙《善本書室藏書志》卷一六"《新刊袖珍方大全》四卷，明宏治翻洪武本"條載"末有正統十年熊宗立識語"，可知熊宗立當爲明正統、成化間人，并非《居家必用事類》撰者。

○陳世隆《藝圃搜奇》二十卷。徐一夔彙編。案：《藝圃搜奇》乃清人偽編之作，參見拙作《陳世隆著作辨偽》。

（八）天文類

○岳熙載《天文精義賦》三卷，《天文祥異賦》一卷，《天文主管釋義》三卷，《注李淳風天文類要》四卷。字壽之，湯陰人，金司天大夫。案：《天文主管釋義》三卷并非岳熙載撰。錢曾《讀書敏求記》卷三"《天文主管釋義》三卷"條載："李泰依丹元子步天歌分布垣舍之星爲主，復以漢唐宋天文志觀象立儀之意爲法。正僞釋疑，勒成此書。萬曆戊子清常校記。"《十駕齋養新録附餘録》卷一四《元藝文志》："錢遵王《敏求記》有《天文主管釋義》，以爲李泰所葺，未審泰何時人。今據鄭明德《僑吳集》定爲岳熙載撰，遵王所見或別是一書。"李泰字叔通，鹿邑人，生於明洪武十五年，卒於天順五年，其書不當著入《元志》。

○杜叔通《天地囊括圖説》。案："囊括"二字倒乙，《陵川集》卷三〇有《括囊圖説序》。

（九）曆算類

○張行簡《改定太一新曆》。案：《金史》本傳載："六年，召爲禮部尚書，兼侍講同修國史。秘書監進《太一新曆》，詔行簡校之。"改定者當爲楊雲翼。《遺山集》卷一八《内相文獻楊公神道碑銘》："有以《太一新曆》上進者，尚書省檄公參訂，摘其不合者二十餘條，曆家稱焉。"《金史》本傳亦載。

○郭守敬《二至晷影考》二十卷，齊履謙《傳》二卷。《月雜考》一卷，《授時曆法撮要》。案：《二至晷影考》，齊履謙《知太史院事郭公行狀》、王禕《王忠文公集》卷一四《郭守敬傳》皆載爲"二十卷"，蘇天爵《元名臣事略》引《行狀》作"三十卷"，當爲誤抄，注云"齊履謙《傳》二卷"，亦未詳所據。《月雜考》，齊履謙《知太史院事郭公行狀》、王禕《王忠文公集》卷一四《郭守敬傳》皆載爲"《月離考》"，宜據改。《授時曆法撮要》，顧應祥撰，號箬溪道人，湖州長興人。嘉靖間巡撫雲南，遷刑部尚書。阮元《疇人傳》卷三〇有傳，不當著入《元志》。

（十）五行類

○丞相兀欽《注青烏子葬經》一卷。案：《世説術解篇》劉注引《青烏子相塚書》，可知其書梁以前已有之。《隋志》不載，《兩唐志》有"《青烏子》三卷"。《藝文類聚》《初學記》《北堂書抄》《文選注》《太平御覽》皆引《青烏子相塚書》，與此本經文絶不相同。或曰舊題郭璞《葬書》所引"《經》曰"即《青烏子葬經》，文字與此本亦不相同。周中孚《鄭堂讀書記》卷四七："其文字面不全，并非年代久遠脱落遺佚也，乃作僞者故異其詞，以求取信於人，即全書文義皆極淺陋，反不及郭氏《葬書》之古奧，益信其僞托青烏子以神其説，并其注亦一手所撰，金丞相亦無兀欽仄其人也。《説郛》《學津討原》均收入之。《説郛》題曰《相地骨經》，無注，則又據《通志》而改其稱耳。"

○《大乙星書》二十卷。元季人作。案：黄《目》、倪《志》皆不著録。《絳雲樓書目》有“《太乙星書》”，未著録卷數；錢曾《述古堂書目》《讀書敏求記》均載爲“二卷”。錢《志》當據此，而誤“二卷”爲“二十卷”。

○程直方《續元二集》三卷。案：“《續元二集》”當作“《續玄玄集》”，蓋重筆作二點而後誤爲“二”字。程敏政《新安文獻志》卷七〇董時又《前村程先生直方傳》：“廖氏《玄玄集元》四卷，聲譜仍祝子涇之舊，所葉不合康節先生《去譜》，三板增入本數圖及世之世起數圖算，改謬誤爲三卷，曰《續玄玄集》。”程鉅夫曰：“大易之學自伊川翁《七分傳》作而理始明，自康節翁《經世書》出而數始備，先生翼《啓蒙》以探理之賾，續《玄玄》以索數之隱，是先生於理數之學重有功也。”

○祝泌《六壬大占》《壬易會元》《祝氏秘鈐》五卷。案：祝泌入元已老，其書雖曾由甥傅立表上，然檢祝泌《皇極聲音數序》作於端平乙未（1235）、《起數訣序》題“淳祐辛丑”，《六壬大占序》題“嘉熙三年”，諸書皆成於宋，不當著入《元志》。

○陸森《玉靈聚義》五卷《總録》二卷。吴人，陰陽學教諭。案：陸森諸人序文中僅言其著“《玉靈聚義》五卷”，《總録》則未見記載，明高儒《百川書志》卷一〇載“《玉靈聚義總録》二卷”，疑《總録》乃明人撮取自《玉靈聚義》，并非别有一書曰“總録”者。

○王宏道《三元正經》二卷。龍興路陰陽學正。案：鄭振鐸《書林漫步》載其曾獲元刊本一帙[1]，編纂者爲王弘道，故知王宏道、王洪道皆清人避諱所改。《百川書志》著録爲三卷，黄《目》、倪《志》均沿作“三卷”，此作“二卷”，誤。

○吴澄《删定葬書》。新喻劉則章注。案：吴澄《吴文正集》卷二四《葬書注序》：“世所傳《葬書》，被庸謬之流妄增猥陋之説，以亂其真。予嘗爲之删定，擇至精至純者爲内篇，其精粗純雜相半者爲外篇，其粗駁當去而姑存之者爲雜篇。縱或觀者，鮮或能知予用意之密。則章獨能承用，將爲注以傳，予謂之曰：予所删定去其蘩蕪，子又增其蘩蕪，可乎？注不必有也。則章笑曰：諾！乃書以遺焉。”然則劉則章欲爲注而爲吴澄所阻，此文雖名爲《葬書注序》而實無其注。

○劉秉忠《平砂玉尺經》六卷，《後集》四卷，《玉尺新鏡》二卷。案：《玉尺新鏡》二卷，見《澹生堂書目》。劉秉忠《平砂玉尺經》六卷《後集》四卷，見《讀書敏求記》。清蔣平階《地理辯正》以爲僞書，著《平沙玉尺辨僞》一卷。

○馬貴《周易雜占》一卷。案：韓邦奇《苑洛集》卷七《贈中大夫光禄寺卿馬公墓表》：“公諱貴，字尚賓，以字行，號靖川，姓馬氏，三原丁村人也。……

---

① 鄭振鐸：《漫步書林》，中華書局 2008 年，第 40 頁。

公生於洪武二十七年甲戌，卒於正統八年癸亥，年五十。……公所著有《語録》一卷、《周易雜占》一卷、《中庸講義》一卷。"然則馬貴當爲明人。倪《志》誤録此條，錢氏遂沿其訛。

○季克家《戎事類占》二十一卷。字肖翁，富州人。案：季克家，當作"李克家"。《四庫總目》卷一一〇："元李克家撰。考《江西通志》：李克家字肖翁，南昌富州人，至正末任本學教諭，遷遼陽儒學提舉，即其人也。"其實《戎事類占》卷首張壽朋《序》稱其爲"李嗣宗"，卷端題款亦爲"豫章李克家嗣宗甫輯"，可知李克家字嗣宗。又李克家爲明人，王重民考之甚詳，云："李克家，字嗣宗，江西新建人。父鼎，字長卿，萬曆十六年舉人。……及讀《戎事類占》張壽朋序，始知克家乃長卿子也，因據《新建縣志》合傳之。《四庫總目》載《戎事類占》，誤以克家爲元人，《縣志》已辨之矣。"[①]

○王鼎《易卦海底眼》。案：此書有元刊本藏於上海圖書館，題爲"《增注周易神應六親百章海底眼前集後集》"，《中華再造善本》據此本影印。卷首有淳佑甲辰（1244）何侁序，卷端題爲"臨川王鼎大鼎撰，杭都何侁信亨重編，錢唐東齋徐大升進之校正"，然則此書乃屬宋人著述，不當入《元志》。

（十一）兵家類

○張守愚《平遼議》三卷。案：脱脱《金史》卷一〇《本紀》："丁亥，國子學齋長張守愚上《平邊議》三篇，特授本學教授。"可知張守愚所上當作"《平邊議》三篇"，黃《目》改作"《平遼議》"，錢《志》又改"三篇"作"三卷"。

○趙孟頫《禽經》一卷。案：此書元明典籍不見著録，且無提及或引用者。趙孟頫未聞通兵略，又以宋宗室仕元，兵法正其所忌，焉能著於文字？疑爲錢《志》誤録。

（十二）醫書類

○劉完素或作元素《傷寒直格》三卷，《後集》一卷，《續集》一卷，《別集》一卷……《傷寒直格論方》三卷，《傷寒醫鑒》一卷。案："或作元素"，誤。《金史》本傳載："劉完素字守真，河間人，嘗遇異人陳先生，以酒飲，守真大醉，及寤洞達醫術若有授之者，乃撰《運氣要旨論》《精要宣明論》，慮庸醫或出妄説。又著《素問玄機》《原病式》，特舉二百八十八字，注二萬餘言，然好用涼劑，以降心火，益腎水爲主。自號通元處士云。"又瞿鏞《鐵琴銅劍樓藏書目録》卷一四載："劉河間《傷寒直格》三卷《後集》一卷《續集》一卷《別集》一卷，元刊本，題金劉完素撰，臨川葛雍輯。其論傷寒一門爲此書，附以劉洪《傷寒心要》爲《後集》，馬宗素《傷寒醫鑒》爲《續集》，張子和《心鏡》第三卷爲

---

① 王重民：《冷廬文藪》，上海古籍出版社 1992 年，第 164-165 頁。

《別集》。”可見此書乃葛雍所輯，後集、續集、別集皆非劉元素所撰。又《傷寒直格論方》即《傷寒直格》，不當重複著録。《傷寒醫鑒》一卷，作者爲馬宗素，此誤著於劉完素名下。

○張從正《汗下吐法》，有六門三法之目。《秘録奇方》二卷。案："汗下吐法"乃張從正所用之法，陸心源《皕宋樓藏書志》卷四七所載張氏書中有《三法六門方》一卷，當著録此名。《秘録奇方》二卷，未見載及，《萬卷堂書目》卷三有劉醇《秘録奇方》十卷，或誤記爲張從正耶？

○李慶嗣《醫學啓元》。案：《金史》卷一三一《李慶嗣傳》載其所著書中，并無《醫學啓元》。錢氏乃據黃《目》著録，疑有誤。《醫學啓元》當即《醫學啓源》（清人傳抄或作《醫學啓蒙》），乃張元素所著，凡三卷。

○紀天錫《集注難經》五卷。一作三卷。字齊卿，泰安人，醫學博士。案：此書早佚。《金史》卷一三一《紀天錫傳》載爲五卷，明清所引皆出於此，并無三卷之本。此云"一作三卷"，疑"五"與"三"形近而訛。

○竇默《瘡瘍經驗全書》十二卷。案：《四庫總目》卷一〇五疑此書爲僞托，云："舊本題宋竇漢卿撰。卷首署燕山竇漢卿，而申時行序乃稱漢卿合肥人，以瘍醫行於宋慶曆祥符間，曾治太子疾愈，封爲太師，所著有《竇太師全書》。其裔孫夢麟亦工是術，因增訂付梓云云。考《宋史藝文志》不載此書，僅有竇太師《子午流注》一卷，亦不詳竇爲何名，疑其説出於附會。且其中治驗皆夢麟所自述，或即夢麟私撰，托之乃祖也。國朝康熙丁酉歙人洪瞻岩重刊，乃云得宋刻秘本校之，殆亦虚詞。"

○羅天益《衛生寶鑒》二十四卷，一作十五卷。《内經類編》《試效方》九卷。字謙甫，槁城人，東垣弟子。案：《衛生寶鑒》元明諸本皆作二十四卷，并無作十五卷者，未詳何據。《試效方》九卷，即前所著録"李杲《東垣試效方》九卷"。周中孚《鄭堂讀書記》卷四二："《東垣先生試效方》九卷，元刊本，金李杲撰。……倪氏作羅天益撰，蓋謙父爲東垣弟子編録其師之方成帙，故亦可以題其所撰也。"然前既已著録，此處不當重出。

○王鏡潭一作澤《增注醫鏡密語》一卷。名仁整，蘭溪人。案：貝瓊《清江文集》卷一〇《醫鏡密語序》載爲王鏡潭，後人寫作"王鏡澤"，乃形近而訛。

○趙良《醫學宗旨》《金匱衍義》。案：趙良，《吳中人物志》卷一三作"趙良仕"，皆誤，當作"趙良仁"。趙良仁，字以德，丹溪朱震亨門人（參見《九靈山房集》卷一〇《丹溪翁傳》），有傳見於〔正德〕《姑蘇志》卷五六。陸心源《儀顧堂集》卷一七《金匱衍義跋》載"《金匱衍義》，元趙良撰，案：良字以德，仕履無考，藏書家均未著録。黃氏《千頃堂》僅載其名，不著卷數，蓋亦未見原書也。康熙初吳人周楊俊得其本，間有缺佚，自爲補注，刊於長沙，名曰金匱二注。"陸氏之誤蓋沿自黃《目》。

○朱震亨《丹溪纂要》八卷，《丹溪治法語録》三卷，《丹溪心法附餘》二十四卷，《活幼便覽》二卷，《金匱鈎玄》三卷。案：戴良《丹溪翁傳》載："翁春秋既高，乃詢張翼等所請，而著《格致餘論》《局方發揮》《傷寒辨疑》《本草衍義補遺》《外科精要新論》諸書，學者多誦習而取則焉。"今傳題名"丹溪"諸書，多爲明人輯録。《丹溪纂要》八卷，乃明人盧和采世傳朱震亨所著醫書，擇要而成，初刊於成化二十四年，再刊於嘉靖二十六年，皆爲四卷本。嘉靖三十八年趙應春重刻，改爲《丹溪心要》六卷，另有八卷坊刻本，題爲《丹溪要删》。又《丹溪心法附餘》二十四卷，亦非朱震亨撰，乃明方廣所輯。《四庫總目》卷一〇五載："明方廣撰，廣字約之，號古齋，休寧人，是書成於嘉靖丙申，因程用光所訂朱震亨《丹溪心法》贅列附録，與震亨本法或相矛盾，乃削其附録，獨存一家之言，別以諸家方論與震亨相發明者，分綴各門之末，然均非震亨之原書矣。"又《活幼便覽》二卷，明《晁氏寶文堂書目》、朱睦㮮《萬卷堂書目》卷三載此書，均未著撰者，黃虞稷《千頃堂書目》始載爲朱震亨撰。今有《活幼便覽》二卷流傳，乃明劉錫（字廷爵）所輯，初刊於正德五年，疑晁、朱二《目》所載即此本，朱《目》著録此書於"《丹溪治痘要法》一册朱震亨"之上，故黃氏乃誤爲朱震亨所撰。又李濂《戴原禮補傳》："平生著述不多見，僅有《訂正丹溪先生金匱鈎玄》三卷，間以己意附著其後。"可知此書乃朱震亨門人戴原禮所撰。

○朱撝《心印紺珠經》二卷。字好謙。案：此書凡二卷九篇，卷首有趙瀛、朱撝序。朱氏序言："余家祖儒醫，乃東平青字王太醫口傳心授之徒也。有李君湯卿者同其時焉。蓋守真先生金朝人也，初傳得劉君榮甫、再傳得劉君吉甫、三傳得陽坡潘君。東平王公寶，吉甫之門人也。余父既襲祖術，又受業於李君湯卿之門，而得傳心之書九篇。"可知此書撰者當爲李湯卿，《千頃堂書目》訛爲朱撝，此乃沿其誤。

○程汝清《醫學圖説》。婺源人。案：《醫學圖説》，據《新安文獻志》卷一〇〇、［弘治］《徽州府志》卷一〇著録，當作"《醫方圖説》"。

○徐彦純《玉機微義》五十卷。案：徐彦純所撰爲《醫學折衷》，《玉機微義》當爲劉純所輯。汪舜民《静軒先生文集》卷八《重刊玉機微義序》："祖督福建市舶中書曹郡劉公弘濟重刊劉宗厚所著《玉機微義》，書成，方伯古緯陶公廷信、嘉禾常公汝仁實有以相之，謂舜民當紀其繇。惟聖書以内經爲至，嗣後名家著書不一。至國初徐彦純《醫學折衷》而診證方例始備，然門類尚有缺者，此是書所以作也。"周中孚《鄭堂讀書記》卷四三"《玉機微義》五十卷"條詳載二書之異："是書創於用誠，本名《醫學折衷》，止自中風迄瘧七門，自頭痛迄損傷十門。宗厚以其未備，增入自咳嗽迄心痛二十六門，自斑疹迄小兒七門，合五十門，改題此名，而後各證俱全。"

○鮑同仁《通元指要賦注》二卷《經驗針法》一卷。歙人，字用良，會昌州同知。案："字用良"當作"字國良"。鄭玉《師山集》卷四《邵武路泰寧縣重建三皇廟記》載："鮑君名同仁，字國良，新安歙人也。"《萬姓統譜》卷八四、[弘治]《徽州府志》卷八《人物》皆作"字國良"。

○熊景元《傷寒生意》。字仲光，崇仁人。案：熊景元，當作"熊景先"，其誤昉於黃虞稷《千頃堂書目》。吳澄《吳文正集》卷一五《傷寒生意序》："生意者，崇仁熊君景先所輯醫方也。"[康熙]《崇仁縣志》卷四《雜傳》載其小傳。

○李中南《錫類鈐方》二十二卷。案："李中南"當作"李仲南"，字乃季，號棲碧。現有元刊本藏於國家圖書館，據卷首滕賓序，《錫類鈐方》初刊於延祐三年（1316）。後李母逝，乃改題爲"《永類鈐方》"，至順二年（1331）自序言之甚詳。

○孫允賢《醫方大成》十卷。案：孫允賢所撰爲《醫方集成》，此乃書賈於孫氏本增益而成。《四庫總目》卷一○五考之甚詳："舊本題元文江孫允賢撰，本名《醫方集成》。本爲錢曾也是園所藏，猶元時舊刻，目錄末題'至正癸未菊節進德書堂刊行'，前有題識曰：'《醫方集成》一書，四方尚之久矣，本堂今得名醫選取奇方，增入孫氏方中，俾得貫通，名曰《醫方大成》云云。'則坊賈所爲，非允賢之舊矣。"

○道士殷震《簡驗方》。案："殷震"當作"殷震亨"。[至正]《昆山郡志》卷五《釋老》："殷震亨，字元震，號在山，淮東崇明人也。……公性嗜書經史，外尤好岐黃術。諸所撰錄有《在山吟稿》《簡驗方》《傳釋感應篇》，皆鋟梓以行。"

○姚良《玫古針灸圖經》一卷。案："玫"字當爲"攷"字形訛，今人或誤連撰者姓名爲"姚良玫"。《吳中人物志》卷一三載："姚良字晉卿，明於醫，所著《尚書孔氏傳》《律呂會元泝源》《指治方論》《考古針灸圖經》。"

○《王氏小兒形證方》二卷。元貞初刻。案：王先生，不詳名字。此書久行於宋，《文獻通考》卷二二三引陳振孫《直齋書錄解題》"《漢東王氏小兒方》二卷"，《宋史·藝文志》亦載"《漢東王先生小兒形證方》三卷"，王氏非元人可知。此據錢曾《讀書敏求記》卷三所載，然遵王僅云其書"刻於元貞新元"，并不詳其撰者，故不當著於《元志》。

○《安驥集》八集。案："八集"當作"八卷"。《內閣藏書目錄》卷七："《司牧安驥集》一冊全，元兵部員外張穆仲編馬醫書也。"《傳是樓書目》載"《安驥集》八卷，張穆仲，一本"，可知此集撰者乃張穆仲。

○治馬牛駝騾等經三卷。案：此條乃據焦竑《國史經籍志》卷三，焦《志》乃雜抄自鄭樵《通志·藝文略》"史部·食貨類·豢養門"，鄭樵則據《隋書·經籍志》"子部·醫方類"著錄，其書并非元人撰著，不得入《元志》。

（十三）雜藝術類

○王繹《寫像秘訣》，《采繪法》一卷。字思善，錢唐人。案：王繹《寫像秘訣》

《采繪法》并非獨立著作，最初見於陶宗儀《南村輟耕錄》卷一一載："王思善繹，自號癡絶生，……授余秘訣并采繪法，令著於此，與好事者共之。"明田汝成《西湖游覽志餘》卷一七與《南村輟耕錄》同，當自《輟耕錄》轉引，其實此二篇皆未單獨流傳。

○莊肅《畫繼餘譜》。字公肅，上海人。案："字公肅"，誤。［正德］《松江府志》卷三○："莊肅，字幼恭，一字恭叔，號蓼塘。上海青龍人，嘗仕爲六品官。久之棄去，放身海上，性嗜書，聚書至八萬卷。至正間修宋、遼、金三史，朝廷使檢討危素購書於其家，得五百卷，所著有《藝經》《畫繼餘譜》傳於時。"陸友《墨史》卷上："其一見之於黃可玉清權齋，云是其外家宣和進士陳篆所藏，其一唐子真得於趙氏姑脂澤奩中，銘曰：保大元年歙州進墨務官臣李廷珪造。後截留'保大'二字，易帖於莊肅幼恭。"

○張雯《書畫補逸》。案：鄭元佑《僑吳集》卷一二《張子昭墓誌銘》："吳人張旻，字子昭，其先浚儀人。……（子）田讀書苦學，能紹父志，哀子昭所著書《繼潛錄》若干卷，意蓋繼《潛夫論》也。《畫記補遺》《書補遺》并《墨記》凡若干卷。"然則張雯當作"張旻"，《書畫補逸》當作"《畫記補遺》《書補遺》"。［正德］《姑蘇志》始誤，其後《吳中人物志》、［雍正］《浙江通志》及錢《志》皆沿其誤。

○《通元集》《清遠集》《清樂集》《幽元集》《機深集》《增廣通遠集》《元元集》《忘憂集》。以上皆圍棋譜。《元元集》，廬陵嚴德甫、晏天章錄。余不知作者。案：此條出自《南村輟耕錄》卷二八所載"棋譜"，然未載諸集年代。檢晁公武《郡齋讀書志》卷三下載："《忘憂集》三卷，右皇朝劉仲甫編，載唐韋延祐《棋訣》并古今棋圖。"陳振孫《直齋書錄解題》卷一四載："《忘憂清樂集》一卷，棋待詔李逸民撰集。"案：《忘憂清樂集》有宋刊本流傳，卷首題"御書院棋待詔賜緋李逸民重編"，所謂《清樂集》當即《忘憂清樂集》，即李逸民重編本；又陳振孫《解題》："《通遠集》一卷，無名氏，視《清樂》爲略。"《遂初堂書目》載"棋經《通遠集》"，可知此集亦爲宋人棋譜。

（十四）釋道類

○妙聲《九皋錄》。吳僧。案：釋妙聲，號九皋，其集名"《東皋錄》"。錢謙益《列朝詩集》卷二"九皋聲公"小傳、《明史·藝文志稿》皆載爲"七卷"，徐乾學《傳是樓書目》載"《東皋錄》五卷，釋妙聲，二本"，《四庫總目》載兩淮鹽政采進本、《八千卷樓書目》卷一六載抄本皆作"三卷"。諸本卷帙不同，未詳其爲有所闕佚或傳寫所分。今有清抄本三卷藏於國家圖書館。［乾隆］《江南通志》卷一九二誤著爲"元《九皋錄》，吳僧妙聲"，錢《志》蓋沿其訛。

○一元《釋氏護教編》。案：一元，宋濂《宋景濂未刻集》卷上《釋氏護教編後記》作"一源"。

〇《普濟五燈會元》二十卷。字大川，宋末靈隱僧。案：此書卷首有寶祐元年王楠、釋净明諸人序，均言鳩工鋟梓於靈隱寺，宋刻本今仍有傳，可知不當著於《元志》。

〇惟則《楞嚴經會解》十卷，《楞嚴擲丸》一卷，《天台四教儀要正》。字天如，永新人。案：《兩浙名賢録》卷八"懷則"載："懷則，上虞人，宋景定間祝發澄照寺，鋭意參學，往天台諸寺究尋智者，教觀四十餘年。至元中住天台白蓮寺，學者雲集，次徙杭州南竺高麗王子聞其名附書相進，以老疾辭，年八十餘卒。有《天台四教儀要正》行於世。"［萬曆］《紹興府志》亦同。又王鏊［正德］《姑蘇志》卷五八："維則字天如，姓譚氏，永新人，得法於本中峰。本時住天目山之師子岩，至正初門人築室以居，則名曰師子林，蓋以識其授受之原也。自中峰以來，臨濟一宗化機局段爲之一變，故多論建。有《楞嚴會解》若干卷，《語録》《別録》《剩語》若干卷。"可知懷則與維則乃屬二人，此條混二爲一。

〇心泰《佛法金湯編》十卷。案：卷首蘇伯衡序於洪武二十六年，釋守仁、僧清浚、比丘宗泐諸人序於洪武二十四年，可見是編成於洪武年間，不當著於《元志》。

〇大欣《松雪普鑒》二卷。案：黄《目》卷一六著録爲"大欣《松雲普鑒》二卷"，錢《志》當沿襲黄《目》，而訛"松雲"爲"松雪"。《寶文堂書目》載"《松雲普鑒》，即《傑峰語録》"，然則此書當爲釋世愚撰。宋濂《宋學士文集》卷五五《佛智弘辨禪師傑峰愚公石塔碑銘》載："禪師諱世愚，號傑峰，衢之西安人，其父姓余。……《二會語》四卷已刊行云云。""《松雲普鑒》"或即"《二會語録》"之別稱耶？

〇《神僧傳》九卷。起摩騰法蘭，終八思巴，不著撰人。案：余嘉錫《四庫提要辯證》卷一九考其爲明成祖朱棣所撰。

陳虛白《規中指南》一卷。案：《後序》題款爲"武夷升真玄化洞天真放道人虛白子陳冲素序"，可見虛白即陳冲素道號。

〇《洪恩靈濟真人文集》八卷。元道士編，南唐徐知訓、徐知證乩筆。案：《內閣藏書目録》卷三："《洪恩靈濟真人文集》四册全，真人徐知諤著，閩人。"可知"徐知訓"當作"徐知諤"，其誤昉於《千頃堂書目》。徐知諤與徐知證嘗率兵入閩剿匪，閩人於閩縣金鼇峰建洪恩靈濟宮祀之，號爲二徐真人。

〇趙道一《歷代真仙體道通鑑前集》六十卷，《後集》四卷。案：據白雲霽《道藏目録詳注》卷一《洞真部》所載，此書正編五十三卷，續編五卷，後集六卷，共六十四卷。

〇劉志元《金蓮正宗仙源像傳》一卷。字天素。案：《道藏目録詳注》卷一《洞真部》載此書爲"劉天素、謝西蟾編"，謝西蟾即謝珪。

〇吾衍《道書援神契》一卷，《極元造化集》。案：《極元》當作"《聽玄》"，"極"與"聽"形近而訛。陶宗儀《南村輟耕録》卷六："其所著述有《尚書要略》

《聽玄集》《造玄集》《九歌譜》《十二月樂譜辭》《重正卦氣》《楚史檮杌》《晉文春秋》，兼通聲音律呂之學，工篆書。”

○《清河真人北游語錄》四卷。段志堅編，謂尹志平也。案：“清河真人”當作“清和真人”，爲尹志平道號。

四、集部訂誤

（一）別集類

○《許悦詩集》。字子遷，雁門人。案：“許悦”當作“許蜕”，形近而訛。元好問《中州集》壬集第九載：“王敏夫雁門前輩中有許蜕子遷，以《武皇廟詩》著名，……有集傳河東，往往稱此。”

○張建一作章建《蘭泉老人集》。字吉甫，蒲城人。案：《中州集》卷七有“蘭泉先生張建”，同卷“張瓚傳”載“不幸早世，張吉甫吊之云”，同卷“楊庭秀傳”載“學詩於蘭泉張吉甫”，《金史》卷一二六亦載“張建字吉甫，蒲城人，皆有詩名”，可見作蘭泉老人姓張。王圻《續文獻通考》始誤作“章建”，此乃沿其誤。

○李仲略《丹源徒釣集》。案：“徒釣”當作“釣徒”，見《中州集》。黃《目》、倪《補志》均不誤。

○姚孝錫《雞肋集》。存律詩五卷，字仲純，豐縣人。案：錢《志》注云“存若干卷”者，皆乾嘉時仍有行世之本。此乃據元好問《中州集》中州癸集第十：“先生長於尺牘，所著《雞肋集》，喪亂以來止存律詩五卷而已。”然《雞肋集》早佚，律詩五卷亦已不存，注出反而易生誤解。

○郝經《一王雅》二百五十篇。案：當入“總集類”。《陵川集》卷二八《一王雅序》載：“得二百二十一人，共二百五十篇，小者十餘韻，大者六七十韻，名之曰《一王雅》。”

○劉秉忠《文集》十卷，《詩集》二十二卷，《藏春集》六卷。商挺編。案：《詩集》二十二卷，當據《國史經籍志》卷五載錄，《元史》本傳僅載其撰《文集》十卷。今傳《藏春集》六卷，《四庫總目》卷一六六云：“今此本祇六卷，乃明處州知府馬偉所刊，前五卷爲各體詩，末一卷爲附錄誥敕志文行狀，而不及所著雜文，故秉忠所上萬言書及其他奏疏見於本傳者概闕焉。蓋文已佚而僅存其詩，故卷目多寡與本傳不合也。”可知《藏春集》六卷爲後人輯錄本，依體例當著爲注語“存《藏春集》六卷”。

○元好問《遺山集》四十卷，《詩集》二十卷。案：《遺山集》四十卷，含文集二十六卷，詩集十四卷。《詩集》二十卷則曹軌所刊單詩本，僅增入八十四篇。詳見莫友芝《郘亭遺文》卷三《遺山詩集跋》載：“《遺山全集》凡四十卷，交城張德輝所類次。中統壬戌嚴忠傑刻之，在曹刻前六年。其詩居十四卷，凡千二百七十八篇，曹本次叙悉同。唯卷析十四爲二十，又增多五言古詩十二篇，七言古詩四篇，雜言三篇，樂府二篇，五言長律一篇，五言律七篇，七言律三十四篇，凡增八十四篇，分續各體之末，合千三百六十篇爲不同耳。"此處既已著錄《遺山集》四十卷，似無必要再著錄《詩集》二十卷。

○劉祁《神川遯士集》二十卷。一作二十二卷。案：此集未見流傳。至大辛亥趙穆《歸潛志跋》稱："其弟歸愚以嘗編類就帙，曰《神川遯士文集》廿二卷，鋟木於世。"王惲《秋澗集》第五八《渾源劉氏世德碑銘并序》亦載爲"二十二卷"，清初顧嗣立《元詩選》小傳誤載爲"二十卷"，此乃沿其訛。

○許衡《魯齋遺書》六卷，《重輯魯齋遺書》十四卷，《文正公大全集》三十卷。案：《魯齋遺書》明代多次翻刻，卷第名目皆不同。一爲成化甲午倪顒刻本，仍爲六卷。一爲正德戊寅刊本分七卷，名《魯齋全書》。一爲嘉靖乙酉蕭鳴鳳刊本，仍更名《遺書》，釐爲八卷附錄二卷。《重輯魯齋遺書》十四卷則萬曆年間刻本，所收著述較元刊六卷本爲夥，故并加著錄。《文正公大全集》見《內閣藏書目錄》卷三所載，凡三十卷，疑《遺書》全文已在《大全集》中。

○楊奐《還山集》六十卷，今存二卷。《紫陽集》八十卷。案：此據《元史》本傳所載，元好問《碑》載爲"《還山集》一百二十卷"。《四庫總目》卷一六六云："考集中《臂僮記》稱所著有《還山前集》八十一卷《後集》二十卷《近鑑》三十卷《韓子》十卷《概言》二十五篇《硯纂》八卷《北見記》三卷《正統記》六十卷，《元史》本傳則僅稱有《還山集》六十卷，元好問作奐《神道碑》則稱《還山集》一百二十卷，卷目均參差不符，然舊本不傳，無由考定。"

○耶律鑄《雙溪醉隱集》八卷。案：此爲《永樂大典》輯佚本，當注明。《四庫總目》卷一六六："鑄集久佚不傳，藏書家至不能舉其名氏，惟明錢溥《內閣書目》有《耶律丞相雙溪集》十九冊，亦不詳其卷目，檢勘《永樂大典》所收鑄《雙溪醉隱集》篇什較夥，有前集、新集、續集、別集、外集諸名，又別載趙著、麻革、王萬慶諸序跋，乃爲鑄年少之詩名《雙溪小稿》者而作。是所作諸集本各爲卷帙，頗有瑣碎之嫌，謹裒集編次，都爲一集，而仍以《雙溪小稿》原序原跋，分系首末，用存其槩。"

○趙淇《太初紀夢集》二十卷。字元德，湖南道宣慰使。案：二十卷，蘇天爵《元文類》卷五一劉因《新安王生墓誌銘》載爲"二十餘卷"。

○謝翱《晞髮集》五卷，《雜文》二十卷，《宋鐃歌鼓吹曲》一卷。案：元人所撰謝翱傳記并未載其《晞髮集》。方鳳《謝君皋羽行狀》："君遺槀在時舊所爲悉棄去。今在者手抄詩六卷、雜文五卷、《唐補傳》一卷、《南史贊》一卷、《楚辭等芳草圖譜》一卷、《宋鐃歌鼓吹曲》《騎吹曲》各一卷、《睦州山水人物古迹記》一卷、《浦陽先民傳》一卷、《東坡夜雨句圖》一卷、《游東西游錄》九卷、《春秋左氏續辨》《歷代詩譜》未脫槀，選唐韋柳諸家及東都五體在集外。"宋濂《謝翱傳》則載謝氏著作有"手抄詩八卷，雜文二十卷"，均未見《晞髮集》，故疑《晞髮集》五卷爲明人輯録本。

○方鳳《存雅堂集》五卷。字韶父，浦江人。案：原書九卷，五卷本乃清人輯佚之殘本。《四庫總目》卷一六五："其門人柳貫輯其遺詩三百八十篇，釐爲九卷，屬永嘉尹趙敬叔刻置縣齋，黄溍爲之序。及宋濂作鳳傳，又稱《存雅堂稿》三千餘篇，蓋據其未刻者而言。故與溍序篇數多寡不合，其後寖以散逸，遂并版本亦亡。國朝順治甲午，其里人張燨乃博搜諸書，掇拾殘剩，彙爲此編，凡詩七十三首，文十二首，金華洞天行紀一篇，附以鳳子樗梓詩十六首文五首。"

○趙文《青山集》三十卷。今存八卷。字儀可，廬陵人，清江學教授。案：《青山集》已佚，此爲《永樂大典》輯佚本。《水雲村稿》卷五《青山文集序》未載卷數，楊士奇《文淵閣書目》卷二著録爲"《趙青山文集》一部五册"，亦未言卷數。諸目中唯焦竑《國史經籍志》著録"趙文《青山稿》三十一卷"，餘皆爲《永樂大典》輯佚本。錢《志》著録爲三十卷，誤。

○王奕《玉斗山人集》三卷，《梅嵓雜咏》七卷，《東行斐稿》三卷。字伯敬，玉山人，自號至元逸民。案："《玉斗山人集》三卷"與"《東行斐稿》三卷"重出。《四庫總目》卷一六六"玉斗山人集提要"載："奕字敬伯，玉山人，所著有《斗山文集》十二卷、《梅嵓雜咏》七卷，今并不傳，惟此集尚存。本名《東行斐稿》，明嘉靖王寅其鄉人陳中州爲刊版，佚其詩四首，而別附以遺文二篇，始改題今名。"

○張觀光《屏岩小稿》一卷。案：張觀光《屏岩先生文集》明代已不傳，清人以黄庚《月屋漫稿》僞題爲此書①，《四庫全書》收入二書而未加考辨，錢《志》乃沿其誤。

○徐明善《芳谷集》二卷。案：此爲後人輯佚本，當注明。《四庫總目》卷一六六："此集中有文無詩，前後亦無序跋，凡文一百二十篇，其文頗談性理，而平正篤實，大致猶爲雅潔，固非以方言俚語闌入筆墨者也。其《汪標墓銘》一首已有闕文，《河南廉訪使吳公墓銘》一首有録無書，當由佚脱。又《平章董士選三代贈官制》三首，考其生平，未居館職，不應代擬王言。案蘇天爵《元文類》載此三制題元明善所作，蓋編《芳谷集》者因明善之名相同，遂不加考核而誤收，今姑仍原本録之。"

○仇遠《金淵集》六卷，《山村遺集》一卷。字仁近，錢唐人，溧陽州學教授。案：兩書皆清人輯佚本，當注明。《山村遺集》一卷，乾隆時歙縣項夢昶從《珊瑚木難》《清河書畫舫》《成化杭州府志》《嘉興志補》《上天竺寺志》《絶妙好詞》

---

① 歐陽光：《張觀光〈屏岩小稿〉證僞》，《元代文獻與文化研究》第一輯，中華書局 2012 年。

《花草粹編》諸書中，采摭詩詞題跋若干首編排補輯而成。《金淵集》六卷乃館臣自《永樂大典》中輯得。

○董嗣杲《西湖百咏》二卷。案：當作"一卷"。錢曾《讀書敏求記》卷四："《和西湖百咏》一卷，咸淳壬申静傳居士董嗣杲作《西湖百咏》詩序以行於世，和之者餘姚陳贄惟成也。"卷首有咸淳壬申年董嗣杲自序。阮元《文選樓藏書記》卷六："《西湖百咏》二卷，宋董嗣杲著，明陳贄和韻，抄本。"

○吳龍翰《古梅詩稿》六卷。字式顏，新安人。案：當作《古梅吟稿》六卷，吳龍翰，字式賢。

○湯仲友《北游集》。案："《北游集》"當作"《壯游集》"，形近而訛。正德刻本《姑蘇志》卷五四《人物》："湯仲友，先名益，字端夫。淹貫經史，氣韻高逸，學詩於周弼，早登知府二吳之門，浪迹湖海，晚復歸吳，有《壯游詩集》。子元哲。"隆慶刻本《吳中人物志》卷九亦作"壯游集"。錢《志》始訛爲"北游"。〔同治〕《蘇州府志》卷一三六《藝文志》著錄"湯仲友《北游詩集》"，注云"前志作'壯游集'，今從本傳及錢《志》"，可謂以訛傳訛。

○方回《虛谷集》，《桐江續集》三十七卷。案：卷數有誤。戴表元《剡源集》卷八《桐江詩集序》："使君垂老亦守嚴，多爲詩，州人爲刻其《桐江集》者六十五卷。"又方回《桐江續集》卷三二《虛谷桐江續集序》："詩自壬午至戊子二十卷，卷百首，因書爲《虛谷桐江續集序》。"可知其原集爲六十五卷，續集爲二十卷。然明清所傳《桐江集》《續集》卷帙不一。丁仁《八千卷樓書目》卷一六、陸心源《皕宋樓藏書目》均載有"《桐江集》八卷"，《季滄葦藏書目》《傳是樓書目》皆載有"《桐江續集》四十八卷"，錢《志》所載三十七卷則據《四庫全書》本，《四庫全書》本底本乃孫仰曾所進季滄葦藏本而有所佚闕。《四庫總目》卷一六六載："詩集闕一卷、二卷、三卷、二十一卷、二十三卷、二十四卷、二十六卷、三十二卷、三十四卷、三十六卷、三十九卷、四十卷、四十一卷，僅存二十九卷。文集惟第一卷目次可辨，餘皆初刊稿本，卷字下但有墨臺，不知首尾。以數計之，約存八卷。"今國家圖書館藏清抄四十八卷本二種。

○劉辰翁《須溪集》一百卷，《四景集》四卷，《須溪記抄》八卷。案：《須溪記抄》八卷，載錄記七十篇，乃十八世孫菜等重刻。

○鄒次陳《遺安集》十八卷。字用弼，宜黃人，宋末中博學宏詞科，入元不仕。案：此沿《千頃堂書目》卷二九所載："鄒次陳《遺安集》十八卷，字用弼，宜黃人。宋末中博學宏詞科，入元不仕。"據程鉅夫《雪樓集》卷二四《書鄒次陳所藏先世告身後》、吳澄《吳文正集》卷二二《遺安集序》、卷八〇《故咸淳進士鄒君墓誌銘泰定甲子》，鄒次陳字周弼，又字悦道。作"用弼"乃形近而訛。

○劉因《丁亥集》五卷，《静修文集》三十卷。案：劉因所著詩文，蘇天爵《滋溪文稿》卷七《静修先生劉公墓表》載："有詩五卷，號《丁亥集》，先生所選，常自諷咏。復取他文焚之，今所傳文集十餘卷，得於門生故友。"《静修先生文集》三十卷，乃明弘治年間崔喦刊本，丁丙《善本書室藏書志》卷三三載："凡《丁亥集》六卷内附《樵庵詞》《遺文》六卷《遺詩》六卷《拾遺》七卷，楊俊民哀録《續集》三卷，房山賈彝編《附録》二卷，皆薦牘壙記墓表也。"

○袁桷《清容居士集》五十卷，《致亭集》三十七卷。案：《致亭集》三十七卷，始見《國史經籍志》卷五所載，接於"袁桷《清容集》五十卷"之後，故黄《目》、倪《志》、錢《志》皆以爲袁桷所著。其實致亭爲王思誠所築亭名，王氏有《致亭詩卷》，胡行簡爲作序，疑此"《致亭集》三十七卷"應屬王氏詩文集。

○潘昂霄《蒼崴類稿》《漫稿》。案：楊本《金石例序》："先生姓潘氏，諱昂霄，字景梁，學者稱之曰蒼崖先生，官至翰林侍讀學士通奉大夫，謚文僖，有《蒼崖類稿》若干卷。"可知潘氏所著爲《蒼崴類稿》。《漫稿》或爲後人所題別名，并非二書。

○曹伯啓《漢泉漫稿》十卷《續稿》三卷。案：曹伯啓撰《漢泉漫稿》十卷，并無《續稿》。《四庫總目》卷一六六"曹文貞詩集十卷後録一卷"條載："是集一名《漢泉漫稿》，後有至元戊寅吳全節跋，稱爲其子江南諸道御史毫管勾復亨所類次，國子生胡益編爲十卷。……《後録》一卷，爲曹鑒奉勅所撰碑及像贊祭文哀詞挽章。"《明一統志》卷八小傳載其"所著有詩文十卷、《漢泉漫稿》三卷"，王圻《續通考·經籍考》載爲"《漢泉漫稿》三卷《詩文》三卷"，疑所謂"《續稿》三卷"即據此。

○吳澄《支言集》一百卷，《文正集》一百二卷，《私録》二卷。案："《文正集》一百二卷"，當即《支言集》一百卷《私録》二卷合併之數，此爲重複著録。其實《文正集》爲《支言集》之重刻本，僅得一百卷。《四庫總目》卷一六六載："《吳文正集》一百卷，浙江孫仰曾家藏本。……是集爲其孫當所編，永樂丙戌其五世孫爌所重刊，後有爌跋曰：'《支言集》一百卷《私録》二卷，皆大父縣尹公手所編類，刊行於世。不幸刻版俱毁於兵火，舊本散落，雖獲存者，間亦殘闕，迨永樂甲申始克取家藏舊刻本重壽諸梓，篇類卷次悉存其舊，不敢更改。惟卷首增入年譜、神道碑、行狀、國史傳以冠之，但舊所闕簡，遍求不得完本，今故止將殘闕篇題列於各卷之末，以俟補續云云。'則此本乃殘闕之餘，非初刻之舊矣。"

○張養浩《歸田類稿》二十四卷，《附録》一卷，《雲莊集》四十卷，《年譜》一卷。案：《歸田類稿》當即《雲莊集》，此爲重複著録。元刊本《歸田類稿》卷首張起岩《文忠張公神道碑銘》載："其著述有《經筵餘旨》《牧民忠告》《廟堂忠告》《風憲忠告》《衛聖編》，其曰《歸田類稿》四七（案：七當爲十之誤）卷。"又張養浩《自序》："退休田野，録所得詩、文、樂府九百餘首，歧爲四十卷，名曰《歸田類稿》。"四十卷本曾於龍興學宫刊行，改題爲"雲莊集"。其後又有樂旭重訂本，見危素《危學士全集》卷四《張文忠公年譜叙》："公之文有《雲莊集》四十卷，既刊於龍興學宮，經筵檢討魯郡樂公旭復掇集中之文關於治教大體者爲若干卷，別刻之以傳。"又危素重訂之二十八卷本。此本卷首字術魯翀《張文忠公歸田類稿序》："公素知翀，其子引偕其婦翁吳肅彦清，持公所輯《歸田類稿》三十八卷（此本尚有至正刊本流傳，書中釐爲二十八卷）征序，因書其概如此。"字術魯翀序作於元統三年（1335），云其本爲"公所輯"，然與《自序》所言四十卷之數不合，且其中樂府類闕如，可見并非原集。考吳師道《禮部集》卷一五《張文忠公雲莊家集序》載："今公之子秘書郎引出家集示予，重惜公之不可見也。公《雲莊集》四十卷已刊於龍興學宮，臨川危素復掇其關於治教大體者爲此編，秘書屬予以序。"可知字術魯翀所序即危素重訂本。錢《志》所載"《歸田類稿》二十四卷"則是四庫館臣輯《永樂大典》本。《四庫總目》卷一六六："惟明季有刻本二十七卷，尚存於世，既多漏略，編次亦失倫類。今據以爲本，而別采《永樂大典》所載，删其重複，補其遺缺，得雜文八十八首，賦三首，詩四百六十三首，共爲五百八十四首，釐爲二十四卷，較之九百原數（按：九百非其辭世時文集詩文賦詞總數），已及其大半，亦足見其崖略矣。"

　　○許有壬《圭塘小稿》三十卷，《別稿》二卷，《外稿》一卷，《續稿》一卷。案："三十卷"當作"十三卷"，即《小稿》十二卷并附録一卷。或載爲"十七卷"，則并《別集》《外集》《續集》計之。

　　○歐陽原功《圭齋文集》十五卷，《附録》一卷。案：歐陽玄詩文集生前未曾刊刻，宋濂《歐陽公文集序》載："公薨二十四年，其孫佑持持公集二十四卷來，謂濂曰：'先文公之文，自擢第以來多至一百餘册，藏於瀏陽里第，皆毁於兵。此則在燕所録自辛卯至丁酉七年之間作爾。間有見於金石者，隨附入之云云。'"此二十四卷亦未刊刻，再度毁於兵火，至成化年間始重新結集刊行，僅存十五卷，《附録》一卷則載元明人爲歐陽氏撰《神道碑》《行狀》等文 [1]。

　　○黄溍《日損齋稿》三十三卷，一名《金華黄先生集》。《文獻公集》四十三卷。門人宋濂定。案：《日損齋稿》即《文獻公集》，非有二集。一作三十三卷，一作四十三卷，乃因貢師泰《黄學士文集序》與宋濂《行狀》所載不同之故。貢《序》云："翰林侍講學士金華黄先生文集，總四十三卷。其《初稿》三卷，則未第時作，監察御史臨川危素所編次。《續稿》四十卷，則皆登第後作，門人王生、宋生所編次也。"宋《行狀》則載："所著書有《日損齋初稿》三卷，《續稿》三十卷。"二人所載卷帙相去十卷。錢大昕曾跋元刊"金華黄先生文集殘本二十三卷"云："此編排次自卷一至卷三十一，《初稿》三，《續稿》一至廿八，

---

　　① 魏崇武：《歐陽玄〈圭齋文集〉版本考》，《文獻》2014年第2月。

雖無‘日損齋’之名，其爲一書無疑，但闕《續稿》十一至十八，廿九至三十耳。貢師泰《序》稱初《稿臨》川危素編次，《續稿》門人王生宋生編次所云。王、宋二生即子充、景濂也。而每卷首但列臨川危素名，蓋太樸在元季負重名，王、宋皆後進，不敢與抗行也。《行狀》云《續稿》三十卷，今貢《序》云廿八（當作“四十”，下同）卷，蓋作僞者洗改痕迹，宛然廿八必三十之訛，并《初、續稿》爲三十三卷耳。”（張金吾《愛日精廬藏書志》卷三四）錢氏所見元刊本爲殘本，其斷原本爲三十三卷實出於臆測。今有元刻完帙藏於上海圖書館，作四十三卷，與貢師泰《序》所言卷數相符，故疑宋濂《行狀》所載“三十三卷”乃屬筆誤。即其所言“太樸負重名，王宋不敢與抗行”之語，瞿鏞亦謂“似亦臆度之說也”（瞿鏞《鐵琴銅劍樓書目》卷二二）。

○揭傒斯《揭文安公集》五十卷《揭文》一卷《詩》三卷《文粹》一卷《文續錄》二卷《秋宜集》。案：《揭文》一卷、《文粹》一卷、《文續錄》二卷當爲同一書。葉盛《涇東小稿》卷九《書揭文續錄本後》：“右揭文起《上李秦公書》，止《劉福墓誌銘》，共五十七首，今廣州所刻，題曰《揭文粹》者是也。”《詩》三卷則當指毛晉編刊《元四家詩》中所錄《揭傒斯詩》三卷，《四庫總目》卷一九三云此編“乃晉以意摘抄，非其完本，且四家各有專集，亦無庸此合編也”。

○范梈詩七卷。吳草廬云：范之詩文有《燕然稿》《東方稿》《海康稿》《豫章稿》《侯官稿》《江夏稿》《百丈稿》，凡十二卷。案：七卷本并非原刊，乃元至元益友草廬新刊之本，題爲“范德機詩集”，乃臨川葛雝仲穆編次，儒學學正孫存吾如山校刊。

○安熙《默庵集》五卷。案：蘇天爵《滋溪文稿》卷二二《默庵先生安君行狀》：“有《默庵文集》十卷，其他《詩傳精要》《續皇極經世書》《四書精要考異》《丁亥詩注》，以未脫稿，藏於家。”《默庵集》目錄之後有泰定年間廣寧路儒學正壁識語：“今翰林應奉蘇君伯修始加輯錄，得凡若干篇，類爲《內集》五卷，《外集》五卷云云。”可知元本當爲十卷。清《畿輔叢書》本、《四庫全書》本皆爲五卷，《四庫總目》疑其爲“舊本散佚，後人重爲編綴”之本。

○程時登《述稿》三十卷。案：“《述稿》”當作“《述翁稿》”，見程敏政《新安文獻志》卷七〇許瑤《宋故辟雍造士程公先生時登行狀》載：“又所著碑銘序記詩詞哀誄雜著，名《述翁稿》者三十卷。”

○楊宏道《小亨集》六卷。字叔能，淄川人，謚文節。案：此乃《永樂大典》輯佚本。鮮於樞《困學齋雜錄》載其“有《小亨集》十卷、《事言補》一卷行於世。”《內閣藏書目錄》卷三：“《小亨集》二冊全，元正大間楊弘道著，凡十卷。”可知其原集當爲十卷。

○同恕《榘庵先生文集》三十卷。案：“三十卷”當作“二十卷”，此乃據《四庫總目》卷一六六載：“所著《榘庵集》本三十卷，至正初陝西行臺御史觀音保、潘惟梓等始刊布於江淮，趙郡蘇天爵爲之序。《文淵閣書目》亦載有《槃庵文集》一部八册，焦竑《經籍志》乃作二十卷，疑傳寫誤也。"館臣云其原本三十卷，不知何據。賈仁《行狀》、李術魯翀《神道碑》但載其集"若干卷藏於家"。《元史》本傳載"其所著曰《槃庵集》二十卷"，《内閣藏書目録》卷三亦載："《槃庵同先生文集》八册，元至正間贊善同恕著，凡二十卷。"可知二十卷當爲其原集卷數，《國史經籍志》雖雜抄衆家無所考核，於此則未嘗有誤。

○滕安上《東庵集》十六卷。今存四卷，字仲禮，元貞間國子司業。案：當作"十五卷"，姚燧《國子司業滕君墓碣銘》載其"有《東庵類稿》十五卷"。錢《志》沿焦《志》載爲"十六卷"，其實焦《志》未盡可據。

○張之翰《西岩集》二十卷。邯鄲人。案：［正德］《松江府志》卷二三《宦迹上》"張之翰傳"載其"著述甚富，有《西岩集》三十卷"。其集已佚，此爲《永樂大典》輯佚本，當注明。

○李孝光《五峰文集》二十卷。今存六卷，字季和，樂清人，秘書監丞。案："今存六卷"云者，其意似謂《五峰集》有所遺佚。考《四庫總目》卷一六六載："是編乃弘治甲子懷遠錢杲爲樂清令，訪求遺稿，得全集於儒生周綸家，因俾綸編次刊版，杲自爲之序，仍以《五峰集》爲名，其詩文不分卷帙，但以各體分編。"六卷本乃四庫館臣重新編次，并非有所遺佚。

○黄鎮成《秋聲集》四卷。字元鎮，昭武人。案：《皕宋樓藏書志》卷一〇二載舊抄本"《秋聲集》十卷"有黄均跋云："先君子所著《秋聲集》，詩文離爲十卷，中罹己亥之亂，已失大半，所存者尚千數百篇。"可知其集原有十卷，黄均重輯其稿亦仍爲十卷。清代所傳四卷本，據《四庫總目》卷一六六、《善本書室藏書志》卷三四所考乃不全之本。

○吴曔《青城集》二十卷。案："《青城集》"當作"《齊城集》"，此乃沿《千頃堂書目》之誤。又［嘉靖］《淳安縣志》卷一一《儒林》載其傳記，云："所著有《齊城集》《麟經賦》并詩文二十卷。"則《齊城集》與詩文二十卷似非同一集。

○吴存《月溪詩集》。字仲退，鄱陽人，延祐元年舉鄉試第一，本縣主簿。案："月溪"當作"月灣"。危素《危學士全集》卷一二《吴仲退先生墓表》："所著有《程朱易傳本義折衷》若干卷，《鄱陽續志新志》若干卷，《月灣詩稿》若干卷，《巴歌雜咏》若干卷，行於世"。

○《聞人夢吉詩集》二卷。字應之，婺源人，慶元路知事。案：此據《千頃堂書目》。王禕《王忠文公集》卷二四《凝熙先生聞人公墓表》載"今國子學録張丁嘗集先生遺文爲六卷"，并無詩集。

○陳廷言《詒笑集》二卷《江湖詩品》二卷。進士，集賢侍講。案：《江湖詩品》，［雍正］《浙江通志》《寧海縣志》皆作"江湖品評"，此本諸《千頃堂書目》。

　　○周聞孫《鼇溪文集》三卷。字以立，吉水人，鼇溪書院山長。案：此爲輯佚本，非完帙。解縉《文毅集》卷一一《周以立傳贊》："著《尚書一覽》《河圖洛書序説》，及平日所爲詩文二十卷，其志勤矣哉。"《四庫總目》卷一七四："所著書凡二十卷，無復存者。此本乃明正統壬戌其曾孫翰林院侍讀敘所輯，僅詩文各一卷而已，文末附《奏修三史以宋爲正統論》一篇，全文已佚，僅載其略鄒緝序。"

　　○李序《絪緼集》。字仲修，東陽人。案："仲修"當作"仲倫"。顧嗣立《元詩選》三集載："序字仲倫，東陽人適庵先生惠之侄也。"此以形近而訛爲"仲修"，乃沿《千頃堂書目》之誤。

　　○孫轍《淡軒詩》。案：危素《危學士全集》卷一二《臨川隱志孫先生行述》載"先生有文集二十卷"，宜補。

　　○曹慶孫《副墨》《東山高蹈集》。字繼善，華亭人，淳安縣儒學教諭。案：《副墨》當作《副墨集》，顧清［正德］《松江府志》卷三〇："曹慶孫，字繼善……所述有《副墨集》《東山高蹈集》《瀼東漫稿》凡若干卷。"《瀼東漫稿》，《元志》失錄。

　　○楊顯夫《水北山房集》。南昌人。案："楊顯夫"乃"楊顯民"之訛。楊顯民名鎰，與兄鑄皆能詩。王禕《王忠文公集》卷五《楊季子詩序》："季子楊氏諱鑄，其字季子，豫章人也。楊氏在其鄉世以文學稱，至季子之兄諱鎰，字顯民，益以所學自名其家，而尤長於詩。"余闕《青陽先生文集》卷四《楊君顯民詩集序》："其弟子涂穎持其所謂《水北山房集》者來京師，將刻之以傳於世，余爲題其首，使後知顯民南州之士有所負者也，是蓋有道之士也。"

　　○《梁隆吉詩集》。名棟，字中砥。案："字中砥"，誤。周密《癸辛雜識》續集卷上《子山隆吉》："梁棟字隆吉，鎮江人，登第嘗授尉，與莫子山甚稔。"又程敏政《宋遺民録》卷一一《梁先生詩集叙》："先生姓梁，諱棟，字隆吉。……弟諱桂，字中砥。"可知"中砥"乃梁桂字。

　　○黃仲元《四如先生集》五卷。字淵叟，莆田人。宋國子監簿，入元不仕。案："淵叟"當作"天叟"。據嘉靖壬寅裔孫黃廷宣識後："門人武夷詹清子，類次六經四書講義爲六卷刊之。先生之子汀州路總管府知事梓又分記序墓銘字訓之屬爲五卷而刊之。身後遺文尚多，其曾孫鄉貢進士至又哀集爲十卷。先生黃氏諱仲元，字善甫，改名淵，字天叟，號韻鄉老人云。"《四如集》卷一《還笏樓記》："余名淵，字天叟，自號四如老人，七十七醉作此筆。"

　　○徐師賢《上饒集》《吳興集》《姑孰集》《北游録》，共十卷。字子愚。案：徐師賢，當作"徐師顏"。《清容居士集》卷三四《徐師顏傳》："徐君諱師顏，字子愚。……所著有《上饒集》《吳興集》《姑熟集》《北游録》凡十卷，大理卿陵陽牟公序其詩。”

○沈貞《茶山集》十卷。字元吉，長興人。案：其書已佚。勞鉞《湖州府志》載爲十二卷，顧應祥《長興縣志》載爲五十卷。

○葉森《瓦釜鳴集》三卷。字景瞻，錢唐人。案：“景瞻”當作“景修”，孔齊《静齋至正直記》卷一《松雪遺事》云“錢唐老儒葉森景修嘗登趙松雪之門”。又《兩浙名賢録》卷四六《文苑傳》“葉景修森”條載其所著爲“《瓦缶鳴集》”。

○汪可孫《雲窗法語》一卷。續溪人，號虛夷子。案：“《雲窗法語》”當作“《雲宮法語》”，現存正統《道藏》本，作二卷。

○韓謣《五雲書屋稿》六卷。字致用，性從兄，建寧路録事。案：徐一夔《韓君墓誌銘》：“韓亢與其從弟莊節先生性自相師友，先後師表當世。”韓亢爲韓謣祖父，故韓謣當爲韓性從孫[1]。

○林全《小孤山人集》二卷。字子貞，福州人。案：林全，[弘治]《八閩通志》卷六十三、陳鳴鶴《東越文苑》卷五、王圻《續文獻通考》卷一八一皆作“林全”。

○劉聞《容窗集》十卷，《太史集》六卷。案：《容窗集》《太史集》當爲同書異名。《國史經籍志》卷五載“劉聞《容窗集》十卷”，《文淵閣書目》但載“劉容窗太史集一部一册”。《内閣藏書目録》卷三則載：“《劉太史集》一册全，元太史劉文庭著，洪武中禮部尚書朱夢炎序，凡六卷。”可知其集爲六卷，顧嗣立《元詩選》三集卷九“劉聞小傳”著録爲十卷，乃輕信焦《志》之故。

○蕭士贇《冰崖詩集》。字粹可，贛州人。案：《冰崖詩集》乃蕭士贇父蕭立之所撰。阮元《揅經室集》外集卷一《蕭冰厓詩集提要》：“宋蕭立之撰。立之，寧都人，字斯立，一名立等，號冰厓，登方逢辰榜進士，仕至通守，歸隱後自放於詩。大旨宗江西派，《宋詩紀事》嘗採其詩。此三卷，僅有五七言古體、五七律及七絶，乃其九世從孫敏所訪求而得者，其原跋稱向有詩集二十六卷，然則立之詩佚者多矣。此集雖僅存什一，但明羅倫序稱其納交吳氏草廬，見知謝氏疊山，是詩以人重，一鱗片羽亦可珍貴云。”

○蕭山則《大山集》。新喻人。蕭泰來《小山集》。山則弟。案：“山則”當作“剴”。蕭剴爲南宋紹定五年（1232）進士，蕭泰來登紹定二年（1229）第，皆不宜入《元志》。

○薩都剌《雁門集》八卷，《集外詩》一卷。案：《雁門集》元刊本已不傳，現存明成化二十一年刊本，作八卷。明末毛晉以三卷本刊入《元人十種詩》本，又重輯《集外詩》一卷。瞿鏞《鐵琴銅劍樓書目》卷二二載：“《雁門集》八卷，

---

① 參見陳高華《讀錢大昕〈元史藝文志〉》。

元刊本（斷代有誤），題代郡薩都剌天錫。前有至正丁丑干文傳序，是本流傳絶少。汲古毛氏所刻得一別本，分三卷，實未全。後獲見此本，故別刊《集外詩》一卷。”可見《集外詩》乃補三卷本之闕佚，錢《志》既著録八卷本，則無需著録毛晉輯録之《集外詩》一卷。又據成化刊本卷首干文傳《序》，薩都剌別有一集，名爲《巧題》，宜補録。

〇胡助《純白齋類稿》二十卷，《附録》二卷。案：胡助《純白先生自傳》載：“初在山中所作曰《巢雲稿》，至建康曰《白下稿》，往來京師幾三十年，有《京華雜興》《上京紀北游前後續稿》，命子編集，合三十卷，名之曰《純白齋類稿》。”可知其原本爲三十卷。《四庫總目》卷一六七：“是集乃助所自編本三十卷，歷年既久，殘闕失次。明正德中，其六世孫淮掇拾散佚，重編此本，僅存賦一卷，詩十六卷，雜文三卷，又附録當時投贈詩文二卷，仍以《純白齋類稿》爲名，而卷帙已減三之一，非其舊本。”

〇岑安卿《栲栳山人集》三卷。字靜能，餘姚人。案：三卷本乃後人重編本。陸心源《儀顧堂題跋》卷十三《栲栳山人集跋》：“《栲栳山人集》三卷，元岑安卿撰，抄本，周元亮舊藏，第三卷有錯簡，各本皆同。今逐一校正。據《餘姚縣志》，集凡四卷，佚其末卷，乾隆壬寅，張氏新刊本遽以上中下分卷則似完帙矣。此本不分上中下，猶從原本録出耳。”

〇王禎《農務詩》一卷。案：《農務詩》一卷與《王魯公詩抄》一卷，皆自《石倉歷代詩選》中抄出之後加題集名，進呈於四庫全書館。《王魯公詩抄》館臣已辨其僞，故錢《志》未録。《農務詩》清人未加考辨，乃仍舊著録。

〇鄭洪《素軒詩》一卷。字君舉，永嘉人，或云衢州人。案：元時有鄭君舉二人。朱彝尊《靜志居詩話》卷五：“《鄭君舉詩》一卷，曹侍郎古林藏本。侍郎題是永嘉人，而鮮于伯幾《書趙子固水仙卷》稱元貞二年正月同餘杭盛元臣三衢鄭君舉觀於困學齋，初疑君舉乃三衢人，然考周元初《來鶴詩》有永嘉鄭洪君舉之作，見《鶴林類集》，則君舉爲永嘉人無疑。”顧嗣立《元詩選》二集卷二十四“鄭洪小傳”引竹垞語，而云“未詳孰是，俟更考之”。其後孫衣言更證三衢鄭君舉非永嘉鄭洪，見孫詒讓《溫州經籍志》卷二四載：“家大人曰：《感興詩》二首，其次篇云……則君舉入明已久。宋亡於己卯至明洪武十一年戊午乃得百年，且元貞二年元興甫十七年，至洪武二十三年己巳，君舉已逾百歲，伯機元貞二年題名恐不足信。”可見此編作者當爲元末永嘉鄭洪，而非元初三衢鄭君舉。

〇謝俊氏《玉泉集》。祁門人。案：“謝俊氏”當作“謝俊民”。

〇衛仁近《敬聚齋稿》。字剛叔，華亭人。案：“剛叔”當作“叔剛”，又字“子剛”。王逢《梧溪集》卷五有《哭雲間衛叔剛》，即其人。《書史會要》卷七、[正德]《松江府志》卷三〇所載小傳亦作“字叔剛”。《草堂雅集》卷二〇載爲“字子剛”，楊維楨爲其作《詩録序》《敬聚齋記》，亦稱其爲“衛子剛”。

○任詔《盤園集》。蜀人。案：任詔，字子嚴，生卒年不詳，與王庭珪、辛棄疾、周必大同時，《清江縣志》《臨安府志》皆著爲宋人，似不宜入《元志》。

○吳複《雲樵集》。案：“《雲樵集》”當作“《雲槎集》”。楊維楨《吳君見心墓誌銘》載其事蹟，云“世傳《雲槎集》凡十卷”。

○夏正《餘留稿》。案：“夏正”當作“夏時正”，正統十年進士，不當入《元志》。《兩浙名賢録》卷四七《文苑》載：“夏時正，字季爵，慈溪人，操履端潔，不尚依違，博學强記，通經史百家，文思紆鬱，詩逼盛唐，書迹亦遒勁有法。登正統進士第，授刑部主事，歷官至大理寺卿。……所著有《餘留稿》《太常志》《三禮儀略舉要》各十卷，《杭州府志》六十三卷，《禹貢詳節》一卷。”

○時少章《所性稿》。案：時少章爲宋人，不當著入《元志》。《兩浙名賢録》卷四六《文苑》載：“時少章，字天彝，金華人。……初由鄉貢入太學，年六十始登寶祐癸丑進士，……所著有《易詩書論孟大義》六十卷、《論孟詩贊説》《易卦贊》，雜文、古歌詩數千篇，總之爲《所性集》。”

○林逢龍《草堂集》。案：[弘治]《溫州府志》卷一一一《忠義傳》載：“德祐丙子（二年），元兵至溫，秀王趙與檡道（遁），元將知逢龍姓名，令軍校至山中索之，遂被執，驅迫之登舟入城。逢龍攘臂怒罵，以腹觸其刃而死。所爲文有《草塘集》二十卷、《古論》一十卷。”可見“《草堂集》”當作“《草塘集》”，又林逢龍死於宋末，不當入《元志》。

○金寔《覺非集》。案：金寔，字用誠，號覺非先生。開化人，生於洪武四年，曾與修《太祖實録》《永樂大典》，選爲東宮講官。其集不當著於《元志》。

○方有開《詩文集》十一卷。案：方有開，字躬明，隆興元年進士，生平見孫應時《燭湖集》卷一一《承議郎淮南西路轉運判官方公行狀》。不當著入《元志》。

○胡朝穎《靜軒集》。案：胡朝穎，淳熙二年（1175）進士，不當入《元志》。

○吳人龍《鳳山集》。案：“吳人龍”當作“吕人龍”。事蹟見[嘉靖]《淳安縣誌》卷一一《人物·儒林》載。《宋元學案》卷七四“庶官吕鳳山先生人龍”條：“吕人龍，首碼之，淳安人，景定進士。……學者稱爲鳳山先生，有集。”[雍正]《浙江通志》卷二四八《經籍》載爲吕人龍著。《宋詩紀事》卷六八“吕人龍”：“人龍首碼之，淳安人，景定三年進士，終承務郎，有《鳳山集》。”

○楊景中《鳳山集》。安溪人。案：“楊景中”當作“楊景申”，[弘治]《八閩通志》卷五〇《選舉》載其爲紹興二十四年張孝祥榜特進，又卷六七《人物》：“楊景申，字夢符，安溪人，以特奏名仕湖北帥幕，所著詩文號《鳳山集》。”可知楊景申爲宋人，不當入《元志》。

○林廣《三溪集》。龍溪人。案：“林廣”當作“林廣發”，[弘治]《八閩通志》卷六八《人物》載：“林廣發，字明卿，龍溪人。……所著有《三溪集》傳於世。”

○鄭玉《師山文集》八卷，《餘力稿》五卷。案：《師山集》即《餘力稿》，此爲重複著録。《四庫總目》卷一六八載：“前有至正丁亥程文序，又有至正庚寅玉自序，蓋即玉所自編。惟序稱名曰《餘力稿》，以見吾學之不專於文詞，則集名似後人追改。然王禕序及楊士奇跋已皆稱《師山集》，則初刻時已改名矣。《遺文》五卷，不知何人所編。”此題“《餘力稿》五卷”，或即以《遺文》爲“《餘力稿》”耶？

○劉岳申《中齋集》十五卷。字高仲，吉水人。案：“中齋”當作“申齋”，形近而訛。

○李繼本《一山文集》九卷。一名守成，□瞻□至正進士，翰林檢討。案：此以李繼本爲名，誤。王直《抑庵文後集》卷二八《太常寺丞李先生墓表》：“祖諱士瞻，字彥聞，……考諱守成，字繼本，至正丁酉進士，官翰林檢討兼奉禮。”又《一山文集》卷七《冰雪先生哀辭》：“故以此交天下之士，若潯陽張羽來儀、吳門徐賁幼文、天台王璞蘊德、璞弟琦修德、北平李延興繼本，多知名者，皆推許先生在作者列。”可知其名一爲守成，一爲延興，字繼本。

○曹涇詩、文、韻、儷稿五卷。案：“五卷”當作“各五卷”。程敏政《新安文獻志》卷九五洪焱祖《曹主簿涇傳》：“所著有《講議》四卷，書稿、文稿、韻稿、儷稿各五卷。”

○孫庚《雪磯集》。字居仁，慈溪人。案：孫原理《元音》卷一二、王圻《續文獻通考》卷一八一皆作“字居仁”，《兩浙名賢録》卷二《儒碩》、［成化］《四明郡志》皆載爲“字居純”，未詳孰是。

○歐陽弇《鳳山集》。廬陵人。案：據周必大《文忠集》卷三二《鄉貢進士歐陽耿仲弇墓誌銘》，歐陽弇卒於南宋乾道九年，故不當入《元志》。

○郭翼《林外野言》二卷。字義仲，昆山人。案：盧熊撰《墓誌》云：卒於至正二十四年，或列諸明人，誤也。

○謝應芳《龜巢集》十七卷。案：《龜巢稿》原本當作“二十卷”。鄭觀《龜巢先生行迹》載其所著有“《辨惑編》五卷、《思賢録》五卷、《懷古録》三卷、《毗陵續志》十卷、《龜巢稿》二十卷，又《汲古録》《東里志》《延陵小記》若干卷”，張師繹《月鹿堂文集》卷四亦載爲“《龜巢稿》二十卷”，可見二十卷當爲原本卷數。清人編纂《四庫全書》，所得十七卷本詩文數量較二十卷本少三百餘篇，爲不全之本。

○倪瓚《清閟閣集》十二卷。案：《清閟閣集》明清時數次刊行，《四庫總目》卷一六八載：“國朝康熙癸巳，上海曹培廉重爲編定校勘付梓。……凡《詩》八卷，《雜文》二卷，《外紀》二卷，上卷列遺事、傳、銘，并贈答、吊挽之作，下卷專載諸家品題詩畫語。”然則其《外紀》二卷并非倪瓚撰。

○吕誠《來鶴亭詩》一卷，《補遺》一卷，《番禺稿》一卷，《既白軒稿》一卷，

《竹洲歸田稿》一卷。案：丁丙《善本書室藏書志》卷三四載："《呂敬夫詩集》五卷……此本一曰《來鶴堂稿》，一曰《番禺稿》，一曰《既白軒稿》，一曰《草堂雜咏》，一曰《竹洲歸田稿》，總名曰《敬夫詩集》。"疑"《補遺》一卷"當作"《草堂雜咏》"。

○李琛《確軒集》。無錫人。案：此據黃虞稷《千頃堂書目》卷一七："李琛《確軒文集》，字伯器，無錫人，又《確軒吟稿》。"黃虞稷《千頃堂書目》所載有誤。確軒當指李戩。李戩，字桓仲，李琛之孫。王偁《思軒文集》卷一六《確軒先生李公墓表》："先生諱戩，字桓仲，常州無錫人。……國初有諱伯器者，舉孝廉。伯器生景修，先生之大父也。"邵寶《容春堂集》後集卷七《絅庵李先生傳》："祖景修，父桓仲，號確軒。"李戩生於洪武十八年，卒於天順元年，不當入《元志》。

○善性《谷響集》一卷。字無住，吳郡人。案："善性"當作"善住"，號雲屋，《吳中人物志》卷一二有傳。《文淵閣書目》卷二載"《谷響集》一部四冊"，《內閣藏書目錄》卷三亦載"《谷響集》四冊全，僧雲屋著"，似不止一卷之數。《國史經籍志》卷五載爲"四卷"，《傳是樓書目》《四庫總目》皆載爲"三卷"，未詳孰是。

○大圭《夢觀集》五卷。字恒白，晉江人。案：《夢觀集》原本二十四卷，五卷本乃四庫館臣所刪節。《四庫總目》卷一六六載："大圭字恒白，姓廖氏，晉江人。至正間，居泉州之紫雲寺。其集本二十四卷，首爲夢法一卷，夢偈一卷，夢事一卷，次爲詩六卷，次爲文十五卷。所謂夢法、夢偈、夢事者，皆宗門語錄，不當列之集中。其雜文亦多青詞疏引，不出釋氏之本色，皆無可取。……今刪除其夢法等卷，并刪除其雜文，惟錄古今體詩編爲五卷。"

○實存《白雲集》。錢唐人。案："實存"當爲"存實"倒乙，即前已著錄"釋英《白雲集》三卷，字存實，俗姓厲，錢塘人"，此爲重出。

○邱處機《長春子稿》《磻溪集》六卷。案：《長春子稿》即《磻溪集》，此同書異名。白雲霽《道藏目錄詳注》卷四："《長春子磻溪集》卷一之六，棲霞長春子丘處機集。內詩詞歌曲，其中片言隻字，皆可以警聾瞽而洗塵囂也。"

○吳元初《元元贅語》。號虎山道士。案："《元元贅語》"當作"《玄玄贅稿》"，避康熙諱改"玄"爲"元"。"號虎山道士"當爲"龍虎山道士"之訛。虞集《書玄玄贅稿後》載："《玄玄贅稿》者，龍虎山高士吳君玄初所爲詩文也。"吳澄《吳文正集》卷五四《玄玄贅稿跋》亦載："《玄玄贅稿》，吳君信中詩也。"

○王先生《草堂集》一卷。號白雲子，不著名。案：陳銘珪《長春道教源流》卷五："王丹桂，字昌齡，禮丹陽爲師，隱居昆崳山神清洞，丹陽訓號白雲子。"

（二）總集類

○《柴氏四隱集》三卷。曰望，曰隨亨，曰元亨，曰元彪，皆宋臣入元不仕者，江山人。案：柴復貞《刻柴氏四隱集叙》載："萬曆丙戌，宗師紫溪蘇公按衢，當品藻俊髦之暇，諮訪鄉賢，以樹風教。移文查取四公實行遺文，族衆各搜之蠹簡中，得其詩文若干首，而吉甫公集屢經兵燹，無復傳焉。繕寫成帙，以備呈請。"可知四隱人各有集，至明萬曆間始彙爲此編。

〇孫原理《元音》十二卷。案：孫原理，元末明初人，書志多著爲明人。《元音》十二卷，卷首有烏斯道序，編成於洪武十七年，似不宜著於《元志》。

〇王玠《唐詩選》。定海人。案：此條沿襲自王圻《續文獻通考》卷一八三"經籍考"："《唐詩選》，定海王玠纂。"考明《嘉興府圖記》卷一五《人文》載："黃正孫……子玠，字伯成，與趙孟俯游，尤與黃溍善。……所著有《弁山小隱吟録》《知非舊稿》《唐詩選》，纂《韻録》行世。"又黃溍《金華黃先生文集》卷三六《慈溪黃君墓誌銘》云："慈溪黃君卒於嘉興之寓舍，其孤玠將返柩以葬，來詬於溍，曰：葬宜有銘，敢以爲請。……君諱正孫，字長孺。……至正乙酉正月七日，以疾卒，享年八十有一。"可見此編作者當爲黃玠無疑。

〇《萬寶書山》三十八卷。案：晁瑮《寶文堂書目》著録"《萬寶詩山》，宋刻，國朝序"，楊士奇《文淵閣書目》卷二"月字號第一廚書目"著録"《萬寶詩山》一部十三册""《萬寶詩山》一部一册"，黃《目》卷三二著録"《萬寶詩山》三十八卷"，可知是編當名爲"《萬寶詩山》"。是編清代屢見藏書目録記載。陸心源《皕宋樓藏書志》卷一一五載"《選編省監新奇萬寶詩山》三十八卷，宋書林葉氏廣勤堂刊本，宋葉景達編"，卷首有莆陽余性初叙，作於"囗雍作噩歲重九日"，其所闕字當爲"屠"字，屠雍作噩即己酉年。陸心源又云："案：此宋書林葉氏廣勤堂刊本，每頁三十行，每行二十五字，宋時兔園册也。"莫友芝《宋元舊本書經眼録》卷一亦載："《萬寶詩山》三十八卷，宋巾箱本。每卷題首云'選編省監新奇萬寶詩山卷之幾'，書林葉氏廣勤堂新槧，悉取宋代省監所試五言六韻詩分類編録，如今坊間《褒珍試律大觀》之比，每卷約五十葉，葉三十行，行二十三字，三行一詩，約四百六七十首，合三十八卷，計之約詩萬六千餘首。宋人帖體亦收羅殆盡矣。"清人多以此本爲宋板，其實卷首余性初《叙》云："書林三峰葉景達氏掇拾類聚，繡梓以傳，於世目之，曰《萬寶詩山》，俾後學者有所矜式，其用心亦弘矣。槧成，攜以示余，因屬余叙。"可知此編出自建陽書林葉景達之手。葉景達爲明宣德、正統間人，所刊書籍尚有不少傳世。傅增湘《藏園群書經眼録》、李盛鐸《木犀軒藏書書録》、潘景鄭《著硯齋書跋》、祝尚書《宋人總集叙録》等已相繼辨明錢《志》之誤。

〇《甘棠集》一卷。至元間浦江人爲縣宰廉阿作。案：黃《目》、倪《補志》均未收此書。此條當據《內閣藏書目録》卷八所載："《甘棠集》一册全，元至元間廉阿宰浦江，及致政，浦人去思諸詩也。"據陳高華先生考證，此"至元"當爲元惠宗年號，浦江縣宰以廉爲姓者爲畏兀兒人廉阿年八哈。邑人胡助《純白齋類稿》卷一八《廉侯遺愛傳》云："婺之支縣曰浦江，自入國朝以來，凡所更長官二十餘人，求其德政愛民與古之魯卓并稱無愧者，今惟見廉侯一人而已。侯名額琳巴哈（譯名不同爲清人所改），一名浦，字景淵，北庭人也。"可知"廉阿"乃廉阿年八哈之誤，錢《志》沿明人著録而脱三字 [1]。

○《名公書判清明集》十七卷。案：陸心源《皕宋樓藏書志》卷一一四："《名公書判清明集》，殘本，二百三十二頁，宋刊本，不著編輯者姓氏……景定歲西日，長至幔亭□孫引。"可知《名公書判清明集》應爲宋人所編，不當著入《元志》之中。嵇璜《續通志》"史部·刑法類"置於元彭天錫"《政刑類要》一卷"之下，錢《志》蓋沿其誤。

○陳士元《武陽耆舊詩宗》一卷。案："《武陽耆舊詩宗》"當作"《武陽耆舊宗唐詩集》"，《邵武府志·藝文》（乾隆二十五年刊）載黃鎮成《武陽耆舊宗唐詩集序》，云："《宗唐詩》者，武陽耆舊之所作也。"黃《目》誤爲"《武陽耆舊詩宗》"，倪《志》、錢《志》蓋沿其訛。

○《東甌遺芳集》。止録趙氏數人。案：孫詒讓《溫州經籍志》卷三二載："案：《元遺芳集》，《東甌續集叙》所述無'東甌'二字，錢氏《元史藝文志》始增題此名。其撰人無考，以專録趙氏詩，推之疑即卓忠貞所叙趙廷暉《遺芳集》也。其書今無傳本。"今案：'東甌'二字確爲臆增。然嵇曾筠〔雍正〕《浙江通志》卷二五四"經籍"已著録："《東甌遺芳集》，趙諫《東甌續集序》：元人撰，止録趙氏數人而不及他姓。"可知《元志》乃沿《浙江通志》之誤。

○徐氏《雙桂集》。伯樞衍，無錫人。案：徐氏《雙桂集》今已不傳。乾隆時期四庫館中嘗采進一部，《四庫總目》卷一九一"集部·總集存目一"："《雙桂集》六卷，江蘇巡撫采進本。明徐墺編。墺，無錫人，是集録其祖環、父允之詩。環字伯樞，元兵部侍郎憲之子。洪武間常以茂才薦，擢上元縣主簿，終臨桂縣丞，所著有《臨桂集》。允字邦孝，所著有《水南集》，墺合爲一集刊之，統名曰雙桂。朱彝尊《明詩綜》搜羅至三千四百餘家，而環父子之詩不載一字，然其詩皆未成家，疑彝尊删之，未必不見也。"然則此編當爲明人徐墺所輯，録徐環、徐允之之詩。錢氏不獨誤著此編於元《志》，又著編者爲"伯樞衍"，可謂誤中生誤。

○高德進《自得齋類編》。案：徐一夔《始豐稿》卷二《自得齋類編序》："河南高公德進甫有藏修之室曰自得齋，既得宗工巨儒爲之論著，而先隴白雲山舍亦皆有述。其子巽志慮其久而散軼也，彙而次之，合記、序、銘、贊、志、狀、詩、詞凡若干首，將鋟諸梓，題曰《自得齋類編》，而請余序。"可知編者當爲高巽志，德進乃其字。

---

① 參見陳高華《讀錢大昕〈元史藝文志〉》。

（三）騷賦類

○劉莊孫《楚辭補旨音釋》。案：當作“《楚辭補注音釋》”，此書已佚，詳其書名，似爲洪興祖《楚辭補注》作音釋。袁桷《清容居士集》（四部叢刊景元刊本）卷二八《劉隱君墓誌銘》載其著作，亦作“《楚辭補注音釋》”。

（四）制誥類

○蘇天爵《兩漢詔令》。案：《滋溪文稿》卷六《兩漢詔令序》載：“是編吾家所藏。西漢十二卷，吳郡林虙録。東漢十一卷，四明樓昉録。及官浙省，與憲使王公議刊行之，向聞於潛洪諮夔亦嘗纂次成書云云。”可知此編乃宋人林虙、樓昉所輯，著入《元志》則誤矣。

（五）科舉類

○涂摺生《易義矜式》。案：“涂摺生”當作“涂溍生”，參見經部“四書疑斷”條。

○《易主意》一卷。案：“一卷”當作“一冊”。楊士奇《東里集》卷一六《易主意》：“《易主意》一冊，元臨川鄉貢進士涂溍生著。專爲科舉設。近年獨盧陵謝子方有之，以教學者，於是吾郡學易者皆資於此，余少嘗録之，後失之，此本萬安訓導郭公承爲餘重録。”楊士奇但著録爲“一冊”，而不載其卷數。此書至清已佚，朱彝尊《經義考》卷四六載爲“涂氏溍生《易主意》一卷，佚”，竹垞實未見此書，未詳何以著爲一卷。錢《志》蓋沿自《經義考》。

（六）文史類

○盧摯《文章宗旨》。案：盧摯《文章宗旨》乃單篇文章，陶宗儀《南村輟耕録》曾引録此文，明時并無單刻流傳，不當與元人著述并録。

○李塗《古今文章精義》二卷。案：此書尚有明刊本藏於國家圖書館，書名當作“性學李先生古今文章精義”，卷末有于欽止跋曰：“人皆曰文章天下之公器，然必具眼目識見高者，而後能語其精義之精。予十八九時，從性學先生學，每讀書講究義理之暇，則論古今文章。予資質魯鈍，恐其遺忘，故隨筆之於簡帙，凡二百□八條，於是表其書之首曰《性學李先生古今文章精義》，藏於家者四十餘年，未嘗出以示人。至順三年冬十又二月，閱所蓄故書，得於篋笥中。臨文興悦，手不忍置。因念與其獨善一身，孰若兼善天下，遂繡諸梓，與士大夫共之云云。”然則此書當爲于欽止録其師李性學探論古今文章之語。李性學名淦，建昌南城人，作“李塗”乃後來刊刻之誤[①]。

○韋安居《梅磵詩話》三卷湖州人。案：“韋安居”當作“韋居安”，宋景

---

① 陳杏珍《〈文章精義〉考辨》（《北京圖書館館刊》，1994 年第 2 期）、王樹林《〈文章精義〉作者考辨》（《文學遺産》，2000 年第 6 期）皆已詳辯李性學爲“李淦”而非“李塗”。據于欽止跋，此書初刊於至順三年。原刊本已佚，今傳諸本皆非初刊，誤作“李塗”當由刊刻者所致。

定間進士。

○高若虎《渤海詩譜》字仲容，安福人。案：[弘治]《八閩通志》卷六二"人物·福州府·文苑"載："陳若冲，字德用，以經學詞章爲汪彥藻、柳彥質、李邴、趙鼎所知，自號樂全，所著有《藍溪集》。同縣人許拱辰，字元弼，亦以經學詞章聞，所著有《玉融新對》，莆田黃公度爲序。又有高若虎者，字仲容，所著有《渤海詩話》。"[正德]《福州府志》所載同。然則高若虎當爲宋福州福清人。王圻《續文獻通考》卷一八三《經籍考》載"《渤海詩話》，高若虎著。字仲容，永福人"，此條置於金元人中，竹汀乃沿其誤，又改"永福"爲"安福"，可謂誤中生誤。

○陳德固《唐溪詩話》。案：當爲"陳岩肖《庚溪詩話》"之誤。陳岩肖，《敬鄉錄》卷三稱其爲"德固之子"，又載："陳闢，字德固，金華人。靖康間爲京城守禦司屬官，嘗以守禦策獻之朝，議者沮之。京城失守，督將士與敵戰而死。"陳岩肖《庚溪詩活》卷下："岩肖之先君光祿，靖康間爲京城守禦司屬官，嘗以守禦策獻之朝，而議者沮之。京城失守，督將士與虜戰，遂以身殉國。及歸葬日，公（按：指潘良貴）爲挽詩曰：'醜虜登城日，中華將士奔。人皆趨北闕，君獨死南門。秘計無人用，英聲有史存。秋原悲淚落，桂酒與招魂。'岩肖每一讀之，痛貫心膂。時爲挽詩者數十人，惟公詩事核而言簡也。"《庚溪詩話》現存咸淳刻《百川學海》本，卷首題爲"西郊野叟述"，西郊野叟當爲陳岩肖別號。陳岩肖生平，詳見林建福《陳岩肖傳》[①]。王圻《續文獻通考》卷一八三《經籍考》載"《唐溪詩話》，陳德固著"，錢《志》蓋沿其誤。

○傅汝礪《詩法源流》三卷。案：《千頃堂書目》卷三一載爲"傅與礪《詩法源流》三卷"，此條蓋沿襲黃《目》，然其書并非傅與礪所著。《四庫總目》卷一九七："不著撰人名氏，末有至治壬戌楊載舊序一篇，稱少年游浣花草堂，見杜甫九世孫杜舉，問所藏詩律。舉言甫之詩法不傳諸子，而傳其門人吳成、鄒遂、王恭，舉得之於三子，因以授載其說，極爲荒誕。……楊載序俚拙萬狀，亦必出偽托。然其書乃作第三卷，前二卷則一爲元人論詩之語，分標傅若金等姓名。一爲選錄漢魏晉詩，題傅若川次舟編。卷末又有嘉靖癸未邱道隆後序，稱憲伯荊南王公用章取詩法源流，增入古人論述與詩足法者，釐爲三卷云云。然則此書爲王用章所輯。諸家著錄有作傅若金撰者，當以開卷第一篇題若金名，因而致誤耳。"傅若金字與礪，傅若川類編其詩文爲《傅與礪詩集》八卷《文集》十九卷，貢師泰、虞集、揭傒斯諸人贈詩皆稱其爲"傅與礪"，陶宗儀《書史會要》卷七誤作"字汝礪"，頗爲後人沿襲，今附辨於此。今蘇州市圖書館藏明嘉

---

① 傅璇琮主編：《宋才子傳箋證·南宋前期卷》，遼海出版社，2011年，第61-74頁。

靖年間熊奎、方九叙重刊本《傅與礪詩法》四卷，或以爲傅若川所編，張健已辨其爲僞托[①]。

○徐駿《詩文軌範》二卷。案：馮桂芬［同治］《蘇州府志》卷一三八《藝文·常熟縣》："徐駿《五服集證》六卷，正統三年自序。《總龜對類》《詩文軌範》二卷，前志別出一徐駿，阮元以《詩文軌範》爲元徐駿所撰，考言《志》實即一人，今據正。"案：［康熙］《常熟縣志》卷九載："徐駿，字叔大，博綜典籍，有《對類總龜》行於世。"［光緒］《常昭合志稿》卷二九："徐駿，字叔大，博綜典籍，著《對類總龜》《詩文軌範》。又按《文公家禮》及太祖《孝慈錄》，間采先儒之論，附以己見，俾爲人子者習之，知尊卑隆殺之道，成《五服集證》六卷。"今北京大學圖書館藏有《詩文軌範》清抄本一帙，《四庫存目叢書》即據此本影印，其卷端題"海虞徐駿叔大編"。徐駿爲明人，不當入元《志》。

○范晞文《對床夜話》五卷。案：范晞文，南宋人，馮去非序此書云："景定三年十月，予友范君景文授以所著書一編。……輒序於《對床夜話》之首，以補其遺，景文然之。不深居之人馮去非可遷甫"，可知《對床夜話》成書於宋季，不當入元《志》。

○虞集《文選心訣》一卷。案：國家圖書館藏明刻本一帙，與《性學李先生古今文章精義》合一冊。元人傳記行狀，并不載虞集曾爲此書。觀其批點，多標八股文法；又於評點之中，時有"正""反""結""合""入題""見題"之言，凡此皆八股文之法。八股文始行於明憲宗成化年間，虞集焉能預爲之言？可見此編出自明人，而托名於虞邵庵。

○楊載《詩法家數》一卷。案：《四庫全書總目》已辨其爲僞托。

（七）評注類

○虞集《杜律訓解》二卷或云張伯成托名。案：明張瑢《羅山全集》有《杜律訓解》六卷，非此書。此書當名爲《杜律虞注》。陸容《菽園雜記》卷一四載："《杜律虞注》本名《杜律演義》，元進士臨川張伯成之所作也，後人謬以爲虞伯生所注。予嘗見《演義》刻本有天順丁丑臨川黎送久大序及伯成傳序，其略云：注少陵詩者非一，皆弗如吾鄉先進士張氏伯成。七言律詩《演義》訓釋字理極精詳，抑揚趣致極其切當。蓋少陵有言外之詩，而《演義》得詩外之意也。然近時江陰諸處以爲虞文靖公注，而刻板盛行，謬矣。其《桃樹》等篇，'來行萬里'等句，復有數字之謬焉。吾臨川故有刻本，且首載曾昂夫、吳伯慶所著伯成傳并挽詞，叙述所以作《演義》甚悉，奈何以之加誣虞公哉？按文靖早居禁近，

---

① 參見傅璇琮主編《中國古代詩文名著提要·詩文評卷》，河北教育出版社，2009年，第164頁。

繼掌絲綸，嘗欲厘析詩書、彙正三禮，弗暇，獨暇爲此乎？楊文貞公固疑此注非虞，惜不知爲伯成耳。嫁白詭坡，自昔難免哉。”可見張伯成所著《杜律演義》并未托名於虞集。據今人羅鷺所考，《杜律虞注》最早刊刻於宣德九年，解題部分抄自張伯成《杜律演義》，注釋部分則主要抄自《集千家注杜工部詩集》，作僞者爲江陰書估朱氏（朱善繼、朱善慶、朱熊）[①]。

　　○胡炳文《注朱子感興詩》一卷。案：胡炳文所著當爲《感興詩通》，乃屬集注而非自注。現國家圖書館藏有明成化二十三年刻本。瞿鏞《鐵琴銅劍樓書目》卷二一載："《文公感興詩通》一卷，明刊本。宋朱子撰，題新安後學胡炳文集注并序，朱子感興詩初有四家注，炳文廣之，爲十家。其參以已説者別之爲通，曰與《四書通例》同。十家者，長樂潘氏柄、楊氏庸成、建安蔡氏模、真氏德秀、詹氏景辰、徐氏幾、黃氏伯陽、番陽余氏伯符、新安胡氏升、胡氏次焱也。"

　　○羅椅《放翁詩選》十卷字子遠。案：羅椅爲宋人，不當入《元志》。

（八）詞曲類

　　○《百一選曲》《陽春白雪集》。案：此二種毛晉以爲元人所編，錢大昕沿其誤著録入《元志》中。毛晉曾獲得元刊本《新刊張小山北曲聯樂府》，據此本精抄之後，識云："章丘李中麓開先曉音律，善作詞，最愛張小山，謂其超出塵俗。其家藏詞山曲海，不下千卷，獨不得小山全詞，僅從選詞八書（自注：《太平樂府》《陽春白雪》《百一選曲》《樂府群珠》《詩酒餘音》《仙音妙選》《樂府群玉》《樂府新聲》）輯成二卷，名曰《小山小令》，序而刻之家塾。"毛晉謂李開先曾從《太平樂府》《陽春白雪》《百一選曲》三書輯録張可久小令，實爲誤解。檢李開先《閑居集》卷六《張小山小令後序》言："予自游鄉校讀書，或有餘力，則以學詞。詞獨愛張小山之作，以其超出塵俗，不但腰勁而已。當時苦於無書，止有楊朝英所集《太平樂府》，及檢舊篋，又得《陽春白雪集》及《百一選曲》兩種。……其小山詞載在《樂府群珠》《詩酒餘音》者僅有數十曲，他所更得《仙音妙選》《樂府群玉》《樂府新聲》，則有助於小山多矣。"李氏但云詞曲集子難尋，僅見《太平樂府》《陽春白雪》《百一選曲》三書，并非自三書中輯録張可久小令；且其所言"《陽春白雪》"當爲宋人趙粹夫《陽春白雪集》，而非楊朝英編《陽春白雪樂府新聲》。朱彝尊《詞綜·發凡》即云："至如曾慥《樂府雅詞》《天機餘錦》采入《花草粹編》，趙粹夫《陽春白雪集》見李開先《小山樂府後序》，則諸書嘉、隆間猶未散軼。"而趙粹夫《陽春白雪集》已見陳振孫《直齋書録解題》著録（馬端臨《文獻通考》卷二四六《經籍考》云："陳氏曰：趙粹夫編取《草

---

　　① 羅鷺：《僞〈杜律虞注〉考》，《古典文獻研究》2004 年，第 312–321 頁。

堂詩餘》所遺，以及近人之作。"此條四庫本《直齋書錄解題》失輯）趙粹夫既為宋人，李開先不當從《陽春白雪集》中輯錄張可久小令。以此類推，《百一選曲》既非輯錄小山樂府之文獻來源，則不可確認為元人所編。

○《樂府混成集》一百五冊。案：此條當本黃虞稷《千頃堂書目》卷二所載。然黃虞稷載錄於"元"以下，實誤。此書明代尚有流傳。《內閣藏書目錄》卷四載："《樂府混成集》一百五冊，不全，莫詳編輯姓氏，皆詞曲也。內有腔板譜，分五音十二律，類次之。原一百二十七冊，今闕二十二冊。"而從內容和卷帙上看，此書當即南宋官府編刊之《混成集》。《齊東野語》卷一○"混成集"條所載："《混成集》，修內司所刊本。巨帙百餘，古今歌詞之譜，靡不備具。只大麴一類凡數百解，他可知矣。"《樂府混成集》原本一百二十七冊，流傳至明僅存一百五冊，而錢《志》依照殘本冊數著錄[①]，顯然不夠正確。又"文史類"著錄的"《群英詩餘》"，即晁瑮《寶文堂書目》著錄的"《群英詩餘》"，《季滄葦藏書目》著錄的"《類選群英詩餘》二本"[②]。其實這是宋人何士信所選《妙選群英草堂詩餘》（前集二卷後集二卷）的簡稱，錢大昕著於《元志》，可謂大誤。

○《天機碎錦》《片玉珠璣》《曲海》。案：當沿自朱彝尊《詞綜·發凡》。考《詞綜·發凡》云："《天機碎錦》《片玉珠璣》二集，聞江都藏書家有之；又如《百一選曲》《太平樂府》《詩酒餘音》《仙音妙選》《樂府新聲》《樂府群珠》《樂府群玉》，曲海之內，定有詞章可采，惜俱未之見也。"可見《天機碎錦》《片玉珠璣》二集竹垞皆未親眼目睹，而各種書目上也未見諸記載，能否斷為元人編纂尚需存疑。又"《曲海》"條亦據此。遍檢前人所引僅有《曲海叢珠》，《詞綜·發凡》所載其餘諸集皆未簡省至二字，"曲海"二字當為泛稱，而非集名。

○《詩話總龜》。案：宋代阮閱編，成於徽宗宣和年間知郴州時，不當著於《元志》。

○《詞學筌蹄》。案：此書為明人周瑛編著，林俊《見素集》卷一九《周公墓誌銘》載："所著有《翠渠集》《經世管鑰》《律呂管鑰》《字學纂要》《詞學筌蹄》《地理菁龜》《周易參同契本義》。"可見不當著入《元志》。

---

① 明人書目有的祇著錄冊數，而不著錄卷數，其實冊數很容易因為重裝而改變，對於考證文獻源流毫無幫助。就這則考證而言，由一百二十七冊變成一百五冊，未必是因為有所佚失，然孫能傳所言當有所據，故仍其說。

② 滄葦所藏為元至正辛卯孟夏雙璧陳氏刊本，現存於國家圖書館。趙萬里《校輯宋金元人詞》著錄"宋何士信輯《增修箋注妙選草堂詩餘》（元刻元印）"，云："卷首有'季滄葦藏書'一印，延令書目載《類選群英詩餘》二本，即此書也。此本前後集前又各具細目，題'妙選箋注群英詩餘'，次行低五格有'建安古梅何士信君實編選'一行。"

○汪元亨《小隱餘旨》一卷《雲林清賞》一卷。案：晁瑮《寶文堂書目》載錄"小隱餘音"，高儒《百川書志》卷一八亦載："《小隱餘音》一卷、《雲林清賞》一卷，元汪元亨著，二集原系一書，但次序字句小異而已。兩存參互觀之，五小令，百闋。"據此，二集原爲一書，既分別著録而不加注明，似爲不妥。當沿倪璨《補志》，而復誤"餘音"作"餘旨"。

○《南北九宮譜》十卷。案：倪璨《補志》著録"《南呂九宮譜》"，錢《志》蓋沿此，又改"南呂"爲"南北"。案：徐于室、鈕少雅《南曲九宮正始》馮旭序載有"大元天曆《九宮十三調譜》"，向以此爲最早之九宮譜，黃仕忠先生已辨其爲誤解。明嘉靖時蔣孝《舊編南九宮譜序》云："九宮、十三調二譜，得之陳氏、白氏，僅有其目而無其辭。"（王驥德《曲律》卷一引）然陳氏、白氏姓名不詳，其譜來源亦不詳。又明徐渭《南詞叙録》云："今之《南九宮》不知出於何人，意亦國初教坊人所爲，最爲無稽可笑。"然則《南宮譜》似當爲明初教坊所編，不當入《元志》。

○《南北宮詞》十八卷《南詞》六卷《北詞》六卷《北詞別集》六卷。案：祁承㸁《澹生堂藏書目》："《南北宮詞》。《南詞》六卷，《北詞外集》六卷，《北詞》六卷，共十册。"倪璨《補志》著録爲"《南北宮詞》十八卷《南詞》六卷《北詞》六卷《北詞別集》六卷"，錢《志》蓋沿此。其實祁氏未載所藏爲何本。檢明萬曆間人陳所聞編《北宮詞紀》六卷《南宮詞紀》六卷《北宮詞紀外集》三卷，祁《目》誤著外集爲六卷，又不載編撰者，倪璨遂誤入《補志》，錢《志》蓋沿其誤。

○丹邱子《太和正音譜》十二卷。案：《善本書室藏書志》卷四○："《太和正音譜》二卷，影寫明洪武刊本，汪閬源藏書。丹邱先生涵虛子編，涵虛子即寧王權之道號，王又號臞仙，太祖第十七子，洪武二十四年封。永樂元年徙南昌，仍其故號。正統十三年薨。《明史》有傳。此書前有自序，云：余因清燕之餘，采摭當代群英詞章及元老儒所作。依聲定調，按名分譜，集爲二卷，目之曰《太和正音譜》。審音定律，輯爲一卷，目之曰《瓊林雅韻》。搜獵群語，輯爲四卷，目之曰《務頭集韻》。以壽諸梓，爲樂府楷式，時龍集戊寅。"然則《太和正音譜》僅二卷，乃明人朱權編於洪武三十一年，不當入《元志》。

王媛：北京師範大學古籍與傳統文化研究院副教授

版本 版本目録學研究第十輯

思溪圓覺禪院考

釋慈滿

　　思溪圓覺禪院位於浙江省湖州市菱湖鎮思溪村，因北宋末年刻印流通大藏經而聞名於世。由於歷史的變遷，這所佛教道場現在已經不復存在，祇殘存寺院遺址和一些石構件供人憑吊。但是在這所寺院刊刻的大藏經——《思溪藏》卻對漢文大藏經保持著持久的影響，且至今仍有多部《思溪藏》保存在中國和日本（中國國家圖書館現收藏有清末楊守敬從日本購回《思溪藏》一部，其中《大般若經》爲後補之《磧砂藏》初刻本。近年國圖購得從韓國回流《思溪藏·大般若經》數百册，得以補充館藏）。

　　日本現收藏《思溪藏》的情況，據日本梶浦晉先生統計如下 [①]：

收藏單位	数量（册）	備　注
增上寺	5356	其中配補部分日本刻本與抄本
最勝王寺	5535	
喜多院	4687	其中混入部分《磧砂藏》《普寧藏》本
岩屋寺	5157	

---

　　① ［日］梶浦晉：《日本的漢文大藏經收藏及其特色——以刻本大藏經爲中心》，載《藏外佛教文獻》第十一輯，中國人民大學出版社，2008 年 7 月，第 380-381 頁。

收藏單位	数量（册）	備　注
長瀧寺	3752	
唐招提寺	4794	其中混入部分《磧砂版》、日本刻本
興福寺	4354	其中混入部分《磧砂藏》及其他藏本
長穀寺	2222	其中混入部分《崇寧藏》、日本刻本、寫本
大谷大學圖書館	3374	
御茶之水圖書館成簀堂文庫	317	
西大寺	599	僅有《大般若波羅蜜多經》

此外，各地亦多有《思溪藏》零本傳世。由於近年中日合作重輯《思溪藏》的因緣，筆者對思溪圓覺禪院的創建與沿革興衰進行了一些考證，認爲有些資料的發現或許對《思溪藏》的研究有一定的幫助，故整理成文，希望得到方家的指正。

下面從思溪、王永從、圓覺寺、《思溪藏》四個方面進行考證。

一、“思溪”其地

“思溪”現爲村名，位於浙江省湖州市南潯區菱湖鎮。東起達民村，西到陳邑村，南達永豐村，北抵和孚鎮漾東村。京杭運河支系雙林塘穿村而過。菱新公路和湖鹽公路分別位於該村南北兩端。水利、公路交通都十分便利。“思溪村”得名於“思溪”。“思溪”原爲村中小溪，河面不寬。因其東連雙林，西接和孚，特殊的地理位置，使得古代就曾對思溪進行過拓寬改建。據 2009 年版《菱湖鎮志》第二章水利篇載：南朝宋大明七年（463）吳興太守沈攸之開挖思溪到雙林的思溪港，修築塘堤，時爲吳興塘（今稱雙林塘）[1]。

由於特殊的地理位置，有宋一代，思溪村逐漸發展爲集市。這在清光緒《歸安縣志》卷六“區莊村鎮”有記載説：“思溪市，在縣東南三十五里。宋時酒酤，户部榷税。”[2] 思溪集市裏的酒酤具體情況，據宋嘉泰《吳興志》卷八“公廨”記載：“酒房七處，璉市坊、西吳坊、思溪坊、施渚坊、東吳坊、東林坊、長壽坊。據縣圖經，皆係置撲坊，本縣管催課名錢。舊璉市、西吳、施渚三處係買撲。東林、

---

① 菱湖鎮志編纂委員會編：《菱湖鎮志》，昆侖出版社，2009 年，第 809 頁。
② （清）陸心源等修，（清）丁寶書等纂：《歸安縣志》卷六，清光緒八年（1882）刻本。

思溪、千金、東吳并係户部差官監造，酒息錢徑經本部。"①

由此可知，到了宋代，思溪成爲酒類交易的市場，且有的酒坊，特別是"思溪坊"等四坊由户部直接派遣官員監造，所得酒稅也直接上繳户部。由於思溪的酒業製造和銷售由户部直接掌管，户部官員自然經常來往思溪，想必這爲王永從後來的從政之路提供了方便。此外，思溪村繁榮的市場經濟爲後來王氏建寺、刻經提供了經濟基礎。

二、王永從其人

在地方志以及歷史文獻中至今尚未找到關於王永從的發迹和從政的完整記載。王氏的遷徙情況目前也無從考證。但從一些歷史資料的片段中，可大致推斷出王永從的生活年代、從政時間以及他的爲人品格。《續資治通鑑·宋紀》卷九十二，徽宗政和七年（1117）下："政和初，蔡京被召。帝戲語京子攸，謂須進土宜。遂得橄欖一小株，雜諸草木進之，當時以爲珍。其後，又有使臣王永從、士人俞輞，皆隸蔡攸。每花石至，動數十舟。盛章守蘇州，及歸，作開封尹，亦主進奉，然朱勔之爲最。四年以後，東南郡守，二廣市舶，率有應奉，多主蔡攸。至是，則又有不待旨者，但進物至，計會諸閹人。閹人亦争取以獻焉，天下乃大騒然矣。大率太湖，靈壁、慈溪、武康諸石，二浙花竹、雜木、海錯，福建異花、荔子、龍眼、橄欖，海南椰實，湖湘木竹、文竹，江南諸果，登、萊、淄、沂海錯、文石、二廣、四川異花、奇果。貢大者，趙海渡江，毀橋樑，鑿城郭，而置植之，皆生成。異味珍苞，率以健步捷走，雖萬里，用四三日即達，色香未變也。蔡京因奏：'陛下無聲色犬馬之奉，所尚者山林竹石，乃人之棄物。但有司奉行過當，可即其浮濫而懲艾之。'乃作提舉人船所，命巨閹鄧文誥領焉。又詔監司、郡守等不許妄進，其係應奉者，獨令朱勔、蔡攸、王永從、俞輞、陸漸、應安道六人聽旨，它悉罷之，由是稍戢。未幾，天下復争獻如故。又增提舉人船所，進奉花石，綱運所過，州縣莫敢誰何，殆至劫掠，遂爲大患。"②

政和二年（1112），蔡京被召回京師，仍爲宰相，改封魯國公。蔡攸是蔡京的長子。崇寧三年（1104），宋徽宗就賜鴻臚丞蔡攸爲進士出身，拜爲秘書郎、以直秘閣、集賢殿修撰，編修《國朝會要》，在兩年内又升至樞密直學士。蔡京入相後，再加蔡攸爲龍圖閣學士兼侍讀，詳定《大城圖志》，修《大典》，提舉上清寶錄官、秘書省兩街道録院、禮制局。當時定書修典的道史官僚百餘人，

---

① （宋）李景和修，（宋）談鑰撰：《吳興志》，宋嘉泰元年（1201）刻本。

② （清）畢沅：《續資治通鑑》，綫裝書局，2009年，第2389-2390頁。

多爲史館、昭文館、集賢院的俊才博學之人，而祇有蔡攸憒不知學，以大臣之子的身份領袖其間，很多人心中鄙薄，并不服氣。政和五年（1115），宋徽宗初置宣和殿，又任其爲宣和殿大學士，賜毬文方團金帶，改爲淮康軍節度使。所以蔡攸依仗父親蔡京的勢力，身領要職，附庸皇上喜好，搜刮民財。王永從在政和初年就附屬在蔡攸門下爲官。當時徽宗喜好奇花異草，全國各地争相進奉，成立了專門採訪、收集、運送花石的機構，稱作"花石綱"。一開始各地官府争相進貢，蔡京以"奉行當過"爲由，"詔監司、郡守等不許妄進"，把"花石綱"的採購運輸權壟斷在朱勔、蔡攸、王永從、俞𥞤、陸漸、應安道六人手中。其實王永從、俞𥞤"皆隸蔡攸"，其他三人也都是蔡攸的死黨，"花石綱"也就壟斷在蔡氏父子手裏。政和、宣和年間（1111-1125）王永從的仕途是最順利的時候。他的官職晉升到密州觀察使，其弟王永錫的官職到崇信軍承宣使。其實無論觀察使還是承宣使，都是武臣加官的虛銜。因爲王氏兄弟的官職不是科舉得來，也不是戰績得來，所以史料上没有詳細記載。祇有清《歸安縣志》卷十"寺觀·圓覺禪院"條記載"密州觀察使王永從與弟崇信軍承宣使"[1]。以及卷十陵墓：觀察王永從墓在縣東南思溪[2]。清嘉慶《東林山志》卷七建置之錦峰塔：宋宣和末觀察使姚某與崇信軍承宣使思溪王永錫同建。[3]

　　宋徐夢莘《三朝北盟會編》卷二十五"宣和七年二月……二十一日戊午下罪己直言詔。詔曰：朕獲承祖宗休德，托身士民之上，二紀於兹。雖兢業存於心中，而過咎形於天下。蓋以寡昧之姿，藉盈成之業，言路壅蔽，導諛日聞，恩幸持權，貪饕得志。縉紳賢能陷於黨籍，政事興廢拘於紀年。賦斂竭生民之財，戍役困軍伍之力。多作無益，靡侈成風。利源商榷已盡，而謀利者尚肆誅求，諸軍衣糧不得，而冗食者坐享富貴。災異屢見，而朕不悟。衆庶怨懟，而朕不知。追惟已愆，悔之何及。已下信詔，大革弊端。仍命輔臣，蠲除害政。凡兹引咎，興自朕躬。庶以少謝上天譴怒之心，保完祖宗艱難之業。慨念前此，數有詔旨，如下令以求直言，修政以應天變。行之未久，奪於權臣。乃復歸咎建議臣僚，使號令不信，士氣銷沮。今日所行，質諸天地，後復更易，何以有邦。況當今忿務，在通下情，不諱切直之言，兼收智勇之士，思得奇策，庶解大紛。望四海勤王之師，宣二邊禦敵之略。永念累聖仁厚之德，涵養天下百年之餘。豈無四方忠義之人，來徇國家一日之急。應天下方鎮郡縣，各率師募衆，勤王悍邊。能立奇功者，并優加異賞，不限常制。其有草澤之中，懷抱異才，能爲國家建大計，定大事，或出使疆外，并不次任使。其尤異者，待以將相。應中外臣僚

---

①　（清）陸心源等修，（清）丁寶書等纂：《歸安縣志》第十卷，（清）光緒八年本。

②　（清）陸心源等修，（清）丁寶書等纂：《歸安縣志》第十卷，（清）光緒八年本。

③　石光明主編：《中國山水志叢刊》山志卷，第 22 册，綫裝書局，2004 年，第 502 頁。

士庶，并許實封直言，投於登聞檢院通進司，朕當親覽，悉行施用，雖有失當，亦不加罪。所有下項指揮立便施行，敢有阻格，仍以結絕爲名，暗有存留，并當肆諸朝市，與眾共棄。諮爾萬方，體予至意。罷花石綱等指揮。”①

在罪己詔中，徽宗深刻反省自己以前的過失，向大臣和全國百姓深刻檢討。他自己到這時候纔認識到“花石綱”給他的政治帶來的危害，“蓋以寡昧之姿，藉盈成之業，言路壅蔽，導諛日聞，恩幸持權，貪饕得志。縉紳賢能陷於黨籍，政事興廢拘於紀年。賦斂竭生民之財，戍役困軍伍之力。多作無益，靡侈成風。利源商榷已盡，而謀利者尚肆誅求，諸軍衣糧不得，而冗食者坐享富貴。”於是在當天就下令“罷花石綱等指揮”。

上書同卷中“二十二日己未，除宇文虛中等指揮。三省樞密院同奉聖旨：宇文虛中除保和殿大學士，充河北河東宣諭使。其請給人從依見宰執例施行，不得辭避，日下受告。又奉御筆應內外紫衣師號，并特旨等度牒，并仍舊給降。又奉聖旨：王永從願自辦本家糧食斛百萬貫石，措置赴闕，體國助軍，宜加獎擢。可先次與轉一官，候措置般運足辦，取旨不次，褒擢三省樞密院。……”有前一日徽宗的罪己詔向全國徵集軍隊、建議、錢財，王永從在第二天就“自辦本家糧食斛百萬貫石，措置赴闕，體國助軍”。可見王永從還是很會見機行事的，但他的官職也要等他“措置般運足辦”纔能“取旨不次”。

宣和七年（1125）冬，金兵南下。宋徽宗聽取蔡攸建議（退位等等），十二月二十三日，太子即位，改元靖康。徽宗帶著蔡攸等一群內臣逃亡南方。靖康元年（1126）蔡攸跟著徽宗返京，被貶爲大中大夫，安置在廣東、廣西一帶。不久被欽宗使者殺死（一說自縊）。王永從隨著蔡攸的下臺，而回到故鄉——湖州思溪。但是到了都城前往臨安後，身爲平民的王永從又想著老辦法，以錢買官，但是這次沒有生效。

宋王明清《揮麈後録餘話》卷一之“葉夢得奏對聖語”：“……進呈，湖州民王永從，進錢五十萬緡，佐國用。臣等言‘戶部財用稍集，亦不至甚闕’。聖訓曰：‘如此即安用，徒有取民之名祇。卻之。’或曰：‘已納其伍萬緡矣，今卻之，則前後異同。’聖訓曰：‘既不闕用，可并前已納還之。’仍詔今後富民不許陳獻。臣等皆言：‘聖慮及此，東南之民，聞風當益感悦。’”②

同樣，在宋李心傳《建炎以來繫年要録》卷二十，以及《宋史全文》卷十七也都記録了類似的情況。“建炎三年二月。……辛未，湖州民王永從獻錢五十萬緡，以佐國用，上不納。或曰：曩已納其五萬緡矣。乃命并先獻者還之，

① （宋）徐夢莘撰：《三朝北盟會編》第 1 冊，文海出版社，1975 年，第 179 頁。
② （宋）王明清：《揮麈後録餘話》卷一，《欽定四庫全書》第 1038 冊，上海古籍出版社，第 568-569 頁。

仍詔自今富民毋得輒有陳獻"①。

建炎初年，南宋皇室的資金還是比較緊缺的。這個時候王永從獻錢，對國家來說應該十分重要。但是他用的手段不好，先交五萬，再讓老鄉戶部尚書葉夢得彙報高宗，高宗不好意思不要。如果皇上接受了，再交四十五萬，高宗必定要賞賜個官職。王永從萬萬沒有想到，宋高宗吸取了父親的教訓，咬咬牙連先前的五萬都還給他，而且告示"自今富民，毋得輒有陳獻"。這下，王永從祇能安心回湖州當他的富民了。

王永從自此事後不久就過世了。《慈受深和尚廣錄》卷二《吊王觀察》："去年公到包山寺，林底相逢笑不休。今日我來公已去，石羊石虎替人愁。臨終一得老僧言，掃盡胸中事萬千。回首榮華都似夢，便能談笑死生前。"②清湘雨紀蔭《宗統編年》卷二十三："紹興壬子二年（1132），禪師長蘆下，蘇州靈巖慈受懷深寂。"③慈受懷深在紹興二年（1132）逝世，所以王永從最晚不會超過紹興元年（1131）去世。建炎三年（1129）到紹興元年（1131）也不過兩三年時間。

王永從死後葬在思溪。清《歸安縣志》卷十陵墓：觀察王永從墓在縣東南思溪④。

三、圓覺禪院的創建和興替

圓覺禪院的創建，主要得力於王永從家族的布施。當時净梵法師和慈受懷深禪師也做了不少工作。《釋門正統》卷九："净梵字治之，嘉禾筥氏。母龔，夢神人如佛，光明滿室而妊。洎生，名佛護。十歲，師勝果思永懺主專念彌陀，問之則曰：'我要將來去他方丈養老在。'十八進具，學教於超果净，復依神悟。元豐中，年三十住新市西庵。遷蘇州大慈無量壽，以音聲言辭爲佛事，澡沐灑濯，跪起拜伏，窮冬沍寒，風雪慘栗，長夏溽暑，陽光熾烈，未嘗少懈。講則以大部，終而復始，至十餘遍。余文稱是作大法會，集衆慶懺，門徒絡繹，士庶傾心。得法弟子遍於吳中，檀施稟戒，滿於城邑。勉思溪王氏建塔造寺，刊大藏版流傳江浙。大觀庚寅三月，集三七僧，連修法華期，精誠處禱感普賢授戒羯磨稱'净梵比丘'，聲如巨鐘。保倅黃公彥碑曰：'異哉！師之道力如是，與北京道進法師夢釋迦文佛授戒，思大禪師夢梵僧四十二人加羯磨法圓滿戒品，異世同效，

---

① （宋）李心傳編：《建炎以來繫年要錄》第2冊，文海出版社，1968年，第813頁。

② 釋明向主編：《雲門宗叢書》之《慈受懷深禪師廣錄》，上海古籍出版社，2015年，第128頁。

③ （清）湘雨紀蔭編著：《宗統編年》，無錫祥符禪寺印行，第351頁。

④ （清）陸心源等修，（清）丁寶書等纂：《歸安縣志》卷十，清光緒八年刊本。

不其韙歟？法華期懺修習規式，師始肇建，二浙咸遵。元符中，夢黄衣人召入冥府，王稱贊已，今檢祥霭簿云：'净梵比丘累經劫數講《法華經》，遣使送歸。'庚伏酷暑，衆不安卧，在水心亭被三衣坐，風雹涼爽，全不受暑。且示衆云：'夏行冬令。'衆愕然，驚嘆法師神力，天龍衛護，變炎熱爲清涼也。或與衆熏修禪觀，時或見金甲神人胡跪師前，蓋諸天守衛，恐時刻愆期，特來省察。自後他處修期，有見韋天按懺，點察行人名數，有不終懺者，必預定之，乃是其中戒行不嚴，秉心不虔者爾。師依讖譯《光明》，別制懺本，與衆同修，當時感格，勝異非一。政和間，應師有婢爲崇所纏，請施戒而止。葛氏施戒薦夫，見夫繞師三匝而去。宣和中，賈待制補爲管内掌法，因稱法主。建炎戊申十月四日，終於寢，闍維葬舍利横塘般若院。"① 慈受懷深，安徽人，俗姓夏。十八歲游方，二十六歲到福建資聖寺，依於長蘆崇信。三十七歲請住城南資福寺，學徒雲集。四十一歲離資福，到蔣山請益於佛鑒。敕住焦山禪寺四年，宣和三年（1121）敕住東京慧林禪院，靖康二年（1127）辭退。上天台，移住靈岩，敕補蔣山。退居洞庭包山，住顯塵庵，請住思溪圓覺寺爲第一祖。五十八歲爲衆小參，有僧問末後句，深曰："後五日看。"果然，經五日，微疾而化②。

宣和年間，净梵法師在東京開封任管内掌法，慈受懷深在東京任慧林寺（今大相國寺）住持。而且净梵法師"勉思溪王氏建塔造寺，刊大藏版流傳江浙"。思溪圓覺寺的創建直接得到了净梵法師的勸勉。净梵法師圓寂於建炎戊申，即建炎二年（1128）。而王永從回湖州的時間基本上是在宣和七年（1125）下半年。所以圓覺禪院創建年份應該在宣和七年（1125）到靖康二年（1127）之間。這時候慈受懷深禪師還没有回到江南，所以圓覺禪院在創建之初并没有慈受懷深等禪宗僧人的參與，這在元至元《嘉禾志》卷二十碑碣（五）《延恩寺律師行業記》有所記載：

> 律師諱元偉，俗姓陳，建溪官族也。世業儒，大父朝請，考教授，皆以明經擢高第。母張氏，嫻於婦道，處家有成法。二弟元仲、元傑，俱有俊聲，皆嘗兩預薦書。師以場屋困躓，心形劗瘵。傷世締之益靡，悟歲時之易流。謂不得於此，必得於彼。乃割愛離親，捐妻棄子，遂爲浮屠氏之歸，投華亭超果法師慧道爲師，即姑蘇北禪梵法上人之高弟也。受具足戒，既務進律，修己甚苦，日不再食，體不衣絲。弗澡身者凡三十年，蓄蟣虱而不殺，施水火以净戒。晝衣作禮，曾不少休。至於起居食息之頃，細戒密行，未易悉數，見者甚難。師持之如一日也。自圓頂以來，凡净髮墮爪，

---

① （宋）宗鑒：《釋門正統》卷九，《卍新纂續藏經》第 75 册。

② 震華法師編：《中國佛教人名大辭典》，上海辭書出版社，1999 年，第 1110 頁。

悉聚而歸之先隴，以見不敢毀傷之意。道公謂曰：汝持律甚嚴，殊不易得，正恐難爲爾師，胡不舍是而之他。律師曰：諾。敬受命，乃如杭，習律於靈芝元照律師。未幾所學甚充，別同志曰：吾儕小人，不蠶而衣，不耕而食，何爲其然？是蓋伏吾教以取給於人耳。誠能推廣其心，勞苦其力，作不貲之利事。上不愧於佛祖，次無忝於飽食暖衣之施。乃於紹興甲寅即嘉禾之華亭縣西，訪得接待，舊址建屋數楹，憧憧往來之旅以將以迎，復經營膏腴地，以爲糗糧之需。儜負者得息，苦者得憩。宵無所依，糧有不給者，皆得仰焉。雪川思溪王氏，以好施名，師嘗謁之。王亦喜聞其戒行，且識其營建塔廟，悉有條理。遂設清净供，留連數日，就所居旁，以緣事屬之。師云：此吾志也。欣然領略。於是樓閣翬飛，丹堊煥爛，閱歲而就。過者嘆仰，咸謂龍天化成，曾不是過。即今圓覺寺及經坊浮圖是也。向使業履有虧，不足服人，何所至輒就，若是亟耶。

　　師行化闡教利物，素志既酬，一日集衆弟子告曰：吾祝發，越鄉井，以大事因緣，風饕雪虐，幾遍江湖，筋力已倦。至於死生去來，予照破既久，聊爲諸君異日佳話。遂命設高座升之，敷揚宗旨，彰明性根，句句超詣。且謂其弟子法安曰：予生固無歉，死亦何憾。惟冀汝輩，協力同心，不墜吾志。若死，當就歸予身於此，以閱道場之興盛。言訖而逝。實紹興乙亥二月癸未也。及其闍維，煙所到處，殆有異熏襲人。道俗無遠近，悉皆合十指爪，以謂平時戒定善果之報。俗壽六十五，僧臘三十一，度弟子十有一人，信俗企敬願執弟子禮者又數人。迄今殿宇佛像，法器供具，無一不備。優婆夷塞得度者，亦不下三五輩。願力深重，神識洞明，密有以屍之耶。予之生也後，不與師接。其孫道材衷師戒行遠以記請，顧予何堪。然斯刹之建，實大父徽制守禾興日，以師行業，爲請於朝，畀延恩報德爲額。則於予又安能無情，勉爲詮次，用紀其實，非以文爲也。嗚呼。人生世間，如露如電，沈迷沒溺惑於應酬，內磷性真，外役物欲，其能洞燭此理者十亡二三。至於舍易趨難，百不一二。師方勤事菆水，日有妻孥兄弟之娛，田園温飽之樂，矍然擺脱世網，於澹泊寂寥地，乃爾甘心。是皆夙植善根，不忘佛授記。故能宏大像教，所向利益如此。今亡矣，爲其徒者，盍勉之哉。慶元丁巳人日，從事郎前宵國府旌德縣尉劉百福記。①

劉百福的記中非常精確地説出，元偉律師幫助思溪王氏，在王氏自己的住所旁規劃建設圓覺寺和經坊，歷時一年。元偉律師出家於超果寺慧道門下，而

---

① （元）單慶修，（元）徐碩纂，嘉興市地方志辦公室編校：［至元］《嘉禾志》，上海古籍出版社，2012年，第202-203頁。

慧道又是净梵法師的門人。論輩分元偉律師是净梵法師的徒孫輩，而且靖康前後，元偉律師大約三四十歲，正當壯年，精力充沛。

净梵法師和元偉律師幫助王氏建圓覺禪院，還有一個因緣是位於思溪的覺悟教院。清《歸安縣志》卷十寺觀：覺悟教院，在松亭鄉思溪村。唐咸通十四年金州刺史劉某舍宅建。號覺觀院。會昌中廢，宋朝咸平以來，始建大殿、法堂、諸天閣。改今額。據《佛祖統紀》載，宋代時天台宗僧人普明如靖、圓通思梵、澄覺神煥等均住持過覺悟教院。而普明如靖和净梵法師均爲四明法智大師第三代法孫，故净梵和覺悟教院多有往來，自然也就熟悉王氏家族。幫助王氏建圓覺寺也就順理成章了。

圓覺禪院建成後，請慈受懷深禪師住持。

《慈受深和尚廣錄》卷三，慈受深和尚慧林語錄，師於宣和三年三月二十五日，在焦山受請。……靖康改元。……師於七月二十八日得旨辭衆。……[1]

慈受懷深在東京慧林寺住持六年，故語錄有"唱道都城恰六年"之法語。慈受懷深回江浙後先住靈岩，再住蔣山，又住天台國清，後繼隱居包山。慈受懷深在天台的時候，圓覺寺就有專使前去敦請住持，但慈受懷深沒有接受。《慈受懷深禪師廣錄》卷三："安禪者爲思溪國（圓）覺專使。遠至國清，以偈卻之。豐干端是饒舌漢，引惹閭丘特特來。累及寒山無雪處，岩門從此不應開。後王永從親自在包山請慈受懷深住持圓覺。"[2]

《宗統編年》卷二十三：深住靈岩三年，得包山廢院，一新之。從靖康二年（1127）到建炎三年（1129）是三年時間。而《廣錄》卷二之《吊王觀察》載前一年公到包山寺。"林底相逢笑不休。今日我來公已去，石羊石虎替人愁。臨終一得老僧言，掃盡胸中事萬千。回首榮華都似夢，便能談笑死生前"，是指前一年王永從去包山寺請慈受懷深，而慈受懷深第二年應邀而來的時候，王永從已經去世。慈受懷深是在紹興二年（1132）圓寂的，而且建炎三年（1130）初，王永從還給南宋朝廷交錢。慈受在包山還住了一個冬天（有"包山大雪"之句）。所以慈受懷深來湖州住持圓覺禪院的時間，最早不過建炎四年（1130），最晚不過紹興二年（1132）。

慈受懷深應該就圓寂在圓覺禪院。一是建炎四年（1130）到紹興二年（1132）時間很短，又有刊印大藏經事，慈受懷深不可能來了即走。二是慈受懷深圓寂後葬於思溪。

清《歸安縣志》卷四十三"方外"之僧懷深，禪學高遠。住智海六年，日

---

① 釋明向主編：《雲門宗叢書》之《慈受懷深禪師廣錄》，上海古籍出版社，2015年，第44、85、91頁。

② 釋明向主編：《雲門宗叢書》之《慈受懷深禪師廣錄》，上海古籍出版社，2015年，第120頁。

有退志。建炎初，得旨歸山，盡出衣鉢入常住，留偈以行："六年灑掃皇家寺，此日君恩得放還。拄杖重挑舊瓶鉢，這回信步入深山。後居湖之思溪。"寂後，其舍利隔溪可禱而致也。[①]

按當時描述，慈受懷深舍利塔應在思溪圓覺禪院南，隔思溪而望。這在《北澗集》得到印證。南宋寶慶初年（1226-1228），北澗居簡禪師住持圓覺禪院時，曾發起重修慈受懷深塔。

《北澗集》卷八：《修慈受開山塔疏》，詔頒三命，開壯觀之叢林。葬僅百年，嘆催穨之塔户。感行嗟於道路，忍坐視而盤餐。祇有求人，別無出著。起雲門一變足矣。孰不知，歸擬寒山，千偈琅然。法當嚴事，自憐赤手，誰豁青眸。欲光奮於前修，冀復還於舊貫。[②]

從這段疏文可以看出，當時的圓覺禪院已經開始衰敗了。北澗居簡是在湖州西餘山大覺寺受請到思溪圓覺寺住持的。在語錄中稱湖州西餘山大覺寺，安吉州思溪圓覺禪院。安吉州是寶慶元年（1226）由湖州改名而來。而在湖州西餘山大覺寺的語錄有"十四年四月"之句，可知北澗居簡是在嘉定末年住西餘山，在寶慶後住持思溪圓覺禪院。而這時候的圓覺禪院也尚未改爲"資福法寶禪院"。

自王永從去世後，思溪王氏也逐漸敗落。王氏子孫應爲生計，逐漸收回原先捐給圓覺禪院的地産，圓覺寺逐步荒廢。淳祐年間（1241-1252）安撫使，觀文殿學士趙與𥥆捐資贖回寺產。

元黃溍《思溪圓覺法寶寺舍利塔記》："……其後，永從子孫日益衰，悉取故所施田，而寺遂廢。淳祐間，觀文殿學士趙與𥥆捐金錢界之，使以田復入於寺，且修葺其棟宇，寺以復完。"[③]

趙與𥥆修繕圓覺禪院後，請藏叟善珍禪師前來住持。後又由石林行鞏住持。

藏叟善珍《祭觀文忠惠趙節齋》："公真天人，謫墮塵世。方朔歲星，傳說箕尾。又疑山林，一念差耳。樂全僧身，忠宣佛位。夙弘願力，出濟事會。作民司命，壽國元氣。神皇布政，复古鮮儷。誰爲謗書，陰受風旨。疾雷破柱，公不失匕。關弓射羿，公愈薦襧。山藪高深，天球粹美。出夷入險，更使迭帥。長淮虜冲，孽雛旁睨。飛囊走羽，秉鉞危寄。初聞謝公，語誤客異。復傳孔明，食少敵喜。箋病乞閑，易蘇舊治。大星竟隕，白雞告祟。撫公平生，竹帛光煒。諒公精爽，河岳流峙。萬鐘千駟，濁世糠秕。五龍九鯤，乘雲謁帝。某閩衲野鶴難係，公呼來雪，獲望簪履。酒闌燭跋，孤客末至。香煙未散，三生彈指。

① （清）陸心源等修，（清）丁寶書等纂：《歸安縣志》卷四十三，清光緒八年刊本，第11頁。
② 藍吉富編：《禪宗全書》第100冊，北京圖書館出版社，2004年，第136頁。
③ （元）黃溍著，王頲點校：《黃溍全集》，天津古籍出版社，2008年，第340頁。

紆百結腸，儲一升淚。上悲法門，下哭知己。"①

《宋史·趙與𥲅傳》：

> 趙與𥲅，字德淵，太祖十世孫，居湖州，嘉定十三年進士。歷官差主
> 管官告院，遷將作監主簿，差知嘉興府，遷知大宗正兼權樞密院檢詳諸房
> 文字，尋爲都官郎官，加直寶章閣、兩浙轉運判官。進煥章閣、知慶元府，
> 主管沿海制置司公事，拜司農少卿，仍兼知慶元府兼沿海制置副使。遷浙
> 西提點刑獄，授中書門下省檢正諸房公事，拜司農卿兼知臨安府，主管浙
> 西安撫司公事，權刑部侍郎兼詳定敕令官，權兵部侍郎，遷戶部侍郎，權
> 戶部尚書，時暫兼吏部尚書，尋爲真，兼戶部尚書，時暫兼浙西提舉常平，
> 加端明殿學士、提領戶部財用，皆依舊兼知臨安府。與執政恩澤，加資政
> 殿大學士。以觀文殿學士知紹興府、浙東安撫使；知平江府兼淮、浙發運使，
> 時暫兼權浙西提點刑獄；授沿江制置使，知建康府、江東安撫使，馬步軍
> 都總管兼行宮留守，節制和州、無爲軍、安慶府三郡屯田使；時暫兼權揚州、
> 兩淮安撫制置使，改兼知揚州，尋兼知鎮江府，兼淮東總領，提舉洞霄宮；
> 復爲淮、浙發運使，差知平江府，特轉兩官致仕。景定元年八月，卒，特
> 贈少師。與𥲅所至急於財利，幾於聚斂之臣矣。②

趙與𥲅的官職相當顯赫，身兼吏部、戶部兩部尚書，又知都城臨安。但是
"所至急於財利，幾於聚斂之臣"，他聚斂了大量財產，部分捐給思溪圓覺禪院，
用於收回寺產，補刻藏經。從藏叟善珍和石林行鞏住持時的名稱看來，圓覺禪
院應該在這一時期開始改成"資福法寶禪寺"的。南宋許多官員在湖州皆建功
德寺，以"資福"爲名。圓覺禪院作爲趙與𥲅之功德寺亦未可知。

從靖康間創建，到淳祐間修繕，圓覺禪院經歷了一百多年的時間，其間卻
是廢興一場。公元 1276 年，按宋紀元是端宗景炎元年，按元紀元是至元十三
年。這一年湖州淪落於元朝的統治。1996 年版《湖州市志》大事記中："德祐
元年（1275），元將伯顏遣孟古岱等攻佔湖州城，太守趙良淳自縊死。至元十三
年（1276），元廷改安吉州爲湖州路安撫司。次年，改湖州路總管府。"從 1275
年的孟古岱攻佔湖州城，到 1276 年的改安吉州爲湖州路的時間裏，湖州是十分
不太平，我們很難想像當時的情況。黃溍在《舍利塔記》裏祇是寫"國朝至元
十三年，塔與寺俱毀於兵"③。黃溍作爲元朝的官員，當然對於元兵的行爲不能
多談。但是圓覺禪院確在元兵的鐵騎下覆滅了，一起燒毀的還有數百萬計的藏
經版。

---

① 《全宋詩》第 60 冊，第 3150 卷，第 37800 頁。
② （元）脫脫等撰：《宋史》卷四百二十三《趙與𥲅傳》，中華書局，1985 年，第 12642 頁。
③ （元）黃溍著，王頲點校：《黃溍全集》，天津古籍出版社，2008 年，第 340 頁。

元皇慶二年（1313），圓覺禪院被燒毀三十幾年後，文梓禪師來發願重建。從天曆二年（1329）到至正二年（1342），文梓禪師努力募化重建舍利寶塔。期間得到了趙孟頫的大力支持。趙孟頫將元仁宗賜予他的一座舍利寶塔捐獻給了圓覺禪院，作爲供養之用。此舍利塔是西天竺國所進貢，以古佛金剛座所製，并在塔中藏有舍利。黃溍《舍利塔記》："在仁宗時，西天竺嘗以古佛金剛座石製塔，方廣若干寸，函舍利來獻。詔以賜魏國趙公孟頫。魏國尋以歸於梓，俾永鎮茲塔，而祈福報上，至是，諏吉奉安惟謹。"此塔在 20 世紀 80 年代，被發現於圓覺禪院遺址，現保存在湖州市博物館。

元代後期的圓覺禪院，基本恢復了原先的面貌。文梓禪師建設後請愚溪弘智禪師住持。《净慈寺志》載愚溪弘智：明僧，號蒿庵，吳江人。住廣德聖感，廣信興福，湖州法寶。洪武初年，遷净慈。任湖州府僧綱司都綱數年，上書解印辭歸。寂於法寶寺東軒。葬於道場山歸雲庵。弟子道慧住法寶。

其實，愚溪弘智出於對明朝建國的反感，力辭净慈寺住持和湖州僧綱司都綱職務。思溪圓覺禪院由弟子道慧住持。也正是因爲愚溪弘智的態度，使得思溪圓覺禪院在以後的很長時間裏都沒有高僧住持。萬曆《湖州府志》還有"法寶禪寺"的名錄，但是在乾隆《湖州府志》已經標上"今廢"字樣。在光緒《歸安縣志》也是沿用《府志》的"今廢"。可以推斷出從清代早期到末，思溪圓覺禪院一直沒有再重新建設。據當地老人回憶，在 80 年代圓覺禪院遺址做新聯磚廠以前，地名叫高墩上，其地要高於周邊地面。祖輩傳下來是一所大寺院遺址，具體情況不瞭解。遺址後面還保留小地名叫塔後村。有老人還根據祖輩流傳記憶繪出圓覺禪院的平面布局圖。

四、《思溪藏》

《思溪藏》的刊刻和圓覺禪院的建設是同時的。這在日本高野山寶壽院藏版的《湖州思溪圓覺禪院新雕版大藏經律論等目錄》的題名可以證實。"嘉禾比丘慧明敬書，比丘元偉編集"。《佛祖統紀》記載慧道和慧明同屬净梵法師弟子，也就是說元偉其實就是慧明的法侄。所以《圓覺藏》的目錄是在圓覺寺建設的時候就編集的。也説明《圓覺藏》的刻印是先定目錄，再刻印。

（一）《圓覺藏》的開雕年代及捐資者

考證日本增上寺藏本背字函《解脫道論》卷一卷末有刊記云："丙午靖康元年（1126）二月旦，修武郎、合門祗候王冲允親書此經開板，結大藏之因緣。"又槐字函《菩提行經》卷一卷末有發願偈頌，文云："崇敬三寶我王永從志誠書寫菩提行經此第一卷所褒妙利上報四恩下資三有願與法界一切含識速證菩提如諸佛等時大宗號靖康元年七月望日謹立斯志。"王永從和侄子王冲允分別在靖康元年的七月和二月寫經，發願刊刻大藏。這和王永從回湖州的時間也是吻合的。因爲寫經到雕刻需要一定時間，所以《圓覺藏》開雕時間最早應該是靖康元年（1126）。關於《圓覺藏》的雕畢時間，據日本南禪寺藏《圓覺藏》履字函《長阿含經》卷二二題記記載：

> 大宋國兩浙道湖州歸安縣松亭鄉思溪居住，左武大夫、密州觀察使王永從，同妻恭人嚴氏；弟忠翊郎永錫，妻顧氏；姪武功郎冲允，妻卜氏；從義郎冲彥，妻陳氏；男迪功郎冲元，妻慎氏；保義郎冲和，妻呂氏并與家眷等，恭爲祝延今上皇帝聖躬萬歲，利樂法界一切有情，謹護誠心捐舍家財，開鏤大藏經板，總五百五拾函，永遠印造流通。紹興二年四月日謹題。雕板作頭李孜、李敏，印經作頭密榮掌經沙門法己對經沙門仲謙、行堅幹雕沙門法祚對經慈覺大師靜仁、慧覺大師道融、賜紫修敏都對證湖州覺悟教院住持傳天台祖教真悟大師宗鑒勸緣平江府大慈院住持管內掌法傳天台教說法大師淨梵都緣住持圓覺禪院傳法沙門懷深。

又據命字函《觀所緣緣論》之尾題記載：

> 大宋國兩浙道湖州歸安縣松亭鄉思溪居住左武大夫密州觀察使致仕王永從，同妻恭人嚴氏，弟忠翊郎永錫，妻顧氏，姪武功郎冲允，妻卜氏，從義郎冲彥，妻陳氏，男迪功郎冲元，妻莫氏，保義郎冲和，妻呂氏并家眷等，捐舍家財，命工開鏤大藏經板五百五十函，永遠印造流通。所鳩善利恭爲祝延今上皇帝聖躬萬歲，利及一切有情。紹興二年四月日謹題。

> 雕經作頭李孜、李敏
> 印經作頭金紹
> 掌經沙門覺清
> 幹雕經沙門法祖
> 對經沙門仲謙、行堅
> 對經沙門靜仁、慧覺大師道融、賜紫修敏
> 都對證湖州覺悟教院住（按：住字後脫持字）傳天台教真悟大師宗鑒
> 勸緣平江府大慈院住持管內掌法傳教說法大師淨梵
> 都勸緣住持圓覺禪院傳法慈受禪師懷深

這兩則題記都是在紹興二年（1132）四月，而且從題記內容看出，《圓覺藏》應該是基本完成了。兩則題記有出入的地方是印經作頭、掌經沙門、幹雕經沙門。其他對經人員都是一樣的。可以得知當時雕刻印刷是明確分工的。雕版是一套班子，由李孜、李敏負責。而幹雕（即監督雕刻工作）、印經、掌經（監督印經）是分開負責的。經文的校對又是一套班子。這也是爲了保證經文的準確性和雕刻及印刷的品質。因爲在雕刻時，如果分兩套班子管理，管理者自身的差異，對雕刻的要求也不一樣，雕成後的經版就會有差異。所以由李孜、李敏

總負責。而幹雕、印經、掌經等工作的要求偏重於品質，如果還是一套班子，工作過程中難免有疏漏，所以分成兩組，各自負責。經文的校對關係到藏經的權威性，因此由天台宗的傳法沙門，時任覺悟教院住持的宗鑒負責。這主要是因爲天台宗相對於禪宗更加精於文字研究。宗鑒是當時江南地區高僧净端明表禪師的法孫，屬於禪教兼通的大師。《端禪師行業記》：覺悟教院住持，傳天台教，法孫真悟大師宗鑒立石。成員則是静仁、道融、修敏、仲謙、行堅。其中静仁、道融都有賜號，修敏是受賜紫衣。這些應該都是天台宗的著名法師。對經是一套龐大的班子，保證了經文的準確性。

　　至於《圓覺藏》捐資刻印者，根據另一則題記可以推斷是王氏整個家族。據漆字函《法苑珠林》卷五十有題記載：奉大道弟子王永安并妻陳氏三二娘子，妹王細乙妹子，男王勳，女王十二娘子，新婦宋百十娘子，男孫王六五并闔家人口等。

　　這裏的王永安應該也是王永從的同輩兄弟。加上上兩則題記，可以推斷出，《圓覺藏》的刻印全部是王氏家族的功德所稱。

（二）《圓覺藏》的補刻

　　關於《圓覺藏》的補刻問題，教內一直存在兩種不同聲音。有的認爲前藏和後藏是兩部藏經，也有的認爲前藏和後藏是一部，衹是後藏略作增補而已。本人認爲第二種情況比較真實。前藏和後藏因爲印刷的時間不同，所以前藏稱《湖州思溪圓覺禪院新雕大藏經》簡稱《圓覺藏》，後藏稱《安吉州思溪資福法寶禪寺大藏經》。一般看來這兩個題目除了"思溪"相同，其他完全沒有關係，但是我們作以下兩點分析：

　　1. 湖州改爲安吉州是因爲"霅川之變"。南宋寶慶元年（1225）湖州潘氏兄弟擁立濟王趙竑爲帝失敗。大臣史彌遠逼迫濟王自縊，朝廷改湖州爲安吉州。其實安吉偏處一方，治所仍在湖州，稱安吉州是十分不合理的。朝廷之所以這樣做，完全是爲了取得心理安慰，避免經常聽到"湖州"二字。這個稱法一直到宋亡。所以南宋1225年後再次印刷大藏經，不可能有這麼大膽子再用原來的新名稱。

　　2. 禪寺相對於禪院規模要大，而且"圓覺"之名爲初建時取，"資福法寶"既帶有功德院的性質，又直接明瞭寺院以"法寶"聞名。相對"圓覺"更加具有品味。而且前藏有"新雕"二字，後藏無。這很明顯說明後藏是前藏基礎上的完善。再從幾個方面考證。爲方便叙述將前藏後藏統稱爲《思溪藏》。

　　《思溪藏》補刻的因緣，據元黃溍《思溪圓覺法寶寺舍利塔記》載：其後，永從子孫日益衰，悉取故所施田，而寺遂廢。淳祐間，觀文殿學士趙與懃捐金錢畀之，使以田復入於寺，且修葺其棟宇，寺以復完。又可字函《圓覺經》第二卷題云：本寺大藏經仗蒙安撫大資相公趙給錢贖此經兩序及諸經板字損失者重新刊補，務在流通佛教，利益群生。淳祐庚戌良月圓日住持清穆謹題。

第二段文字的"安撫大資相公"是對趙與蔥的尊稱。趙與蔥舍資贖回私產，修補藏經。當然趙與蔥做的也不光這些。他還幫助離圓覺寺不遠的妙嚴寺修理寺院，刻印《妙嚴寺藏》。牟巘《妙嚴寺記》："……寶祐丁巳，是庵既化，安公繼之。安素受知趙忠惠公維持翊助，給部符爲甲乙流傳，朱殿院應元實爲之記，中更世故，劫火洞然。安公乃聚凡礫，掃煨燼，一新舊觀。至元間，兩詣闕廷，凡申陳皆爲法門。及刊大藏經板，悉滿所願。安公之將北行也，以院事勤重付囑如寧，後果示寂於燕之大延壽寺。蓋一念明瞭，洞視死生，不間毫髮。……"趙與蔥謚號爲忠惠。所以趙與蔥出資修理圓覺寺，補刻藏經一說更加可信。

準確地説，在趙與蔥修補前，《思溪藏》已經開始修理和增補。據風字函《妙法蓮華經》卷七題載：大宋國浙西路安吉州長興縣白烏鄉奉三寶弟子因道孜舍財贖到法華經板七卷，舍入思溪圓覺禪院，補填大藏經字函……嘉熙三年二月日，弟子因道孜意旨。

這一題記，并未説是新刻，而是"贖到"。説明這七卷《妙法蓮華經》是在別處贖來，舍入圓覺禪院的。當然這一論斷因爲見到這七卷經的刻工題名，也無法斷定是圓覺禪院經版流落民間再贖回，還是別的地方刻好後贖來增入。

另外，據盤字函《賢愚經》卷三載：經版被蟻侵損，文多漏缺，永祖率諸同胞共辦此緣，茲修刻獲全者一百五十片，功德上達四恩，下資三有，法界有情，俱登彼岸。寧國府涇縣明月庵廣宣首座助一百阡。新興寺知庫嗣然助一百阡。寶峰庵獷宣首座助三十阡。又知庫福源助五十阡。

淳祐八年戊申四月一日，宣城涇縣午峰山，西樂庵幹緣并助緣了辦僧永祖記。圓覺禪寺東藏主思才贊成。助書經坊作金祐。

趙與蔥補刻是在淳祐庚戌，即公元 1250 年。永祖修補是在淳祐戊申，即 1248 年。而因道孜舍版是在嘉熙三年，即 1238 年。可見這次《思溪藏》的修補并不是十分有規劃的，祗是作了必要的修補。

在這兩則題記中發現一個比較有趣的是，在嘉熙三年和淳祐戊申的題記都祗稱"圓覺"禪寺或禪院，并未出現"資福法寶禪寺"。可以斷定在前兩次增補和修理時并未完成整藏修理，也爲重新印刷，在趙與蔥修補後纔完善。所以資福法寶禪寺的名字應該在趙與蔥修理寺院，修補藏經後，也極有可能是趙與蔥功德院。

（三）《思溪藏》流傳日本

《思溪藏》流傳日本的經過很難考證，僅增上寺藏本有"德裕元年，近州管山寺僧傳曉入宋將來，藏於其寺"的題記。其他都沒有傳入日本的記載，但從一篇文章中或許可見端倪。

濟北師煉撰《圓鑒禪師傳》載：

釋順空。姓源氏。號藏山。初父夢沙門語曰。寓宿得否。父拒之。沙門懇乞問名。對曰寂照。覺後不委何人。自是藤氏妻有孕。適父發鎮西。赴都船次備藝之海。疊空生舟中。天福元年正月一日也。國俗兒生三期。試問先身。多有言也。父母問空。對曰圓通大師。父謂此名違昔夢。彼此徒爾耳。經旬聞倡妓。曰寂照入炎宋。號圓通大師。於是乎。其父始信夢語之不虛焉。早投水上山榮尊尊者。東福之徒也。尊會省福携空而行。白福曰。此子非吾泥中物也。願溯於龍門。福笑而納之。服侍三歲。聞蘭溪之道譽。欲一瞻禮。乃辭慧日之相陽。溪一夕夢得蒼鷹。詰旦謂徒曰。今日俊衲至。空果告謁。溪以爲青華嚴之兆也。命領紀綱。平副帥。勸空游宋國。時聞偓溪。據徑山接單位於海眾。明年溪寂。玨荆叟。自靈隱來居主席。逾年而化。肇淮海來。又如荆叟之去就。空歷三老。參請不倦。又振錫訪用斷溪於越之東山。寧退耕於明之萬壽。慧西岩住太白峰。道價高東浙。空遷而附岩老。而倦誨生策。以思溪之鞏石林五峰師友。如而依焉。空周旋吳越者久。本鄉舶便至辭林。林送偈曰。十載中原一桌還。碧琉璃外更無山。扣舷三下知誰會。自作吳音唱月彎。風帆無恙。再覲慧日。日職以記室。文永七年。開高城基趾而居。乳香供養日。尋而移承天。正安二年鈞命。主東福大道場。居五歲。解印浮游亮甸。其上堂曰。山房夜雨曉來晴。風葉飄零自接聲。夢破小窗室生白。不須雞唱報天明。良久云。直饒恁會。猶是較半程。拈柱杖云。唯此一事實。餘二則非真。靠杖云。柱杖依前黑鄰皴。中秋曰。吾以似秋月。碧潭清皎潔。良哉老瞿曇。止止不須説。卓一下云。打刀須是邠州鐵。延慶元年五月九日。書偈化於雙輪之庵。居壽七十六。諡圓鑒禪師。

　　藏山和尚是日本奈良春日山高城護國禪寺開山，入院是在文永七年，即1270年。在這之前是在中國湖州思溪親近石林行鞏。"以思溪之鞏石林五峰師友。如而依焉。空周旋吳越者久。本鄉舶便至辭林。林送偈曰。十載中原一桌還。碧琉璃外更無山。扣舷三下知誰會。自作吳音唱月彎"。

　　在上文説到趙與懃修寺院補藏經後，請藏叟善珍住持，藏叟善珍後回福建雪峰，石林行鞏住持圓覺。藏山和尚與石林爲友，來思溪與石林共住，臨回日本時石林贈語以行。而此時間又是《思溪藏》補刻重印不久，藏山和尚帶《思溪藏》回日本也是順理成章的。藏山語録中有"謝書記藏司上堂"，可見當時日本寺院有管理藏經之人，自然也有藏經了。

（四）小結《思溪藏》

　　《思溪藏》由王永從家族捐資雕刻，始雕於靖康元年（1126），完成於南宋紹興二年（1132），歷時六年。雕刻好的經板收藏於思溪圓覺寺。元至元十三年（按宋紀年是景炎元年，即公元 1276 年），"塔與寺俱毀於兵"[①]。這一年，元兵正式佔領和管理湖州地區，在佔領前期，湖州太守趙良淳與元兵奮戰，戰火也覆滅了思溪圓覺寺，存世 144 年的《思溪藏》經板終究沒能逃過歷史的戰火，慘遭焚毀。趙與籌先後於嘉熙三年（1238）、淳祐戊申（1248）、淳祐庚戌（1250）對《思溪藏》經板進行了不同程度的補刻，但仍然無法恢復《思溪藏》原貌，一部千年大藏，就祇能殘缺的湮没於歷史的塵埃中。所幸，日本奈良春日山高城護國禪寺開山祖師藏山和尚曾來中國親近石林行鞏於湖州思溪。石林行鞏住持圓覺禪寺，藏山和尚臨回日本時，石林贈《思溪藏》與藏山和尚，成爲《思溪圓覺藏》《思溪資福藏》先後傳入日本的肇始。1880 年至 1884 年，楊守敬歷經千辛萬苦，從日本收購回中國。2012 年，國家將重刊《思溪藏》項目列入 2011-2020 年國家古籍整理出版規劃，至今，《思溪藏》已以原版原大原貌的姿態重現在世人面前。

釋慈滿：浙江安吉北天目靈峰講寺住持、湖州仁王護國禪寺住持

---

① （元）黃溍著，王頲點校：《黃溍全集》，天津古籍出版社，2008 年。

圖像的幻影：
關於宋刻"纂圖互注"本的版本學認識

向　輝

　　當宋朝成爲歷史，宋代的版刻書籍也日漸變成了少數人賞玩和研究的對象。隨著時間的推移，宋刻本事實上成爲古書收藏家們矚目的焦點，版本目錄學與印刷史研究的重點，以及書籍史討論的話題源泉。宋版書流傳至今者，頗不易得，凡有一册一帙莫不瑯函鴻寶之，以之爲什襲珍藏，不傳之秘書。藏書成爲一項事業之後，舉凡古籍收藏之家，若是手無宋本，則其藏書目錄多不敢公之於衆。無他，無有重寶焉耳。宋版書珍稀孤罕，故前人所見多以書目信息遞相傳承者，僅在諸藏家目錄中著錄而已，其中也自然多有可深入研究的課題。

　　近代以來，將宋代刻書作爲一種現代的學術研究課題的著作中，葉德輝《書林清話》（刊行於 1920 年）、王國維《五代兩宋監本考》（撰寫於 1922-1923 年間）、宿白《唐宋時期的雕版印刷》（撰寫於 1960-1992，出版於 1999 年）等書，體系謹嚴，考證周翔，影響最巨。三者從各自不同的角度注意到了宋刻本中的"纂圖互注本"現象。葉氏《書林清話》首次將"宋刻纂圖互注經子"單列條目，開啓了現代版本學意義上的專題研討，使之與"宋刻經注疏分合之別""宋蜀刻七史""宋監重刻醫書"等同樣作爲宋代刻書的重點課題予以關注；王著《五代兩宋監本考》首次系統地梳理了宋刻本歷史價值和學術價值，建立起以監本爲中心的宋刻本研究範式。"古籍流傳，自宋以後，以刊本爲樞紐；而經史諸要籍，尤以五代、北宋監本爲樞紐。"① 故而王國維細緻梳理了五代、兩宋時期的國子監刊本史料，以歷代史籍記載和古刊本實物爲據，爲我們提供了書籍史研究的絶佳示範。宿白《唐宋時期的雕版印刷》則從考古學的角度，對唐五代、北宋、南宋雕版印刷進行了歷史考察，特別是將北宋版畫作爲當時雕版印刷發展的一個項目單列，具有很大的學術啓發意義。

"纂圖互注"本現存若干種，前人考證頗夥，本文在前人的研究基礎上，對此課題做一初步地探究，試圖從版本學的立場出發，以如何認識此一版本現象爲中心，嘗試性地討論纂圖互注本的書籍史細節，梳理其版本學的問題意義所在，祈望大方之家予以指正。

1. 版本的常識

版本學在清代已經成爲一門專門且成熟的學問。② 這一時期的學者對後世的研究有著深刻的影響，就纂圖互注本而言，他們的判定至今仍有影響力。從筆者所見資料而言，最早注意到纂圖互注本，并且予以定性的學者是明末清初的藏書家陸元輔。

陸元輔（明萬曆四十六年至清康熙三十年，1618-1691）字翼王，號默庵，又號菊隱。江蘇嘉定（今屬上海市）人。康熙十七年舉博學鴻詞科。著有《經籍考》。陸氏著作今未見，但其同時代的學者朱彝尊在《經義考》中大量引用，陸氏的諸多學術觀點得以廣泛傳播。朱彝尊（明崇禎二年至清康熙四十八年，1629-1709）字錫鬯，號竹垞。浙江秀水人。朱氏《經義考》③ 一書中引用了陸氏關於"纂圖互注本"的結論。朱氏云：

> 《纂圖互注毛詩》二十卷，存。陸元輔曰："此書不知何人編輯，鋟刻甚精。首之以《毛詩舉要圖》二十五，……其卷一至終則全録大、小序，及毛傳、鄭箋、陸氏釋文，而采《左傳》、三禮有及於《詩》者爲互注，又

---

① 王國維：《王國維全集（第七卷）·五代兩宋監本考》，謝維揚等主編，浙江教育出版社，2009 年，第 204 頁。王國維關於古籍版本有《兩浙古刊本考》（1922）、《五代兩宋監本考》兩書，曾收入羅振玉編《王忠愨公遺書》、趙萬里編《海寧王靜安先生遺書》和謝維揚編《王國維全集》。《五代兩宋監本考》中的五代部分曾以《五代監本考》爲題刊於北京大學《國學季刊》創刊號（1923）。

② 江曦：《清代版本學史》，中國社會科學出版社，2013 年。

③ 《經義考》一書手稿殘本今存臺北故宮博物院。朱氏生前僅刻成《易》《詩》《禮》《樂》四類，乾隆二十年（1755）盧見曾補刻完成。其書又被收入《摛藻堂四庫全書薈要》和其後的《四庫全書》（見林慶彰：《經義考新校序》，上海古籍出版社，2010 年，第 2-3 頁）。乾嘉時期的學者熟悉朱彝尊的著述，自在情理之中。

摽詩句之同者爲重言，詩意之同者爲重意。蓋唐宋人帖括之書也。"①

朱氏本人沒有見過纂圖互注本的《毛詩》，也沒有對該書進行研究，只是抄錄了陸元輔的解說。陸元輔較爲嚴謹地提到，他并不知到纂圖互注本《毛詩》爲何人編纂，更不知在何時何地出版。對於該書的版刻情況，陸氏則予以極高的評價，"鋟刻甚精"四字表明，陸氏對該書的刊刻是表示贊同的。按照書籍版本著録的體例，他僅僅詳細列出了圖的標題和該書的文本內容，并沒有進行任何的文本校勘和比對。最後下了一個出乎意料的結論，即此書爲"唐宋人帖括之書"。

雖然陸氏并沒有給出任何理由來支持他的結論，他的這一結論卻因爲朱彝尊的《經義考》一書而廣爲人知，甚至成爲版本學的常識。然而，從版本學而言，上述陸氏著録祇是版本樣貌的著録，并沒有嚴格意義上的版本考訂，其結論部分也是憑個人經驗的想象，很難經得起推敲和細緻地考察。不過，由於宋本書在清代已經成爲藏書家的秘藏之寶，大部分學者并沒有機會窺見其內容，祇能依靠藏書家的著録、解題，因此藏家的題跋對該書的評價往往會被學者引以爲據。祇有部分藏書家和學者有機會接觸到珍貴典籍，因此他們的著録和判斷就具有了非常重要的價值。

在朱彝尊之後，藏書家陳鱣（清乾隆十八年至嘉慶二十二年，1753-1817；字仲魚，號簡莊，浙江海寧人）也曾經收了纂圖互注本《毛詩》，他引用了朱氏的說法，并且做了進一步的版本學闡釋，值得我們關注。陳氏著有《經籍跋文》，其《宋本毛詩跋》云：

> 毛詩二十卷，宋刻本。……《尚書》乃婺本小字，此則監本中等字。所謂監本者當即岳氏沿革例云監中現行本也。《經義考》載有宋刻《纂圖互注毛詩》，當即此本。惟彼前有《毛詩舉要二十五圖》，此但存《毛詩圖譜》。并不知何人所刻。宋時，各經諸子皆有重言重意，蓋經生帖括之書。此本刻畫工整，紙墨精良，且原於監本，斯爲可貴。審其避諱，慎字缺筆，敦字則否，殆是孝宗時刻者。……其傳箋之足證今本之誤處尤多，附釋文亦多勝於今本。又書中用朱筆點句，而於諱字則以朱筆規識。蓋猶是宋人書塾中課讀之本耳。②

陳鱣稱，宋時各經諸子均出現了"重言重意"本，是"經生帖括之書"，他所見之本有圈點，故"是宋人書塾中課讀之本耳"。陳鱣以其所見宋刻本評價說，該本"刻畫精良"，出自國子監本。查考書中的避諱字，他認爲是南宋孝宗時期

---

① （清）朱彝尊：《經義考新校》，第 2053-2054 頁。

② （清）陳鱣：《經籍跋文》，《續修四庫全書》（第 923 冊），上海古籍出版社，2002 年，第 660-661 頁。

的刻本。而且，書中若干字句和後世流傳的通行本有不少地方存在差異，他認爲這一纂圖互注本《毛詩》，"傳箋之足證今本之誤處尤多，附釋文亦多勝於今本"。

考其跋文，對纂圖互注本的定位卻有含含糊糊之處，似乎陳氏以爲此其所藏《纂圖互注毛詩》南宋刊本保存了宋代國子監本的樣貌。同時，陳氏又認爲，此類書籍乃是當時學子的教材，即"經生帖括之書""書塾中課讀之本"，即當時國子監爲學生所準備的教材中有一整套"纂圖互注本"。這些教材的質量非常之高，紙墨精良、刻畫工整，文字可靠，是經籍校勘的重要依據。

值得注意的是，陳鱣已經將陸元輔文中的"唐宋"改爲"宋"。雖然認定其所見者爲孝宗時期刊本，但并不知爲何人所作。他由書中的圈點推論，這部書曾經是"書塾課讀之本"，也就是說，這樣的書大概在宋代是比較常見的書，所以被隨意圈點了。

與陳鱣同時代的翁方綱（清雍正十一年至嘉慶二十三年，1733-1818）也持類似的看法，他進一步推論出此類書籍爲南宋書坊創作。翁氏説：

> 《寶刻類編》以書人編次爲卷，不著撰人名氏。曩僅以其稱瑞州，知是宋理宗後所撰。今按：其書實小變陳思之例以便檢閱，既以名臣編卷，又每及於書家筆法評語，是蓋南宋末書坊賈人之所爲也。考證之學，至南宋益加審細，故其時坊客亦多勤求博採，取資學人之用，如經籍則有"纂圖互注重言重意"諸刻，金石則有隸韻之編。陳思《寶刻叢編》既多傳寫之訛，此書實考訂金石家所賴以取證爾。[1]

翁氏的意見，和前述陳鱣是一致的，他對南宋時出現了"纂圖互注"本的推測是，當時考證學日漸發達，其風所及，即便是書坊主也深受影響，廣求博取，刊刻了纂圖互注本，以便於學者使用。翁氏推測，并沒有提供理由。翁氏參與了《四庫全書總目》的撰寫工程。他的這種論述大概是他們這一群體的共識。

最後，四庫館臣为"纂图互注本"定了性，认为它是卑陋不堪的，是毫無價值的。他們在《尚書詳解》條中説：

> 《尚書詳解》二十六卷（永樂大典本）。宋夏僎撰。……淳熙間，麻沙劉氏書坊有刻版，世久無傳。今惟存抄帙，脱誤孔多。……原本分十六卷，經文下多附録重言、重意，乃宋代坊本陋式，最爲鄙淺。[2]

到底是抄本的問題？還是刻本的問題？四庫館臣以爲，刻本本身不值一提，抄本因此纔錯誤很多，也就無足輕重了。而且，四庫館臣認爲，所謂的重言重意根本就是毫無意義的，是"陋式"，是書坊的自作主張。這基本上就宣告了"纂

---

① 清翁方綱《復初齋文集·跋寶刻類編》卷十七，清李彦章校刻本。

② 四庫全書研究所整理，《欽定四庫全書總目（整理本）》卷十一，中華書局，1997年，第142-143頁。

圖互注"本的版本價值爲零。

四庫館臣還在《五子纂圖互注》條中重申了這樣的説法：

《五子纂圖互注》四十二卷（浙江巡撫采進本）。宋龔士卨編。……每種前各有圖，而於原注之中增以互注，多引五經四書及諸子習見之語，未能有所發明。……無一足資考證者。而《莊子》因《大宗師》篇有"太極"二字，遂附會以周子之圖，尤爲無理。核其紙色版式，乃宋末建陽麻沙本，蓋無知書賈苟且射利者所爲。因其宋人舊刻，姑存其目，以備考耳。[1]

四庫館臣不僅認定纂圖互注本，特別是所謂的纂圖互注本諸子，毫無學術價值可言，是無知無識者所爲，衹是爲了牟利，衹是因爲其書爲宋人舊刻，存其目即可。顯然，這是乾嘉時期學者們的共識。

從此以後，"纂圖互注"本爲坊刻，無學術價值，衹有收藏價值，幾成定論。餘波所及，至今仍有不少學人引以爲據。

這樣，我們至少可以看到清人對於"纂圖互注"本的判定經過了這樣的過程：

（一）陸元輔、朱彝尊："鋟刻甚精""唐宋人帖括之書"；

（二）陳鱣："刻畫工整，紙墨精良，且原於監本，斯爲可貴""宋人書塾中課讀之本"；

（三）翁方綱："南宋末書坊賈人之所爲"；

（四）四庫館臣："宋代坊本陋式，最爲鄙淺""宋末建陽麻沙本，蓋無知書賈苟且射利者所爲"。

顯然，關於纂圖互注本的結論是越來越具體，最後將其起源定在了南宋書坊，認定是坊刻本的定式，而其學術價值也被視爲一文不值。但是，似乎這些結論中并沒有提出任何有力的證據鏈條説明南宋或者南宋末期的書坊主們是如何編纂書籍的，當然也沒有明確的證據來説明爲何是書坊而不是其他。而且，他們（特別是四庫館臣）似乎沒有區分地將"纂圖互注"本的早期版本和後來書坊的覆刻本、翻刻本視爲同樣的版本，認定其爲商業行爲，毫無學術價值，僅僅具有宋代刻本的備考價值。

也許事實不重要，考察也不重要，結論纔是人們所關注的。自此而後，四庫館臣的觀點成爲主流，差不多成爲業界定論。然而，正是陈鱣的"帖括之書"評論、翁方綱"南宋末書坊賈人所爲"和四庫館臣的"坊本陋式"之類的判語，讓後人迷惑不已。

絶大多數人沒有機會看到宋刊纂圖互注本，更沒有機會去比勘這類書的内容，大家能看到的就是朱彝尊、四庫館臣的評論，或者陳鱣、翁方綱等人的推論，

---

[1] 四庫全書研究所整理，《欽定四庫全書總目（整理本）》卷一百三十四，第 1758 頁。

"纂圖互注"本的學術價值也就大打折扣了。

2. 價值的重估

從當前的版本學研究成果而言，"纂圖互注本"的定性似乎不成問題，基本的認識有如下幾點：第一、它是福建建陽刻本；第二、它是福建書坊刻本；第三、它的學術價值較低，更多具有歷史文物的價值；第四、它祇是宋代書籍出版者爲了考試而特別製作的參考用書，其目的是爲了擴大宣傳和便於應考者的記憶；第五、它在宋代以後即少有後繼者，纂圖互注本因之可以成爲考察宋代刻書的一個案例[①]。這樣的定性尚有進一步考察的必要。

上世紀三十年代，版本目錄學家趙萬里（1905-1980）在《應用目錄學》的授課過程中就曾專門提到了"纂圖互注本"，并且指出了其中值得關注的幾個版本學課題。趙萬里説，北宋監本所刻經書頗多，但存藏至今者不可得見，即便是南宋監本也較爲稀見。所以宋代經書版本問題復雜。就經書而言，有單注本、單疏本、注疏合刻本等。但這些本子後來都稀見了，出現了第四種經書版本樣式："爲什麼經注疏合刻本至今少呢？因爲是建陽開了書鋪，新刻注疏附釋文本。就是不但把經注疏合刻，且附釋文於內，於是獨立的《經典釋文》日少，且打倒經注疏本。他們刻的經有兩種方式：（1）附釋文本；（2）釋文加 a. 纂圖，b. 重言重意，即葉德輝氏在其《書林清話》中所云之'纂圖互注'也。作這一運動是預備提供給科舉的學子。因此前代官刻不爲科舉用的本子日被淘汰。今日所能得此類書極少。此類書名曰十行本，楊士奇云此類書爲福建（福唐即福建）府學所刻。"[②] 趙萬里第一次將"纂圖互注本"視爲是宋代經書的第四種刊刻樣式，這樣的觀點是在葉德輝《書林清話》的專題討論之後的進一步深化。趙萬里也提醒我們，前代學者中，比如楊士奇已將此種版本視爲是"府學刻本"，也就是官方刻本者，不過不知楊士奇在何處提及此者，筆者未曾見到此則資料。

值得注意的是，在《朱子語類》中，也提到了纂圖互注本："書坊印得六經，前面纂圖，子也略可觀，如車圖，雖不甚詳，然大概也是。"[③] 也就是說，朱子

---

① 實際上，纂圖本（也即插圖本）自宋代以後流傳甚廣，從建陽刻書史來看，"具有强大的生命力。發展到明代，建陽書坊的刻本幾乎發展到無書不插圖的地步，在版畫技藝上，也有巨大的進步。"見方彥壽：《建陽刻書考》，中國社會出版社，2003年，第152頁。

② 孫作雲：《趙萬里應用目錄學授課筆記（續）》，張玉范等整理，沈乃文主編：《版本目錄學研究》（第7輯），北京大學出版社，2016年，第20頁。

③ （宋）黎靖德：《朱子語類》卷一百三十八，（宋）朱熹：《朱子全書（修訂版）》第18冊，朱傑人等主編，上海古籍出版社，2010年，第4265頁。

時代已經有了坊刻本的六經纂圖本。朱子説，這些圖雖然不甚細緻，但大致不差，是值得一看的。祇不過我們尚不知道《朱子語類》中所提及的纂圖本到底是何種版本，與今日存世的"纂圖互注"本經子書籍是否有關聯，由於没有相關史料，祇能闕如。可以肯定的是，在朱子時代，書坊已經有了纂圖本的經書刊行。這類書的來源如何，則文獻不足徵。

南宋坊刻先秦子書，有《老子》《莊子》《列子》《荀子》《揚子法言》《文中子》等，趙萬里認爲，"除《文中子》外，皆有監本。南宋刻書以北宋爲標準刻之。他們皆有纂圖互注。纂圖即畫器物，互注即'索引'。因爲書鋪老闆發明此，以應考童之需。此類書皆有翻刻，最早者爲南宋刻，及元刻、明刻建安本。"① 也就是説，先秦子書先有北宋國子監刻本，到南宋時書坊主爲應考考生之便利，發明了纂圖互注本，并以此替代了國子監舊刻。"此刻出世，北宋監本不見。因爲纂圖本把北宋南宋監本打倒。此類纂圖本之影響，就是明清兩季學者，皆以纂圖本爲根據，故多錯誤。自王先謙用台州的《荀子》本作書，得意極多。此種纂圖本支配中國學術界的五百年。明嘉靖吴郡顧春所刻之《世德堂六子》，不過把圖注去掉，主文仍根據此種建安本。明許宗魯六子及崇德書院二十二子亦根據此建安本。"此説徑將纂圖互注的發明權給了福建書坊。接著，他更指出了具體的書坊主姓名，即南宋福建私人刻書，"最有名者爲勤有堂余氏，及虞氏。可讀葉德輝《書林清話》""余、虞刻書影響後代最大，即（一）經本附釋文者。這是他們的發明。（二）又作重言重意的工作。利用考試者的心理而成，爲經注本。（三）又有經注附注釋本。"②

趙先生關於纂圖互注本的意見，歸納起來是：第一，它的出現時間點是南宋。第二，它是南宋書坊的作品。第三，它是在北宋監本基礎上的創新，繼承了監本的特點，同時也取代了北宋和南宋的監本，樹立了新的典範。第四，這一典範對於後世學者有著極爲深遠的影響，此後五百年間，不論官私刻本，凡是有纂圖互注本的書籍均在不同程度上以之爲據。第五，從現代學術，特別是版本學的立場重新評估纂圖互注本實有必要，即既要從版本的流傳角度重視纂它的價值，又要從版本的文獻本身認識其内在的缺憾。

據此，我們可以知道，"纂圖互注本"不僅僅是一種無足輕重的古代版刻遺迹，它本身就具有重大的版本學價值：首先，它的影響之大，足夠引起我們的注意；其次，它的來歷似乎并不清晰，值得我們進一步研究。

黃永年於 1980 年發表《宋本（附金本）》一文，主張對宋金版刻的分析應

---

① 孫作雲：《趙萬里應用目録學授課筆記（續）》，第 7 頁。
② 孫作雲：《趙萬里應用目録學授課筆記（續）》，第 19 頁。

該按照地域來分析，即圍繞宋金兩朝的浙江杭州、四川眉山、福建建陽和山西平水四大刻書中心展開研究。[1] 宋建本多指的是建陽書坊的刻本。建陽地區是山區，盛產木料，造紙業發達，交通便利，諸多書商彙集於麻沙、崇化兩個鎮，所以建陽本亦稱爲麻沙本。建陽書坊多有名可考，比如余仁仲萬卷堂、黃善夫家塾、劉元起家塾等。建陽書坊不僅僅刻印現成的書籍，而且自行編書，"如劉叔剛刻的《禮記注疏》，不僅有注疏，還加進了釋文。""他們還刻有纂圖重言重意互注的五經和《老子》《莊子》《列子》《荀子》《揚子法言》《文中子中説》等六子。纂圖是在卷首附圖，重言是注出同樣文字的句子，重意是注出同樣意思的句子，用來迎合讀書人科舉考試的需要。"[2] 建本的特點是顏體字；有白口、黑口、細黑口和大黑口；在魚尾下面記錄葉次；不記記錄刻工姓名；有書耳；少刻書序跋，有牌記；避諱不嚴格；紙張多用（現在看起來是）枯黃甚至發黑的麻沙紙張。[3]

其後，黃永年在《古籍版本學》中對上述説法進行了進一步的細化。黃永年認爲，"纂圖重言重意互注"本五經、六子之類，從字體版式來看也都是建陽的坊刻。"浙本尤其是其中官刻一般都講究老傳統，很少變花樣。建陽坊刻則爲了招徠顧客，打開銷路，不僅在形式上翻點新花樣，在内容上也常鬧新花樣。如前面所説，經注和疏在北宋時是一直分別刊刻的，南宋兩者東路茶鹽司和紹興府纔把經注和疏編刻到一起，楷書出現了注疏合刻本。""如纂圖重言重意互注的五經和六子，也是他們編刻的經子新讀本。所謂纂圖，是在書的前面附加圖像、圖解或地圖，如《監本纂圖重言重意互注尚書》附加：書學傳授之圖、唐虞夏商周譜系圖、堯制五服圖、禹弼五服圖……所謂互注則包括重言、重意兩種，重言是把本書其他篇章裏文詞相同的詞句互注到本文下面，重意是把本書其他篇章裏意思相近的詞句互注到本人下面。""六子則是《老子》《莊子》《列子》《荀子》《揚子法言》《文中子中説》六種，纂圖互注的辦法也和五經相同。有些如《尚書》在纂圖云云之上還加上監本者，表明源出國子監官刻，以博取讀者的信任。"總之，這些建陽坊刻雖然校勘雖限於水平，不甚高明，刊刻上還是力求精工，使讀者開卷即有賞心悦目之感。[4]

黃永年認爲纂圖互注本具有版本學的多種研究價值：第一、它是宋代福建刻本的典型樣式。第二、它出現在南宋時期，是在北宋以來經書刊行的基礎上的進一步發展。第三、它是一種古籍刊行形式上的創新，并非是内容上有所創

①　黃永年：《黃永年文史論文集第三册・文獻鈎沉》，中華書局，2015 年，第 78 頁。
②　黃永年：《黃永年文史論文集第三册・文獻鈎沉》，第 82 頁。
③　黃永年：《黃永年文史論文集第三册・文獻鈎沉》，第 82 頁。
④　黃永年：《古籍版本學》，江蘇教育出版社，2005 年，第 83–85 頁。

造，它是書坊的作品。第四、這種創新所依據的是官方機構的產品，也就是國子監的"監本"。但這種依據僅僅是一種出版者的宣傳，并不見得確有實據。第五、雖然在文本方面有校勘不細等問題，但其在刊刻上具有精工的特點，特別是其中的插圖部分，品類繁多，具有版本學的價值。黃先生的這種提法，值得我們重視。

除了版本學價值之外，現代學者們還注意到了"纂圖互注本"的版畫學、插圖學研究的意義，即其藝術價值。因爲它是現存較早的圖文并茂的古代典籍，插圖內容極爲豐富，保留了很多早期的典型版畫，也留下了很多值得考察的課題。如《中國版畫史圖錄》中著錄了早期的經子書籍，如《新定三禮圖集注》二十卷（南宋淳熙二年（1175）鎮江府學刊本）、《尚書圖》二十卷（注：即《纂圖互注尚書》，南宋紹熙間建陽刊本）、《纂圖互注禮記》二十卷（南宋刊本）、《纂圖互注荀子》二十卷（南宋刊本）等。[①] 此種認識或源於民國時期學者們的主張，比如民國時，鄭振鐸（1898-1958）曾編纂出版《中國版畫史圖錄》綫裝本，在該書《自序》中，鄭氏説，我國版畫開世界諸國之先河，西方刻印聖經像版畫出現在明永樂初期（即 1400 年左右），而中國在晚唐就已經流行版畫。鄭氏説，"隋唐以前，版刻無聞。而漢魏六朝碑版墓磚之花飾，殷周三代甲骨與銅玉諸器之圖案，已甚繁賾工緻。追溯淵源，斯當爲版畫之祖，亦若石經碑刻當爲刻書之祖也。唐之中葉，佛教極盛，而三藏經卷尚爲手寫。間有以木鐫佛菩薩像捺印於卷前若押印章者。"[②] 又説："至北宋末，版畫之爲用漸廣。《本草》有大觀、政和二本；《博古圖》爲宣和所纂，今雖未睹原刊本，而於元至大重修本中猶依稀可見原本面目之精良。南宋所刊版畫書，存於世者尚不在少數。陳祥道所纂禮樂二書，附圖甚富。以'纂圖互注'爲號召之經子，自《周易》《毛詩》《周禮》《儀禮》《禮記》一下，至老莊荀楊，刻本多至十餘種。"[③]

其後，錢存訓在李約瑟主持的《中國科學技術史》第五卷《化學及相關技術》第一分冊《紙和印刷》（劍橋大學出版社，1985 年）一書中説："雕版印刷不僅涉及各種技術工序，也包含許多藝術方面的重要因素。字體固然體現了書法上的觀賞美學，用木刻及其他方法製作的插圖更直接代表書畫刻印藝術。插圖不僅充實裝飾文本，幫助理解記憶，還能彌補文字的不足。如果沒有插圖，內容就會缺乏持續的吸引力，在某種情況下會難以領會。"[④] 錢存訓

---

① 周蕪：《中國版畫史圖錄》，上海人民美術出版社，1988 年，第 91-94 頁。
② 鄭振鐸：《中國版畫史圖錄》，中國書店，2012 年，第 3 頁。
③ 鄭振鐸：《中國版畫史圖錄》，第 3 頁。
④ 錢存訓：《紙和印刷》，科學出版社、上海古籍出版社，1990 年，第 223 頁。

又説："10 世紀起，開始印刷儒家經典著作，但是直到 12 世紀之前還未見到任何插圖。12 世紀專爲應試學子出版了上圖下文的纂圖互注本。這類著作中，《六經圖》《三禮圖》《爾雅圖》也很有名。《六經圖》於 1166 年印於福建，描繪了六經中提到的 309 件事物，據知宋代至少還印過另外三種版本。"① 方彦壽也指出，朱熹《周易本義》、熊蕃《宣和北苑貢茶録》、王朋甫刻《尚書》等，卷首均有大量纂圖，已然是建陽刻書的一大特徵。② 對於這樣的觀點，傳統的版本學者并不認同。上世紀六十年代，毛春翔（1898-1973）出版了《古書版本常談》一書，其中説："近人因宋刻精美，可以作爲藝術品來欣賞，此説我不敢苟同。古書有用的，即好好地利用；認爲無用，置之可也。今天不用，明天説不定有用，夏葛冬裘，各有時用。將宋刊作爲藝術品來欣賞，那是藝術家的看法。"③

除了這種藝術學的研究之外，還有歷史學者對纂圖互注本中的地圖進行了深入研究，體現出它的另外一種學術價值。如辛德勇《石刻拓印地圖在宋代的興起與傳播》一文中，提出學術研究的深入和教育制度的改革，推動了宋代地圖類石刻興起。特別是科舉制度的改革，爲此類石刻提供了廣泛的社會需要。宋代教育制度自宋仁宗慶曆四年（1044）開始推行官學改革，要求各州縣設立學校，將科舉考試，特別是進士改革爲策、論、詩賦，廢除了貼經和墨義。范氏改革失敗后，王安石在宋神宗熙寧四年（1071）改革，將前者若干政策落實，推廣和完善學校制度，科舉以經義取代詩賦，成爲科舉制度史上最重大的變革，經義和策論成爲考試的基本組成部分。由此，辛德勇認爲，科舉考試内容的變化對學校教育的要求，直接導致了對於經書、石刻地圖及相關書籍的興盛，"宋代《禹貢》學的興盛，與《禹迹圖》的刊刻上石，也可以説是相輔相成的兩種現象，都是宋代學術風尚轉變以及科舉制度改變后的産物。"而且"宋代建陽書坊專門針對科舉考試使用而編印的'纂圖重言重意互注'類《尚書》讀本，最能反映《禹貢》地理圖對科舉考試的重要參考作用。如存世南宋刻本《監本纂圖重言重意互注點校尚書》，卷首即附有一幅專門反映《禹貢》篇地理内容的《隨山浚川之圖》。又如《天禄琳瑯書目後編》所著録南宋光宗時刊刻的《纂圖互注尚書》，於'卷前標《尚書舉要圖》：……曰《商遷都之圖》，曰《周營洛邑圖》，

　　① 錢存訓：《紙和印刷》，第 227 頁。該書并未對此進行深入討論。作者認爲"纂圖互注"本的出現是由於當時考試的需要。專門編纂此類書籍是爲了滿足參加科舉考試的學生的需求，可以説這是一種學生讀物。衹是由於有了版畫，所以其價值也就在於版畫。因爲此前儒家經典，即便是教科書也尚未見到有插圖的。這種有插圖的教材，爲我們提供了早期教科書的資料。

　　② 方彦壽：《建陽刻書考》，第 150-152 頁。

　　③ 毛春翔：《古書版本常談（插圖增訂本）》，上海古籍出版社，2003 年，第 51 頁。

等等。"① 辛德勇認爲，宋代各地官學因應科舉考試的功利性需求而在石碑上翻刻《禹迹圖》非常普遍，比如南宋高宗紹興二十四年在江西路興國軍軍學大成殿樹立了《魯國之圖》。同時在書坊刻本中也多有存留的例證，"在存世南宋建陽劉氏天香書院坊刻《監本纂圖重言重意互注論語》的卷首，就刊有一幅類似的《魯國城理之圖》，這種帖括之書的實物，可以進一步印證這一點。宋代同類石刻地圖，還有楊甲在紹興年間編纂的《六經圖》，其中包括《十五國風地理之圖》和《文物灃鎬之圖》這一類反應《詩經》地理内容的地圖，這種地圖不僅爲建陽書坊刊刻的《纂圖互注毛詩》所承用，在楊氏家鄉潼川府路昌州的州學院内也曾刻有石碑。"② 總之，科舉考試的所造成的社會需要導致了當時類似書籍的大量出版，而建陽書坊的刻本也不過是因應了當時的這種學術發展和考試需要，我們也可以用這些"纂圖互注"本來證明當時存在這樣的社會風氣。

由此可見，在當代的版本學研究中，對於纂圖互注本的版本性質及其價值存在著不同的認識，學者們從不同的角度論證了這一類版本具有的研究價值。我們有必要在此基礎上進一步探究的問題是，（1）纂圖互注本何以構成宋刻本中的獨特的樣式？（2）纂圖互注本是書坊本嗎？這一認識是如何成爲版本學的常識的？（3）纂圖互注本有哪些書，它在宋代以後的書籍出版中有何影響？（4）纂圖互注本在具體的版本個案中具有哪些值得重視的地方？對於版本學的研究具有何種意義？

3. 鑒定的疑惑

經歷代藏書家之手的珍貴典籍，多被學者反復檢點、鑒定過。不同的人，有不同的認識，也有不同的記録。陸心源《皕宋樓藏書志》説到《纂圖互注禮記》二十卷《禮記舉要圖》一卷時云："宋刊本，季滄葦藏。此南宋麻沙本。每半葉十一行，每行二十一字，小字雙行二十五六字不等。鄭注下附陸氏釋文，釋文之後爲重言重意。重言者，其文同也；重意者，其意同也。讓字缺筆，蓋孝宗時刊本也。字體與三山蔡氏《陸狀元通鑑》《北史》《新唐書》同。當是麻沙本

① 辛德勇：《説阜昌石刻〈禹迹圖〉與〈華夷圖〉》，《燕京學報》新二十八期，2010 年，第 1-72 頁。2010 年 10 月 30 日，日本關西大學東亞文化交涉學教育研究基地舉辦"印刷出版與知識環流：16 世紀以後的東亞"國際研討會，辛德勇發表了研究報告：《石刻拓印地圖在宋代的興起與傳播：以阜昌石刻〈禹迹圖〉與〈華夷圖〉爲中心》。其後刊於關西大學文化交涉學教育研究中心、出版博物館編：《印刷出版與知識環流：十六世紀以後的東亞》，上海人民出版社，2011 年，第 83-108 頁；辛德勇：《石室賸言》，中華書局，2014 年，第 367 頁。

② 辛德勇：《石室賸言》，第 372-373 頁。

之最精者。"① 所謂《陸狀元通鑑》是《陸狀元增節音注精議資治通鑑》。季氏如何認定此類書的價值尚不清楚。

藏書家黃丕烈（清乾隆十八年至道光五年，1763-1825）曾得到過幾種纂圖互注本，包括《毛詩》《周禮》和《荀子》。黃氏在《蕘圃藏書題識》中說：

> 《纂圖重言重意互注毛詩》二十卷，宋監本。……今歲夏初，五柳主人從都中歸，攜有全部宋刻，行款正同，謂可借以影抄補全。無如已許售海寧陳仲魚，遂轉向仲魚借之，以了此願。抄畢，復手校其誤，三卷中止誤一字，七卷六葉三行"淫"誤爲"浮"，竟改之。②

除此之外，黃氏還曾收藏過另外一部纂圖互注本，黃氏記載：

> 《毛詩傳箋》殘本□卷，宋刊本。此殘宋本《詩經傳箋》附《釋文》本，余得諸己巳年（1809），抄補於庚午年（1810），猶未及裝潢也。頃又得一小字本，大同而小異。合諸延令季氏《書目》所云"鄭箋、陸德明釋文《詩經》二十卷，八本"之說，正符其目。又載"《監本纂圖重言重意互注點校毛詩》六本"，乃得此本之名。是書雖非季氏舊物，而監本之名從此識矣。監本亦非一刻，余新得者，標題《監本重言重意互注毛詩》，較此少"纂圖"字、"點校"字，可知非一刻矣。昔人聚書，不妨兼收并蓄，故得成大藏書家。余力萬不逮季氏之一，而好實同之。茲藏二刻，居然相垺，後之得是書者，其殆將由百宋一廛之簿錄，而沿流溯源乎？喜而書此，以志余言之非妄云。辛未（1811）初冬，復翁書於求古居。越月季冬望後一日裝成，原收及裝潢抄補之費，共計百金。

這裏，黃氏并沒有進行文本的考察，而是如實地記録了他當年是如何得到兩部宋刊殘本的。值得注意的是，黃丕烈將其所得之纂圖互注本著録爲"宋監本"并非是藏書家爲了博取名聲而爲。黃氏推測宋代國子監刊刻經書不止一刻也是合情理的。

不過，黃氏的鑒定意見在陳鱣看來可能并不是很準確。如前所述，陳鱣的觀點，較之黃丕烈的看法更为世人所熟知。我們再看另外一位黃氏學者的觀點。黃以周（清道光八年至光緒二十五年，1828-1899）注意到，在經書注疏中已經有相關的圖的記載，賈公彦的注疏本圖的部分可能并沒有隨文，而是有可能放在文字部分的前面了。這些圖，在後來通行的十三經注疏中不復存在（但明永樂《四書五經大全》《性理大全書》是有圖的）。黃氏推測早期的經書注疏中是有圖的，因爲注疏中不僅一處提到了圖。其中有些圖可能是在後世的傳承中失

---

① （清）陸心源：《皕宋樓藏書志》，中華書局，1990年，第77頁。
② （清）黃丕烈：《黃丕烈藏書題跋集》，余鳴鴻等點校，上海古籍出版社，2013年，第33頁。

去了，他用的書目卷數來證明此事，并且在注疏的文字部分找出了具體的實例證明當時應該是有圖的。黃以周云：

> 初讀《毛詩正義》，至《鄘風》，疏注旄干首之義有曰"別圖於後"，乃知孔疏之有圖。及讀聶崇義《三禮圖目録》，謂"《周官疏》，特圖大琮"，又知賈疏亦有圖。……又知賈疏之圖得其體要，與孔疏載旂物圖，又載旗旒圖，其繁簡單亦不同。則《周官》賈疏之圖必大有可觀焉。①（清黃以周《儆季雜著·禮説六·雜著之一》）

由於學者們習見的經書注疏中無圖，所以一般學者也就以爲没有圖了。但是，在宋代出現了一類"纂圖互注"本的書籍，包括了主要的經書，爲我們的研究提供了某些啓發，或許這些纂圖本所保留的就是早期注疏中所有的圖，所以黃氏説：

> 阮文達作《十三經校勘記》搜羅宋元舊槧不爲不富，而北宋本《詩疏》《周官疏》之有圖者曾未一見，校語中亦未一及。近之讀注疏者，告以孔賈疏中有圖，其不以爲怪誕者幾希。宋元間有《毛詩纂圖重言重意互注》一書，又有《周禮纂圖互注重言重意》一書，朱竹垞以爲元人所輯。陳仲魚吳槎客得其書，以爲的係宋槧，寶過拱璧。然讀仲魚跋，一則曰經生帖括之書，再則曰宋人書塾課讀之本，其書之陋可知也。能得孔賈有圖疏本，則《周禮纂圖》《毛詩纂圖》二書，詎不同諸康瓠也與。②（清黃以周《儆季雜著·禮説六·雜著之一》）

從黃丕烈和黃以周的記録可知，他們都將纂圖互注本視爲重要的宋代藏書而珍重之，并且，黃丕烈認爲應爲"宋監本"而非坊本。學者黃以周更是通過文本的考察，探求了經書纂圖可能是唐宋以來學術傳承的結構。

清末民初，葉德輝在《書林清話》中對有清一代的版本學做了總結。葉氏《書林清話》卷三對有宋一代刻書機構做了歸納，題曰："宋司庫州軍郡府縣書院刻書"，他説："宋時官刻書有國子監本。歷朝刻經史子部見於諸家書目者，不可悉舉，而醫書尤其所重。……天水右文，固超逸元明兩代矣。"③除了國子監本之外，按照刻書機構分類有所謂的：崇文院本、秘書監本、德壽殿本等等。④無疑在葉氏看來，宋代刻書機構極其之多，葉氏還列舉了某州某府本，按此皆屬於一般意義上的公家刻書。其次則是私宅家塾刻本、坊刻本，這是我們今天最爲常見的刻書機構的一分爲三的分類法，即官、私、坊刻本。在葉德輝看來，

---

① （清）黃以周：《儆季雜著》，《黃式三黃以周合集（第15册）》，上海古籍出版社，第197頁。
② （清）黃以周：《儆季雜著》，《黃式三黃以周合集（第15册）》，第197頁。
③ 葉德輝：《葉德輝詩文集（一）·書林清話》，張晶萍點校，岳麓書社，2010年，第58頁。
④ 葉德輝：《葉德輝詩文集（一）·書林清話》，第58-71頁。

書院刻本亦屬於官刻本，和坊刻本不同。

關於纂圖互注本，葉氏《書林清話》卷六提及的諸"纂圖互注"本經子書籍有 22 部：

經部：南宋刻巾箱本《纂圖附釋音重言重意互注周易》九卷《略例》一卷、《纂圖附釋音重意重言互注尚書》十三卷、婺州本《點校重言重意互注尚書》十三卷、《監本纂圖重言重意互注點校尚書》十三卷、《監本纂圖重言重意互注點校毛詩》二十卷；宋麻沙坊本《附釋音纂圖重言重意互注毛詩》二十卷、《京本附釋音纂圖互注重言重意周禮》十二卷；宋巾箱本《纂圖附音重言重意互注周禮鄭注》十二卷、《京本點校附音重言重意互注禮記》二十卷、《監本纂圖重言重意互注禮記》二十册；南宋麻沙本《纂圖互注禮記》二十卷，《禮記舉要圖》一卷、《京本纂圖附音重言重意互注春秋經傳集解》三十卷、《監本纂圖春秋經傳集解》三十卷、《監本纂圖重言重意互注論語》二十卷。①

子部：《纂圖互注荀子》二十卷、宋槧本《纂圖互注老子道德經》《纂圖互注揚子法言》十卷、《纂圖互注老子道德經》二卷、《纂圖互注南華真經》十卷、《纂圖互注列子冲虛至德真經》八卷、《纂圖互注文中子》十卷。②

這些被定爲宋元刻本的纂圖互注本，今存者如下表所示。值得注意的是，這些現存版本的一部分已被納入到《中華再造善本》叢書中影印出版，爲我們進一步的個案研究提供了極大的便利。

表一　宋元刻纂圖互注本存藏情況表

編號	書名	版本	行款	書口	板框	邊欄	藏地
1	纂圖互注周易十卷	宋刻本	半葉 11 行 21 字，小字雙行 25 字	細黑口	高 17.7 厘米，寬 11.6 厘米	左右雙邊	臺北央圖
2	纂圖互注尚書十三卷	宋刻本	半葉 11 行 21 字，小字雙行 25 字	細黑口	高 18.6 厘米，寬 12.1 厘米	左右雙邊	芷蘭齋（卷一至二）、哈爾濱圖書館（卷五至六）、中國國家圖書館（卷七至十三）
3	纂圖互注尚書十三卷	宋建安宗氏刻本	半葉 11 行 21 字，小字雙行 25 字	細黑口	高 18.6 厘米，寬 11.7 厘米	左右雙邊	日本京都市"富岡文庫"

① 葉德輝：《葉德輝詩文集（一）·書林清話》，第 134-135 頁。
② 葉德輝：《葉德輝詩文集（一）·書林清話》，第 135-136 頁。

編號	書名	版本	行款	書口	板框	邊欄	藏地
4	監本纂圖重言重意互注點校尚書十三卷	宋刻本	半葉12行21字,小字雙行25字	細黑口	高營造尺6.6寸,寬4.1寸		劉氏嘉業堂(《四部叢刊》影印)
5	監本纂圖重言重意互注點校毛詩二十卷	宋刻本(卷五至七配清黃氏士禮居影宋抄本)	半葉10行,行18字,小字雙行,行24字	白口	高20.5厘米,寬13.2厘米	四週雙邊	中國國家圖書館
6	纂圖互注毛詩二十卷	宋刻本	半葉12行21字,小字雙行25字	細黑口	高18.6厘米,寬11.6厘米	左右雙邊	臺北故宮博物院
7	監本纂圖重言重意互注點校毛詩二十卷	宋刻本(存卷一至十一)	半葉10行,行18字,小字雙行,行24字	白口			中國國家圖書館
8	京本點校附音重言重意互注周禮十二卷	宋刻本	半葉11行19字,小字雙行20字	細黑口	高13厘米,寬8.5厘米	四週雙邊	上海圖書館(卷一、三、七至十二)、北京大學圖書館(卷二、四至六)
9	纂圖互注周禮十二卷	宋刻本	半葉12行21字,小字雙行25字	白口	高18.4厘米,寬11.7厘米	左右雙邊	日本靜嘉堂文庫
10	纂圖互注周禮十二卷	宋刻本	半葉12行21字,小字雙行25字	白口	高17.9厘米,寬12厘米	左右雙邊	中國國家圖書館
11	監本纂圖重言重意互注禮記二十卷	宋刻本	半葉10行,行18字,小字雙行,行24字	細黑口	高20.2厘米,寬13.2厘米	四週雙邊	上海圖書公司
12	纂圖互注禮記二十卷	宋刻本	半葉12行21字,小字雙行25字	白口	高18.4厘米,寬12厘米	左右雙邊	中國國家圖書館
13	纂圖互注禮記十二卷	宋刻本		細黑口	高17.8厘米,寬11.7厘米	左右雙邊	日本靜嘉堂文庫
14	纂圖互注春秋經傳集解三十卷	宋龍山書院刻本	半葉12行21字,小雙行25字	細黑口	高18.7厘米,寬12.4厘米	左右雙邊	中國國家圖書館
15	纂圖互注春秋經傳集解三十卷	宋刻本(卷二、二十二至二十三)	半葉10行18字,小雙行24字	細黑口		四周雙邊	中國國家圖書館

编號	書名	版本	行款	書口	板框	邊欄	藏地
16	監本纂圖互注春秋經傳集解三十卷	宋刻本	半葉 10 行 19 字，小字雙行 24 字	白口	高 20.3 厘米，寬 13.1 厘米	左右雙邊	南京圖書館
17	監本纂圖重言重意互注論語二卷	宋劉氏天香書院刻本	半葉 10 行 18 字，小字雙行 24 字	細黑口	高 20.5 厘米，寬 13.1 厘米	四週雙邊	北京大學圖書館
18	纂圖分門類題五臣注揚子法言	宋劉通判宅仰高堂刻本	半葉 10 行 19 字，小字雙行 23 字	細黑口	高 18.9 厘米，寬 13.2 厘米	左右雙邊	中國國家圖書館
19	纂圖互注揚子法言十卷	宋刻元修本	半葉 11 行 19 字，小字雙行 25 字	細黑口		左右雙邊	中國國家圖書館
20	纂圖互注荀子二十卷	宋刻元明遞修本	半葉 11 行 21 字，小字雙行 25 字	細黑口	高 18.1 厘米，寬 12.3 厘米	左右雙邊	中國國家圖書館
21	纂圖互注南華真經十卷	宋刻元明修本	半葉 11 行 21 字，小字雙行 25 字	黑口		左右雙邊	中國國家圖書館
22	纂圖互注南華真經十卷	元刻明修本	半葉 11 行 21 字，小字雙行 25 字	細黑口	高 18 厘米，寬 12 厘米	左右雙邊	北京大學圖書館

説明：本表根據張麗娟《宋代經書注疏刊刻研究》《國家珍貴古籍名録圖録》《中華再造善本總目提要（唐宋編）》等書編制而成。

按照古籍版本的習慣，葉氏記録了這些"纂圖互注"類書籍的行款，大概有半葉九行十七字、十行十九字、十行二十字、十一行十九字、十二行十八字等等不同。"大抵經有七而子則四。《儀禮》《孟子》非場屋所用，故置之。《老》《莊》《荀》《揚》外，加入《列子》《文中子》，亦出當時坊賈重刻之雜湊，非原有也。"[1]

所謂七經包括：《周易》《尚書》《毛詩》《周禮》《禮記》《春秋經傳集解》《論語》，而四子則有《荀子》《老子道德經》《揚子法言》《莊子》，葉氏認爲《列子》和《文中子》可能是當時書坊雜湊而成，并非重要的子書。

無論如何，這些經書和子書冠名爲"纂圖互注"的都是書坊刊本。爲何是書坊刊刻？是書坊編纂之書，還是書坊用前人書刊行？葉氏未加解釋，祇是下了結論："宋刻經子，有纂圖互注重言重意標題者，大都出於坊刻，以供士人帖

---

[1] 葉德輝：《葉德輝詩文集（一）·書林清話》，第 136 頁。

括之用。"① 在葉氏看來,"纂圖互注"本是書坊爲了士子參加科舉考試所用。這樣的理解,應該就出自四庫館臣的判定。

張麗娟博士《宋代經書注疏刊刻研究》(北京大學出版社,2013年)首次將"纂圖互注"本的課題置於關鍵地位,該書第一章"單經注本",第二章"經注附釋文本",第三章"纂圖互注重言重意本"。張博士討論了"宋刻纂圖互注重言重意本的傳本""纂圖互注重言重意本經書的版刻與體例"兩大課題,是我古籍版本學界自葉德輝《書林清話》之後,對這一類型的古籍最全面的梳理。在該書中,張博士同意纂圖互注本的科舉考試説和書坊創意説,不過通過作者的細緻考察,特别是從今存宋刻"纂圖互注"本來看,這類書"樣式繁復、數量衆多,説明當時此類經書版本刊刻之盛、流通之廣。"② 又如《上海圖書館藏宋本圖録》中著録了《婺本附音重言重意春秋經傳集解》三十卷,提要作者説:"宋代坊刻經子之書,有纂圖互注、附音重言互注、監本纂圖重言重意互注點校、京本點校附音重言重意互注、婺本附音重言重意等名目,多爲迎合學子科考之需。"③

但爲何會有諸子書也有"纂圖互注"本?將它們一概視之爲科舉用書,從常識來看似乎有不確處。爲了將這種説法更加完善,宿白(1922-2018)提出了"引人購買"説。宿白《唐宋時期的雕版印刷》④ 一書中論及南宋的雕版印刷時説:

> (福建)建寧距南宋行在所較遠,中央控制較弱,所以其地的書坊雕版,自淳熙(1175)以來似乎比臨安還要發達。他們大多集中在麻沙、崇仁兩坊。……爲了引人購買,他們(書坊)對許多通行的經史文集進行了加工,……各書坊更大量編刊"纂圖互注"、别附圖表之類的書籍,以及專應科場需要,編印了如《事文類聚》《記纂淵海》之類的類編書籍。

據宿白先生的分析,"纂圖互注"本屬於南宋書坊本,其目的是爲了吸引購買,而非爲科舉考試所用。專爲考試用的書是《事文類聚》之類的類編書。這就意味著從清初以來的關於"纂圖互注"本的定論出現了新的認識。

然而,也有不同的看法存在,比如《纂圖互注春秋經傳集解》三十卷有"龍山書院之寶"的木記。李致忠先生《宋版書叙録》⑤ 中提及,國家圖書館藏《纂圖互注春秋經傳》三十卷,是袁克文舊藏,袁氏以爲是南宋建本,但據考證,

---

① 葉德輝:《葉德輝詩文集(一)·書林清話》,第133-134頁。

② 張麗娟:《宋代經書注疏刊刻研究》,北京大學出版社,2013年,第217頁。

③ 上海圖書館:《上海圖書館藏宋本圖録》,上海古籍出版社,2010年,第209頁。

④ 宿白:《唐宋時期的雕版印刷》,文物出版社,1999年,第92-94頁。

⑤ 李致忠:《宋版書叙録》,北京圖書館出版社,1997(1994)年,第182-185頁;《中華再造善本總目提要》,國家圖書館出版社,2013年,第76頁。

南宋龍山書院在安徽六安州，是南宋中晚期建立的書院之一。龍山書院學生汪立信（1200-1274）曾在南宋咸淳年間做過招討使，也是有名的官員，如果是他曾經學習過的書院，得到朝廷的賜書不是沒有可能。我們知道歷代王朝均有頒賜書籍的慣例，在宋代史料中也有很多相關的記載，則此書爲頒賜書，當然是國子監官書，然後龍山書院鄭重其事的蓋上"龍山書院之寶"豈不是合情合理，後來刻書者則將藏書印一併刻上也是正常的。

4. 爭議的焦點

纂圖互注本，按照通行的説法，即四庫館臣中所述的"帖括之書"是南宋末年的建安書坊所刊，故而存在幾點需要説明的問題：

第一，纂圖互注本刊行時間與當時的教育制度改革似乎有時間上的懸殊，而且纂圖互注本除了經書之外還有《老子》《莊子》等若干子書，何以説明當時這些書是爲了應付考試而出版的呢？子書的情況容易解釋，因爲在徽宗期間已經將《老子》和其他三部道家典籍視爲科舉考試科目了。但《荀子》是否在其名單之中，尚不可知。

第二，此類書籍如果祇有建安書坊刊刻，似乎難以自圓其説地證明當時整個社會風氣如此。難道其他地方就沒有科舉考試？顯然這樣的説法是有問題的。

第三，如果説纂圖互注本書籍中的經書（如《詩經》《尚書》）所用圖或者地圖的來源是書坊使用了紹熙間的《六經圖》，那麼其他子書呢？

事實上，藏書家和學者之間對於書籍價值的判定存在著一定的差距。藏書家要根據歷史的價值來認定他們所藏之物。比如，國家博物館藏明初刻本《纂圖互注荀子》，有翁同龢、翁斌孫跋。其中，翁斌孫（1860-1922，字弢夫，號芻齋，江蘇常熟人）跋稱：

> 此纂圖互注本《荀子》乃元人帖括之書，瞿氏鐵琴銅劍樓著之，《天禄琳琅書目》亦誤以爲宋刻，無怪董雲舫之秘爲至寶矣。宣統庚戌（1910）冬日收於幷門，因記。[1]

翁斌孫是清光緒三年進士，翰林院庶吉士，曾任國史館協修、翰林院侍讀、山西大同府知府等職。其説源自何處不詳。元人科舉考試似未見用《荀子》者，至於明初的科舉考試中荀子也不在主要考察範圍。此跋所説的"秘爲至寶"倒是實情。

纂圖互注本的版本確定幷非易事。金毓黻曾對清内府所藏纂圖互注本六子

---

① 李静：《翁同龢、翁斌孫跋纂圖互注荀子考述》，《晉圖學刊》2018 年第 2 期，第 64-67 頁。

做過細緻的考察。金毓黻在鑒定清內府所藏纂圖互注本時，採用了版本學的常用方法，包括：首先是文獻的記錄和專家的考訂，特別是葉德輝《郋園讀書記》、孫星衍《平津館鑒藏書籍記》。版本學首先也是一種文獻的學問，特別是歷代藏書家的記錄，對於後來者的鑒定有著至關重要的作用。

第二是實物的比較。比如用單刻本和合刻本對校，發現字體和板框上的細微差異。版本的考訂必須建立在實物的比較之上，僅僅依靠版式的記錄，未必能發現其中的細節問題。

第三是歷史的考訂。比如他説"宋代福建建寧府有建安、建陽兩縣，建陽劉氏以刻書著名。縣西七十里有麻沙鎮，有榕樹，可供刻板。惟質軟易壞，故爾時人甚賤視麻沙版書。建安居麻沙鎮西南，亦爲書賈所在，其所刻書應與麻沙本爲一系。"

第四是古籍實物的著録，比如纂圖之圖，互注之注等等。這是版本學的看家本領。

清宮舊藏纂圖互注本六子被著録爲宋版，經金毓黻上述細緻地考證，可以確證其非宋版。還可以確定的是，清內府所藏六子爲建安書坊（注：原作書房）刊本。金氏注意到，其中《莊子》一書有單行本，字體較六子本較瘦，他以爲這是因爲"瘦本從肥本翻刻"，"大抵翻刻之際，紙經水濕而縮，故板匡小去一綫耳。至重刻是，字畫由粗而細，又爲理所應有。儻此兩本均爲元翻宋，則肥本應在前，或爲宋刻元印，亦未可定。瘦本應後於肥本，或爲元刻明印，此皆不能確定。"① 所以，金毓黻得出了這樣的結論："審定宋版書最難之關，即爲南宋末季刻本，與元初刻本之相似；而明初刻本類似元刻本者，尚易於辨認，此爲講版本所應知之義。"②

但是，版本學除了時代接近的復雜之外，還有其他更棘手的問題。就纂圖互注本而言，這類書籍曾經極爲流行，自宋至明，反復刊刻，以至於很少有人能見到最初的刊本，也就沒有辦法去理解早期版本的價值了，金毓黻也就很自然地得出了這樣的結論："凡纂圖互注重言重意，皆爲坊刻俗子所謂，無何等深意。世人以爲爲宋元刻本，故競相引重耳。宋元麻沙本書籍，多屬此類。"③ 這一結論，用在後期的翻刻本上是較爲確當的，但在早期的版本上如果以這樣的眼光來評價，則是欠妥的。當然，這正是版本學的意義所在，因爲任何一個版本現象的產生都會有極爲豐富的歷史過程，在不同的歷史階段所呈現出來的樣

① 金毓黻：《纂圖互注六子殘本考》，《國立瀋陽博物院籌備委員會彙刊》1947 年第 1 期，第 9 頁。

② 金毓黻：《纂圖互注六子殘本考》，第 10 頁。

③ 金毓黻：《纂圖互注六子殘本考》，第 10 頁。

貌也各有不同，版本學就是要盡可能地揭示這種復雜的過程。

我們且引臺灣古籍同仁的看法，以窺其一斑。臺灣"中央圖書館"於 2013 年舉辦珍貴古籍特展，系統揭示了抗戰期間，鄭振鐸等人在抗戰期間搶救的珍貴古籍。鄭振鐸、葉恭綽、徐森玉、蔣復璁、張元濟等人曾以"文獻保存同志會"的名義在淪陷區搶救了 4500 餘部珍貴古籍。爲紀念仁人志士搶救和保護古籍，守護和捍衛傳統文化的"英雄式行動"，該館選擇了八十種最珍貴的善本予以展示，該館特藏文獻組編輯出版了《希古右文：1940-1941 搶救國家珍貴古籍特選八十種圖錄》（以下簡稱《八十種圖錄》），其中有經書兩種、子書兩種有纂圖互注本。

（1）《禮記》二十卷，南宋紹熙間建安刊本，10 冊。板框 16*11.7 厘米，左右雙邊。半葉 11 行，行 19 字。小字雙行，行 25 字。雙黑魚尾。有袁克文跋："《禮記鄭注附釋文重言重意》二十卷，審爲南渡後建安刻本。向未見於著錄，復無藏家印記，無可考索。惟與陳仲魚（鱣）所校多吻合，張月霄（金吾）藏《月令》殘本所舉佳處悉與此同。洵善本也。比居海上，識王子欠鍒，始知此書爲天一閣故物，爲賈人盜出。范氏書目禮類有《禮記》二十卷宋刊本一條，即此書也。"《八十種圖錄》說："《文禄堂訪書記》卷一著錄《纂圖互注禮記》二十卷，宋建刻本，存卷九。版式、行款及諱字，大抵與此本相符，或係此本之同版。"①《圖錄》卷一卷端書影，上題"禮記卷第一"，内文中有黑地白字"重意"。

此處值得注意的是，該書原題名爲《禮記》，而藏家認爲是《禮記鄭注附釋文重言重意》，這是根據書中的内容重新擬定的書名。而臺灣古籍同仁更根據行款格式等考訂出此書或者與另一"纂圖互注本"同。由此，我們可以推知，纂圖互注本與其他同時代的經書之間的區別可能并不在版式上，而是在内容方面。

（2）《春秋經傳集解》三十卷（存二十九卷），南宋潛府劉氏家塾刊本配補南宋建安刊纂圖互注本。原書全三十卷，此本缺卷四，又卷十二、十三、十九係配補。16 冊。板框 19.1*12.7 厘米。四周雙邊。半葉 11 行，行 20 字；小字雙行，行 27 字。雙黑魚尾。有耳題。補配板框 17.6*12 厘米；左右雙邊，半葉 12 行行 21 字，小字雙行行 26 字。全書葉面有模糊處，缺葉頗多。此本之所以被認爲是"劉氏刊本"是因爲在序文后有牌記"潛府劉氏家 / 塾希世之寶"的牌記。②

世傳的纂圖互注本中，除了此《春秋經傳集解》有明確的牌記之外，尚有其他幾種，但是均非一般意義上的刊行牌記。根據林申清《宋元刻書牌記圖錄》可知，宋元以來刻書牌記從類型來看包括：1）記刻書時間、2）刊刻者齋名堂

---

① 《希古右文：1940-1941 搶救國家珍貴古籍特選八十種圖錄》，臺北"中央圖書館"，2013 年，第 40 頁。

② 《希古右文：1940-1941 搶救國家珍貴古籍特選八十種圖錄》，第 42 頁。

號、3）兼記刊刻地點和刊刻者齋堂室名、4）兼記刻書時間和刊刻者、5）兼記刻書時間地點及刊刻者、6）記版權、7）刻書咨文、8）刻書跋文等八種主要類型①，而一般而言，"XX 之寶"很明顯的是藏書印記。據此牌子將該書確定爲刊行者，似乎存在一定的疑問。所以，林申清將有"劉氏天香書院之記"牌記之宋刻本《監本纂圖重言重意互注論語》歸爲官刻本，是有其理由的。②

（3）《纂圖分門類題注荀子》二十卷，南宋紹熙間建刊本。6 冊。板框18.8*12.9 厘米。左右雙邊。半葉 10 行行 19 字，小字雙行行 23 字。雙黑魚尾。有耳題。音注的字用白文墨蓋子標出。該書卷一卷端題"纂圖分門類題注荀子卷第一"。此本未見纂圖部分。③

（4）《纂圖互注南華真經》十卷，元建陽刊六子本。《八十種圖錄》提及傅增湘的説法，他判定纂圖互注本的《南華真經》出自福建坊刻，價值不高。編者説，"就今日而言，纂圖互注本係迎合古代士子應舉需要之用書，有助於學者研究古代教育及出版事業，亦自有其價值。惟如《藏園補訂邵亭知見傳本書目》，有所謂宋末建本、元刊本、明初刊本，行款版式全同。明翻亦不只一本，有晚至弘治、正德間者。"④ 問題是，如果説纂圖本《莊子》或者六子是爲了考試的話，宋代尚能説得過去，因爲宋朝的確將《荀子》《莊子》《老子》《揚子法言》等列入考試科目，但是元明何嘗有此? 故而，僅從常識來説，這種説法就存在令人困惑不解之處。

這并非臺灣同行對古籍版本的認識出現了偏差，恰恰相反，這就是淵源有自的版本學常識。在版本學著作中多能見到類似的觀點，比如"宋代書坊……大抵以建陽麻沙、崇化兩坊爲最。……坊刻旨在謀利，利於易刻速售。易刻，則木必柔; 速售，則必草率。木柔，則易磨滅; 草率，則多訛奪。故坊刻本往往校勘不精，避諱不嚴，於紙墨不甚措意，較之官刻，相差很遠。然在今日，建本亦稀矣。前代勞動者的血汗結晶，我們還是極重視它。"⑤ 論者多引用宋人葉夢得《石林燕語》："今天下印書，以杭州爲上，蜀次之，福建最下。京師比歲印板，殆不減杭州，而紙不佳。蜀與福建，多以柔木爲之，取其易成而速售，故不能工。福建本幾遍天下，正以其易成故也。"⑥ 在《古書版本常談（插圖增訂本）》中談到福建坊刻本時，附有"宋麻沙書坊本《纂圖互注毛詩》"和"宋麻

① 林申清：《宋元刻書牌記圖錄》，北京圖書館出版社，1999 年。
② 林申清：《宋元刻書牌記圖錄》，第 5 頁。林申清説，"單就該書牌記而言，其字體似有明人流麗疏朗之意，而少宋刻端穆厚實之氣。"
③ 《希古右文：1940-1941 搶救國家珍貴古籍特選八十種圖錄》，第 110 頁。
④ 《希古右文：1940-1941 搶救國家珍貴古籍特選八十種圖錄》，第 154 頁。
⑤ 毛春翔：《古書版本常談（插圖增訂本）》，第 37 頁。
⑥ 毛春翔：《古書版本常談（插圖增訂本）》，第 48 頁。

沙劉通判宅刻本《纂圖分門類題五臣注揚子法言》"圖版，後者有牌記"麻沙劉通判宅刻梓於仰高堂"。又如施廷鏞《中國古籍版本概要》中也説："麻沙本，刻雖不精，藏書家以其爲宋本而珍之。南圖藏有宋麻沙本蜀人黄晞《歔欷瑣微論》二卷，元刻宋麻沙本《纂圖互注南華真經》十卷。日本翻宋麻沙本江少虞《皇宋事實類苑》七十八卷，鐵琴銅劍樓藏南宋麻沙本《纂圖互注周禮》十二卷，宋末麻沙本《廣成先生玉函經》一卷。這種麻沙本，論者不以爲貴。"① 由於舉出了具體版本的例子，使得上述"論者不以爲貴"的結論看起來很有力度。

流傳至今的"纂圖互注"本宋刊本，有經部和子部要籍若干種，自有清以來，隨著版本學的最終確立，其面目逐漸爲書本常識所遮蔽，故有研究之必要。事實上，已有諸多學者對如何看待宋刊"纂圖互注"本提出了各自的解説，可供參考。② 這也從一個側面説明，纂圖互注本值得我們細緻地研究。

在筆者的閱讀中，對此一類型"纂圖互注"本宋版書尚有若干疑問：其一、纂圖互注本應該歸屬於官刻、私刻和坊刻的哪一種？常識説是書坊本，然而流傳至今的幾個品種均有書院木記者，亦或爲坊刻？標題爲"監本""京本"者，何以解説？況且，趙萬里已經提醒我們，明代的楊士奇就已將其中某些視爲是福建府學刊本。第二、作爲一種古書類型，其典型的特徵何在？圖文并茂？其中的圖的部分的價值如何判定？第三、其內容有哪些？爲何衹是部分經子書籍？第四、其在書籍史上有何種價值？應如何認識？第五、它對之後的書籍發展史有何影響？第六、其文獻價值如何？對於經史文本校勘是否有其獨特的價值？第七、認識它對於認識宋版書有何意義？何以在此時出現了這種類型？

---

① 施廷鏞：《中國古籍版本概要》，天津古籍出版社，1987年，第35頁。

② 對纂圖互注本相關文章，以版本考訂爲主，自上世紀三十年代即有問世，至今仍有相關研究論文：[1]《故宮善本書志（續）：纂圖互注毛詩二十卷》，《故宮周刊》1930年第56期，第3頁；[2]傅增湘：《藏園群書題記：纂圖互注周禮十二卷》，《國聞周報》1931年第8卷第7期，第57-58頁；[3]傅增湘：《藏園群書題記：監本纂圖重言重意互注點校毛詩跋》，《國聞周報》1933年第10卷第30期，第339-340頁；[4]傅增湘：《藏園群書題記：宋本纂圖互注荀子跋》，《雅言（北京）》1942年第3期，第17-19頁；[5]傅增湘：《雙鑒樓藏書雜咏：題宋本纂圖互注荀子》，《雅言（北京）》1943年第3期，第24-25頁；[6]金毓黻：《纂圖互注六子殘本考》，《國立瀋陽博物院籌備委員會彙刊》1947年第1期，第9-10頁；[7]王鍔：《宋本纂圖互注禮記二十卷平議》，《圖書與情報》2007年第6期，第96-98頁；[8]王鍔：《宋本纂圖互注禮記二十卷的流傳和文獻學價值》，《傳統中國研究集刊（第七輯）》，2009年；[9]張麗娟：《宋刻經書中的纂圖互注重言重意本》，《版本目錄學研究》2010年，第263-281頁；[10]劉明：《纂圖互注揚子法言版本考略》，《圖書館雜志》2010年第29卷第11期，第64-69頁；[11]劉佩德：《纂圖互注經子述略》，《齊齊哈爾大學學報（哲學社會科學版）》2015年第12期，第141-142頁；[12]李靜：《翁同龢、翁斌孫跋纂圖互注荀子考述》，《晉圖學刊》2018年第2期，第64-67頁。收録入著作中的文章有：李致忠《宋版書叙録》、張麗娟《宋代經書注疏刊刻研究》。

5. 不同的聲音

漆俠《宋代經濟史》從經濟史的角度，將造紙、印刷和筆墨硯等列入手工業生產項目進行考察。宋代有國子監、杭州、兩浙路、成都及福建等幾個刊刻印刷業中心，宋刊本在紙張的防蟲技術、刻印精緻度、刻字的精細度、版式裝幀的新穎性、國子監刻書的制度創新等方面具有時代的特色。[①] 其中，"由於國子監系全國最高教育機構，承擔教材的建設，因而親自主持雕版印書，并對刊刻印刷提出了嚴格的要求，諸如對文字的正誤、所刻文字的形體，都是非常認真的。""葉夢得評論蜀本、建本之所以不佳，多以柔木刻之，取其易成而速售，故不能工。雖然如此，但福建本幾遍天下，引起了廣泛傳播的作用，也是不可輕視的。"[②] 也就是說，監本書和建本書之間存在著巨大的差異，福建刻書流通很廣，但建本書坊刻書質量不高，存在妄改之類的問題。如果我們把纂圖互注本視爲建本的話，很自然就會得出此種版本不值一提的結論，而極有可能放過其中"廣泛傳播"的歷史價值。

我們知道，書籍插圖（即前人所謂的"纂圖"，但纂圖不止插圖，還有圖表和文字）起源很早，在簡帛書籍中能見到的早期插圖實物不少，《清華大學藏戰國竹簡·筮法》中有卦位圖，《北京大學藏西漢竹書·老子》中有人物圖。在雕版印刷成爲書籍生產的主流之後，作爲其中大宗的經子書籍同樣也有圖有注。但是經書注疏是否有纂圖，則是一個問題。

事實上，書籍之纂圖在宋代早有流行。北宋景祐初元（1034），有李淑、楊偉等纂修，高克明等圖畫的《三朝訓鑒圖》由禁中雕版。而且，此書在南宋時仍有售賣，《直齋書録解題》卷五載："《三朝訓鑒圖》十卷。……頃在莆田有售此書者，亟往觀之，則已爲好事者所得。蓋當時御府刻本也。卷爲一册凡十事，事爲一圖。飾以青赤，亟命工傳録，凡字大小，行廣狹，設色規模，一切從其舊。"[③] 也就是說，陳振孫看到舊刻本沒有能買到，立即請人抄録了一個副本，以作閱讀收藏之用。宿白先生說，"仁宗、英宗時代，是汴梁官府刊書的盛世。……新刊的《途徑本草》爲本草書籍開創了附圖本。皇祐初（1049），鏤板印染高克明所繪一百幅長達十卷的《三朝訓鑒圖》，該圖工緻生動，反映了北宋高度發展的版畫工藝。民間雕印開始發達，多刊印一般實用書籍和爲官府所不屑鏤板的古今別集，廉價又便於携帶的中小字經書和有關政治內容的臣僚文章，

---

① 漆俠：《宋代經濟史》，上海人民出版社，1987 年，第 711-712 頁。

② 漆俠：《宋代經濟史》，第 710-711 頁。

③ 宿白：《唐宋時期的雕版印刷》，文物出版社，1999 年，第 33 頁。

尤爲人們所競購。後者雖因涉朝政邊機屢遭嚴禁，但仍流傳不斷。"① 由此，我們可以知道，早在北宋時期，附圖的書籍已經有了雕版印刷品，而且主要是官府刻書；而一般的民間刻書則要受嚴格的限制，并不能隨便刊行書籍。民間印發的書籍，多與實用性和熱門人物、熱門話題相關。

我們知道，兩宋教育制度改革，特別是科舉制度改革，在北宋時期經過范仲淹、王安石的努力，經書多用新注，即王安石組織編注的《尚書》《詩經》《周禮》《易經》《禮記》《論語》《孟子》等，② 直到南宋早期王注本都是考試必用書，而南宋後期朱子及其後學所注的經書開始成爲學校廣泛使用的教材。而纂圖互注本卻用的是舊注舊説，用這樣的書去參加考試，豈不是南轅北轍？比如纂圖互注本《毛詩》，全書嚴格按照毛序、鄭箋進行重言、重意，引用的也衹有陸德明的《經典釋文》，無論是準備考試的學子，還是售賣該書的商家，大概都不會認爲這個書是考試參考書，特別是當我們把這類書定位爲南宋末年的時候。

南宋時，監本有諸經正文（即單經本）、諸經古注疏及諸經正義等不同刊本。王國維在《五代兩宋監本考》中引《玉海》："紹興九年九月七日，詔下州郡索國子監元頒善本校對鏤板""二十一年五月，詔令國子監訪尋五經三館舊監本刻板。"③ 可見南宋時經書板刻爲國子監所掌管者，但重刊本上所載可有查考的信息有限，相關研究無法展開，"刊經疏者，紹興之外，尚有何郡？紹興所刊，除《毛詩》外，更有何經？亦無可考。至紹興十五年，令臨安府雕造經（書）[疏]未有板者，則高宗末年，群經義疏當已盡有印板矣。"④ 所謂的北宋監刻本亦多爲南宋覆刻本，僅能從行款字數上窺見六朝以來經書義疏舊式，抑或從字體樣式上推測早期版刻情形。從實物來説，流傳至今的確定舊刻并不多見。由此，我們可以進一步推證，宋代版刻書籍"纂圖互注"尚有進一步研討之必要。

版本學的研究，特別是以實物爲中心的古籍版本學，一方面需要對版本的源流關係和傳承遞藏有所把握，一方面需要對版本產生的地域範圍的予以認定，同時還需要對版本的價值內容予以判定，然而如何判定纂圖互注本的價值卻有

① 宿白：《唐宋時期的雕版印刷》，第 38 頁。

② 李弘祺：《學以爲己：傳統中國的教育》，華東師範大學出版社，2017 年，第 332 頁。

③ 王國維：《王國維全集（第七卷）·五代兩宋監本考》，謝維揚等主編，浙江教育出版社，2009 年，第 294-295 頁。相對於北宋刊刻書籍中事無巨細地記録某書的校勘人員（如勘官、都勘官、詳勘官、再校官、進書官、）銜命，南宋重刊本記録雕版信息者極爲稀見，故《五代兩宋監本考卷下·南宋監本》中僅録得《毛詩正義》重刊歲月及銜命：紹興九年九月十九日紹興府雕造；校對官：右迪功郎監潭州南岳廟韓彰；校對官：右迪功郎監潭州南岳廟穆淮；管幹雕造官：右文林郎紹興府觀察推官曾拱；管幹雕造官：右文林郎紹興府觀察判官白彦良。（第 298 頁）

④ 王國維：《王國維全集（第七卷）·五代兩宋監本考》，謝維揚等主編，浙江教育出版社，2009 年，第 297 頁。

很大爭議。

在《唐宋時期的雕版印刷》一書中①，宿白使用了明刻本《纂圖互注揚子法言》所附的北宋元豐四年（108ì）司馬光《集注序》作爲北宋時期書籍雕版的重要史料，證明了在北宋治平二年有國子監雕印的《揚子法言》。除了明刻本《纂圖互注揚子法言》所錄司馬光原序之外，在《玉海》卷五十五中也有記載。《法言》一書經過了國子監校訂、秘閣官員重校訂、相關機構再校訂，最後交由國子監鏤板刊行的程序。可見當時國子監刻書有嚴格的程序，曠日持久，校勘嚴謹。我們尚不清楚治平二年所刊之《法言》是否爲明代所刊《纂圖互注揚子法言》之底本或者祖本。若明刊本爲宋刻本之覆刊，則該書自有其國子監刻本之源；若非，則我們需要考察，明刻本所本宋元刊本爲何種刊本。顯然，宿白書中所引這一條史料爲我們思考"纂圖互注"本提供了一個初步的視野，即此類書籍的生産絶非粗製濫造者可比。

葉德輝《郎園讀書志》中記載了兩種"纂圖互注"本，一爲《荀子》，一爲《揚子法言》。葉德輝細緻地校對了建本和此書坊本之間的文字異同②，凡數十條，最後説："凡此皆優於台州本者也。明嘉靖中世德堂本即從此纂圖互注本出，今藏書家推爲善本，殊不知先河後海之義。此固南宋刻本不祧之祖矣。"③葉氏推重"纂圖互注"本可見一斑。

這裏，葉德輝并没有被纂圖互注本爲坊刻本的常識所困，而是直接針對文本校勘，舉例説明纂圖互注本有哪些好的地方，并且是與另外一種被學者們確認是監本的宋刻本加以比勘，證明了另外一種所謂的監本質量遠不如此"纂圖互注"本。葉氏提醒我們注意"纂圖互注"本的文本準確性，并且指出，爲後人所重視的世德堂本其源乃纂圖互注本。

但是，葉德輝的這段跋文存在幾個尚待解決的問題：第一是，關於《揚子法言》的牌記。葉氏所見的牌記已是一個經人修改過的牌記，這樣就讓他失去了對纂圖互注本進行進一步探討的可能性；第二是，關於纂圖互注本是書坊刊

---

① 宿白：《唐宋時期的雕版印刷》，第 32 頁。

② 葉德輝：《郎園讀書志》，楊洪升點校，上海古籍出版社，2010 年，第 198-199 頁。此牌記對於我們理解"纂圖互注"本極爲關鍵。葉氏在《纂圖互注揚子法言》條著錄孫星衍《平津館鑒藏書籍記》中有一宋刻本，孫氏云，其中"重言、重意俱用墨蓋子別出"，葉氏據此認爲其所藏元刻本與孫氏藏本相同。葉氏説"審其字畫紙墨確爲元翻宋本無疑，特此脱去前兩圈耳。"葉氏説，其書宋咸序後有木記六行，云："本宅今將（空一格）監本（空兩格）《四（一行）子纂圖互注》，附入《重言重意》（二行），精加校正，并無訛謬。牘（三行）作大字刊行，務令學者得（四行）以參考，互相發明，誠爲益（五行）之大也。建安（空三格）謹咨（六行）。"（葉德輝：《郎園讀書志》，第 211 頁。）

③ 葉德輝：《郎園讀書志》，第 202 頁。

本的説法，這僅僅是一個清代人的常識，并非是歷史的真實。而且，葉氏的校勘已經證明了清人的此一常識疏漏之處頗多。

與葉德輝同時代的傅增湘（清同治十一年至民國三十八年，1872-1949）曾東渡日本觀書於静嘉堂文庫，得見宋刻《纂圖互注禮記》二十卷《禮記舉要圖》一卷，傅氏説："此本字畫精湛，是建本之最良者。陸心源氏曾校過，謂可與撫州公使庫本相伯仲。"① 在《藏園群書題記》中則著録了若干纂圖互注本，含《監本纂圖重言重意互注點校毛詩》《纂圖互注周禮》《纂圖互注荀子》《纂圖互注揚子法言》，在《雙鑒樓藏書雜咏》一百三十八首中有五首專爲《纂圖互注荀子》所寫。在《藏書群書經眼録》中所提及的 "纂圖本" 頗夥，有《尚書》《毛詩》《周禮》《禮記》《春秋經傳集解》《荀子》《揚子法言》《老子道德經》《南華真經》等，基本上現存 "纂圖互注本" 的經子古籍，傅增湘都曾經眼過，且其中有若干種曾爲傅氏雙鑒樓鄴架之寶。傅增湘在《監本纂圖重言重意互注點校毛詩跋》中，認定纂圖互注本起源爲南宋，是彼時的坊刻本。他説："纂圖互注本始於南宋，群經多有之。"他本人親眼所見、所藏或友朋所藏的纂圖互注本有：《論語集解》二卷（李盛鐸）、《尚書孔傳》十三卷（繆荃孫）、《禮記鄭注》二十卷（傅氏藏）、《春秋經傳集解》三十卷（江南圖書館）。這四部書版式類似，"句讀、加圈、左欄有耳、版式、邊欄無一不同，證以《毛詩》，亦咸吻合。是此五經必同時同地開雕，毫無疑義也。"至於《周禮》一書，傅氏所見有四部，分別是袁克文、李盛鐸、陸存齋和常熟瞿氏。另外還有吳氏拜經樓、陳鱣《經籍跋文》著録的，均爲十二行本。傅氏還説：

> 仲魚（陳鱣）所謂經生帖括之書，故一時風行坊肆，爭相傳刻，遂流布廣遠如是耳。顧此書雖屬坊本，然槧工精麗，與麻沙陋刻迥然不同。仲魚謂其 "原於監刻，斯爲可貴"。②

按照傅氏的考證，纂圖互注本的主要特點有如下幾點：

首先，主要見於經書，比如《論語集解》《尚書孔傳》《春秋經傳集解》《毛詩》《周禮》等。值得注意的是，這些經書都是群經的注本。其次，宋代的科舉考試以經書爲主，故而可以認定這些書是爲考試者準備的，以藏書家、校勘家著名的陳鱣已經在他的《經籍跋文》一書中指出了這一點。③ 第三，纂圖互注本有若干種不同的版式，行款字數皆有差異。僅以《毛詩》爲例，傅氏所知就有五種不同本子。由此亦可以推知，此種書籍在南宋時頗爲流行。第四，傅氏

---

① 傅增湘：《藏園群書經眼録》卷一，第 45 頁。
② 傅增湘：《藏園群書題記》卷一，第 15 頁。
③ 《續修四庫全書》編纂委員會：《續修四庫全書第 923 册·史部·目録類》，上海古籍出版社，2002 年，第 660-661 頁。

更進一步推論，纂圖互注中有行款、版式相同者，此種樣式相同的經書（五經）當在同時同地開雕。也就是説，五經的纂圖互注本流行之後，有人彙集了不同樣式的版本，統一了版式，在某地同時刊行。第五，關於纂圖互注本的刊行年代，陳鱣以其所見之《毛詩》中的避諱情況，認定是南宋孝宗時刻本，即南宋前期刻本，對此傅氏不敢肯定，故僅稱之爲"宋刊本"（即南宋刊本）。第六，傅氏所藏《毛詩》一書中有明顯的避諱并不謹嚴的情況，對此，傅氏的解釋是因爲是坊刻本，故而有不避的地方。

傅氏一方面認定纂圖互注本是坊刻本，是福建刻本，一方面認爲此類書"字體工麗，鋒稜聳峭，審爲建本之至精者。且標明監本，則源出冑監，其點校當爲有據。""世有真賞之士，寧可以纂圖互注坊本而忽視之哉。"① 可以説，傅氏和陳鱣一樣，都推重纂圖互注本的版本學價值。這樣的説法，得到了部分古籍工作者的認同。

宋代的纂圖互注本由福建地區刊刻，這是基本可以確定的事實。比如《中國版刻圖録（增訂本）》中就著録了宋刻建本《監本纂圖重言重意互注毛詩》，云："匡高一九·九厘米，廣一二·六厘米。十行，行十八字。注文雙行，行二十四字。細黑口，四周雙邊。耳記篇名。宋諱有避有不避。觀紙墨刀法，知是南宋中葉建本。卷五至卷七，黃氏士禮居影宋抄補。"② 判定該書版本的依據主要是紙墨和由字體所呈現的刀法。也就是説，我們能夠確定無疑的祗能通過具體的實物的觀察，并且依據慣常的認識，將它納入到福建刻本的範疇之中。除此之外，還能通過避諱字的辨識，確定該書爲南宋中期刻本。這種判斷應該深受葉德輝、傅增湘等人觀點的影響。我們認爲，《中國版刻圖録》的這種認識至今仍是經得起考驗的。至於是否爲書坊刻本，則根本没有辦法確定，祗能根據具體的版本做進一步考察纔有可能對某一版本的價值予以判定。

清代皇室藏有宋刊本（或者冒充的宋刊本）纂圖互注經子書。《天禄琳瑯書目》收録了皇室所藏纂圖互注本若干種，包括：《尚書》《毛詩》《周禮》《荀子》《揚子法言》《南華真經》等。該書目第二種書即爲宋刊本《監本纂圖互注重言重意互注毛詩》。天禄館臣説：

> 《監本纂圖互注重言重意互注毛詩》，二函十册。……朱彝尊《经义考》載《纂圖互注毛诗》二十卷，引陆元辅语曰："此书不知何人编辑，锓刻甚精。……"此本证以所言，虽无图目而体例适符，惟书中於篇目相同者为重篇，诗句相似者为似句，乃元辅所未及。盖因书名未经标出，遂不加详

① 傅增湘：《藏園群書題記》，第 14、16 頁。
② 北京圖書館：《中國版刻圖録（增訂本）》，北京：文物出版社，1961 年，第 38 頁。

> 考耳。至其字画流美，纸墨亦佳，信为锓本之精者。本朝御史季振宜藏书，仿毛晋汲古阁例有“宋本”椭圓印，以志善本。尚书徐乾學傳是楼收藏书籍甚富，此书两家印記俱备。盖歷經鉴藏家珍秘也。[①]

相比較而言，天禄館臣并没有因爲朱彝尊所引用的陸元輔的説法而宣告該書的無用，反而指出了陸氏可能根本没有仔細看過書，大概也就是看看書名罷了，“書名未經標出，遂不加详考”，實際上該書可貴之處頗多，是精品而非廢品。且經過清代大藏書家季振宜、徐乾學等手，流傳有序，絶非凡品。

事實上，宋代的書籍制度已經較爲成熟，經子書籍刊行自有其法度，此爲“九經書例”（筆者將另撰文探究）。坊肆重新編刊國子監所刻書是有極爲嚴格的限定的，衹有地方州學或相關政府機構能自由編刊國子監書籍。宋高宗紹興二十九年（1159）六月，有皇帝詔書云：“詔州縣書坊，非經國子監看詳文字，毋得擅行刊印。以言者論私文異教或傷國體、露泄事機、鼓動愚俗，乞行禁止也。”[②] 其後，淳熙七年（1180）又重申：“詔自今國學程文，依舊法從國子監長貳看詳，可傳示學者，方許雕印。”[③] 秀州州學《六臣注文選》刊記爲我們提供了一條綫索：

> 秀州州學今將監本《文選》逐段詮次，編入李善并五臣注。其引用經史及五家之書，并撿元本出處，對勘寫入。凡改正訛錯脱剩約二萬餘處。二家注無詳略，文意稍不同者，皆備録無遺；其間文意重疊相同者，輙省去，留一家。總計六十卷。元祐九年二月　日。[④]

根據這條十分明確的證據，《中國版刻圖録》中確定的宋刻纂圖互注本應爲福建刻本。除此之外的其他諸多判定，如果没有確定的證據，都是假設罷了。所以，關於“纂圖互注本”的版本學認識，還存在著進一步拓展的必要，如此纔能將趙萬里先生所謂的宋代版刻的第四種樣式予以更加完整的呈現。

致謝：本文撰寫過程中得到了李致忠先生、趙愛學博士、劉明博士、石祥博士、趙文友博士等人的指點。

向輝：中國國家圖書館古籍保護中心副研究館員

① 于敏中：《天禄琳瑯書目》卷一，上海古籍出版社，第 2-3 頁。

② （宋）李燾：《續資治通鑑長編》卷四百四十五，中華書局，1992 年，第 10722 頁；田建平：《宋代出版史》，人民出版社，第 238 頁。

③ （宋）李心傳：《建炎以來繫年要録》卷一百八十二，田建平：《宋代出版史》，第 238 頁。

④ 《日本足利學校藏宋刊明州本六臣注文選》，人民文學出版社，2008 年，圖 4；田建平：《宋代出版史》，第 332 頁。

宋本《杜工部草堂詩箋》之再認識

徐瀟立

根據編輯方式的不同，杜詩集注可分爲編年、分類、分體三大類。蔡夢弼《杜工部草堂詩箋》（以下簡稱“蔡箋”）是編年系統中最具代表性的本子之一，然因其宋刻足本歷來難覓，元刻本又卷次凌亂、舛謬甚多，致使該書長久以來未能爲學界充分利用。近日，筆者於上海圖書館未編書中檢得宋本殘帙二卷，故藉此機會重新對宋本蔡箋進行一番考察，發現在傳統認知和研究中存在著一些不足之處，本文擬對這些問題提出可能的解釋，以冀對杜詩研究有所助益。

一、宋本存藏現狀概述

宋本蔡箋五十卷，每半葉十一行，行十九字，小字雙行二十五字。四周雙邊，間有左右雙邊。細黑口，雙魚尾，版心上端偶鐫字數，有書耳記卷數、葉數。南宋建陽地區刻本。目前所知宋版僅此一刻，各館所藏皆爲殘本，爲論述之便，茲列於下：

1. 中國國家圖書館

甲本 [①] 存十九卷，爲卷四至八、十四至二十、二十七至二十八、四十至

---

① 國圖甲本葉面破損較爲嚴重，有以殘充全的作僞現象，原本卷四十至四十三被割補爲卷十至十三、卷四十四被割補爲卷三十二。

四十四（目録存三十三葉、卷十九存一葉）。十册。鈐有"周良金印""毘陵周氏九松迂叟藏書記"印。蔣汝藻《傳書堂善本書目》著録。

乙本存三十九卷，爲卷一至十九、二十二至三十五、三十九至四十一、四十八至五十（卷一至三抄配）。十四册。鈐有"玉蘭堂""古吳王氏""華亭朱氏珍藏""大宗伯印""榮慶堂""季振宜字詵兮號滄葦""巢經山館""周暹"等印。

兩部後皆歸涵芬樓，張元濟《涵芬樓燼餘書録》著録。

2. 北京大學圖書館

存二十九卷，爲卷二十三至五十、《外集》一卷（卷二十九、三十抄配）。九册。鈐有"汲古閣""海虞毛表奏叔圖書記""長白敷槎氏菫齋昌齡圖書印""古潭州袁卧雪廬收藏"等印。李盛鐸《木犀軒收藏善本書目》著録。

3. 成都杜甫草堂博物館

甲本存二十二卷，由兩個本子拼合而成，其中宋刻存卷十四至二十二并目録，另一部分爲元刻十二行本，存卷一至十三。凡十册。鈐有"海虞毛表奏叔圖書記""長白敷槎氏菫齋昌齡圖書印""吳氏筠清館所藏書畫""方氏碧琳琅館印"等印，爲清光緒間方功惠碧琳琅館刻蔡箋底本之一①。1964年由李一氓購得，轉贈成都杜甫草堂博物館。此本與北大本爲同一部書，在富察昌齡身後分藏兩地，詳見王燕均《汲古閣原藏五十卷本〈杜工部草堂詩箋〉離散考》②。

乙本存二十六卷，爲卷二十六至五十、《外集》一卷。七册。鈐有"玉蘭堂""季滄葦圖書記""長白敷槎氏菫齋昌齡圖書印""汪士鐘字春霆號朗園書畫記""鐵琴銅劍樓"等印。瞿氏《鐵琴銅劍樓藏書目録》著録。1960年由國家調撥。

4. 上海博物館

存是書卷首，爲《傳叙碑銘》一卷、《年譜》二卷、《詩話》二卷。《傳叙碑銘》行款異於正文，爲每半葉十行，行十七字，間有十一行，行十六、十七字不等。二册。鈐有"玉蘭堂""古吳王氏""華亭朱氏珍藏""大宗伯印""榮慶堂""季振宜字詵兮號滄葦""貴池劉世珩鑑藏經籍金石書畫記""之泗點勘""梁溪秦淦"等印。

5. 上海圖書館

存二卷，爲卷二十、二十一。一册。鈐有"季振宜字詵兮號滄葦"印。

二、季振宜藏本收藏源流考

如上所述，國圖乙本、上博本有多枚印章相同，可證當爲同一部書。該本

---

① 據光緒二年（1876）陳澧序，方本中的《詩話》與《年譜》出自惠棟藏抄本。

② 《版本目録學研究》第一輯，國家圖書館出版社，2009年，第93-99頁。

明時爲文徵明、朱大韶插架之物，入清後歸季振宜。新發現的上圖本亦鈐有"季振宜字詵兮號滄葦"印，與國圖乙本、上博本同爲墨文方印，但略顯走形，後經周建國先生鑒定三本季振宜藏印爲同一枚。上圖本卷二十、二十一恰爲國圖乙本所缺，且所鈐印章相同，説明其當爲該本在季氏收藏時期的一部分，但是否爲朱大韶原有，尚需考證。國圖乙本十四册，另加上博本二册、上圖本一册，共十七册，以下將通過圖表來羅列此十七册目前的分册情況，并根據朱、季二氏藏印的具體鈐蓋位置來揭示此本外在形制的變化：

分册	卷次	朱、季藏印	分册	卷次	朱、季藏印
一（上博）	傳叙碑銘	朱、季	十（上圖）	二十	季
	年譜	/		二十一	/
二（上博）	詩話	朱、季	十一	二十二	朱、季
三	一	/		二十三	/
	二	/	十二	二十四	朱、季
	三	/		二十五	/
四	四	朱、季		二十六	/
	五	/	十三	二十七	朱、季
	六	/		二十八	/
	七	/		二十九	/
五	八	朱、季	十四	三十	朱、季
	九	/		三十一	/
	十	/		三十二	/
六	十一	朱、季	十五	三十三	朱、季
	十二	/		三十四	/
七	十三	朱、季		三十五	/
	十四	/	十六	三十九	朱、季
八	十五	季		四十	/
	十六	朱		四十一	/
九	十七	季	十七	四十八	朱、季
	十八	/		四十九	/
	十九	朱		五十	/

　　從上表可知季振宜印皆鈐蓋於册首，此十七册當保留了季氏收藏時期的分

册，卷一至三抄配，僅有涵芬樓印，非季本舊有。朱氏印亦多鈐於册首，但在第八、九、十册中出現了異常，第八册卷十五首葉有季氏印無朱氏印，卷十六首葉有朱氏印無季氏印；第九册卷十七首葉有季氏印無朱氏印，卷十九首葉有朱氏印無季氏印；第十册（即新發現的上圖本）僅卷二十首葉有季氏印，整册無朱氏印。印章的鈐蓋有一定隨機性，但就此本而言，卻有其規律可循，按照鈐於册首這一規律，可證此本在朱大韶、季振宜不同收藏時期的分册情況有所不同，朱氏原始分册當爲卷十三、十四、十五爲一册，卷十六、十七、十八爲一册，卷十九、二十、二十一爲一册，此三册後被改裝爲如上表所示的四册，這也解釋了爲何上圖本獨立成册而無朱大韶印。此外，上圖本與國圖乙本、上博本用紙相同、簾紋一致，綜觀之下，可證其爲朱大韶原藏。

朱大韶此帙遞藏至季振宜，推測在季氏歿後散開。其主體部分三十三卷十二册（卷一至十九、二十二至二十三、二十七至三十五、四十八至五十）爲太倉顧錫麒謏聞齋所得，後歸涵芬樓，民國元年（1912）張元濟致孫毓修函稱：“顧氏書已購入，又加五十元，共成毛詩之數……《杜工部草堂詩箋》檢閱各家書目，惟季滄葦及瞿田裕（亦不全）有之。今所得者，即係延令故物，是可喜也。”① 另六卷二册（卷二十四至二十六、三十九至四十一）爲豐潤張澤仁（？–1873）所得，卷四十一末所鈐“巢經山館”印即張氏自刻之章，見著於其所篆《澹寧書屋印譜》。此二册後由張澤仁之孫允亮收藏，《辛亥以來藏書紀事詩》“張允亮”條（附沈應奎）謂“庾樓藏有宋本《李太白集》《草堂詩箋》”②，此處所提《草堂詩箋》當即此本。又，中國國家圖書館藏有傅增湘校跋《古逸叢書》本蔡箋，其中卷三十二、《補遺》卷五末有題識稱以湨陽張氏藏宋刻殘本校之③，《古逸叢書》本卷三十二即宋刻本之卷三十九，《補遺》卷五即卷二十四，則傅氏據校之本即爲豐潤張氏世守之本。此二册後歸周叔弢，其《自莊嚴勘書目·善三》稿本④ 著録，最後入藏國圖，與涵芬樓本相配，遂成國圖乙本之三十九卷十四册。卷首二册（《傳叙碑銘》一卷、《年譜》二卷、《詩話》二卷）後爲劉世珩、秦淦所得，1980 年歸上博⑤。上圖所藏的二卷一册爲 2018 年自未編書中發現，其遞藏源流尚未可知。

此本在流傳過程中離散各處，以上四種來源形成了目前所見的十七册，然

① 《張元濟全集》第一卷，商務印書館，2007 年，第 543 頁。
② 倫明：《辛亥以來藏書紀事詩》，上海古籍出版社，1999 年，第 76 頁。
③ 傅增湘：《藏園羣書校勘跋識録》，中華書局，2012 年，第 401 頁。
④ 周叔弢：《周叔弢古書經眼録》，國家圖書館出版社，2009 年，第 617 頁。
⑤ 陶喻之：《關於上海博物館藏南宋刻本〈杜工部草堂詩箋〉殘册》，《杜甫研究學刊》2005 年第 4 期，第 69-71 頁。

猶未完足，尚闕九卷：卷三十六至三十八、四十二至四十七。宣統元年（1909）張元濟往觀顧氏謏聞齋藏書時曾記道：

> 《杜工部草堂詩箋》，宋刊，十二冊，缺第一、二、十、十二、十六、十七、十八、十九冊。第三冊係抄配。瞿氏有此書，祇後半部。[①]

知原本共二十冊，或即季振宜《延令宋板書目》著録之"《草堂詩箋》，二十本"[②]。此本書根無字，張元濟對於闕某幾冊的具體記録或據謏聞齋藏書目而來，亦有可能原裝外封面有記冊標識，但這些如今都無從得見。結合上文圖表，假設所闕的九卷爲每三卷一冊，將其補入現有的十七冊後，恰爲二十冊，進而可對張元濟所記闕冊作如下推測（原圖表所示分冊已作相應調整）：第一、二冊爲上博藏卷首，第十冊爲上圖藏卷二十、二十一，第十二冊爲周叔弢藏卷二十四至二十六，第十六冊爲卷三十六至三十八（闕），第十七冊爲周叔弢藏卷三十九至四十一，第十八冊爲卷四十二至四十四（闕），第十九冊爲卷四十五至四十七（闕）。所闕的九卷是否爲朱大韶舊有，不得而知，但至少能推測出此本在季振宜收藏時期頗有可能是一個足本。

至此，現存七部宋本整合下來實爲四部，來自周良金、季振宜、毛氏汲古閣、瞿氏鐵琴銅劍樓四家舊藏。若不計入抄配卷，宋刻存卷季振宜本共可得三十八卷并卷首、周良金本共十九卷并目録（殘）、毛氏汲古閣本共三十六卷并目録、瞿氏鐵琴銅劍樓本共二十六卷。

三、整體結構部件之再認識

在上博本進入學界視野前，對於宋本蔡箋是否與元刻本一般附有卷首，并未引起關注。張元濟在《涵芬樓鑒藏内篇》中再次著録顧氏謏聞齋本，稱其"缺杜詩碑銘序、目録、《草堂詩話》《年譜》、及《補遺》《外集》十一卷"[③]，"補遺"之名爲元本特有，宋本之"傳叙碑銘"元本作"傳序碑銘"，説明此條記述應是根據元本來倒推宋本結構部件。《中國古籍善本書目》未收上博本，在著録其他幾部宋本蔡箋時亦未列出卷首信息，其後的《北京圖書館古籍善本書目》《北京大學圖書館藏古籍善本書目》等在書目著録上同樣有此不完整之處。

考察宋本蔡箋的整體結構部件可先回溯兩篇重要文獻：宋嘉泰四年（1204）蔡夢弼跋、開禧元年（1205）俞成跋，二文對於蔡箋原始結構部件均有述及，蔡跋有"夢弼因博求唐宋諸本杜詩十門，聚而閲之，三復參校，仍用嘉興魯氏

---

① 張元濟：《涵芬樓購書雜記》，稿本，葉四十六，上海圖書館藏。

② （清）季振宜：《延令宋板書目》，清嘉慶十年黃氏士禮居刻本，葉七，上海圖書館藏。

③ 《涵芬樓鑒藏内篇》，稿本，葉三，上海圖書館藏。

編次先生用捨之行藏、作詩歲月之先後，以爲定本……離爲五十卷，目曰《草堂詩箋》"之語，說明其初本爲五十卷。俞跋則提到：

> 至於少陵之詩，尤切精妙。其始考異，其次音辨，又其次講明作詩之義，又其次引援用事之所從出。凡遇題目，究竟本原；逮夫章句，窮極理致。非特定其《年譜》，又且集其詩評，參之衆說，斷以己意，警悟後學多矣。[1]

"集其詩評"即蔡夢弼輯《草堂詩話》之謂，據此可知《年譜》與《詩話》當爲蔡箋成書之初即有的組成部件。是書未見宋元明三代公私藏書目著録，清初書目多記之甚簡，難知其梗概，如錢謙益《絳雲樓書目》著録"宋板草堂詩箋"、錢曾《也是園藏書目》著録"蔡夢弼草堂詩箋五十卷"等。對宋本蔡箋的整體結構著録較爲詳細者爲《存寸堂書目》，該書未詳何人所纂，有清嘉慶二十年（1815）黃丕烈士禮居抄本，記曰："宋板蔡夢弼杜工部草堂詩箋五十卷詩話二卷趙子櫟詩年譜一卷魯訔詩年譜一卷，廿本。"[2] 但不知其所謂宋板五十卷是否爲真宋板，附此以作參考。

以下將通過兩個與宋本蔡箋關係密切的本子來間接推導其整體結構，一爲明正德鮑松刻本《杜工部集》，該本出自宋本蔡箋，保留了宋本五十卷編次而刪削注文，首有《傳叙碑銘》一卷、《年譜》一卷。《年譜》題趙子櫟撰，然趙譜後緊連魯訔撰《年譜》[3]，雖未刻魯氏之名，實則爲《年譜》二卷，與宋本相符。一爲錢泰吉跋蔣光焴舊藏清抄本五十卷，該本現藏中國國家圖書館，通常被認爲屬於五十卷本系統，然其底本實出自宋刻十一行本與元刻十二行本之拼合本，其中卷一至十三爲十二行本，目録、卷十四至五十爲十一行本，拼配的情況與前述毛氏汲古閣本一致。汲古閣本卷四十三葉十二右上角漫漶，清抄本相同位置處留白，可證此本出自汲古閣本系統。該本有《年譜》二卷、《詩話》二卷，其中《詩話》爲半葉十一行，或據宋本而來。以上兩個本子的卷首均不及上博本完整，可能底本已有缺失。

通過前文對諸傳本存藏情況的調查以及對季振宜本收藏源流的梳理，可對宋本蔡箋的整體結構部件有一個清晰的認識，知其除蔡夢弼會箋正文五十卷、目録、卞圜輯《外集》一卷外，尚有卷首五卷：宋祁等撰《傳叙碑銘》一卷、趙子櫟撰《年譜》一卷、魯訔撰《年譜》一卷、蔡夢弼輯《詩話》二卷，上博本是證明卷首爲宋本蔡箋構成部件的最直接實物證據。在宋本蔡箋傳本皆爲殘本的背景之下，重新考察其整體結構部件有助於完善書目著録，亦是在影印中

---

① 《杜工部草堂詩箋》，元刻本，上海圖書館藏。
② 《國家圖書館藏稀見書目書志叢刊》第28冊，國家圖書館出版社，2017年，第443頁。
③ 《杜工部集》，明正德鮑松刻《李杜全書》本，《年譜》葉二十五行十，上海圖書館藏。

還原宋本舊貌的必備環節。

四、刊刻時間之再認識

對宋本蔡箋具體刊刻時間的描述最早可溯至《鐵琴銅劍樓藏書目錄》，其曰"書成嘉泰甲子，當即其時所刻"[①]，推測成書與刊刻之年可能在同一時期。民國十五年（1926），傅增湘以涵芬樓所藏兩部宋本校《古逸叢書》本，并在《校宋殘本杜工部草堂詩箋跋》中提到"宋帝諱匡、殷、貞、恒、慎、敦、廓皆闕筆"[②]。《中國版刻圖錄》亦收錄此本，謂"宋諱缺筆至'廓'字，因推知此書當是嘉泰元年成書後建陽書肆第一刻本"[③]。自此以後，凡述及此宋本者皆沿襲舊説，認爲避諱至"廓"，并多據嘉泰四年蔡夢弼跋、開禧元年俞成跋，將刊刻時間定在南宋寧宗嘉泰、開禧間。

但經筆者目驗，國圖甲、乙兩本《奉贈鮮于京兆二十韻》"時過憶松筠"（卷四葉八行後四）一句中的"筠"字皆闕筆，僅餘一點，甲本的一點更是極微。兩本其餘位置的"筠"皆未闕筆，此處爲特例。傳統著錄與研究對"筠"字這一現象皆未言及。版本學意義上的南宋分期，通常以高孝二宗爲前期，光寧二宗爲中期、理度二宗爲後期。"筠"字闕筆是推定宋本蔡箋具體刊刻時間的重要綫索，不容忽視。但通過避諱字來推定刊刻時間首先需鑒別避諱字所在葉面是否爲原版葉，若確定爲原版葉，則需判斷是鋟版時未刻抑或印刷時剜去。經逐葉檢覆，國圖兩本俱爲原版，未見一葉補版。

宋版中"筠"字的不同寫法主要體現在最後兩筆的結構布局，多作兩橫筆（如《纂圖互注禮記》卷七葉十一行十二）或兩點（如《昭德先生郡齋讀書志》卷四下葉二十五行八），有時亦會出現連筆現象（如《分門集注杜工部詩》卷十七葉十七行後二）。宋本蔡箋"時過憶松筠"中"筠"字的一點處於偏中心位置，角度異於常式，與習慣寫法迥別，確爲避諱。造成這一現象有兩種可能，一爲刊刻之初即如此，一爲印刷時剜去末二筆所留下的痕迹。宋刻本中"筠"字避諱較爲少見，但通常皆採用闕末二筆的方式，如紹定二年李壽朋平江府刻本《吳郡志》、紹定吳堅、劉震孫刻本《新編方輿勝覽》等。僅刻一個細點來避諱，對於刻工而言，實是費時較多的做法，遠不及末二筆缺省更爲便捷，故推定此處"筠"字闕筆爲印刷時剜去未盡的可能性較大，按常理推斷，當爲理宗時期新增諱字。

① （清）瞿鏞：《鐵琴銅劍樓藏書目錄》，上海古籍出版社，2000年，第495頁。

② 傅增湘：《藏園群書題記》，上海古籍出版社，1989年，第587頁。

③ 《中國版刻圖錄》，北京圖書館出版社，1961年，第36頁。

從上述分析可知宋本蔡箋最初版刻狀態確爲避諱至"廓"字，就此點而論，舊説無誤。若以避諱闕筆之下限來推斷刊刻年代，則此本可定爲寧宗刻本，但是否刻在嘉泰、開禧間，猶可商榷。"筠"字闕筆的發現可以明確宋本蔡箋存世印本的印刷信息，同時也有助於細化刊刻時間，以下擬對諸印本之間的先後關係進行考察。經比對，諸本并無文本差異，僅有印面清晰模糊之分。較之國圖乙本、上圖本、北大本，國圖甲本邊框欄綫更爲完整，且字口清晰凌厲，當爲早印本[①]。北大本卷四十三葉十二有幾處文字已明顯漫漶，可定爲晚印本，國圖乙本、上圖本與北大本印次較爲接近。杜甫草堂甲本與北大本爲同一部，印次依北大本。杜甫草堂乙本，筆者未見全本，僅據《鐵琴銅劍樓宋金元本書影》《第二批國家珍貴古籍名録圖録》窺得書影一二，似爲晚印。國圖甲本的印刷時間最接近於刊刻時間，其"筠"字已經剜改，説明宋本蔡箋可能爲寧宗晚期所刻，作爲早印本的國圖甲本爲理宗前期所印，刊刻與剜改產生的間隔時間應不至太長。在無牌記、刻工等關鍵性證據的前提下，舊時常以原版葉的避諱至止字來推定刊刻時間，對此尾崎康認爲："避諱缺筆之下限僅足以證明刊刻時代之上限而已，不得據以爲刊刻年代。不避諱，容有當避而忽略者；已避諱，則刊刻時間必不能更早。"[②] 若依其觀點，宋本蔡箋當爲不早於寧宗晚期的刻本，再結合字體風格，存在爲理宗刻本的可能。理宗刊版時"筠"字不避，在印刷時出於某種原因而剜去末二筆，亦不無合理性。

以上是對書本實物中的避諱字進行考察，下文將通過蔡箋在宋代的傳播來佐證上述推斷。宋代注杜書籍鮮有提及蔡箋，就現存文獻而言，僅見於寶慶元年（1225）曾噩廣東漕司刻本《新刊校定集注杜詩》中。此書最早有淳熙八年（1181）郭知達本，惜已不存。寶慶元年曾噩因舊本"紙惡字缺"，重加校定，刊於廣東漕司，臺北故宫博物院有藏本，其卷二十五、二十六[③]內多處援引蔡夢弼注，然經洪業考證，此二卷非原本所有：

> 參校諸本數日之後，即又發見有甚不滿於《九家注》本者，則其本中之二十五、二十六，兩卷中之注，皆贗品也。夫郭知達刻本成於淳熙八年，其中自不能有二十餘年後蔡夢弼《草堂詩箋》之注；曾噩重刻本成於寶慶元年，其本自不應載元初劉辰翁評《杜》之語；此殆曾板殘闕，後人乃依目録就蔡本及高崇蘭本，取詩并注補刻之耳。[④]

---

① 除葉面字口清晰度、欄綫完整度不同，早印本字體筆畫通常比晚印本更爲纖細挺立，這也可以證明爲何國圖甲本"筠"字一點明顯小於乙本。

② ［日］尾崎康：《正史宋元版之研究》，中華書局，2018 年，第 31-32 頁。

③ 臺北故宫博物院此二卷爲抄配，日本靜嘉堂文庫闕此二卷，故無從得見曾本原貌。

④ 洪業《杜詩引得序》，北平哈佛燕京學社，1940 年，第 lxxx 頁。

周采泉又根據洪業所論，進一步得出"其所補刻之詩與注，確爲高崇蘭本"①的結論。事實上，大規模引用蔡箋即始自元初高崇蘭編輯劉辰翁批點千家注本。劉辰翁本的另一重要文本來源爲黄希、黄鶴《黄氏補千家集注杜工部詩史》（以下簡稱"《補注杜詩》"），該書撰成於寧宗嘉定九年（1216），寶慶二年（1226）董居誼、吳文跋之，初刻於理宗時期，淳祐袁本《昭德先生郡齋讀書志·附志》著録。宋本不傳，現存最早爲元至元十九年（1282）刻本，臺灣"央圖"藏。《四庫全書總目》著録此書，稱：

> 郭知達《九家注》、蔡夢弼《草堂詩箋》視鶴本成書稍前（案知達本成
> 於淳熙辛丑，在鶴本前三十餘年。夢弼成於嘉泰甲子，在鶴本前十有二年）
> 而注内無一字引及，殆流傳未廣，偶未之見也。②

《補注杜詩》未引蔡箋，館臣推測因蔡箋流傳不廣之故。但若根據前文所論蔡箋刻在寧宗晚期或理宗時期，則不排除另一可能，即在《補注杜詩》撰寫過程中，蔡箋雖已書成，卻尚未刊行。兩部書的刊刻時間頗有可能相隔不久，一編年，一分體，與分類本《分門集注杜工部詩》共同構成杜詩集注多樣化的編輯模式。

五、版本系統之再認識

《杜工部草堂詩箋》有十一行五十卷本和十二行四十卷《補遺》十卷本兩個版本系統已是學界共識，對於不同版本系統產生於何時卻仍可商榷。清光緒間黎庶昌將蔡箋刻入《古逸叢書》，屬十二行本系統，其跋語稱："予所收《草堂詩箋》有南宋、高麗兩本。宋本闕《補遺》《外集》十一卷，今據以覆木者，前四十卷南宋本，後十一卷高麗本。"③此後，黎氏《古逸叢書》本之底本爲宋刻這一觀點爲人認可。傅增湘在以宋本校《古逸叢書》本之時，推測宋代即有十一行本、十二行本之分：

> 黎氏跋謂得南宋本四十卷據以覆木，餘則取高麗本補之。今黎氏所藏
> 高麗本亦入涵芬樓，實祇四十卷，并無《補遺》，又不知其號爲南宋刊本者
> 究爲何本也。嗣謁德化李椒微師，師言藏有宋本殘帙，其卷數似可補兩帙
> 之闕。又言別藏宋刻十二行本，與高麗本正同。據此推之，則十一行者爲
> 宋代之初刻，十二行者乃坊市之陋刻。④

---

① 周采泉：《杜集書録》，第 55 頁。
② 《四庫全書總目》卷一四九，中華書局，1965 年，第 1281 頁。
③ 《杜工部草堂詩箋》，清光緒黎庶昌刻《古逸叢書》本，跋葉五，上海圖書館藏。
④ 傅增湘：《藏園群書題記》，第 589 頁。

民國十八年（1929）傅增湘東游日本，記録了内閣文庫藏元大德桂軒陳氏刻本蔡箋，并重申此論斷："此本宋時有兩刻本，一爲十一行本，一爲十二行本。此桂軒陳氏本亦十二行，則從後宋本出也。惟古逸叢書所刻係據麻沙十二行本，訛奪極多……蓋宋麻沙本所據必有缺卷缺葉。"① 然而，傅氏在《藏園訂補邵亭知見傳本書目》中明確指出黎氏《古逸叢書》本"從元刊出……卷十九以下則次序大亂……蓋宋末麻沙本即有誤，由是而元本，而高麗本，皆承其誤"②，卻依舊認爲宋代存在一個有別於初刻的麻沙陋刻。而在此條之上，即著録著李盛鐸藏宋元間麻沙本，該本或許是傅氏立論的關鍵性實物依據。此後《中國版刻圖録》亦稱"通行古逸叢書本，源出宋末另一建本"，至此遂構建起宋代已有兩刻的觀念，後出研究則多一仍其舊③。

李盛鐸藏十二行本現藏北京大學圖書館，與日本内閣文庫藏元大德桂軒陳氏刻本實爲同版，《中國古籍善本書目》著録爲元刻本，而《北京大學圖書館藏古籍善本書目》《北京大學圖書館善本書影選輯擬目》等仍作宋刻本，目前的研究亦多將其視爲宋刻本。現存十二行本除内閣文庫本、北大本外，尚有上海圖書館、臺灣"央圖"藏本以及杜甫草堂甲本之卷一至十三，皆爲同版元刻，但僅有内閣文庫本尚保留著"桂軒陳氏／大德重刊"的牌記，致使長久以來有誤元爲宋的現象。目前尚無證據可證明宋刻十二行本的存在，原有系統判定自不成立。

版本系統的劃分有賴於具體的版刻實物，亦可從文獻記載中尋繹綫索。在對蔡箋版本系統進行考察的過程中，翁方綱的兩篇題跋值得關注，他在《跋宋槧草堂詩箋》中提到：

其每卷之首或稱"增修"，又或稱"集諸家"，此蓋南宋末坊賈之所爲也……然其間如第二十卷"暫如新津縣四首"，第廿一卷"暫如青城縣五首"之類，則是杜公原本如此，今已久爲注本所删，而此尚幸存。④

以及《又跋杜工部草堂詩箋》：

卷内標舉杜公某年某地所作頗具節次，如第二十一卷内"暫如蜀州青城縣

---

① 傅增湘：《藏園群書經眼録》，中華書局，2009 年，第 854-855 頁。

② （清）莫友芝撰，傅增湘訂補：《藏園訂補邵亭知見傳本書目》，中華書局，2009 年，第 979 頁。

③ 如《杜集書録》《杜集書目提要》（齊魯書社，1986 年）、王燕均《汲古閣原藏宋五十卷本〈杜工部草堂詩箋〉離散考》、王欣悦《南宋注杜傳本研究》（復旦大學，2013 年）、張超《蔡夢弼〈杜工部草堂詩箋〉研究》（廣西師範大學，2014 年）等皆認爲蔡箋在宋代已有兩個版本系統。

④ 翁方綱《復初齋文集》卷十八，清道光李彦章刻光緒李以烜重修印本，《近代中國史料叢刊》第 43 輯影印，臺灣文海出版社，1966 年，第 745-746 頁。

五首"（《寄陶王二少尹》《寄高蜀州適》《野望過常少仙》《丈人山》《寄杜位》）、"暫如蜀州新津題三首"（《陪李七司馬皂江上觀造竹橋》《觀作橋成》《李司馬橋了》），此五首又三首之另起總題，是原本所有而後來諸本皆刪去之矣。①

翁氏所述詩篇卷次歸屬與上圖藏卷二十、二十一相符，與元刻四十卷本不符②，知此二卷仍是宋刻五十卷原編，洪業據此認爲"翁所見當爲五十卷本"③，但矛盾的是翁跋本又有元刻本系統特有的諸如"增修""集諸家"等題名不一的現象。萬曼將翁跋本與《經籍訪古志》《抱經堂藏書志》著錄之四十卷本并論爲"胖合本"④，似有未確。根據萬曼的論述，可以推測他所定義的"胖合本"爲元刻四十卷系統的本子，即蔡夢弼本和黃氏《補注杜詩》在形式上進行雜糅的本子。筆者推測翁跋本頗有可能爲十一行宋本與十二行元本相配之本，一如毛氏汲古閣本。至於兼具宋元本特徵的翁跋本是否可能是一個新的本子，從而重新定義蔡箋的版本系統，因無實物留存，暫且存疑。

六、影印方案之再認識

元本卷次割裂、文字錯謬，通行之《古逸叢書》本基本繼承了這些特徵，宋刻真面長久以來未能爲世人所識。民國年間，張元濟早已有影印宋本蔡箋的計劃，他在民國十五年十二月廿四日致王國維的信札中寫道：

> 屬印《草堂詩箋》，久已在意，聞李木齋亦藏有五十卷殘本，倘能湊齊，自更佳妙。⑤

王國維曾爲蔣汝藻編纂《傳書堂藏書志》，内有宋本蔡箋（即國圖甲本），民國十五年，商務印書館購得蔣氏密韻樓藏書中最珍貴的一批，此本在列。如前所述，涵芬樓在民國元年已購入顧氏謢聞齋藏宋本蔡箋，張元濟或有意將其與國圖甲本、北大本合併影印，但三本都闕卷二十一。或許正因爲未能"湊齊"，致使影印計劃擱置。

2006 年，始有《中華再造善本》影印宋本蔡箋面世，其以國圖乙本配北大本，然而北大本原有的《外集》一卷，未予影印。此外，該影印本尚闕卷二十、二十一。針對《中華再造善本》影印本的闕卷情況，王欣悦在《南宋杜注傳本研究》中稱可用杜甫草堂甲本補足，但考慮可行性，又提出以清抄本或方氏碧

---

① （清）翁方綱：《復初齋文集》卷十八，《近代中國史料叢刊》第 43 輯，第 746-747 頁。
② 此二卷對應在元刻本中的位置爲《補遺》卷一、二。
③ 洪業：《杜詩引得序》，第 xxiii 頁。
④ 萬曼：《唐集叙錄》，河南大學出版社，2008 年，第 167 頁。
⑤ 《張元濟全集》第一卷，第 242 頁。

琳瑯館刻本來配①。王燕均則提出合璧影印北大本與杜甫草堂甲本，以此來復原汲古閣原藏五十卷宋槧舊貌。但由於汲古閣原藏的上半部（即杜甫草堂甲本）卷一至十三爲十二行元刻本（王文誤此十二行本爲另一宋刻），"尚不足以配成一個完整精善的宋五十卷足本"②，需借助國圖乙本，即以國圖乙本卷一至十三、杜甫草堂甲本卷十四至二十二、北大本二十三至五十合併影印。該影印方案忽略了抄配的卷二十九、三十，此二卷爲汲古閣本原闕，需再配入國圖乙本，方能最大程度上形成一個宋刻足本。此外，杜甫草堂甲本卷一至十三雖爲元本，卻已鈐有"海虞毛表奏叔圖書記"印，説明汲古閣所藏宋本蔡箋已是一個殘本，爲配得一個完整的宋刻而將原有的元本剔除，難以呈現汲古閣舊藏之整體面貌。與《中華再造善本》影印本相似，以上兩種方案皆未將宋本蔡箋整體結構部件之一的卷首考慮在內。

　　宋本蔡箋所知僅有一刻，筆者認爲當以宋刻存卷最多的印本作爲主體加以影印爲宜，如前文所述，汲古閣本共存三十六卷并目錄，而季振宜本（國圖乙本、上博本、上圖本）存三十八卷并卷首五卷，爲存卷最多者，且上圖本的發現正可解決張元濟影印計劃和《中華再造善本》影印本中的闕卷問題。目前最佳影印方案是將國圖乙本、上博本與上圖本合璧影印，使季振宜本離散後得以重聚，闕卷（目錄、卷三十六至三十八、四十二至四十七、《外集》一卷）再配入與其印次接近的汲古閣本，遂可形成一個目前最爲完備的宋本蔡箋③，還原舊觀之外，亦可圓前輩學者的未竟心願。

徐瀟立：上海圖書館館員

① 王欣悦：《南宋杜注傳本研究》，第 44 頁。
② 王燕均：《汲古閣原藏五十卷本〈杜工部草堂詩箋〉離散考》，第 99 頁。
③ 蔡箋卷一至三宋刻不存，國圖乙本此三卷抄配，爲十一行本，或從宋本出。

臺北故宮博物院藏南宋茶陵譚氏刻本《新刊淮南鴻烈解》考略

丁延峰

今存宋槧《淮南鴻烈解》可知者兩部，其一藏於俄羅斯國家圖書館東方文獻研究中心，其二藏於臺北故宮博物院。爲追蹤研究海源閣遺書，筆者曾於2015年8月去莫斯科觀書，對俄藏本有較詳盡的了解。同時發現這兩個宋槧存在一定關係，并與其他刻本亦有聯繫，版本價值亦不可忽視，遂結撰此文，以待方家指正。

《新刊淮南鴻烈解》二十一卷，漢劉安撰，漢許慎注，南宋茶陵譚叔端纂校。民國傅增湘、傅岳棻跋，繆荃孫題款。南宋茶陵譚氏刻本，八册，卷三葉六、卷十八葉十九葉二十爲抄配；卷九葉十二、卷十三葉十四爲後人所補之空白葉，卷十四葉七後雖有一空白葉，但并不缺内容。文中有朱筆校正。卷首有"淮南鴻烈解叙"，次行署"漢太尉祭酒臣許慎記上"，次有大字雙行"淮南鴻烈篇目"，第三行題"漢淮南王劉安撰"，目錄尾題大字雙行題"淮南鴻烈篇目終"，尾題前有"松山譚氏"大方印，又"書鄉"鼎式墨記。首卷首行頂格題"新刊淮南鴻烈解卷第一"，次行低七格題"太尉祭酒臣許慎記上"，第三行低一格題"原道訓"，第四行頂格連屬正文，卷末隔數行尾題與卷首大字題同，惟卷二十一題"新刊淮南鴻烈解要略卷二十一終"；卷一、二、四至十二、十八等卷末尾題前有"茶陵後學譚　淑端纂校"或"茶陵譚　淑端纂校"字樣。16.2×10.8厘米，十行十八字，小字雙行字數同，左右雙邊，細黑口，卷十前四葉白口，雙魚尾。上魚尾上間題大小字數，下題"淮幾"或"要略"，下魚尾上題葉次，亦間題字數，下題刻工姓名。刻工可辨者：武俊甫刁、武俊刀、夫。宋諱不謹，惟見“甯”“稱”“再”“講”字缺筆，“慎”字不避，如卷首叙中“稱東帝”、篇目及正文中“繆稱訓卷第十”、卷七第四葉上半葉第七葉“稱曰”、卷十九第二葉上半葉第六行“而稱以無爲”之“稱”字、卷十二第五葉上半葉第五行“甯越欲干齊桓公”及第七行“甯越飯牛車下”之“甯”字皆缺末筆，“再”字亦間有缺筆，如卷十二第八葉下半葉首行“再拜曰”、卷十四第三葉上半葉末行“再三呼而不應”、卷十七第五葉下半葉第七行“亡犴不可再”與第八葉下半葉第二行“再生者”之“再”字、卷首叙中“共講論道德”之“講”等。簡字較多，如“虫”“无”“礼”“乱”“躰”“孝”“蚕”“合”“强”等。卷二十一尾題前題“宣統八月廿六日校畢”，鈐印“宜春堂”“貴池劉世珩鑑藏經籍金石書畫記”“萊陽堂印”“蔥石讀書記”“寅白”“劉之泗印”“聖廎秘笈識賞寶之”“公魯”“企驎軒”“增湘長壽”“沅叔”“宋本”“藏園秘籍孤本”“藏園”“江安傅沅叔考藏善本”“沅叔審定宋本”“聚學藏書”“沅叔心賞”“書潛”“傅增湘印”“雙鑑樓”“藏園秘笈”“江安傅增湘沅叔珍藏”“江安傅增湘字沅叔別號藏園”“江安傅氏藏園鑑定書籍之記”“岳棻”“山陰沈仲濤珍藏秘籍”等，劉世珩、劉之泗、傅增湘、沈仲濤舊藏。臺博（贈善 003273–003280）。

《藏園群書經眼錄》卷八題宋元間茶陵譚淑端刊本，曰：“此書慎字不避，當時宋元間坊本。然古今不見著錄，斷爲海内孤本。自黃丕烈舊藏小字本爲日人以黃金收去後，推爲海内最古之本矣。”《文禄堂訪書記》卷三著錄，將“松山譚氏”誤作“松山隱史”。傅岳棻跋曰：“《淮南》宋刊本傳世者極希，楊氏海源閣所藏乃棟亭故物，後歸黃氏士禮居者，夙稱瑰寶，近聞已流入東瀛。此外，唯茶陵譚氏本，曾見藝風堂跋，嗣歸貴池劉蔥石家，雖文字微有裁省，而弓弟無改，且所存古字頗多，祇題許注，尤可資參證。海源藏本既流落海外，此本當縣乙而推甲矣。宋代茶陵刻書，自《文選》外，此爲廑見。藏園主人以重直得之，劉氏（丁案：當爲譚氏之誤）寫刻精雅，紙墨俱古，際海源之坊本小字破體，相去何啻霄壤。各家著皆未之及，亦可謂海内孤本，後之肇者慎勿以爲節本而忽之。癸酉九月晦，傅岳棻識。”《研易樓善本圖錄》著錄爲南宋茶陵譚氏刊本，曰：“全書用淺黃色羅紋紙濕墨印，極爲古雅。”又曰：“此書之宋刻本傳世極稀，昔黃蕘圃所藏二十一卷小字本（蕘圃藏書題識卷五），乃曹棟亭之故物，後歸楊氏海源閣（楹書隅錄卷三），民國以降，楊氏藏書盡散，該書業已不知去向。今本院所藏此茶陵譚氏所刊二十一卷本，殆爲僅存孤帙。茶陵舊多善本，向爲書林所重，唯存世絕罕，除此本而外，尚祇有陳仁子所刊之《六臣注文選》。至於藝風堂藏書續記著錄之本，嘗云該帙後有裝書識語兩行，本院藏本則無，故繆記所云殆爲同板之他本。……是書於淮南子原文雖微有刪削，然所存古字頗多，單録許注，尤可資參證。今以海源藏本既流落音杳，此本當刻縣乙而推甲矣。另以宋代茶陵刻書自《文選》外，此爲麈見，寫刻精雅，紙墨俱古，視海源之坊本小字、殘佚破損，何啻霄壤，蓋誠如傅跋所云'海内孤本逐之覽者，慎勿以爲節本而忽之。'"相其字體等，當刊於南宋末，傅氏言宋元之間，當可。又據避諱，當出自南宋初刻本，其"稱""講"等字避諱仍在。此本有字畫脱落及斷版之處，已爲後印本。譚淑端，南宋末人，字正叔。生卒事迹鮮見記載，惟據《書林清話》云，其所刻尚有《新刊精選諸儒奥論策學統宗前編》五卷，見《阮外集》，標題下列名"桂山譚正叔端訂定"。從署名來看，譚氏"纂校"，當即具體删節、校正，而其刻梓亦當其所爲，即纂—校—刻，皆由其貫穿始終。茶陵，今屬湖南株洲市，地處湘贛之界。南元刻書雖非主要地區，但因盛産竹、木，刻書材料供應充足，仍刻書不少。其最早的刻書記載始於譚淑端，至元代時尤盛，如元大德茶陵古迂書院陳仁子刊刻《增補六臣注文選》《夢溪筆談》等，其中前者被《羣碧樓善本書録》誤作宋茶陵陳氏刻本，今藏傅斯年圖書館。

《藝風藏書續記》卷二著録一部，將目録後大方印誤作"耘香譚氏"，曰："似是坊刻，羅紋紙，淺黄色濕。墨印極古雅，中多删節。《道藏》刊本、又各家書目未載。書估以爲寶，因亦以重值收之。惟《讀書雜志》所記佳字尚存一二處，宋諱缺筆亦少。後有裝書記兩行，無藏印。嘉靖改元臘月廿六日重裝。同治乙丑八月魏唐金敬珍襲重裝。"《藝風堂文漫存癸甲藁三》亦曰："淮南止見小字影抄宋本。此本字畫精雅，紙墨均舊。然各書目均未著録，似是道家所刊，而譚叔端亦無可考。節去本文約十之四，注每卷刻許慎名。然既不全采許注，亦不全采高注，略存數條而已。至其佳處，與王懷祖先生《讀書雜志》所引大半相合，其佳可知。"惟《研易樓善本圖録》據此本無"裝書識語"，斷作兩本。但據"唯茶陵譚氏本，曾見藝風堂跋，嗣歸貴池劉蔥石家"，"蔥石"即劉世珩，此本即有其印，或當即此本，似"裝書識語"佚去而已。

此本與俄藏宋槧有何關係？對勘發現，兩本有很多相似之處，如每卷卷端次行皆署"太尉祭酒臣許慎記上"；卷二十一卷端與卷尾題名略同，皆有"要略"二字；總卷數皆爲二十一卷；宋槧中避諱不謹，但南宋首帝高宗趙構之嫌名"稱""講"字多缺筆，此本與宋槧的諱字略同。尤其是構件"再"字缺中間一豎筆，翻檢諸宋刻本，"再"字缺筆者并不多見，然此字兩本之諱同。雖然諱字多并非同字，但這幾個字總體上的避諱缺筆，説明坊間刻本既有欲遵底本之意又頗隨意不謹的特點。當然最重要的還是兩本在文字上相同之處很多，故兩本或有源流關係，即茶陵本據宋槧節選而成。兩宋期間，《淮南子》并非主流典籍，刊印不夥，今僅見宋槧及茶陵本兩種，因此晚出的茶陵本出於宋槧的可能性最大。祇因茶陵本的删節，而使原宋槧的原貌所存無多。但如細勘，仍可見出兩本的相同之處及淵源關係。

茶陵本与宋槧的不同，首先是關於茶陵本的删節，繆荃孫曰"節去本文約十之四"，似未當，約十分之三更適。一是刪節正文，但各卷刪節并不平均，如卷四正文幾乎没有刪去，而卷七則有三千多字，卷十二則四千多，有的刪某字或某句，有的則成段刪去。這些刪去者，當然也可能是漏刻，尤其是單字或某句。經常刪去虛詞及過渡詞，當然亦有實詞，如卷首叙中"出入經道，言其大，則壽夭載地，語其細"之"大""細"後，諸本皆有"也"字。卷四"何謂九藪，越之具區""何謂六水？河水、赤水……"，"越""河"前有"曰"，此本皆删去，其他如"然則""然""若""者""而""夫""於""故"等亦然。但有的則屬誤刪或脫誤，如卷十四"愚不足以至於失"，諸本"失"後皆有"寧"字，無"寧"字於意不通。卷十七"爲酒人之利而不酤"，諸本皆有"人"，且下句對應句有"爲車人之利而不僦"，此本脫"人"字，誤。卷七第二葉上半葉末行"此四者"後"天下之所養性也，然"八字刪去。卷十二第六葉上半葉第九行"道可道非常道"後"名可名非常名"六字刪去。二是注文的刪節更甚，其刪節方式一是直接刪去原注，這種情況最多。二是縮減字數。茶陵本卷四第五葉下半葉第四行注"天干"，宋本原注爲"十，從甲至癸也"，第十二卷首葉下半葉第三行正文"故死於洛室"及注"地名"，而宋槧原注作"楚殺白公於洛室之地也"。等等。可見，以上這些刪節確實精簡了篇幅，但對於閱讀原文還是産生了一定的障礙。①

　　茶陵本在刪節過程中，還對有的注文位置進行了調整。宋槧及諸本中有的注文與原字位置并不對應，而是常常將其移至句末或段末，如卷七"越人得髯蛇，以爲上肴，中國得而棄之無用"，諸本在"無用"後注"髯蛇，大蛇也。其長數丈，厚以爲上肴"，茶陵本刪節爲"大蛇，長數丈"，并將其前置於"髯蛇"之後，當是。類似者尚多，如此則方便閱讀。

　　其次是兩本的異文甚多。考察這些異文，可以判定茶陵本的優劣及與諸本關係。故將其與俄藏宋本、王溥本、茅一桂本之正文（以首叙、卷4、7、12、14、17爲例，茶陵本刪字、刪詞、刪句除外）。而楊注因爲刪減、改動特甚，與原文出入頗大，不再校勘）進行對勘，通過校勘實例説明之。

	茶陵本句例	俄藏本	道藏本	王溥本	茅一桂本	備注
首叙	爲趙王張敖夫人	美人	同上	同上	同上	夫，誤
	誅韓信於銅鞮	討	同上	同上	同上	誅，誤
	肉袒北闕謝罪	宍祖	肉袒	同上	同上	宍同柔，袒，誤
	初，安爲辨達	辯	辯	辨	辯	

　　① 茶陵本卷十四第六葉下半葉末行起刪去約 650 餘字，所刪恰在宋本第 8、9 兩葉，此兩葉宋本衹有白紙，未見刊字。

	茶陵本句例	俄藏本	道藏本	王溥本	茅一桂本	備註
	燾天**載**地；**語**其細	戴，説	載，説	同上	同上	戴、語，誤
卷4	東**方**曰條風	玄	風	方	同上	玄、風，誤
	石川六百	名	同上	同上	同上	石，誤
	凡**洪**水淵藪	鴻	同上	同上	同上	洪，誤
	北門開以**納**不周之風。傾宮、**璇**室	内，旋	同上	同上	同上	納同内，
	西北方**方**之美者	無方	同上	同上	同上	方，衍文
	沙**上**人細	土	同上	同上	同上	土，誤
	七**九**六十三	十	同上	同上	同上	十，誤
	平**水**之人慧而宜五穀	大	同上	同上	同上	水、大，誤
	脩頸**印**行	印	同上	同上	同上	印，誤
	變角**反**宮	生	同上	同上	同上	反，誤
	雒**陽**、武人	棠	同上	同上	同上	陽，誤
	漢出**波**豕	嶓	同上	同上	同上	波，誤
	皋稽，閶闔風之所生也；諸比，涼風之所生也	倒文	同上	同上	同上	茶陵本倒文，誤
	窮奇，廣莫風之所生也	無風	有風	同上	同上	無風，脱誤
	凡介者生**於庭**龜	庭於	同上	於庭	同上	庭於，倒誤
	赤金**入藏**生赤龍	千歲	同上	同上	同上	入藏，誤
卷7	**骸骨**者，地之有也	骨骸	同上	同上	同上	
	天有四時五行九解	無天	同上	有天	同上	無天，脱誤
	人亦有取、**予**、喜、怒	與	同上	同上	同上	
	猶尚節其章光	尚猶	同上	同上	同上	
	精神何能久馳騁而不既**乎**	守	乎	同上	同上	守，誤
	且惟無我而物無不備**與**	者乎	同上	同上	同上	
	而欲生者之非**惑**也	或	同上	同上	同上	
	茫茫天下，孰知**之哉**	無之哉	同上	有之哉	同上	無之哉，脱誤

	茶陵本句例	俄藏本	道藏本	王溥本	茅一桂本	備註
	吾又安知**夫**喜憎利害其間者乎	所	同上	同上	同上	夫，誤
	吾將**引**類而實之	辛	舉	同上	同上	
	文繡狐**帛**，人之所好	白	同上	同上	同上	帛，誤
	而堯布衣**掩**形	撌	同上	同上	同上	掩同撌
	匍匐自**窺**於井曰	闚	同上	同上	同上	窺同闚
	故晏子可**結**以仁，不可劫以兵	迫	同上	同上	同上	
	而以**予**佗人	與	同上	同上	同上	
	右手**吻**其喉	刎	同上	同上	同上	吻，誤
	今**貢**人敖倉	贛	同上	同上	同上	
	有其井，**實一**也	一實	同上	同上	同上	實一，倒誤
	負籠土	魚	同上	負	同上	魚，誤
	仇由貪大**鐘**之賄	鍾	同上	同上	同上	
	桓公甘易牙之**味**而不以時葬	和	同上	同上	同上	
	知冬日之**篓**	箑	篷	篓	篷	
卷12	吾知**數**之可以弱	道	同上	同上	同上	數，誤
	可以窈，可以**冥**	明	同上	同上	同上	冥，誤
	此吾知道之數也	吾所以	同上	同上	同上	
	弗知之深，而知之淺；弗知之內，而知之外；弗知之精，而知之粗	內、精前無之	同上	同上	同上	之，脫誤
	孰知**不形之形**者乎	形之不形	同上	同上	同上	
	爭**漁**者濡	魚	同上	同上	同上	漁同魚
	辟之若林木	譬	同上	同上	同上	辟，誤
	飄風**大**雨	暴	同上	同上	同上	
	一朝而兩城下	今一朝兩城下	同上	同上	同上	
	然而卒亡焉	亡前有取	同上	同上	同上	

	茶陵本句例	俄藏本	道藏本	王溥本	茅一桂本	備註
	故人與驥逐走，則不能勝驥	無能	同上	同上	同上	
	鼠足而兔後	足作前，兔作菟	同上	同上	同上	足，誤，兔同菟
	不若使人問之	不前有君	同上	同上	同上	君，脱誤
	星必徒三舍	三徒	同上	同上	同上	
	一國獻魚，公儀子受	受前有不	同上	同上	同上	不，脱誤
	以是兔三怨，可乎	是以	同上	同上	同上	
	物孰不齊焉	濟	同上	同上	同上	齊，誤
	奚適而無道也	其	同上	同上	同上	
	先入者，勇也	入先	同上	同上	同上	先入，倒誤
	明日復往	又	同上	同上	同上	
	子發又使人歸之	無人	同上	同上	同上	
	楚軍將取吾頭	軍恐	君恐	同上	同上	君將，誤
	吾猶未能之在	夫	未	同上	同上	夫，誤
	猶黃鵠與壤蟲也	蠰	同上	同上	同上	壤，誤
	季子治單父三年	宣	同上	同上	同上	單，誤
	子之能何能	道	同上	同上	同上	能，誤
	孔子愀然革容曰	造	同上	同上	同上	愀，誤
	是故聰明叡智守之以愚	知	同上	同上	同上	智通知
	争鬭無已，爲之奈何	鬭争無已	鬭争不已	同上	同上	
卷14	得於虛無，動於不得已	保	同上	同上	同上	得，誤
	自信者不可以誹譽遷也	奢	譽	同上	同上	
	通於道者，物不足滑其調	不前有莫	同上	同上	同上	不，衍誤
	治心術則不妄喜怒	忘	妄	同上	同上	忘，誤
	不貪無用則不以欲害性	害前有用	同上	無用	有用	用，衍誤
	方船濟于江	乎	同上	同上	同上	

	茶陵本句例	俄藏本	道藏本	王溥本	茅一桂本	備注
	功之成者，不足**以**更責	無以	同上	有以	同上	
	重於滋味，淫於聲色	推	同上	重	推	
	使在己者得，**宜**邪氣因而不生	使，而	内，而	使，而	同上	使，誤
	夫函牛**之**鼎沸	也	之	同上	同上	也，誤
	不**懼**獨後……雖不能必先**載**	恐，哉	恐，哉	恐，載	恐，哉	懼、載，誤
	非以智不争也	同上	同上	不 前 有 也、以	不前無也、以	也、以，脱誤
	琴瑟鳴**笙**弗能樂也	竿	同上	同上	同上	
	由是觀之，**生**有以樂也，死有以哀也	性	同上	生	同上	生，誤
	今有**佳肴美酒**以相饗	美酒佳肴	同上	同上	同上	
	欲以**全歡**	合懽	合歡	同上	同上	懽同歡；全，誤
	陰氣起於西南，盡於**東南**	東北	同上	同上	同上	東南，誤
	先時三年，時在我後	去	同上	同上	同上	先，誤
	龜千歲，浮**蝣**不過三日	千 前 有 三，游	同上	同上	同上	游，同音假借
	君子爲善，不能使**福**必來	富	富	福	富	富，誤
	自信其**能**	情	同上	同上	同上	能，誤
卷17	以一**世**之**制度**治天下	出，度制	世，度制	同上	同上	世、度制，是
	遽**弃**其舟抳	契	同上	同上	同上	弃，誤
	鳳凰高翔千仞之上	皇	凰	同上	同上	凰同皇
	月照天下，**食**於詹諸	蝕	同上	同上	同上	食同蝕
	水火相憎，**鐣**在其間	鱧	同上	同上	同上	
	夫**以所**養而害所養	所以	同上	同上	同上	以所，倒誤
	心失其制，乃反**爲**害	自	同上	同上	同上	爲，誤
	蛇**藏**似鏖蕪而不能芳	牀	同上	同上	同上	藏，誤
	以兔之走，使**犬**如馬	大	同上	犬	大	犬，誤

	茶陵本句例	俄藏本	道藏本	王溥本	茅一桂本	備注
	小變不足以**妨**大節	防	同上	同上	同上	
	明月之光可以**望遠**	遠望	同上	同上	同上	
	甚霧之**朔**可以細書	朝	同上	同上	同上	朔，誤
	湯放其**君**而有榮名	主	同上	同上	同上	
	崔杼弒其君而被大**惡**	讟	謗	同上	同上	惡，誤
	猨狄之捷來**措**	蝯，乍	同上	同上	同上	
	彈一**琴**不足以見智	弦	同上	同上	同上	琴，誤
	战死之鬼憎神巫，盗贼之**辈**醜吠狗	死 前有兵，無軰	同上	死 前有兵，有軰	死前有兵，無軰	無兵、軰，脫誤
	人食礜**食**而死	石	同上	同上	同上	食，誤
	魚食巴**椒**而死	菽	同上	同上	同上	椒，誤
	同氣異**類**	積	同上	積，積後有也	積，無也	類，誤
	虎**子有**，不能搏攫者	有子	同上	同上	同上	子有，倒誤
	予拯溺者金**玉**	王	玉	同上	同上	王，誤
	趀，曰何馳	馳前有趨	同上	同上	同上	
	君子有酒，鄙人**擊**缶	鼓	同上	同上	同上	
	軸之入轂	輻	同上	同上	同上	軸，誤
	使人無**渡**河，可；中河使無**渡**，不可	度	同上	同上	同上	渡同度
	粟得水而熱	而前有濕	同上	同上	同上	濕，疑衍誤
	捨茂**木**而**擇**于枯	木，集	林，集	同上	同上	
	謂其一人隕而兩人**殤**	爲，殤	爲，殤	爲，殤	爲，傷	

通過上表可知，茶陵本與宋槧及諸本的異文主要有三點，一是異體字或假借字，如納同內、智通知、懽同歡、渡同度等，由於時代相差，同字異體也是正常的。二是刊刻疏忽之誤，包括訛字、脫字、衍字及倒誤等，如卷十七"以兔之走，使犬如馬"，宋本、道藏本、王溥本等皆作"大"，茅本、汪本等作"犬"。"大""犬"形近，極易混淆。劉文典云："使犬如馬，'犬'當爲'大'字之誤也。

《御覽》九百七、《事類賦·獸部》二十三引，‘犬’并作‘大’，是其證。”蔣鴻禮對此有不同看法，云：犬字，宋本及王氏《雜志·覽冥篇》‘追猋歸忽’條所引并作‘大’，然兔大如馬，何以必其逮日歸風？及兔爲長，走不速則或然，何遽不能走，皆不可解。今謂此字仍當作‘犬’，‘如馬’二字乃‘加鶩’之誤……”何寧云：“‘犬’當依宋本作‘大’是也。高注‘言其疾也’，抄宋本作‘言其妄也’，亦以‘妄’字爲是。‘疾’字乃後人以意改之耳。物或有似然而不然者，‘以兔之走，使大如馬，則逮日歸風’，蓋似然而不然者也。不通於論者，以爲兔速，馬亦速，以兔之小，尚速也如此，重之以如馬之大，其可量乎？此蓋以大小論者也。上文云‘人莫不奮於其所不足’，夫兔之小，兔所不足也。其速也如此，改奮於其所不足使然耳。以爲大如馬則逮日歸風，謬矣。故高注云‘言其妄也’。下文云‘及其爲馬，則又不能走矣’，正以爲兔之速，在其小而奮於其所不足，及其爲馬，則何所畏於逐兔者？則無所奮於不足矣。故曰‘不能走矣’。蔣先生謂‘大’當作‘犬’，又改‘如馬’爲‘加鶩’，以馬無情於逐兔爲解，其說迂矣。且何與於‘人莫不奮於其所不足’乎？”何說當是。他如“美人”誤作“夫人”、“討”誤作“誅”、“名”誤作“石”、“性”誤作“生”、“生”誤作“反”、“白”誤作“帛”、“契”誤作“棄”、“石”誤作“食”、“輻”誤作“軸”等，多屬形近、聲同而誤。

三是有意改之，所改包括改字、删字、增字、調換位置等。如卷十四第六葉下半葉第七行“使在己者得宜，邪氣因而不生”，宋本及諸本無“宜”字，“邪”前有“而”。卷十四第十葉下半葉末行“狗吠而不驚，自信而能”之“能”字，包括宋本、道藏本、王溥本在内的諸本皆作“情”，等等。細究所改，其中有不少可取之處或姑存一說。如卷七“今貢人敖倉”之“貢”，諸本皆作“贛”，高誘注“贛，賜也”，于省吾《雙劍誃諸子新證》曰：“爾雅釋詁：‘貢，賜也。’釋文：‘貢或作贛。’”可見，茶陵本作“貢”，淵源有自。卷四“薄落之山”，諸本皆有“之山”，惟茶陵本删其“之山”二字，劉家立《淮南集證》曰：“今本作‘薄落之山’，‘之山’二字涉注文而衍也。此節言善凡雙名者無‘山’字，單名者有‘山’字，下文釜出景，則又脱去‘山’字。”再者此句之前有多個類此之句，皆無“之山”，劉文所指當是。卷十二“此吾知道之數也”，諸本“此吾”皆作“吾所以”，王叔岷《諸子斠證》曰：“‘吾’上當有‘此’字，上文可照。”卷十二“無始曰：弗知之深，而知之淺；弗知之内，而知之外；弗知之精，而知之粗”，宋本、道藏本、王溥本等諸本“内”“精”前皆無“之”字，對此劉文典《淮南鴻烈解集解》考云：“惟《文字·微明篇》襲用《淮南》此文，作‘知之淺不知之深，知之外不知之内，知之粗不知之精’，文雖倒，‘不知’下固自有‘之’字，且三句一律。《文子》襲用《淮南子》文，大抵删削多而增益少，或此文本作‘弗知之深而知之淺，弗知之内而知之外，弗知之精而知之粗’，今本下二句脱兩'之'字耳。《莊子》文句與《淮南》相遠，《文子》則直襲用《淮南》，故以《莊子》校，不若以《文子》校之近確也。"本卷"孰知**不形之形者乎**"，諸本"不形之形"皆作"形之不形"，義不可解，而如"不形之形"則可解。卷十二"以是兔三怨，可乎？"之"以是"，諸本皆作"是以"，王念孫云："'是以'，當依《列子·説符篇》作'以是'。"卷十四"通於道者，物不足滑其調"，宋本、道藏本等諸本"不"皆有"莫"，衍誤，王念孫考曰："'物莫不足滑其調'，當作'物莫足滑其和'。滑，亂也。(見《原道》《俶真》《精神》三篇注，及《周語》《晉語注》)言通於道者，物莫能亂其天和也。今本'莫'下衍'不'字。(因上文兩'不'字而衍)'和'字又誤作'調'。《原道篇》曰'不以欲滑和'，《俶真篇》曰'不足以滑其和'，《精神篇》曰'何足以滑和'，《莊子·德充符篇》曰'不足以滑和'諸書皆言'滑和'，無言'滑調'者……"茶陵本作"不足"，當是。卷十四"不貪無用則不以欲害性"，宋本、道藏本"害"前有"用"字，當非。王念孫《讀書雜誌》云："劉本無下'用'字，是也。此因上'用'字而衍。"俞樾《諸子平議》云："下用字衍文。《文子·符言篇》作'不貪無用即不以欲害性'，是其證。"卷十四"龜千歲，浮蝣不過三日"，宋本、道藏本、王溥本等諸本"浮蝣"皆作"浮游"，馬宗霍《淮南子參證》曰："《爾雅·釋蟲》云：'蜉蝣，渠略'。此作'浮游'，蓋同音假借字，與《夏小正》合。《夏小正·戴傳》云：'浮游者，渠略也。朝生而暮死'。《詩·曹風》毛傳、郭璞《爾雅注》并同其説。"可見茶陵本欲以原字改之。卷十七"粟得水而熱"，諸本"而"前皆有"濕"，疑衍誤。劉文典曰："《御覽》七百五十七引上句無'水'字，八百四十引無'濕'字。疑許、高本異，而寫著誤合之。"張雙棣曰："依文義，'濕'字疑衍。'得火而液'與'得水而熱'相對爲文，'水'下不當有'濕'字。王鎣本、朱本'火'下有濕，蓋因'濕'字而補也。"故此以上，茶陵本雖有訛誤，亦多有優於他本之獨特佳處。

　　當然，亦有改而不當者，如卷四"凡**洪**水淵藪"，諸本皆作"鴻水"，卷首《叙》中云"鴻，大也"，此段下有"禹乃以息土填洪水"，然此"洪水"與"鴻水"之意非同，此屬妄改。卷十二"今趙氏之德行無所積，一朝而兩城下"，其中"一朝而兩城下"皆作"今一朝兩城下"，對此張雙棣引據所考曰："王念孫云：今一朝兩城下，本作'一朝而兩城下'。此後人嫌其與上文相複而改之也。不知此是複舉上文之詞，當與前同，不當與前異。若云'今一朝兩城下'，則與上句'今'字相複矣。《群書治要》引此，正作'一朝而兩城下'。《列子》《吕氏春秋》并同。于鬯云：此複舉上文之辭，固無嫌於語同，亦何嫌於文變？必謂當同不當異，何其拘泥。且此文法顯然，何以必欲改與上文不同，而轉與上句今字相複，後人之不通不至此也。蓋此本《淮南》原文。古人行文固多疊用今字而不嫌其複者。《戰國策·齊策》'今秦之伐天下'，以下複四'今'字……是則漢人喜效戰國文法，複今字不爲厭。此止複兩今字，尤不當怪。《治要》所節《淮南子》，本不盡可訂今本。至《列子·天瑞篇》《呂氏·慎大篇》與《淮南》固宜各存本文可也。"茶陵本所刪或出自《群書治要》，然據上下文意，不刪"今"當是。卷十四"由是觀之，**生**有以樂也，死有以哀也"，宋本、道藏本等皆爲"性"，而茶陵本、王溥本、茅本等諸本皆作"生"，於上下文意不合，蔣禮鴻《淮南子劄記》云："生，宋本作'性'，是也，當據改。'死'字衍。'性有以樂也，有以哀也'作一句讀。下云'今務益性之所不能樂，而以害性之所以樂，故雖富有天下，貴爲天子，而不免爲哀之人'，正承此句而言，豈云死而後哀哉！'性'誤作'生'，校者乃輒加'死'字耳。"張雙棣《淮南子校釋》曰："蔣説是。前文云'心有憂者'，又云'患解憂除'，'性有以樂也，有以哀也'，正'由是觀之'而得之結論，與生死無涉。性，景宋本、道藏本均不誤，蓋劉績所改，'死'字衍文無疑。"此非劉績首改，茶陵本已改之在前。

除宋槧、茶陵本及明初道藏本外，元、明初未見刊載他本，出於道藏本的劉績校王溥刊本則是最早的刊本。校勘發現，王溥本與前三本異文甚多，我們以爲是王溥本首次校改，但校勘發現，王溥本的校改有不少與茶陵本相同，可能王溥本在校刊時吸收了茶陵本的校改成果。如卷七第十葉上半葉第五行"負籠土"之"負"字，宋本、道藏本皆作"魚"，據上下文意，"負"是"魚"非，而王溥本以及出於王溥本的王鎣本等諸本皆作"負"。卷十四第六葉下半葉首行"重於滋味，淫於聲色"之"重"字，惟宋本、道藏本作"推"，王溥本、張本、莊本等諸本皆作"重"，張雙棣《淮南子校釋》曰："《御覽》所引與景宋本、道藏本同，是'重'乃劉績所改，而諸本從之。此文'推'義當爲'求'，本書高誘多有注焉。《原道》'因其自然而推之'，注'推，求也'。本經'可以歷推得也'，注'推，求也'。《主術》'推之而弗猒'，注'推，求也'。"卷十七第五葉上半葉第八行"盜賊之輩醜吠狗"，宋本、道藏本無"輩"字，王溥本等諸本皆有此字。卷十四第六葉上半葉第四行"雖不能必先載"之"載"字，宋本、道藏本、茅本皆作"哉"，惟王溥本與茶陵本同。張雙棣《淮南子校釋》云："當以《道藏》本作'哉'爲是，此是語詞，劉改爲'載'，是否謂爲'載重'之義，若是則失之，若通作'哉'，則無須改作'載'矣。"此是所改不妥之例，同樣被王溥本借用下來。類似茶陵本與王溥本及出於王溥本的諸本同而與宋槧、道藏本異的例子不勝枚舉，因王溥本遠在茶陵本之後，則王溥本很可能參考過茶陵本。

當然，亦有宋本、道藏本、茶陵本等諸本不改，而王溥本徑改者，如卷十四"非以智，不爭也"，王溥本改爲"非以智也，以不爭也"，其後一依王本者皆從之，而如不從王本之如茅本、汪本等仍從宋本不改。按其上下文意，當有"也，以"二字爲適，莊逵吉校刊本曰："吳處士江聲云：應作'非以智也，以不争也'。參之下文，當是。考明中立四子本，本作'非以智也，以不争也'，知傳刻原有異同。"劉文典《淮南鴻烈集解》云"《御覽》四百九十六引亦作'非以智也，以不争也'，與中立四子本合。《道藏》本作'非以智不争也'，文不成義，當一中立四子本。"這也説明王溥本的獨特性和優點。王溥本在借鑒茶陵本的基礎上同時又有自己的精審校勘，使其成爲諸本中上乘之本。綜合而言，其校勘質量也要高於另一系統的茅一桂本及諸本。在道藏本之後，王溥本成爲諸本刊印之源頭之本，不是偶然的，而其校勘質量遠逾諸本當是一個最爲重要的原因。

綜上，茶陵本當據俄藏宋刻本而出，刊於南宋末，保留了底本的一些特點，如卷端題署、避諱、文字等。茶陵本是一個删節本，正文、注文皆有删削，而以後者較多，不全删者則縮減字數。在删改過程中，出現了不少訛字、脱文、倒文、衍文等，這也體現出坊間刻本的粗率特點。但其校改亦有不少可取之處，首先校正了宋本之誤，其次爲後刻本如劉績校王溥刻本等所借用。諸家以爲劉績所改，實則茶陵本改之在前。抑或慮及茶陵本删節、訛誤之缺點，揆度現當代整理校釋本，無一使用茶陵本作爲校本，這不能不是一個遺憾。宋刻本《淮南鴻烈解》可知者僅存此兩部，一在俄羅斯國圖，一在臺北故宮博物院，而後者作爲惟二之一的宋槧，其文物價值固然毋庸置疑，但其學術校勘價值亦當得到應有的重視。

丁延峰：曲阜師範大學文學院教授

略論董鼎《書集傳輯録纂注》及其版本源流

沈從文

　　元代學者董鼎所撰《書集傳輯録纂注》（又稱《書蔡氏傳輯録纂注》《尚書輯録纂注》等，以下簡稱《輯録纂注》），上承朱熹、蔡沈《尚書》學之統緒，下啓元明諸家補注蔡氏《書集傳》之風尚，是元代《尚書》學著作中影響較大的一種。今人研究元代經學，於此書多有論及，尤其是許華峰《董鼎〈書傳輯録纂注〉研究》[①] 對於此書的版本、體例、編纂經過、引書狀況，書中呈現的宋元之際鄱陽、新安學者《尚書》研究與朱熹、蔡沈之間的關係等等問題，都有詳盡的説明。然而許文偏重於以《輯録纂注》爲基本材料，上溯《書集傳》，探討朱熹學派《尚書》學的發展脈絡，至於《輯録纂注》一書本身的成書背景、存世版本乃至後世影響等問題，似乎仍有進一步研討的餘地。本文就知見所及，試圖在前人基礎上再加推求，於研治《尚書》學史者或不無小補。

一　《書集傳輯録纂注》的成書

　　董鼎，字季亨，號深山，鄱陽（今屬江西）人。生卒年史無明文，許華峰據《輯録纂注》其子董真卿刊書識語"及悼棄藐孤之三年，會聖天子興賢有詔"，

---

① 　臺北中央大學中國文學研究所 2000 年博士論文。

推測董鼎約卒於元武宗至大四年（1311）；又據吴澄《書傳輯録纂注後序》謂董鼎"年六十八而終"，推算其人約生於宋理宗淳祐四年（1244）①。董鼎族兄董夢程受學於朱熹門人黄榦、董鉄，故董鼎亦私淑朱熹之學，著作頗多，《孝經大義》《書集傳輯録纂注》二書尤其著名，又爲胡一桂《十七史纂古今通要》補纂《後集》，已佚者尚有《詩傳》《四書疏義》等。

元代初年，胡一桂、熊禾、陳櫟等新安、福建地區的朱熹學派傳人在設帳講學、傳授理學的同時，還以朱熹學派經注爲基礎，有計劃地編纂了一批"以'纂注''纂疏'等爲名，且體例相近的著作"②。董鼎與胡一桂、熊禾同爲朱熹後學，交誼深厚。至元二十六年（己丑）至二十九年（壬辰）間（1289－1292），胡一桂携乃父胡方平《易學啓蒙通釋》及自著《易本義附録纂疏》書稿入閩謀刊③，董鼎賦《送胡廷芳之武彝》詩送行④。胡一桂在武夷山與熊禾相與推究，認爲朱熹"平生精力在《易》《四書》，《詩》僅完，《書》開端而未及竟，雖付之門人九峰蔡氏，猶未大倡厥旨"⑤，而鄱陽董氏"先世以來，多習《書經》"⑥，董鼎起意編撰《輯録纂注》有可能就是受胡、熊之論啓發⑦。

《輯録纂注》一書在體例上明顯受到胡一桂《易本義附録纂疏》《詩集傳附録纂疏》等書影響，董鼎認爲蔡沈《書集傳》曾由朱熹親自訂定，"猶其自著"，乃取《集傳》爲宗，搜輯朱熹語録、著作中論《尚書》語，附於《集傳》各條之後，稱"輯録"；又"增纂諸家之注有相發明者，并間綴鄙見於其末"，稱"纂注"，"庶幾會粹以成朱子之一經，可無參稽互攷之勞，而有統宗會元之要"⑧。大德八年（甲辰，1304），董鼎命其子董真卿從胡一桂、熊禾讀《易》武夷山中，并携《輯録纂注》初稿訪求文獻⑨。當時《孝經大義》得胡、熊相助刊行⑩，又欲并刻《輯

---

① 參見許文第三章第三節，108 頁。

② 同上，113 頁。

③ 參見《易學啓蒙通釋》胡方平自序後胡一桂刊書識語，書後熊禾、劉涇跋，日本享和二年（1802）刻本。此本據《通志堂經解》本重刻，又據影元抄本補胡方平自序，胡一桂識語，熊禾、劉涇跋。

④ 《雙湖先生文集》卷五《附録》，《續修四庫全書》影印清康熙四十二年刻本，1322 册 577 頁下。

⑤ 熊禾《送胡廷芳後序》，《勿軒先生文集》卷一，清抄本。

⑥ 《書集傳輯録纂注》董鼎自序後董真卿刊書識語，《中華再造善本》影印本（據中國國家圖書館藏元延祐五年建安余氏勤有堂刻本影印），北京圖書館出版社，2006。

⑦ 按《輯録纂注》初刻於延祐五年（1318），而陳櫟《送董季真入閩刊書序》謂董鼎"三十年前"撰此書，自胡一桂、熊禾至元二十六年論學至延祐五年之前，恰爲三十年左右。

⑧ 《輯録纂注》董鼎自序。

⑨ 參見《輯録纂注》董真卿刊書識語、《周易會通》董真卿自序。

⑩ 參見熊禾《孝經大義序》（《孝經大義》卷首、《勿軒先生文集》卷一）。

録纂注》，但董鼎認爲"吾餘齡暇日，尚須校定"，并未同意。董鼎去世後，董真卿與王希旦、胡一桂、陳櫟、余芑舒等學者討論校訂書稿，至延祐五年（戊午，1318）方由建安余氏勤有堂刊刻，次年正月刊竣印行。至正十四年（甲午，1354），又有劉氏翠巖精舍重刻本。

在修訂《輯録纂注》書稿的過程中，以陳櫟删補修訂之功爲最多。陳氏據舊著《書解折衷》與"成得三分之一"的自編附録纂疏稿，與董書相參，"合爲一編"。董真卿"初與約并名而刊"，但刊行《輯録纂注》時卻仍然僅署董鼎一人之名，并對改稿又加以删改增訂，甚至"奪吾説以畀新安胡氏（胡一桂）者五十許條"①。陳櫟大爲不滿，遂將自編附録纂疏稿續補修訂，編成《書蔡氏傳纂疏》一書，泰定四年（丁卯，1327）由張氏梅溪書院刊行。

二 《書集傳輯録纂注》的旨趣與影響

雖然《書集傳輯録纂注》與其他元人諸經"纂疏"類著作在元明時期主要是作爲科舉參考書在社會上流行，但董鼎在元初科舉未復之時，窮半生精力編撰《書集傳輯録纂注》，顯然有更爲深遠的寄托。

值得指出的是，强調《尚書》中蘊含的"二帝三王之道"，試圖以"道統"所體現的儒家理想影響現實政治，正是宋儒《尚書》學的重要特點。如宋英宗治平間，吕公著"以《尚書》備二帝三王之道，尤切於治術，乞候進講《論語》畢日進講《尚書》，（英宗）從之"②；程頤云"看《書》須要見二帝三王之道，如二《典》即求堯所以治民，舜所以事君"③；朱熹則認爲讀《尚書》須"求聖人之心"，"見堯舜禹湯文武之事皆切於己"，晚年指導蔡沈作《書集傳》，仍强調"直須見得二帝三王之心"④；蔡沈秉承師説，謂"二帝三王治天下之大經大法，皆載此書"，"後世人主有志於二帝三王之治，不可不求其道；有志於二帝三王之道，不可不求其心；求心之要，舍是書何以哉"⑤。

而遠在元朝統一天下之前數十年，以"二帝三王之道"爲核心的理學《尚書》學也已經開始傳入北方。13世紀40年代，姚樞、楊惟中、田和卿等在燕京合

---

① （宋）陳櫟：《與高四叔翁》，《陳定宇文集》卷十，清康熙三十五年（1706）陳嘉基刻本。

② （宋）朱熹輯：《宋名臣言行録》後集卷八，《文淵閣四庫全書》本。

③ 《二程遺書》卷二十四，《文淵閣四庫全書》本。

④ 見《書集傳輯録纂注》卷首《朱子説書綱領》。

⑤ 見《書集傳輯録纂注》卷首《書集傳序》。

力刊刻理學書籍，其中就包括了"《書蔡傳》"①。竇默、許衡、郝經、劉因等北方士人都由研讀"伊洛諸書"而尊信理學，姚樞與竇、郝、許等人日後成爲元世祖忽必烈麾下的重要謀臣，他們的理學思想對希望以"漢法"治理漢地的忽必烈產生了重要影響。忽必烈曾命竇默等"秀才每"從《尚書》中揀擇出"帝王治天下緊要的文書"，直到元仁宗延祐間仍是教導太子的讀物②。到《輯錄纂注》完成刊行前後的武宗、仁宗時期，理學對元朝統治者的影響更爲顯著。武宗、仁宗兄弟早年即受李孟等儒士教誨③，仁宗受儒學濡染尤深，尚爲皇儲之時就"遣使四方，旁求經籍"，命詹事王約等節譯真德秀《大學衍義》刊行，稱贊"治天下，此一書足矣"④；即位後又命元明善、文陞"節《書》文，譯其關政要者以進"，"書成，每奏讀一篇，上必善之，曰：'二帝三王之道，非卿莫聞也'"⑤。皇慶二年（1313）六月，"以宋儒周敦頤、程顥、顥弟頤、張載、邵雍、司馬光、朱熹、張栻、呂祖謙及故中書左丞許衡從祀孔子廟廷"⑥，標志著理學"道統"正式得到元廷認可。同年十一月，仁宗下詔復開科舉，規定經義"《尚書》以蔡氏为主"⑦，一時"士氣復振，咸奮淬以明經爲先"⑧，至有"斯文開運，其在茲乎"⑨之慨。

雖然董鼎在科舉重開、理學大興之前就已去世，但他認爲"五經各主帝王政事之一端，《書》則備紀帝王政事之全體，脩齊治平之規模事業盡在此書，學者其可不盡心焉"⑩，在自序中自述"於君心王政、人才民生之所係，諸儒之論可堪警策者，摭抉不遺，闕者補之，以備臨政願治之觀覽，固不徒爲經生學士設也"，特意強調"是《書》也，惟聖賢能盡之，惟帝王能行之"，寄望於"受天之命，奄有四海"的當朝統治者"可以千古聖賢自期，可以四代帝王自許"，

---

① 參見姚燧《中書左丞姚文獻公神道碑》（《元文類》卷三十四，元西湖書院刻明修本上海圖書館藏）。按文中"田和卿尚書版"六字，四庫輯本《牧庵集》作"田和卿版《尚書》"，然後文已有"《書蔡傳》"，則《牧庵集》文字似誤倒。

② 王士點、商企翁等《秘書監志》卷五（《文淵閣四庫全書》本），同卷記忽必烈太子真金所讀文書中有"《尚書政要》一冊"，或即其書。

③ 參見《元史》卷一七五李孟本傳。

④ 《元史》卷二四《仁宗紀》一。

⑤ 馬祖常《石田先生文集》卷十一《翰林學士元文敏公神道碑》；又見《元史》卷一八一元明善本傳。

⑥ 《元史》卷二四《仁宗紀》一。

⑦ 《元史》卷八一《選舉志》一。

⑧ 劉詵《建昌經歷彭進士琦初》誌銘，《桂隱文集》卷二，清初抄本，上海圖書館藏。

⑨ 《書集傳輯錄纂注》董真卿刊書識語。

⑩ 《書集傳輯錄纂注》卷首朱熹序說"纂注"。

樂觀地相信"是書若遇，雖書之幸，實天下萬世生民之大幸也"，集中體現了他"獨兀兀風櫺雪案邊"[①]之時内心深處的現實關懷。

儘管元代理學家以"二帝三王之道"改造蒙古統治者的努力并未成功，但理學畢竟在朝野合力推動之下取得了"官學"地位，程、朱等理學大家的諸經傳注成爲科舉考試的主要内容。董鼎《輯録纂注》以蔡沈《集傳》爲宗，又廣泛輯録朱熹《書》説，增纂諸家傳注，便於學子參考，正適合科舉考試需要。元末明初，《輯録纂注》與陳櫟《纂疏》并列爲最流行的《尚書》讀本，習《尚書》者"讀《書傳》者率資此書（陳櫟《纂疏》）及董鼎《纂注》"[②]，"學者所習惟《輯録纂注》而已"[③]。今日傳世的《輯録纂注》元刻本中，不止一部都帶有閱讀者的圈點、批注（詳見後文），同樣印證了此書在元明時期流行之廣，影響之大。

到了明永樂年間，胡廣等人奉詔纂修《書傳大全》，取材來源即"以董鼎之書爲底本，約佔全書七成有餘爲最多"，其次輔以陳櫟《纂疏》，并補入吳澄、陳雅言等諸家之説[④]。《大全》中不少内容甚至一字不改照抄《輯録纂注》，如《堯典》"申命和叔宅朔方"一段，董書"纂注"引金燧《閏講星説》，論古今中星不同，稱"至本朝（指元朝）初""今延祐"云云，《大全》俱照録原文。某些地方《輯録纂注》有誤字，《大全》亦一仍其舊，如僞孔安國序"秦始皇滅先代典籍"一段，董書"纂注"録孔穎達疏，引《史記·秦始皇本紀》云"悉詣守尉親燒之"，覈《史記》、孔疏原文，"親"應作"雜"；又如《禹貢》"淮沂其乂"一段，董書録蔡《傳》云"出太公武陽之冠石山"，覈《書集傳》宋淳祐十年吕遇龍上饒郡齋刻本，"太公"應作"太山"，而《大全》俱沿襲《輯録纂注》之誤。顧炎武曾痛斥胡廣等"僅取已成之書抄謄一過"[⑤]，於此亦可見一斑。

然而《書傳大全》既爲官書，行世之後就逐漸取代了董鼎《輯録纂注》、陳櫟《纂疏》等書的科舉參考書地位。有明一代，《輯録纂注》幾無重刻記録[⑥]。

① 徐明善《送董季真入建刊蔡氏書傳通釋序》，《芳谷集》卷上，《文淵閣四庫全書》本。
② 楊士奇跋《書傳纂疏》語（《東里文集續編》卷十六，明嘉靖二十九年黃如桂刻本）。按楊氏又云："吾外氏有《書傳會通》尤詳備，而今學者多未及見，余雖見之，亦未及録也"，所謂"吾外氏有《書傳會通》"係指楊士奇外祖陳謨《書經會通》，與南宋陳大猷《書傳會通》無關，近人論著於此或有失考，故附及之。
③ （明）何喬新：《跋書傳輯録纂注》，《椒丘文集》卷十八，明嘉靖元年刻本。
④ 陳恒嵩《〈書傳大全〉取材來源探究》，林慶彰、蔣秋華主編《明代經學國際研討會論文集》295–316頁，臺北"中央研究院"中國文哲研究所籌備處，1996。
⑤ 《日知録集釋》卷十八《四書五經大全》，《續修四庫全書》影印清道光黃氏西谿草廬刻本，1144册，276頁下。
⑥ 杜信孚《明代版刻綜録》第六卷著録有"明景泰建陽書林劉文壽翠巖精舍"刻本，然未記館藏記録，《中國古籍善本書目》亦未見著録此本。

直至清康熙年間，徐乾學、納蘭成德等始據元至正翠巖精舍刻本重刻，收入《通志堂經解》，此書方縷重顯於世，嗣後諸本多源出於此。不過到此時，《輯錄纂注》已不再是實用的科舉參考書，而成爲稽考宋元諸家《書》說之淵藪。

三 《書集傳輯錄纂注》元刻二本存世情況及後世版本源流

（甲）元延祐五年至六年（1318-19）余氏勤有堂刻本（"十行本"）

《書集傳輯錄纂注》傳世元刻本大致可分爲"十行本""十一行本"兩系。十行本即延祐五年至六年余氏勤有堂刻本，爲此書初刻本。此本半葉十行，行二十字，小字雙行二十四字，黑口，四周雙邊，左上欄外有書耳記篇目。每卷首題"書卷第幾"，次行題"朱子訂定蔡氏集傳"，再次行題"後學鄱陽董鼎輯錄纂注"，題名體式與胡一桂《易本義附錄纂疏》《詩集傳附錄纂疏》、陳櫟《書蔡氏傳纂疏》極爲類似，可見這幾位學者之間的密切關聯。卷首有蔡沈《書集傳序》、董鼎《書蔡氏傳輯錄纂注序》、董真卿刊書識語、《書蔡氏傳輯錄纂注凡例》《書蔡氏傳輯錄引用諸書》《輯錄所載朱子門人姓氏》《纂注引用諸書》《纂注引用諸家姓氏》《朱子說書綱領》《書》序（僞孔安國序、《漢書·藝文志》《書》類小序、孔穎達序說、朱熹按語）。正文依蔡沈《書集傳》分爲六卷，《書序》別爲一卷，置於書末。《纂注引用諸家姓氏》末有鐘形牌記"延祐戊午"、鼎形牌記"勤有堂"，《朱子說書綱領》末有牌記"建安余氏勤有堂刊"，皆作篆文。《綱領》末葉版心又有"延祐己未正月印"一行。卷末有"男真卿編校""侄濟卿、登卿同校""建安余志安刊行"三行。此本"槧手精工，雖宋本亦稱佳者"[1]，雖偶有小誤（如前文所論"雜"誤作"親""太山"誤作"太公"之類），要爲白璧微瑕。此本已知存世者大致有以下各部：

（一）中國國家圖書館藏本（1）（書號 06576；《善本書目》經部 932）

十冊。全書朱筆點校，卷四末朱筆題記"延祐己未八月點校訖"，卷末朱筆題記"王元亮點校訖"。點校之時即在刷印之年，可證此本應爲初印本。卷二首葉補抄。曾先後爲元王元亮、清許之漸、顧貞觀、汪士鐘、汪駿昌、常熟瞿氏鐵琴銅劍樓收藏。有"元亮""王景陶父""陽羨山城""山泉學易""清風北窗""夫山許氏圖書""高陽氏槐榮堂""侍御之章""顧貞觀印""汪士鐘印""閬源真賞""長洲汪駿昌藏""唐越國公四十二世孫""鐵琴銅劍樓""虞山瞿紹基藏書之印"等藏印。《鐵琴銅劍樓藏書目錄》、傅增湘《藏園訂補邵亭知見傳本書目》卷一、《中國古籍善本書目》《北京圖書館古籍善本書目》著錄。

---

[1] 《欽定天祿琳琅書目後編》卷八"《書傳輯錄纂注》"條。

（二）中國國家圖書館藏本（2）（書號 00857；《善本書目》經部 931）

十冊。《中國古籍善本書目》《北京圖書館古籍善本書目》著録。

（三）中國國家圖書館藏本（3）（書號 07265；《善本書目》經部 931）

六冊。全書朱墨筆點校評注，未知出於何人之手，莫友芝猜測"當是國初經生讀本，明人尚無此沈潛"①，張元濟則認爲"書法秀勁，饒有元人筆意"②。按清初元刻已爲世所重，恐未必敢於輕易下筆，此本批點仍以元明間人所爲可能性較大。曾先後爲常熟項氏、朱彝尊潛采堂、豐順丁氏持静齋、商務印書館涵芬樓收藏。藏印有"古橋李□史項蘭谷卐玉齋珍玩之印""約山埜逸""項蘭谷史籍章""周孝琛印""原仲""清白吏子孫""清白傳家""天禄永昌""秀水朱氏潛采堂圖書"等。《持静齋書目》卷一，莫友芝《持静齋藏書記要》卷上、《宋元舊本書經眼録》卷二，傅增湘《藏園訂補邵亭知見傳本書目》卷一、張元濟《涵芬樓燼餘書録》《中國古籍善本書目》《北京圖書館古籍善本書目》著録。

（四）臺北故宮博物院藏本（書號故善 002109-002116）

八冊。前僅有蔡沈《書集傳序》《朱子説書綱領》《書》序。清内府天禄琳琅舊藏，《天禄琳琅書目後編》"以書中宋諱皆不闕筆，而勤有堂世守其業，至今不廢，故列之元版"，實即延祐五年余氏勤有堂刻本。卷六五十三至五十六葉補抄。藏印有"李氏""萬卷樓圖籍""江夏圖書""岳樗""岳榆""封"等。《欽定天禄琳琅書目後編》卷八、《故宮善本書目·天禄琳琅現存書目》《"國立故宮博物院"善本舊籍總目》著録。

（乙）元至正十四年（1354）翠巖精舍刻本（"十一行本"）

延祐五年董真卿與余氏勤有堂合作刊刻《輯録纂注》之後數十年，翠巖精舍又重刻此書。此本半葉十一行，正文每行字數、版式、書耳等皆與勤有堂本相同。董鼎自序後無董真卿識語。《朱子説書綱領》後有長方形牌記"□□甲午孟夏翠巖精舍新刊"，"甲午"前年號空缺。《輯録纂注》初刻於延祐五年，翠巖精舍本重刻必在其後，而此本字體、版式等與元代福建刻本風格一致，不同於明前期刻本，則此"甲午"應爲元順帝至正十四年（1354）。劉氏翠巖精舍爲元明間建陽著名書坊，所刊以應舉及實用之書爲多，如延祐元年（1314）刻董楷《程朱二先生周易傳義》、天曆元年（1328）刻劉完素《新刊河間劉守真傷寒直格》、天曆二年至三年（1329-30）刻《新編古賦題》前後集、後至元二年（1336）刻董真卿《周易經傳集程朱解附録纂注》（《周易會通》）、至正十四年（1354）

---

① 《宋元舊本書經眼録》卷二《書傳輯録纂疏》條，《續修四庫全書》影印清同治刻本，926 册 490 頁下。

② 《涵芬樓燼餘書録》經部《書蔡氏傳輯録纂注》條，經部第八葉前，1951 年上海商務印書館鉛印本。

刻郎曄《注陸宣公奏議》①、至正十六年（1356）刻王侗批點箋注《四書》（今存《大學》《中庸》章句、或問）等②。泰定四年（1327）翠巖精舍刻胡一桂《詩集傳附錄纂疏》揭祐民序稱"書肆舊有《書傳纂集大成》，行之於四方，信矣，今《詩傳纂集大成》，人間有此雙拱璧，將爭先睹之"③。按董鼎《輯録纂注》、陳櫟《書蔡氏傳纂疏》皆與《詩集傳附錄纂疏》體例相似，然陳書初刊亦在泰定四年，不得謂之"舊有"，且陳櫟亦曾稱董書爲"蔡傳大成"④，則所謂《書傳纂集大成》應即指董氏《輯録纂注》而言。劉氏既已刻胡書，又重刊董書以配成"雙拱璧"之名，亦自然之事。

總體而言，"十一行本"與"十行本"內容基本相同，個別地方偶有校改，如卷首《朱子説書綱領》"先生問可學近讀何書"條引《湯誓》經文，"十行本"作"如畏上帝"，"十一行本"據原文改作"予畏上帝"；《禹貢》"過三澨"，"十行本"蔡《傳》"據《左傳》'漳澨''蓬澨'"，"十一行本"根據《左傳》通行本，改"蓬澨"爲"薳澨"。然而"十一行本"較之"十行本"訛字亦有增多，如卷末《書序‧費誓》纂注"漢烽火通甘泉"，"烽"誤作"蜂"；又書中頗多簡字、俗字，如"學"作"斈""舉"作"𦥑""齊"作"斉"之類，蓋坊本積習，亦無足深怪。

"十一行本"與"十行本"最主要的差別則在於卷首《纂注引用諸家姓氏》部分，大致有以下數端⑤：

"李氏杞"："十一行本"脱"杞"字，誤以"子材"爲其名；後一行又衍一"子"字。

"馬氏子嚴"："十行本"僅記籍貫"東陽"；"十一行本"補號"古洲"，改籍貫爲"建安"。按南宋有一馬子嚴，字莊父，號古洲，建安人，與朱熹爲同鄉友人，時相過從。"十一行本"校訂者蓋以爲此"馬氏子嚴"即建安馬子嚴。考《輯録纂注》徵引此"馬氏"說凡七條，皆轉引自陳大猷《書集傳》，而陳書俱稱"東陽馬氏"。又南宋另有馬之純，字師文，東陽人，著有《尚書》《中庸》《論語說》等，元吳師道明言"陳大猷《書集傳》所引馬氏即其人"⑥，則此東陽馬

① 按莫友芝《宋元舊本書經眼録》附録卷一《翰苑集》條將此本牌記中"至正甲午"誤抄作"至元甲午"，近人論著或據此誤以爲翠巖精舍始業於至元間，故附及之。
② 參見方彦壽《建陽劉氏刻書考》，《文獻》1988 年 2-3 期。
③ 《詩集傳附録纂疏》卷首，《續修四庫全書》影印本，57 册，276 頁。
④ 陳櫟《與高四叔翁》，《陳定宇文集》卷十。
⑤ 按《鐵琴銅劍樓藏書目録》以"十行本"與《通志堂經解》本（源出"十一行本"）相較，已詳舉其差異。
⑥ 《敬鄉録》卷十二，民國三年（1914）烏程張氏刻《適園叢書》本。

氏當爲馬之純而非馬子嚴。疑董鼎撰書時或未詳考，誤記其名，翠巖精舍重刻時又改易字號、籍貫。

"許氏月卿"："十一行本"補字"太空"；

"十一行本"於"沈氏貴珤"《雜著》後，增"余氏九成"《書說》、"程氏實之"《答柴中行問》；"齊氏夢龍"後，增"李氏次僧"《洪範精義》、"章氏約齋"《禹貢告成書》、"鄭氏元珤"《禹治水譜》、"金氏履祥"《尚書表注》、"吳氏澂"《尚書纂言》；"王氏希旦"《書說》由"胡氏一桂"《書說》之前移至之後，後又增許謙《尚書叢説》；"程氏葆舒"《蔡傳訂誤》後增"陳氏師凱"《蔡傳旁通》；"金氏燧"《閏講星説》後增"余氏鑰"《曆象管窺》、"牟氏應龍"《九經音攷》、"王氏道"《書傳音釋》、"鄒氏季友"《書傳音釋》等。然"十一行本"正文内容與"十行本"相同，并無增補，則書中實未曾引用此新增之十餘家，不過虛列其名以示有所增訂而已。

《姓氏》末："十一行本"多"建安後學余安定編校"一行。據《書林余氏宗譜》，余安定（1275-1347）爲余文興（1237-1309，號勤有居士）之子，近賢嘗疑余安定與勤有堂書坊主人余志安實爲同一人①。劉氏重刻時特增此行，或意在表示增訂亦出勤有堂余氏之手，"其來有自"。

今所知存世元刻"十一行本"大致有以下諸種：

（一）臺北"國家圖書館"藏本（書號 00187）

十册。全書有朱墨筆圈點。《禹貢》篇中，州名字上加朱匡，"河""孟津"等黄河諸地名旁加黄點，"黑水"及夷族名旁加粗黑綫，其餘水名旁加青點，山名旁加"▲"符號，可見用心之細。牌記"甲午"之上，不知何人以墨筆妄填"慶元"二字，蓋欲充宋本以欺人。此書清初曾爲季振宜所藏②，清末民初歸泰興沈文瀚，沈氏轉贈摯友如皋沙元炳（1864-1927），沙氏嘗作跋詳論③。後又歸陳群（1890-1945）澤存書庫。抗戰勝利後，陳氏因叛國投敵，畏罪自殺，其書歸國立中央圖書館（今臺北"國家圖書館"前身）。有"王渙天文圖書""渙""天文""瑞蓮書舍""巢經簃藏書印""滄葦""子孫永昌""詵兮""季振宜藏書""在水一方""墨仙""重與細論文""如皋沙氏珍藏""健庵審定""志頤堂印""澤存書庫"等藏印。《"國立中央圖書館"善本書目》著録。

（二）臺北故宫博物院藏本（書號贈善 003426-003431）

六册。原爲沈仲濤研易樓舊藏，1975 年捐贈臺北故宫博物院。臺灣商務印書

<hr>

① 參見肖東發《建陽余氏刻書考略》（上），《文獻》1984 年第 3 期。

② 按《士禮居叢書》本《季滄葦藏書目》末"經解目録"著録有董鼎《書傳》（《尚書輯録纂疏》）六卷，然未記版本。

③ 《元至正本尚書輯録纂注跋》，《志頤堂詩文集·題跋文》上編，《近代中國史料叢刊續編》影印民國鉛印本，文海出版社。

館《四部叢刊三編》曾影印。《"國立故宮博物院"藏沈氏研易樓善本圖録》《"國立故宮博物院"善本舊籍總目》著録（題名作"書集傳"，撰者仍題"蔡沈"）。

（三）日本静嘉堂文庫藏本

六册。原爲陸氏皕宋樓舊藏，清末售與日本岩崎氏静嘉堂文庫。《皕宋樓藏書志》卷四、《儀顧堂續跋》卷一、《静嘉堂秘籍志》卷一著録。

（四）上海圖書館藏本（1）（書號綫善 773416-20；《善本書目》經部 931）

五册。存卷二至六，又《書序》一卷。卷四《康誥》七十二、七十三葉次序互倒，七十一葉誤置於七十四、七十五葉之間。《書序》卷末有牌記"建安余全仲刊於勤有堂"，爲他本所未見，故原著録爲"元延祐五年余氏勤有堂刻本"。然經核對，實與至正十四年翠巖精舍刻本爲同一版，惟刷印早於臺北"國圖"藏本。此本既爲翠巖精舍刻，又有勤有堂牌記，未知何故。書中有朱墨筆圈點。明代爲嘉興項元深、項國亨收藏，晚清時歸袁芳瑛卧雪廬，民國間又入羅振常蟫隱廬。有"古檇李江山風月主人子淵項元深氏世濟堂□□□書□□"（殘）、"子淵""如臨深淵""嘉禾項氏世濟美堂""項國亨印""項氏圖書私印""項仲子安父印""又任之友""古潭州袁卧雪廬收藏""蟫隱廬"等藏印。《藏園訂補郘亭知見傳本書目》卷一傅增湘補記有"元建安余氏勤有堂刊又一本，十一行二十字，注雙行二十四字，細黑口，左右雙闌"，疑即此本。《中國古籍善本書目》著録。

（五）上海圖書館藏本（2）

四册。存卷一至四，又首一卷（存凡例、引用諸書及諸家姓氏、《朱子説書綱領》《尚書》序説等）。曾經清代前期學者顧湄、李振裕收藏，有"顧湄之印""伊人""李振裕印""白石山房書畫之記"等藏印。2018 年 6 月初在未編古籍中發現。

（六）中國國家圖書館藏本（書號 A01133；《善本書目》經部 933）

一册。存卷一至二，又首一卷。僞孔安國序前多"洪武二十四年禮部右侍郎張智同翰林院學士劉三吾奏准改正尚書蔡傳"二條，字體明顯爲明初風格，與原本不類，蓋明代重印時增入，以合當時功令。原爲國立北平圖書館藏書。《中國古籍善本書目》《北京圖書館古籍善本書目》著録。

（七）山東博物館藏本（《善本書目》經部 934）

三册，蝴蝶裝。明魯荒王墓出土。存卷二至六，又《書序》一卷。卷二及卷三前半頗有殘損。此本原著録爲"元刻本"，經核對即至正十四年翠巖精舍刻本。全書圈點、批注甚多，蓋魯王生前讀本。魯荒王朱檀薨於洪武二十二年（1389），此本刷印當在元末明初，經比對似與上海圖書館藏本（1）印次相近。《中國古籍善本書目》著録。《中華再造善本》曾影印（題名作《朱子訂定蔡氏書集傳》）。

（八）北京大學圖書館藏本（書號 LSB/4749；《善本書目》經部 931）

四册。存卷二至四，卷二首闕，卷四抄配五葉。原著録爲"元刻本"，行款與翠巖精舍刻本同。《中國古籍善本書目》《北京大學圖書館藏古籍善本書目》（題名作"尚書輯録纂注"）著録。此外北大圖書館尚藏有清怡顔堂抄本四册。

總而言之，在《書集傳輯録纂注》的兩種元刻本中，勤有堂刻"十行本"自元末明初余氏勤有堂歇業之後似即未見重印，存世較少；翠巖精舍刻"十一行本"則在元末明初多次刷印，存世數量遠大於"十行本"，影響亦較大。如魯荒王朱檀墓出土本、中國國家圖書館藏明初增修印本皆爲"十一行本"，可見明初此本已頗通行。又如明永樂間胡廣等修《書傳大全》，卷首"引用先儒姓氏"將"李氏杞""李氏子材"分爲二條，顯係因參考"十一行本"而致誤；"馬氏子嚴"籍貫作"建安"，"許氏月卿"記字"太空"，與"十一行本"同。《禹貢》"過三澨"句蔡《傳》"據《左傳》'漳澨''蓬澨'"，《大全》"蓬澨"作"蘧澨"，亦與"十一行本"同。由此可見，《書傳大全》很可能也是以"十一行本"《輯録纂注》爲主要底本。

清康熙刻《通志堂經解》本《輯録纂注》也是以"十一行本"爲底本，重刻時於原本誤字間有校正，然又有新增訛誤，如卷首"纂注引用姓氏"陳大猷號"東齋"誤作"更齋"；《盤庚》上經文經文"率籲衆感出矢言"，"感"誤作"感"之類。此本又有乾隆五十年（1785）修補重印本，同治十二年（1873）粤東書局刻本，流傳頗廣。

《四庫全書》《四庫全書薈要》本亦據《通志堂經解》本抄。其中《薈要》本多據《書集傳》《輯録纂注》所引各家原書校改，如《禹貢》"灉沮會同"，蔡《傳》引《水經》"東至蒙爲狙獲"，《薈要》據胡渭説改"狙獲"爲"灉獲"；《無逸》"此厥不聽"一節，纂注引林之奇説"如幽厲之監謗"，《薈要》據林氏《尚書全解》原文改作"如厲王之監謗"。凡此種種，雖可稱精審，然去原本面貌愈遠。

又日本文化十一年（1814）昌平坂學問所刻《輯録纂注》，同樣據《通志堂經解》本翻刻，頗爲忠實於底本。此本又有文政六年（1823）堀野屋儀助、岡田屋嘉七重印本，江户出雲寺萬次郎重印本[①]，明治四十二年（1909）舊版彙印《昌平叢書》本[②]，存世亦頗多，兹不具論。

---

① 按出雲寺爲日本江户時期著名書坊，萬次郎父子主持出雲寺江户店事務在天保十五年（1844）至明治中，此本刷印當在此期間（參見藤實久美子《京都の書肆出雲寺家の別家衆》，《大阪商業大學商業史博物館紀要》第 6 號，2005，原文網址 http://moch2.daishodai.ac.jp/files/viewerpdf/kiyo/143.pdf）。

② 據"日本所藏中文古籍數據庫"（http://www.kanji.zinbun.kyoto-u.ac.jp/kanseki/）、"CiNii Books– 大学図書館の本をさがす"（https://ci.nii.ac.jp/books/）。

四　餘論

　　《書集傳輯録纂注》作爲元代朱熹學派《尚書》學具有總結性的著作，其成書經歷了漫長而複雜的過程。董鼎雖是最主要的編撰者，但胡一桂、王希旦、陳櫟以至董真卿等學者在此書修訂刊行過程中的努力也不應忽略。此書傳世版本大致可分爲兩大系統：元延祐五年至六年余氏勤有堂刻本（"十行本"）是經董真卿等編校的初刻本，應是此書最爲可靠的版本，但後世流傳似不及"十一行本"廣泛；元至正十四年劉氏翠巖精舍刻本（"十一行本"）則是以"十行本"爲底本重刻，内容基本一仍舊貫，并無實質性的修訂，但在元末明初頗爲通行，清代以來影響最大的《通志堂經解》本也以此本爲底本。由於客觀條件限制，前賢著作中對《書集傳輯録纂注》刻本的著録偶見疏誤①。今天科技、傳媒日益發達，各大圖書館藏善本逐步以影印本、全文影像等方式向社會開放，以此爲基礎，對古籍版本、印本的研討也應當有新的進展。本文雖僅對《書集傳輯録纂注》一書的版本系統略作辨析，卻也希望能對學界同仁有所啓發。

沈從文：上海圖書館副研究館員

---

　　① 　如《中國古籍善本書目》誤將元刻"十行本"（國圖藏）、"十一行本"（北大、上圖藏）合爲一條（經部 931）著録。

陝西社科院藏明刊《華嚴經》版刻考 *

景新强

  《第二批國家珍貴古籍名録圖録》著録陝西省社會科學院藏《大方廣佛華嚴經》八十卷、《入不思議解脱境界普賢行願品》一卷,《圖録》編纂者鑒定爲 "明永樂十七年刻本",國家名録號 04960①。筆者有緣目驗此書,對其版刻時代頗有懷疑,故撰小文辨正,以求教方家。

  按《華嚴經》八十卷又稱 "八十華嚴",唐釋實叉難陀譯;《入不思議解脱境界普賢行願品》一卷,唐釋般若譯。此本匡高 20.5 厘米,寬 14.7 厘米,半葉 9 行 17 字,白口,四周單邊,版心單白魚尾,書名在書口魚尾之上,簡作 "華嚴經",魚尾下爲卷次。書前有佛説法圖一幅,有龍紋碑形牌記一幅,落款 "永樂十七年十二月十三日"。卷首有明永樂十年六月初四日《御製大方廣佛華嚴經序》,序言半葉 7 行 14 字。全書竹紙印,古色紙書衣,綫裝 24 册 2 函,靛藍布面函套。因書前永樂牌記,被鑒定爲永樂刻本,如圖。有 "吴興潘澄鑑珍藏" "蕓生書畫" 朱印,偶有朱筆校字。潘澄鑑(1877-?),字蕓生,吴興(今浙江湖州)人。光緒三十四年(1908)入日本早稻田大學專門部政經科,歸國任教上海南洋公學、務本女塾,宣統元年(1909)任浙江省咨議局議員,民國六年(1917)任浙西水利議事會會長。

---

  * 本文爲陝西省教育廳科研計劃項目 10JK295 資助成果。

  ① 中國國家圖書館、中國國家古籍保護中心編:《第二批國家珍貴古籍名録圖録》,北京圖書館出版社,2010 年,第七册,第 126 頁。

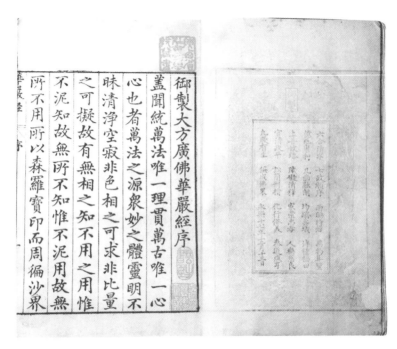

陝西省社科院藏明刊本《華嚴經》

一、版印裝幀風格之疑

在古籍版本學上，永樂本屬於"黑口趙體字明初本"範疇。但此本字體爲工楷寫刻體，而非明初本流行的趙體字、館閣體。"寫刻體"出現於萬曆時期，到明末清初一直流行，入清後寫刻又有變化。此書版心白口，書名在版心上方、上魚尾之上，題"華嚴經"，魚尾下是卷次。熟悉明代書籍版式變化規律者應清楚，這是較晚時期纔有的現象。黃永年說："（萬曆本）版心上方一律白口單魚尾，書名提到魚尾之上，魚尾下祇有卷次。這種式樣自宋元到明前期是從未出現過的，明中期正德、嘉靖、隆慶時也祇是極間或出現過，到這時便十分普及。"[1] 檢《明代版本圖錄初編》《明代版刻圖典》等圖錄，明前期刻本無一此式者。故頗疑之爲萬曆本。

此本綫裝，亦晚出。歷史上漢文佛經在寫本時代多卷軸裝，印本時代早期亦爲卷軸裝，無論藏經本還是另本均如此。宋元以降長期流行經折裝（唯小字本《契丹藏》爲方冊蝶裝，但對後世没什麼影響[2]），至明代依然。明初兩《南藏》《北藏》均用經折裝；偶有方册裝的明刻藏經，也是經折原版後刷印、後裝的，其雕版設

---

① 黃永年：《古籍版本學》，江蘇教育出版社，2009 年，第 131-132 頁。
② 李富華，何梅：《漢文佛教大藏經研究》，宗教文化出版社，2003 年，第 156-157 頁。

計的初衷還是經折裝①。今所存明代單刻本佛經，亦多經折裝者（或更古式的梵夾裝）。如鄭和於永樂十二年發願書寫的金字佛經②，於永樂十八年施印的《大藏經》和宣德五年的《優婆塞戒經》等③。萬曆三十年皇帝施印的《出相觀世音菩薩普門品》爲梵夾裝，萬曆四十二年御製印造的道家經典《太上玄靈北斗本命誕生真經》爲經折裝，萬曆後期鄭貴妃刊刻的《佛説觀世音菩薩救苦經》爲梵夾裝，萬曆三十九年里安長公主刊刻的《天仙玉女碧霞元君真經》（疑偽經）是經折裝④。萬曆二十年王皇后印施的《觀世音感應靈課》⑤，萬曆四十五年建寧府歐寧縣葉希程捐刻《華嚴經》殘卷⑥，甚至隆武二年麗江世福泥金寫本《妙法蓮華經》，南明永曆六年李定國印施的《佛母大孔雀明王經》，同年李定國翻刻元刊本《慈悲道場梁皇懺法》，永曆八年孫可望施印《金剛般若波羅蜜經》等均爲經折裝⑦。

佛教典籍印本何時用方册裝幀？宋元以來中原佛教徒著作印本偶有方册裝（蝴蝶裝、包背裝等）者，但均是“論”部或藏外之本。歷史上《契丹藏》曾用蝶裝但曇花一現，中原系統的《開寶》《金藏》《高麗》等均沿襲卷軸；北宋以後南方系統印本藏經後來居上，使用經折裝。綫裝書籍，早在唐代已有“縫繢裝”發其源，但一般認爲於明代中葉始流行⑧。綫裝藏經則以萬曆十七年肇始的《嘉興藏》知名，此藏編刻時爲採用綫裝還發生了一場爭論⑨，纔確定下來，説明當時僧衆均認爲經折裝是佛經原式，而方册裝尚是新生事物⑩。此後藏經除清代《龍藏》外均用綫裝，而經折裝逐漸退出。經折裝與方册裝的雕版版式是不同的，方册版式有版框、版心與行格。此本《華嚴經》80卷之巨，其版式裝幀受明中葉以來世俗書影響用綫裝，簡便耐用，絕不會是明初之制。與此書類似

---

① 據《漢文佛教大藏經研究》報道：《永樂南藏》有綫裝者，每版折爲2葉，每葉15行。見該書第427頁。

② 章宏偉：《永樂十二年鄭和發心書寫〈金字經〉復原研究》，《學術研究》，2016年5期，第142-148頁。

③ 李希泌：《鄭和印施〈大藏經〉題記》，《文獻》，1985年3期，第78-80頁。

④ 周紹良：《明代皇帝貴妃公主印施的幾本佛經》，《文物》，1987年8期，第8-11頁。

⑤ 辛德勇：《述石印明萬曆刻本〈觀世音感應靈課〉》，辛氏著《讀書與藏書之間》，中華書局，2005年，第149-161頁。

⑥ 方彥壽：《明萬曆刻本〈大方廣佛華嚴經〉》，《文獻》，1990年3期，第215頁。

⑦ 陳妍晶：《南明雲南刻本和寫本佛經考略》，《西南古籍研究》，雲南大學出版社，2011年，第332-336頁。

⑧ 李致忠：《中國古代書籍的裝幀形式與形制》，《文獻》，2008年3期，第3-17頁。

⑨ 《漢文佛教大藏經研究》，第468-469頁。

⑩ 方廣錩指出：“與世俗書籍相比，藏經在裝幀形式上頑强地保持其原貌，應該與它的宗教神聖性有關。”氏著《談嘉興藏的歷史地位》，《西南民族大學學報》，2016年7期，第79頁。

的還有萬曆間湯賓尹刻本《大佛頂首楞嚴經》爲綫裝[1]。

此本用紙也較晚。據筆者目驗，所用爲竹紙，淡黄色，較薄，觸之有聲。明初以來印本，多用所謂"白棉紙"，光潔細膩，呈玉白色，屬皮紙類，不易老化。當然舊版可以後印，紙張祇能作爲參照。

二、助刻人考

此本《華嚴經》卷末有"助刻檀那"姓名列表，每卷皆有，是考訂此本刊刻時間、地點的有力信息。限於眼緣，筆者僅擷取部分助刻人名予以考訂。

（1）卷一："助刻宰官王弘誨眷屬十人，祝世禄眷屬十人，焦竑眷屬六人，共刻此卷。"

王弘誨（1542-1616），字少傅，號忠銘，廣東定安（今海南）人，嘉靖四十四年進士。時張居正當國，王曾作詩諷刺張，爲之壓抑十餘年。纍官南京吏部右侍郎、南京禮部尚書，萬曆二十七年致仕[2]。祝世禄（1539-1610），字延之，號無功，江西德化（今九江）人，萬曆十七年焦竑榜進士，任南直隸休寧知縣，選調南京給事中，萬曆三十二年升南京尚寶司卿，致仕，是明代著名學者和書法家。焦竑（1540-1620），字弱侯，號漪園、澹園，生於江寧（今南京），萬曆十七年一甲一名進士，官翰林院修撰，萬曆二十六年南歸江寧隱居著述。王弘誨是焦竑的坐師，非常欣賞焦的才華學問；祝世禄是焦竑同年好友。以王弘誨致仕歸鄉爲屆，此三人在南京交集應在萬曆二十八年之前（焦竑任職北京，但家居尚在南京），此書應刻於此年前後。書中稱三人爲"助刻宰官"而不是"檀那"，是敬稱，他們皆有功名官爵之故；以顯宦居首，先坐師後門生，爲尊卑有序。

（2）卷二："助刻信官邢隆、劉朝用、王承德共刻此卷。"

邢隆，宦官，萬曆間任南京守備司禮監太監[3]，掌徽寧二府稅契，爲朝臣抨擊[4]。劉朝用，宦官，萬曆時任南直隸池州礦監、南京守備司禮監太監[5]，與邢隆

① 趙前：《明代版刻圖典》，文物出版社，2008年，第326頁。

② 王力平：《王弘誨年譜》，《海隅名臣——晚明王弘誨研究》附錄，海南出版社，2008年，第248-260頁。

③ （明）馮琦：《宗伯集》卷五六《爲請給敕書關防以便遵守以杜奸弊疏》，《四庫禁毀書叢刊》北京出版社，1997年，集部第15冊，第703-705頁。

④ （明）沈一貫：《敬事草》卷一一《言稅契揭帖》，《續修四庫全書》，上海古籍出版社，2002年，第479冊，第480-481頁。

⑤ （明）丁賓：《丁清惠公遺集》卷三《修理殿房以崇奉祀疏》，《四庫禁毀書叢刊》，集部第44冊第98頁。（明）陳煃《乞禁開鑿疏》，《皇明留臺奏議》卷一四，《續修四庫全書》，第467冊第616頁。

俱"開採徽、寧等府"礦産契税,有"吮人髓、析人骨"之稱①。王承德,萬曆間任羽林前衛千戶,奏請徵繳南直隸廬州四府州縣税銀,旨准會同督税宦官徵收②,亦是爲惡地方的人物。書中稱此三人爲"助刻信官",爲有權勢耳。

（3）卷五:"助刻信官許國誠眷屬十五人、張大孝眷屬十二人、包善眷屬十二人共刻此卷。"

許國誠,福建晉江人,萬曆十一年進士③,萬曆間鎮江府知府④。陳仁錫《無夢園初集》有"郡守許國誠《記》云郡之南十里許有獸窟山"⑤云云,此郡指鎮江府,《記》指許國誠所作《京口三山全志》⑥。張大孝,湖南新化人,萬曆十七年焦竑榜進士⑦,萬曆二十四年在任鎮江府同知,同僚有通判王士崧、包善,推官吳化等人⑧。包善亦列名卷五助刻人。

（4）卷六、卷八、卷九均爲"信官吳化刻此全卷",即上述鎮江府推官吳化,黃安（湖北紅安）人,字敦之,萬曆二十三年進士⑨,授鎮江推官,善斷疑獄⑩。

（5）卷二四:"信官張守禮助刻全卷"。張守禮,萬曆二十八年在任京口永生洲把總,統兵千人⑪,永生洲爲長江鎮江段一沙洲,扼海舟入江咽喉,是防倭要塞。

（6）卷三一、卷三五:"奉佛善男子長洲吳士冠敬書"。長洲即今蘇州。吳士冠爲書手,字相如,執筆寫樣萬曆刻本袁宏道《瓶花齋集》《瀟碧堂集》《蔽篋集》《錦帆集》《解脱集》等⑫。上述萬曆原刻袁氏諸集,見《續修四庫全書》集部第1367冊,可覆驗。

① （明）湯賓尹:《睡庵稿》卷二〇《通議大夫工部右侍郎兼都察院右僉都御史嗣山曹公墓表》,《四庫禁毀書叢刊》,集部第63冊,第290-292頁。

② （明）王圻:《續文獻通考》卷三〇《徵榷考》,《續修四庫全書》,第762冊,第314頁。

③ （清）郝玉麟監修,（清）謝承道編纂:《福建通志》卷三六,《文淵閣四庫全書》電子版,上海人民出版社,1999年。

④ （清）趙弘恩監修,黃之雋編纂:《江南通志》卷一〇四,《文淵閣四庫全書》電子版。

⑤ （明）陳仁錫:《無夢園初集》干集四,《續修四庫全書》,第1383冊,第303頁。

⑥ （明）祁承㸁:《澹生堂藏書目》史部下,《續修四庫全書》,第919冊,第623頁。

⑦ 《萬曆十七年己丑科題名紀》,（明）王弘誨《太子少保王忠銘先生文集天池草重編》卷首,《四庫全書存目叢書》,齊魯書社,1997年,集部第138冊,第35頁。

⑧ （明）茅坤:《茅鹿門文集》卷三六,《續修四庫全書》,第1345冊,第229頁。

⑨ （明）張弘道:《明三元考》,明刻本,卷一三第28b頁。

⑩ （清）邁柱監修,夏力恕編纂:《湖廣通志》卷四八,《文淵閣四庫全書》電子版。

⑪ （明）朱吾弼:《巡江改移將領疏》,（明）施沛:《南京都察院志》,明天啓刻本,卷三二第30a頁。

⑫ 沈津:《美國哈佛大學哈佛燕京圖書館中文善本書志》,上海辭書出版社,1999年,第756頁。又見崔建英《明別集版本志》,中華書局,2006年,第470-471頁。

總之，以上諸助刻人或爲顯宦權貴，或爲地方官吏，并於萬曆中在鎮江、南京一帶爲官者，絕無可能是永樂中人，此書應是萬曆間刻本。

　　全書卷末助刻人資料也給我們展示了信衆奉佛的一斑。此書助刻人姓名中，凡屬官宦者，并不説明捐資數目。凡普通信衆出資，則詳細記載所捐銀兩數目（精確到幾兩幾錢）并家口人丁數，可見升斗小民奉佛積德的心態。職此之故，全書 80 卷刻書造價難以確切核算。

三、此本所據的底本

　　解決了刊刻時代，還需回答此本所依據的底本。印本藏經時代的單刻本佛經，特別是《華嚴經》是大乘華嚴部的流行經典，歷代均入藏的，其單行本一定是從某個藏經本中翻刻的。此本每行 17 字，冠永樂御製碑形牌記、御製序，應該不會是從宋元藏經出，更不會是從敦煌寫本時代和《契丹藏》翻出了，雖然宋元旧藏不乏 17 字款式者。它的底本應是某個明代藏經。明初有《初刻南藏》《永樂南藏》《永樂北藏》三部官刻大藏經，均爲經折裝每行 17 字。萬曆間有《嘉興藏》，方册綫裝，但行款不合（《嘉興藏》爲半葉 10 行 20 字），兩者雖刊刻切近但應無親緣關係，故祇能是從明初三部藏經的某一部出。又，《華嚴經》屬流行佛經，其文本已經成熟固定，做文本對勘以求得版本關係并不可行，祇能從它附著的"佛説法圖"扉畫、牌記、序言、卷末"音釋"等部分尋求綫索，因爲這些内容屬於藏經本子的"公共構件"，往往具有時代性。大藏經自身固有的特徵，如千字文函號、版號、刻工、捐刻施印題記等，在單刻綫裝本雕版設計中必然删去，這是需説明的。

　　（1）與《初刻南藏》的關係。《初刻南藏》又稱《洪武南藏》，刊刻於洪武至建文時期，後來版毁，印本稀少，今四川省圖書館藏一部。研究史上對《初刻南藏》是否存在、其與《永樂南藏》之間的關係多有争論，至今還有《初刻南藏》即《永樂南藏》、永樂時南京并無官刻大藏的論點[1]。其實此論争早已在四川《初刻南藏》發現後冰釋，目前一般認爲：《初刻南藏》的正藏部分刊刻於洪武至建文時期，續藏部分補刻於永樂十二年之前[2]；《初刻南藏》正藏是《磧砂藏》《普寧藏》等宋元南系藏經的覆刻本[3]；《永樂南藏》利用了《初刻南藏》

　　①　何穎：《有關永樂南藏論證的考辨》，《圖書館界》，2015 年 4 期，第 25-29 頁。

　　②　［日］野澤佳美：《明初的兩部南藏》，《藏外佛教文獻》，2008 年 1 期，第 443-459 頁。

　　③　邵國秀、周永勝：《甘肅省圖書館藏本永樂南藏考略》，《圖書與情報》，1988 年 2 期，第 49-54 頁。

部分舊版片;《初刻南藏》不毀於永樂六年火災，至遲在永樂十五年尚在①。

　　與《磧砂藏》不同的是，《磧砂藏》在諸大部經的品題前一般不冠以經名，而《初刻南藏》在《般若》《大集》《華嚴》諸經品題前，補刻經名，如“大方廣佛華嚴經第八不動地”②。反觀此綫裝本《華嚴經》，品題前并無冠以經名，是其底本不出於《初刻南藏》之一證。又，《初刻南藏》無全藏統一的扉畫，祇有三部經附有本經之扉畫，且各自不同③。此《華嚴經》卷前有《佛説法圖》3個半葉，佛像結跏趺坐寶座居中，兩側聞法僧衆相向，遠處爲天王羅漢等，左右共 32 身，綫條極爲細膩，這是藏經中很常見的説法圖結構。這是此《華嚴經》不出於《初刻南藏》第二證。第三，“音釋”不同。《初刻南藏》的“音釋”保持了宋元南方系統藏經用反切法注音的傳統，作“某某反”④。而此單刻本《華嚴經》“音釋”用直音法和反切法兩種，反切作“某某切”，且有釋義，這是與《初刻南藏》及以上的藏經不同的。第四，此本卷首保留有永樂十九年御製碑形龍紋牌記，已是《初刻南藏》之後所作，其底本不出於洪武、建文時期。

　　（2）與《永樂南藏》的關係。《永樂南藏》具體刊刻年代不明，李富華、何梅推定爲永樂十一年至十八年間⑤，野澤佳美已辨其非⑥。《永樂南藏》是一部開放民間請印的官版藏經，明代印刷量大，版面磨損快，故而補刊多，後印本存世量也多⑦。據李富華、何梅的調查，《永樂南藏》的特徵也是顯著的，與此《華嚴經》有關的差異是：第一，“音釋”不同。《永樂南藏》的音釋是反切法，也用“某某切”注音，但卷末并無“音釋”二字領起音釋的段落⑧。反觀此《華嚴經》本卷末有“音釋”二字占一行（少數卷末出於節省空間需要而并行），緊接注音釋義的段落。第二，扉畫、牌記不同。大藏經中的扉畫牌記是“公共構件”，由於每卷經前均需要附加，雕印的時候爲了省工就刻少量板子來刷印共用，所以它的版面是磨損很快而又多次補刻的。《永樂南藏》的扉畫和牌記類型衆多，但大多有舍利弗跪拜佛陀問道的場景；祇有兩種没有舍利弗問道場景的，均是後來補刻扉畫，佛陀身著小花圖案袈裟，結跏趺坐於蓮花寶座；全藏牌記爲立扁

　　① 邵國秀，周永勝：《甘肅省圖書館藏本永樂南藏考略》。又見：［日］野澤佳美《明初的兩部南藏》，第 458 頁。

　　②《漢文佛教大藏經研究》，第 389 頁。

　　③《漢文佛教大藏經研究》，第 391 頁。

　　④《漢文佛教大藏經研究》，第 426 頁。

　　⑤《漢文佛教大藏經研究》，第 408 頁。

　　⑥ ［日］野澤佳美：《明初的兩部南藏》，第 454 頁。

　　⑦《漢文佛教大藏經研究》，第 409–419 頁。

　　⑧《漢文佛教大藏經研究》，第 455 頁：“《北藏》的音釋較《永樂南藏》有所不同。首先在卷末題名後有‘音釋’二字，隨後緊是音釋的内容。”説明《永樂南藏》卷末無“音釋”二字領起。

形萬歲牌，内刻"皇帝萬歲萬萬歲"或"皇帝萬萬歲"①。筆者認爲，後兩種没有舍利弗問道、佛穿花衣裌裟的《南藏》扉畫，恰恰是萬曆間補刻時模仿《永樂北藏》官版樣式所作的，不屬於《永樂南藏》原刻樣式②。反觀此綫裝本《華嚴經》，扉畫無舍利弗跪拜問道，佛陀身著小花裌裟等，與《永樂南藏》扉畫不同，説明不是從《永樂南藏》翻刻而來。

（3）與《永樂北藏》的關係。《永樂北藏》於永樂十七年在北京刊刻，正統五年正藏竣工，半葉 5 行 17 字，版式寬大，裝幀豪華；萬曆間又續刻 41 函中國典籍。今《北藏》存世較多，有影印本③。將《永樂北藏》本《八十華嚴》與此綫裝本《華嚴經》對比，有如下異同：

第一，扉畫。現存《永樂北藏》均爲萬曆間印本，其扉畫祇有一種，扉畫一版折爲 5 葉，正中是佛陀結跏趺坐於蓮花寶座上，身著有小花圖案裌裟，右臂上曲至胸前做"無畏印"，左右列次聞法僧衆 64 身，無舍利弗跪拜④。綫裝本《華嚴經》扉畫 3 個半葉，佛陀結跏趺坐寶座居中，兩側聞法僧衆左右共 32 身，服飾與《北藏》相同，唯右手下垂膝部作"降魔印"，無舍利弗跪拜，構圖與《北藏》本一致，僧衆減半，是因爲綫裝本開本不夠闊大，遠端人物因而簡省。

第二，牌記。單刻《華嚴經》的牌記款式完全與《北藏》本相同，作龍紋碑形。不同點是《北藏》本御製發願文（也稱《御製經牌讚》）爲："天清地寧，陰陽和順，七政清朗，風雨調均，百穀長豐，萬類咸暢，烽警不作，禮教興行，子孝臣忠，化醇俗厚，人皆慈善，物靡害災，外順内安，一統熙皞，九幽六道，普際光明，既往未來，俱登正覺。大明正統五年十一月十一日。"綫裝本《華嚴經》發願文爲："六合清寧，七政順序，兩暘時若，萬物阜豐，億兆康和，几幽融朗，均躋壽域，溥種福田，上善攸臻，障礙消釋，家崇忠孝，人樂慈良，官清政平，訟簡刑措，化形俗美，秦道咸亨，凡厥有生，俱成佛果。永樂十七年十二月十三日。"綫裝本"几"爲"九"之誤字。

以上兩處牌記看似不同，其實有緣。現存《北藏》均爲正統五年全藏竣工以後的印本，故附正統五年款發願文；原來永樂款發願文因爲是藏經的"公共構件"而版材磨損，或被改換。而《八十華嚴》在《北藏》中排千字文"拱"字號至"臣"字號，每字 10 卷，位置靠前，應是永樂時期先行刻出的。《金陵

① 《漢文佛教大藏經研究》，第 429-430 頁。
② 《永樂南藏》晚期扉畫所配龍牌，牌内"皇帝萬歲萬萬歲"字體已經是明後期萬曆本的"宋體字"（《漢文佛教大藏經研究》第 430 頁），這是萬曆補刻本的特徵，非永樂原刻明證。
③ 《永樂北藏》，學苑出版社，2008 年，《八十華嚴》在第 28 册第 625 頁至第 30 册第 623 頁。
④ 楊芬：佛典重現寶藏增輝——北京大學圖書館永樂北藏述略》，《大學圖書館學報》，2016 年 4 期，第 82-93 頁。

梵剎志》載："（永樂十七年六月十五日）見修藏經臣僧等共計一百二十名，已校過一番了。祇今各僧互相校對，欲就七月初將《般若》《華嚴》等經差訛少者先寫起。奉聖旨：如今天道熱，待七月半後。欽此。"① 這是永樂君臣在討論《北藏》的編刻事宜，而非《南藏》。一般來説，《般若》《華嚴》《法華》等經，入《藏》位置穩固，文字確實，是理應率先校勘完畢上版刊刻的（即"校過一番了"的典籍），屬本土著述的"論部"典籍則需要商量定奪。奉旨，則《華嚴》刊刻應在永樂十七年稍晚；而綫裝本《華嚴》牌記落款永樂十七年十二月，應是翻刻時保存了永樂時期的早期刊記。考綫裝本《華嚴》牌記發願文，原文作於永樂九年五月初一日②，也非永樂十七年，故綫裝本的永樂十七年落款應視作其底本刊成之時。相同内容的《御製經牌讚》還出現在正德十六年十月初七日施印的《八十華嚴》經折本上③，更可見其落款日期是以刊刻爲變動的，後者也是《北藏》永樂印本的一個翻刻本。

至於扉畫中佛手印不同，極有可能是永樂原版扉畫就是如此，而正統後印本對此部分重新刻版了。

第三，序言、品題與"音釋"。綫裝本《華嚴》卷前有御製序一篇，落款永樂十年六月初四日，與《北藏》本相同。此序爲明成祖專爲《華嚴》撰文，故正統後《北藏》印本依然保留。綫裝本各卷品題無經名，與《北藏》本相同。"音釋"部分以"音釋"二字領起，與《北藏》本相同。綫裝本"音釋"詞條比之《北藏》本偶有簡省，這也是民間翻刻的結果。

結論：此綫裝本《華嚴經》爲寫刻體風格，萬曆間刊刻於江南地方，其出資人均爲江南官宦、民衆；其底本是《永樂北藏·華嚴經》在正統以前的早印本；現存《北藏》均爲正統間定型後的印本，其"公共構件"業已改換重刻，爲正統款（是否有永樂初印本零種或依賴於新發現）。

景新强：西北大學歷史系歷史文獻教研室講師

編輯部啟事：九輯所刊景新强《〈明代版刻圖釋〉質疑》一文附注"西北大學歷史系教授"，不確，職稱應爲講師。謹此致歉。

---

① （明）葛寅亮：《金陵梵剎志》卷二《欽録集》，《續修四庫全書》，第718册第472頁。
② 《大明太宗文皇帝御製序讚文》，《中華大藏經》影印《永樂北藏》本，中華書局，1997年，第106册，第606頁。
③ 周心慧主編：《中國古代佛教版畫集》，學苑出版社，1998年，第2册第83頁。

袁宏道評《四聲猿》版本考[*]

馮先思

　　現存明人雜劇以徐渭《四聲猿》版本最多，傅惜華《明代雜劇全目》著録版本近十種①，無怪乎鄭振鐸謂“明人劇曲以《牡丹亭》及《四聲猿》傳刻最盛”②。如此豐富的版本，可見《四聲猿》風行之盛况。

　　《四聲猿》今有影印本多種。其中《古本戲曲叢刊》收録兩種，分别爲萬曆十六年龍峰徐氏刻本，以及書前刻工署名爲黄伯符的明刻本。此外還有文物出版社影印首都圖書館藏澂道人評本③；《中華再造善本》明代編所收袁宏道評本，據國家圖書館藏本（善本號：16245）影印④；《四庫存目叢書》據中國社會科學院文學研究所藏《徐文長文集》本影印⑤，書末附録此劇。

　　《中華再造善本》所收《四聲猿》亦爲《徐文長文集》附録。案鄭振鐸《西諦書跋》集部明人别集“袁宏道評點徐文長文集三十卷附四聲猿一卷”跋云“余先收得無《四聲猿》本，今日會文齋復以此本求售，《四聲猿》赫然附後，且

　　* 本文係教育部人文社會科學研究青年項目“戲曲與俗文學文獻校勘研究”（17YJC870005）階段性成果，中山大學青年教師培育項目“新出曲學文獻研究”（17wkpy84）階段性成果。

　　① 傅惜華：《明代雜劇全目》，作家出版社，1958 年 5 月，第 93-100 頁。
　　② 鄭振鐸：《西諦書跋》，文物出版社，1998 年 12 月，第 547 頁。
　　③ 《四聲猿》，文物出版社，2015 年 11 月。
　　④ 此本又收入《明刻古典戲曲六種》，中華書局，2017 年 9 月。
　　⑤ 《續修四庫全書》所收《徐文長文集》亦中國社科院文學所藏本，惜未收《四聲猿》。

價亦不昂，乃更購取之。中有插圖四幅，亦甚精"①。鄭跋所謂"袁宏道評點徐文長文集"，即明萬曆四十二年（1614）鍾人傑刻《徐文長文集》三十卷，書後附《四聲猿》一卷。《四聲猿》每半葉九行，行二十字，白口，四周單邊，單魚尾。書前有鍾人傑《四聲猿引》一篇。有的印本還有汪修繪四幅，皆爲跨頁連幅。卷端題"徐文長四聲猿"，次行署"公安袁宏道中郎評點"。劇前總目題"狂鼓史漁陽三弄，玉禪師翠鄉一夢，雌木蘭替父從軍，女狀元辭凰得鳳"。《中華再造善本》與《四庫存目叢書》所收《四聲猿》雖同爲《徐文長文集》附録本，細察其版刻細節，實非同版。究其原因，當因《徐文長文集》翻本較多。

一、《徐文長文集》的幾種版本

（一）《徐文長文集》版本可分爲五類

《徐文長文集》問世之後，風行海内，翻刻非止一次，筆者見聞有限，已見五種之多。由於翻刻各本於字體、行款無過多改動，又未標注何時何地何人翻刻，若非兩本并列，實在難以區分。故各收藏單位著録此書刊刻年代與刊刻者，往往據書前序言題"明萬曆四十二年鍾人傑刻"。今以版印整飭程度最佳者爲初刻（A 類），餘四種爲翻刻，略爲分類如下②：

表一

A 類	1. 北京大學圖書館藏本（SB/810.69/2836/C3）【目録最末一行"四聲猿附"被挖去，未附《四聲猿》】
	2. 北京大學圖書館藏本（SB/810.69/2836/C4）【未附《四聲猿》】
	3. 國家圖書館藏本（03261）【附《四聲猿》，有電子本全文】
	4. 原北平圖書館甲庫善本叢書影印本。（以下簡稱甲庫）【未附《四聲猿》，有影印本全文】
	5. 天津圖書館藏本（S1233）【有電子本全文】③
	6. 復旦大學圖書館藏本（（0357））【未附《四聲猿》】④
	7. 北京大學圖書館藏本（SB/810.69/2836/C2）【内封題"讀書坊藏板"，附《四聲猿》】
	8. 復旦大學圖書館藏本（（0466））【内封題"讀書坊藏板"，未附《四聲猿》】
	9. 美國哈佛大學燕京圖書館藏本【内封題"讀書坊藏板"，未附《四聲猿》。有電子本全文】⑤
	10. 國家圖書館藏本（83209）【内封題"讀書坊藏板"，附《四聲猿》】

---

① 鄭振鐸：《西諦書跋》，文物出版社，1998 年 12 月，第 248 頁。

② 提取各本差異的樣本皆採自卷一首葉前半葉，某些類別酌情採用本書其他部分頁面。樣本圖片未説明來源者，皆見於學苑汲古網站。據該網站著録，北京大學圖書館揭示八部《徐文長文集》，分爲四類。今參考其分類，增補相關材料，分爲五類。

③ 天津圖書館網站公布此書全文影像。

④ 復旦大學圖書館古籍索書號有無括號具有區別意義。

⑤ 哈佛大學燕京圖書館網站公布此書全文影像。

B 類	1.中國社會科學院文學研究所藏本【附《四聲猿》。《四庫全書存目叢書》影印本附《四聲猿》；《續修四庫全書》影印本未附，有影印本全文】 2.日本國立公文書館藏本（317-0135）【未附《四聲猿》，有電子本全文】① 3.北京大學圖書館藏本（SB/810.69/2836）【明末覆刻，未附《四聲猿》】 4.北京大學圖書館藏本（SB/810.69/2836/C7）【明末覆刻，未附《四聲猿》】
C 類	1.國家圖書館藏本（09161）【未附《四聲猿》，有電子本全文】 2.日本關西大學圖書館長澤文庫藏本。【附《四聲猿》，有電子本全文】② 3.復旦大學圖書館藏本（（2662））【未附《四聲猿》】 4.臺灣“國家圖書館”藏本（402.6 12382）【未附《四聲猿》，有電子本全文】 5.北京大學圖書館藏本（SB/810.69/2836/C6）【明末清初覆刻。存十七卷，未附《四聲猿》】 6.北京百衲 2014 秋季拍賣會拍本【未附《四聲猿》，書前題“袁中郎先生評定/徐文長全集/玉樹堂藏板”】③
D 類	1.國家圖書館藏本（91587）【書前題“袁中郎先生批點/徐文長全集/本衙藏板”，附《四聲猿》】 2.日本京都大學人文科學研究所藏本（東方 集 –II-7-680）【書前題“袁中郎先生批點/徐文長全集/本衙藏板”】④
E 類	1.北京大學圖書館藏本（SB/810.69/2836/C5）【未附《四聲猿》】 2.嘉德 2007 年秋季拍賣會拍本⑤

（二）《徐文長文集》各本差異

《徐文長文集》分類的主要依據是第一卷第一葉的版刻形態，其間差別主要體現在版框下方和下方的契口，以及正文左數第四行兩“岳”字的形態⑥。以下分述各類特徵。

A 類字體整飭，氣息飽滿。板框右上角有契口，下方邊框有三個契口，其中右數第三、五欄綫下端契口最爲明顯。右數第三根欄綫下方靠近“美子善”三字處有斷痕兩處。

① 日本國立公文書館網站公布此書全文影像。
② 本書電子版承黃仕忠老師賜示，謹致謝忱。
③ 參 http://pmgs.kongfz.com/detail/136_521697/。
④ 圖片採自日本所藏中文古籍數據庫。
⑤ 參 http://pmgs.kongfz.com/item_pic_35856/。
⑥ 實際上除 E 類外，筆者對全書版刻差異予以全面調查，其間差異數不勝數。今以卷端爲例，説明各本差異。

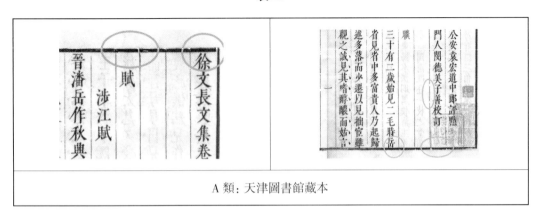

A 類：天津圖書館藏本

B 類正文"晉藩"兩字上方板框有缺口^②，該行最下方"岳"字與板框筆畫連屬。"門人閔德美子善校訂"左邊一行下方板框有明顯缺損。

表三

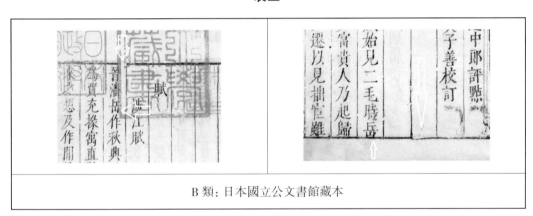

B 類：日本國立公文書館藏本

C 類卷前虞淳熙序末他本"萬曆甲寅孟秋"一行，此本空白。（北大藏本、臺灣"國圖"藏本、國圖本（09161）、關西大學藏本皆然。）正文首行"潘岳"之"岳"山字末筆不與中間一豎平行，略向外傾斜；行末"時岳"下板框較細；評點、校訂兩行之間的欄綫下端缺損；板框右下角有缺口。早期印本板框上方完整，後期印本第二行板框有缺損。

---

① 天津圖書館藏本在 A 類諸本中刷印較早。

② 此類早期印本"晉"字上方尚無缺口，參北大藏本（SB/810.69/2836/C7）。

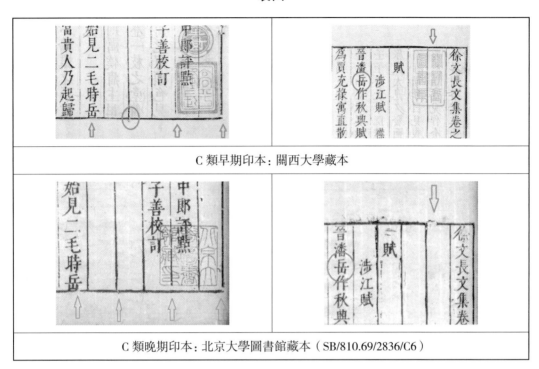

C 類早期印本：關西大學藏本

C 類晚期印本：北京大學圖書館藏本（SB/810.69/2836/C6）

D 類卷一首葉與他本區別不明顯。今取卷二十八首葉爲例，其中"安""悉"兩字在不同版本中形態各異①。此外，國圖藏本與京都大學藏本書前皆有牌記，題"袁中郎先生批點 / 徐文長全集 / 本衙藏板"，其"全"字作"仝"形，其刷印時間蓋已入清。

表五

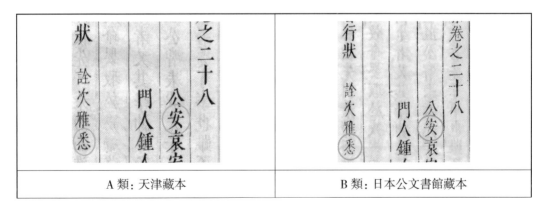

| A 類：天津藏本 | B 類：日本公文書館藏本 |

---

① E 類筆者尚未獲得見卷二十八首葉，故付闕如。不過從卷一首葉來看，其形體與其他幾種皆不相同，毫無疑問當另爲一類。

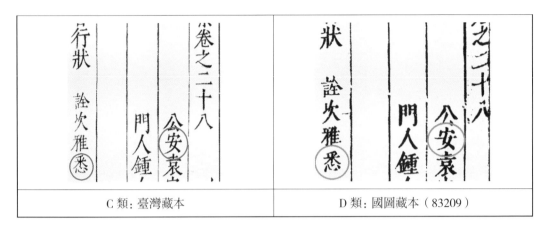

| C 類：臺灣藏本 | D 類：國圖藏本（83209） |

E 類左數第一行上方板框有缺口，左數第三行爲字上方亦有缺口。左數第四行最下方"岳"字末筆較長，與板框連接。從嘉德拍本來看，目録末版空白處未刻，有大片墨塊。（參表七）

表六

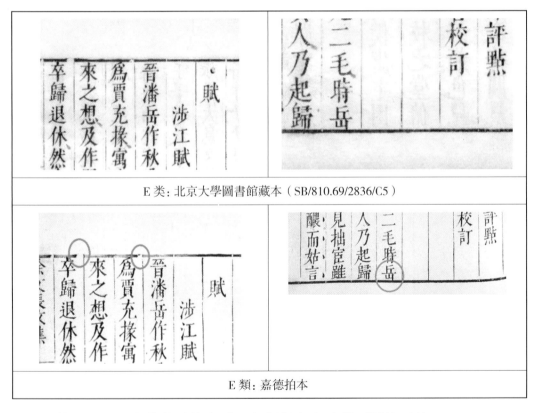

| E 类：北京大學圖書館藏本（SB/810.69/2836/C5） |
| E 類：嘉德拍本 |

此外，從目録末葉的形態來看，各類版本也呈現不同的面貌。

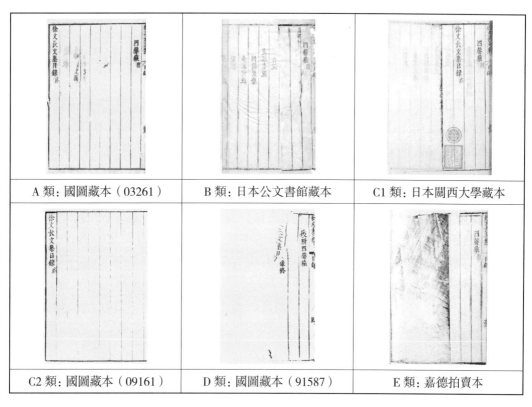

A 類：國圖藏本（03261）	B 類：日本公文書館藏本	C1 類：日本關西大學藏本
C2 類：國圖藏本（09161）	D 類：國圖藏本（91587）	E 類：嘉德拍賣本

讀書坊爲明末清初杭州書坊，其所刊行的《徐文長文集》書前有牌記，題
"袁中郎先生評／徐文長全集（大字）／讀書坊藏板"。此刻本實爲 A 類晚期印本，
例如卷二第三葉版框上方，天津圖書館藏本尚完整無缺，而國圖藏本（03261）
已經缺損，哈佛讀書坊本亦有缺損，且字迹較天津、國圖本爲模糊（參表八）。
讀書坊本版面漫漶、破損處較多，不過大多未傷及文字，磨損大多體現在欄綫
邊框等處。國家圖書館藏讀書坊本《徐文長文集》（索書號：83209）附《四聲猿》，
較國圖藏《四聲猿》甲、乙兩本爲後印，卷端兩個契口的形狀類似，於是下方
的契口由於版面磨損，形狀稍異（參表九）。

天津圖書館藏本	國圖藏本（03261）	哈佛讀書坊本

二、袁評本《四聲猿》的幾種版本

《徐文長文集》既然有至少四種翻刻本，那作爲該書附錄的《四聲猿》也相應有不同的翻刻本。今以版印整飭程度略分爲五類，各述其差異如下。

（一）甲類

這一類即《徐文長文集》A 類附錄。以天津圖書館藏本、《中華再造善本》所影印的國圖藏本（善本號：16245）爲代表。此類殆爲原刻。版印清晰，筆畫方整，流暢自然。劇前《四聲猿引》末附"鍾瑞先印"最爲清晰規整。劇前有目錄，目錄之後有汪修繪圖四幅，分別爲"漁洋意氣""暮雨扣門""秋風雁塞""玉樓春色"。四圖所繪細節最爲豐富，於諸本最爲精工。其中"漁洋意氣"一圖中官人皆著黑靴，靴爲白底；左下虎頭牌柄爲實心黑色；"玉樓春色"一圖隱於柳林中之攢尖頂樓臺有六道曲綫，描摹瓦楞，爲他本所無。國家圖書館藏甲本（善本號：16245），爲鄭振鐸舊藏，書前繪圖題字旁邊皆有小印，惜字迹過小多不能辨識。唯最末一圖題字旁有白文朱印"居易"二字。本劇首葉前半葉第四行上方、第七行下方邊框皆有契口（參表九）。國家圖書館藏乙本（善本號：03261），今附於《徐文長文集》之末，無插圖，正文版刻細節與甲本相同，而略爲後印，亦屬甲類。

表九

上方契口			
下方契口			
	國圖藏甲本（16245）	國圖藏乙本（03261）	國圖藏讀書坊本（83209）

（二）乙類

這一類即《徐文長文集》B 類附錄。《四庫存目叢書》所收《徐文長文集》

據中國社會科學院文學研究所藏本影印，書後附《四聲猿》。①此本書前闕圖兩半幅（"漁洋意氣"前半與"玉樓春色"後半幅）。"秋風雁塞"一圖右側小山上有兩棵樹，其餘諸本皆爲三棵。（參表十）總目首句"狂鼓史漁陽三弄"之"狂"字"犭"旁上面一撇較長。（參表十一）

表十

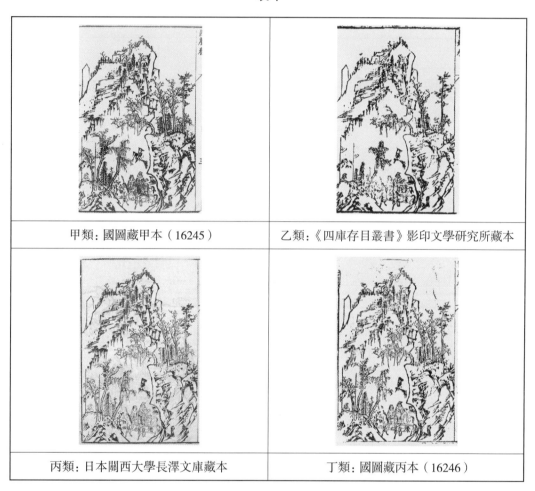

甲類：國圖藏甲本（16245）	乙類：《四庫存目叢書》影印文學研究所藏本
丙類：日本關西大學長澤文庫藏本	丁類：國圖藏丙本（16246）

（三）丙類

這一類即《徐文長文集》C類附錄。日本關西大學長澤文庫藏《徐文長文集》三十卷，書末附有《四聲猿》。劇前有牌記，大字題"袁中郎評點／出像四聲猿"。

---

① 《續修四庫全書》所收《徐文長文集》亦據此本，而未收《四聲猿》。然較《存目》影印本多出書前牌記一葉，大字題"袁中郎評點／徐文長文集"，小字題"本衙重賃描樣，擇工精刊，飜／行必治。附《四聲猿》"

"四聲猿引"四字下鈐"高平 / 隆長"（朱文長方）、"喜曲"（合文，朱圓）、"緑靜堂 / 圖書章"（朱文長方）、"雙紅堂"（朱文長方）等四印。卷端鈐"静盦 / 藏書"（朱方）。黄仕忠《日藏中國戲曲文獻綜録》著録。① "漁洋意氣"一圖下方空白處有一横綫通貫左右兩半葉。總目首句"狂鼓史漁陽三弄"之"狂"字"犭"旁近似"彳"，爲他本所無。（參表十一）

表十一

甲類：國圖藏甲本（16245）	乙類：《存目》影印文學研究所藏本
丙類：日本關西大學長澤文庫藏本	丁類：國圖藏丙本（16246）

（四）丁類

這一類即《徐文長文集》D類附録。國家圖書館藏《四聲猿》丙本（善本號：16246）版面較爲邋遢，插圖空白處多見版下墨痕。闕目録及"漁洋意氣"前半幅圖、"玉樓春色"下半幅圖。卷端鈐"長樂鄭 / 振鐸西 / 諦藏書"章草朱文方印。第三葉爲抄配。書眉有無名氏手批音釋。卷端總目首句"狂鼓史漁陽三弄"之"狂"字"犭"旁上面一撇闕去三角形一塊。（參表十一）卷末音釋不全，"籠上聲"之後即鑴"四聲猿終"四字。蓋音釋字數無多，又另需新刻一版，故翻刻者省去。此本翻刻最爲苟簡，《徐文長文集》D類書前目録，不標注該卷篇名，僅注明收録詩文數目。其正文行款雖一如原刻，然字體并不工細。

國家圖書館藏本《徐文長文集》（91587）所附《四聲猿》與國圖丙本爲同版，版次較爲後印，版面更爲漫漶。

---

① 黄仕忠：《日藏中國戲曲文獻綜録》，廣西師範大學出版社，2010年10月，第51-52頁。

表十二

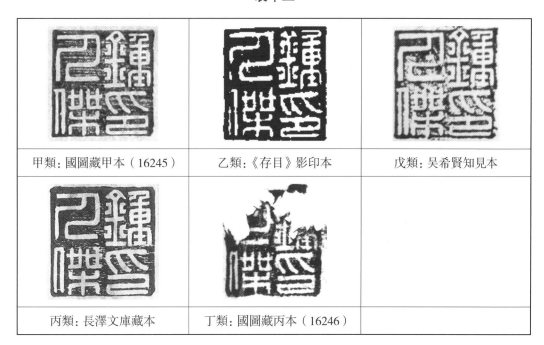

甲類：國圖藏甲本（16245）	乙類：《存目》影印本	戊類：吳希賢知見本
丙類：長澤文庫藏本	丁類：國圖藏丙本（16246）	

（五）戊類

吳希賢《所見中國古代小説戲曲版本圖録》著録袁宏道批點《四聲猿》一部，并有鍾瑞先《四聲猿引》末葉、目録及四幅插圖書影。此本未見正文首葉，僅據有限信息，可以推斷非以上四類。從《四聲猿引》末所附"鍾瑞先印"形態來看，此本并非丙、丁兩類。（參表十二）從"秋風雁塞"一圖來看，其右側小山上有樹三棵，此本并非乙類。從"玉樓春色"一圖攢尖頂建築無瓦楞來看，此本又非甲類。故定此本爲戊類，這一類究竟是否即《徐文長文集》E類附録，限於材料闕如，尚不能得出確切答案。

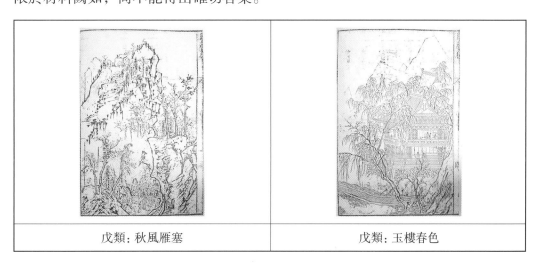

戊類：秋風雁塞	戊類：玉樓春色

三、袁評本《四聲猿》的清代翻刻本

國家圖書館藏清立達堂刊巾箱本（索書號：XD5692），書封内題"徐文長先生編／四聲猿（大字）／立達堂藏板"。次鍾瑞先《四聲猿引》，每半葉五行，行十二字。次正文，每半葉九行，行二十字。白口，四周單邊。單黑魚尾。板心上方題"四聲猿"。鈐"北京圖／書館藏"（朱長方），"長樂鄭振鐸西諦藏書"（朱文章草方印）。此本翻刻袁宏道評本。

表十四

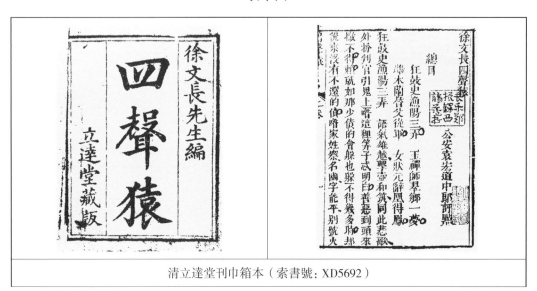

清立達堂刊巾箱本（索書號：XD5692）

四、袁評本與黄伯符本之關係

（一）論黄伯符所刻《四聲猿》爲徽州刻本

《古本戲曲叢刊》初集影印南京圖書館藏明刻本《四聲猿》一種，首葉爲目録，板心下方鐫"黄伯符刻"。次插圖四幅，皆跨頁連幅。卷端題"四聲猿"，次行署"天池生"。每半葉十行，行二十字。四周單邊，無魚尾。書前無出版堂號，周中明《四聲猿校注》稱爲"天池生本"，未免與澂道人評本混淆，本文姑稱作"黄伯符本"。

周蕪編著《中國古代版畫百圖》[①]著録明《大雅堂雜劇》插圖四幅，其説明謂"《大雅堂雜劇》四卷，明汪道昆撰，附《四聲猿》四卷。明徐渭撰，黄伯符刻。明萬曆間汪氏自刻本。（西諦藏）"徐學林《徽州刻書》第三章"汪道昆"

---

① 周蕪編著：《中國古代版畫百圖》，人民美術出版社，1984年05月，第71頁。

條下又重申此説，認爲十行本《四聲猿》亦爲《大雅堂雜劇》附録。①

　　西諦所藏《大雅堂雜劇》今歸中國國家圖書館，則所謂附刻本《四聲猿》當亦歸國圖。而黃刻《大雅堂雜劇》國家圖書館藏兩部，從膠捲來看，并未見有附録《四聲猿》者。今查國圖所藏明刻《四聲猿》僅一種爲十行本，索書號爲：16794。其書今藏國圖戰備庫房，且并未攝製膠捲，未知與《古本戲曲叢刊》所影印爲同一本否。

　　《大雅堂雜劇》書前有嘉靖庚申東圃主人序，該葉板心處題"黃伯符刻"。不過此書版式每半葉有一四周單邊邊框，前後兩個半葉之間并無綫條連屬，亦無魚尾。僅在版心處題書名、葉碼等。正文每半葉十行，行二十字。黃刻《四聲猿》雖然行字、刻工與《大雅堂雜劇》相同，然其版式差異較大。且《大雅堂雜劇》不過二十餘葉，而黃刻《四聲猿》達七十餘葉。若《四聲猿》爲《大雅堂雜劇》附録，不免有頭重腳輕之嫌。

　　黃伯符（1578-1642），本名應瑞，② 活躍於明萬曆、天啓年間，爲徽州著名刻工。今存其所刻書十餘種，多萬曆後期所刻。如《明狀元圖考》（萬曆三十七年）③、歙縣知縣劉伸序《程朱闕里志》（萬曆四十三年）、朱昇《朱楓林集》（萬曆四十四年）、朱同《覆瓿集》（萬曆四十四年）、佘永寧刻《太史楊復所先生證學編》（萬曆四十五年）、方瑞生《墨海》（萬曆四十六年）、佘永寧等序《性命雙修萬神圭旨》（天啓二年）④。其中《朱楓林集》書內封題"歙邑朱府藏板"，朱楓林即朱昇，號楓林病叟。爲元末明初大儒。朱同，朱昇別名。兩集當爲朱氏後人家刻本。《性命雙修萬神圭旨》書內封題"歙滁玄閣藏板"。兩書皆署歙縣所刻。此外刻工有黃伯符的還有，佘永寧等刻《閨範》（萬曆刊本）、汪道昆《大雅堂雜劇》（萬曆本）、吳迥《曉采居印印》。方瑞生、佘永寧、汪道昆、吳迥皆籍隸新安，則黃伯符當爲徽州本地刻工。黃伯符所刻諸書，其出資刊行者不出徽州地界，則黃刻《四聲猿》與《大雅堂雜劇》或亦同爲徽州刻本，當無疑義。⑤

----

　　① 徐學林：《徽州刻書》，安徽人民出版社，2005 年 05 月，第 62-63 頁。

　　② 李國慶：《明代刊工姓名全録》，上海古籍出版社，2014 年 11 月，第 1060 頁。

　　③ 書前吳承恩凡例云"屬之剞劂即歙黃氏諸伯仲，蓋彫龍手也"。國家圖書館藏《狀元圖考》（善本號 15835）沈一貫序之末鎸"程應祚書，黃應瑞刻"。

　　④ 此本書前有三序，所署時間分別爲萬曆乙卯（四十三年，1615）、天啓壬戌（二年，1622）。其中萬曆乙卯佘永寧序板心位置鎸"黃伯符刻併書"。視其字體風格與黃伯符《四聲猿》相近，或即黃伯符所書。

　　⑤ 徐學林《徽州刻書》稱《大雅堂雜劇》爲汪道昆家刻本（《徽州刻書》，安徽人民出版社，2005 年 05 月，第 62-63 頁）。案汪道昆萬曆二十一年（1593）去世，而黃伯符時年方 15 歲，從今存黃伯符所刻諸書問世時間來看，黃刻書較爲活躍的時代爲萬曆後期，年方十五的黃伯符能否刻出如此精美的《大雅堂雜劇》，尚屬可疑。最關鍵的是，《大雅堂雜劇》的除"黃伯符"署名外，并無任何刊刻者、出資者的信息。徐氏所論蓋想當然耳，不足採信。

（二）論袁評本與黃刻本系出同源

現存《四聲猿》版本明代有萬曆十六年龍峰徐氏本、徐渭集所附《四聲猿》本、歙縣黃伯符刻本、杭州延閣刻本、澂道人評本、《盛明雜劇》本，清代有立達堂本、抱青閣本，民國間有暖紅室校刊本等。其中，徐渭集所附本又分爲《徐文長三集》附本、《徐文長文集》附本（即袁宏道評本）。清人曾利用《徐文長文集》的明代板片，分別以讀書坊、玉樹堂等名義行世。

相較於其他版本間動輒數十處異文，袁評本和黃伯符本的文本差異最小，僅僅有爲數不多的幾處異文，試列舉如下。

1.《花木蘭》第一齣【繡裲襠】曲後賓白"朝飡暮宿"，龍峰徐氏本、黃本作"飡"，《徐文長三集》本、袁評本作"食"。

2.《女狀元》第三齣【喜遷鶯】曲後賓白"却倒得展我惠民束吏之才"，各本皆作"束"，黃本訛作"朿"。

3.《女狀元》劇第四齣【節節高】曲前賓白"怪物，怪物，件件的高得突兀"，各本皆重"怪物"，獨黃本不重。

袁評本與黃刻本僅僅有如此少的文本差異，可見二者的關係最近緊密，若無承襲關係，當系出同源。

五、袁評本與《徐文長三集》本之關係

（一）前人著錄《徐文長三集》所附《四聲猿》有誤

傅惜華《明代雜劇全目》著錄四聲猿版本有《徐文長三集》附刻本，云"明萬曆二十八年（一六〇〇）陶望齡校刻《徐文長三集》附刻本，卷首標曰'徐文長四聲猿'，次行署曰：'公安袁宏道中郎評點'。"案《徐文長三集》當爲商維濬（字景哲）刻，陶望齡《刻徐文長三集序》云"予友商景哲及游渭時，心許爲彙刻之。及是嘆曰，吾曩雖不言，然不可心負亡者。遂購寫而合之，屬望齡詮次，授諸梓。"①《徐文長三集》亦附有《四聲猿》，卷端題"四聲猿"，并無袁宏道評點。有袁中郎評點者，乃《徐文長文集》附本。

臺灣"國家圖書館"藏明萬曆二十八年（1600）商維濬刻《徐文長三集》二十九卷，附《四聲猿》一卷。此本每半葉九行，行二十字，白口，四周單邊，單魚尾。卷端題"四聲猿"，署"明越郡天池山人徐渭戲編"。劇前總目題"狂鼓史漁陽三弄，玉禪師翠鄉一夢，雌木蘭替父從軍，女狀元辭凰得鳳"。此本又有明萬曆四十七年《徐文長三集》重印本，書前增商維濬《刻徐文長集原本述》

---

① 見《徐文長三集》書前陶氏序言。

一篇，所附《四聲猿》一仍其舊。①

表十五

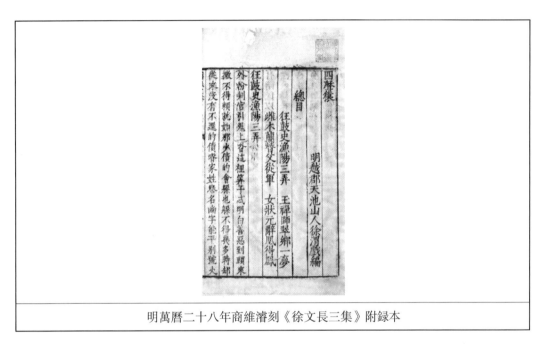

明萬曆二十八年商維濬刻《徐文長三集》附錄本

　　《徐文長文集》爲萬曆四十二年（1614）鍾人傑刻本，全書有袁宏道評語。近來有論者認爲所謂袁中郎評點，不足採信，或爲鍾人傑僞托。②《徐文長文集》雖號稱三十卷，實際即據《徐文長三集》二十九卷本刪略部分詩歌而成，③無怪乎商維濬《刻徐文長集原本述》云“射利子謬加評點，轉相竄易，殆不可令中郎見也。燕中名公諸大老，亦復諛磋失真，向予索原本甚衆。”所謂“射利子”蓋即鍾人傑。

　　明人雜劇作品，有一些附作者本集而行，今所見傳本多失去所附雜劇。如王九思《杜子美沽酒游春記》《中山狼院本》附於明崇禎間刊《重刻渼陂王太史先生全集》，馮惟敏《梁狀元不伏老玉殿傳臚記》《僧尼共犯傳奇》附於明嘉靖刊《海浮山堂詞稿》，林章《青虬記》附於明刊《林初文全集》，王衡《杜祁公看傀儡》《葫蘆先生》附於明萬曆間刊《緱山先生集》，王應遴《衍莊新調》附

　　① 《徐文長三集》兩次印本差異，見付瓊《〈徐文長文集〉與〈徐文長三集〉的讀者之爭及其版本問題》一文，《古籍整理研究學刊》2004 年第 3 期，第 40-41 頁。

　　② 徐艷認爲所謂袁宏道評語乃鍾人傑僞托，參徐艷《關於〈徐文長文集〉評點的真僞問題》一文，《古籍整理研究學刊》2006 年第 2 期，第 75-81 頁。

　　③ 參《徐渭集》出版説明，中華書局，1983 年 04 月，第 3 頁。

於明天啓間刊《王應遴雜集》，徐士俊《春波影》《絡冰絲》附於清康熙間刊《雁樓集》，葉小紈《鴛鴦夢》附於明崇禎間刊《午夢堂集》。《徐文長三集》《徐文長文集》亦皆附有《四聲猿》行世，諸家藏本或存或不存，所附間亦有單行者。傅惜華《明代雜劇全目》所著錄之《徐文長三集》附本，實即《徐文長文集》附本，蓋後人以意配補，并非原裝。

（二）袁評本源出《徐文長三集》本

袁評本曲詞、賓白、音釋源出《徐文長三集》所附《四聲猿》。首先，鍾人傑所刻《徐文長文集》源出商維濬所刻《徐文長三集》，鍾氏不過略事增刪，前人已有論述。那鍾氏所刻袁評本《四聲猿》源出商刻《徐文長三集》，亦在情理之中。

其次，筆者經梳理現存《四聲猿》各版本異文，我們已經對《四聲猿》文本演變譜系有較爲清晰的認識，即一源兩流。所謂一源即龍峰徐氏刻本，兩流即以商維濬刻本和延閣刻本爲代表的兩個系統（參表十六）。鍾人傑刻本、黃伯符刻本正屬於商維濬刻本系統，《盛明雜劇》本、澂道人評本屬於延閣刻本系統。

表十六

位置	引文	徐本	商本	鍾本	黃本	劉本	盛本	澂本
翠—劇前白	飢玉嚼蠟	王	玉	玉	玉	王	王	王
翠—劇前白	倘得手了	了	下	下	下	了	了	了
翠—劇前白	止不過十七八歲	止	上	上	上	止	止	止
翠—僥僥令	我笑這摩登還没手段	我笑這摩登還	我笑這摩登還	我笑這摩登還	我笑這摩登還	我還笑這摩登	我還笑這摩登	我還笑這摩登
翠—新水令	没來由撞見個風魔和尚	見	見	見	見	着	着	着
翠—折桂令	似兩扇木木櫳	木木	木	木	木	木木	木木	木木
翠—折桂令	一副磨磨漿	磨磨	磨	磨	磨	一付磨磨	磨磨	磨磨
翠—江兒水後白	終不然這胎	終不然這胎	終不然這胎	終不然這胎	終不然這胎	這胎終不然	這胎終不然	終不然這胎
翠—園林好	止拈撮琉璃燈上	拈	□	□	□	拈	拈	拈
翠—收江南	頹行者敲鐺打梆	鐺	鐺	鐺	鐺	璫	璫	璫
翠—收江南	都只是替無常褙裝	背	褙	褙	褙	背	背	背

位置	引文	徐本	商本	鍾本	黃本	劉本	盛本	澂本
翠—一—收江南	報冤的幾霜鴇鶒	冤	冤	冤	冤	怨	怨	怨
木—一—六么序	百忙裡胯馬登鞍	胯	胯	胯	胯	跨	跨	跨
木—一—混江龍	提携各姊妹，梳掠各丫鬟	各	各	各	各	嗏	嗏	嗏
木—一—寄生草	俺這騎驢胯馬	胯	胯	胯	胯	跨	跨	跨
木—二—劇前白	向日新到有三千好漢	三	二	二	二	三	三	三
木—二—三煞後白	正要請將他來	將他	將他	將他	將他	他過	他過	他過
狀—一—老來没福曲後白	我如今陪姑娘城上看親	陪	與	與	與	陪	陪	陪
狀—一—末	他日成龍始得知。（下）	下	□	□	□	下	下	下
狀—二—北江兒水前白	皂應招介	皂應招介	皂隸應介	皂隸應介	皂隸應介	皂應招介	皂應招介	皂應招介
狀—三—喜遷鶯曲後白	你今而殺那箇婦人	今而	今而	今而	今而	而今	而今	而今
狀—三—前腔"那真可肖"曲	巴不得罪一座冰山	罪	罪	罪	罪	靠	靠	靠
狀—四—節節高前白	或者打賭賽色還勉强得幾杯	必	也	也	也	色	色	色
狀—四—尾聲—曲後白	末捧物介	捧	捧	俸	俸	捧	捧	捧
狀—四—尾聲—曲後白	你就打梆進困	來	去	去	去	來	來	來
狀—五—前腔—這報後白	你是他狀元的先輩，他是你狀元的後輩	狀元—狀元	□—□	□—□	□—□	狀元—狀元	狀元—狀元	狀元—狀元
狀—五—前腔—看掛名前白	占帶丑捧粧物上	占—□捧	占—丫鬟奉	貼—丫鬟奉	貼—丫鬟奉	占—丑捧	貼—丑捧	貼—丑捧
狀—五—滴溜子	走，放屁	走	走	走	走	哇	哇	哇

　　袁評本與商刻本不同之處不過十幾處（參表十七），其間差異略分爲三類。第一，用字習慣不同，例如"宿願"袁評本改爲"夙願"，用爲虛詞的"則"袁

評本改爲"只"，"旁人"改爲"傍人"，用爲憑借的"馮"袁評本改爲"憑"，用爲流淌義的"倘"袁評本改爲"儻"。

第二，同義替代。如"抹粉搭胭"袁評本改爲"抹粉搭脂"，"目前"袁評本改爲"目下"，"從征"袁評本改爲"從軍"。

第三，兩本皆有訛誤而產生異文。如砥柱或寫作抵柱，乃用字習慣不同，而商本作"衹"，乃襲用徐本之誤。"馬嘶金勒驕何太"，商本誤"驕"作"矯"。又如用爲虛詞的"粧"，袁評本改爲"假"，當成假裝之假，其實粧已有假裝之義，不必改爲假，乃袁評本修訂者誤讀。"杜詩"袁評本訛爲"社詩"。[①]

表十七

出處	引文	徐本	商本	鍾本	黃本	劉本	盛本	澂本
漁—點絳唇前白	了此宿願	宿	宿	夙	夙	夙	夙	夙
漁—油葫蘆	咱也則在目下	則	則	只	只	只	只	只
漁—女樂曲二	引惹得旁人	傍	傍	旁	旁	傍	旁	旁
漁—女樂曲三	打抹粉搭胭只	胭	胭	脂	脂	脂	脂	脂
漁—二煞	這個可馮下官不得	馮	馮	憑	憑	馮	憑	憑
翠—劇前白	又象叫獅子跋倒太行	象—跋	象—跋	像—跋	像—跋	又回做獅子跋倒太行	又回做獅子跋倒太行	象—跋
木蘭——一么曲後賓白	倒是箇秌秌	秌秌	秌秌	秌秌	秌秌	秌秌	秌秌	秌秌
狀——一女冠子曲後白	總救目前	前	前	下	下	前	前	前
狀—三—喜遷鶯曲後白	小的就辨不得了	辨	辨	辯	辯	辯	辯	辯
狀—三—喜遷鶯曲後白	五竅都儻血	倘	倘	儻	儻	儻	儻	瀇

---

① 秌秌，這裏指被同性玩弄（帶有同性戀意味）的男子。其本字尚未考定，例如《金瓶梅》中有"村村""秌秌""秌秌""秌秌""秌秌""秌秌"等幾種寫法。參張惠英《關於〈金瓶梅〉的語言》一文（張惠英、宗守云主編《〈金瓶梅〉語言研究文集》，中國社會科學出版社，2016年09月，第45-48頁）。

出處	引文	徐本	商本	鍾本	黃本	劉本	盛本	澂本
狀一三一前腔"爺你是箇"曲	誰似爺砥柱中流把瀾澒當	衼	衼	抵	抵	抵	砥	砥
狀一四一前腔一他從	他從軍輩本是裙釵	征	征	軍	軍	軍	軍	軍
狀一五一前腔一看掛名	馬嘶金勒驕何太	驕	矯	驕	驕	驕	驕	驕
狀一五一滴溜子	難道女兒價粧男出外	價	價	假	假	價	價	價
狀一五一滴滴金	別無盛阶	介	介	价	价	价	价	价
狀一五一音釋	祖詩云	杜	杜	社	社	杜	杜	杜

六、袁評本與《盛明雜劇》本并非一系

《盛明雜劇》初集卷五至卷八收録《四聲猿》四劇。卷首總題"四聲猿"，署"山陰文長徐渭編，公安中郎袁宏道評，西湖夢珠張元徵、練江蓋臣程羽文閱"。正名分別作"狂鼓史漁陽三弄，玉禪師翠鄉一夢，雌木蘭替父從軍，女狀元辭凰得鳳"，板心上方分別題簡名"漁陽弄、翠鄉夢、雌木蘭、女狀元"。

此本雖號稱"袁宏道評"，實際僅據摘録了袁本部分評語，又從延閣刻本中摘録數條評語，組合而成，《盛明雜劇》所録袁評並不純正。如《漁陽三弄》【青哥兒】曲。袁宏道評有評語"趣"，而此本脱；【寄生草】曲脱兩"妙"評，【葫蘆草混】曲脱"快語"，【賺煞】脱"妙"，【尾】曲脱"作意堪傷"，下場詩脱"妙喻"。《雌木蘭》第一齣【油葫蘆】曲脱"妙"，【么】曲"如氣不揚何"；第二齣【二煞】曲脱"妙"，【三煞】曲脱"俊句"，【尾】曲脱"悲思伯樂"。《女狀元》第一齣【芙蓉燈】前賓白脱"好補景"。摘録的延閣刻本評語有：《翠鄉夢》第一齣【得勝令】曲"極醒徹""一味滑稽"，【收江南】曲後賓白評語"是文長本色語"；第二齣【折桂令】曲"影現語絶少此精確"，【園林好】曲"石破天驚"。《雌木蘭》第二齣【二煞】曲"工對"。《女狀元》第二齣"西陵窮敗"【老媚荆】曲"諢處饒幽思卻有悲歌之致"。

《盛明雜劇》本批語摘録部分延閣刻本評語，而其正文詞句則以延閣刻本爲基礎，略事校訂。《四聲猿》諸本計有一百四十組異文，延閣本與《盛明雜劇》

本文本相同的就有一百二十三組。有一些異文是延閣刻本、盛本特有的（參表十八），也有部分異文《盛明雜劇》本校訂本並未遵從延閣刻本，而呈現自家面貌。例如：《翠鄉夢》【得勝令】曲"只拆斷了這橋梁"，諸本作"拆"，唯盛本作"折"。《花木蘭》第一齣【么】"繡裲襠"曲後白"一同走路快着些"，諸本作"走"，唯盛本作"去"。《花木蘭》第二齣【前腔】"衆軍"曲後白"卿勤賊功多"，諸本作"勤"，唯盛本作"討"。《女狀元》第二齣【前腔】"西鄰窮敗"曲"我人情又不做得"，諸本作"不"，唯盛本作"莫"。《女狀元》第三齣【喜遷鶯】曲後白"説打劫的金珠首飾"，諸本作"的"，唯盛本作"他"。《女狀元》第三齣【喜遷鶯】曲後白"婦人不合罵了他一頓"，諸本作"罵"，唯盛本作"箇罵"。《女狀元》第三齣【喜遷鶯】曲後白"這真情不就立見了麽"，諸本作"立"，唯盛本作"此"。《女狀元》第四齣【傳言玉女】曲"若侍襄王"，諸本作"侍"，唯盛本訛作"待"。

表十八：延閣本、盛明雜劇本特有的異文舉例

出處	引文	徐本	商本	鍾本	黃本	延閣本	盛本	澂本
翠一收江南後白	水月禪僧號玉通	僧	僧	僧	僧	師	師	僧
翠一劇前白	點檢粗加	粗	粗	粗	粗	初	初	粗
翠一劇前白	又象叫獅子跋倒太行	象叫	象叫	像叫	像叫	叫做	叫做	象叫
翠一步步嬌後白	作敲門勢却倒地	勢却	勢却	勢却	勢却	却又	却又	勢
翠一江兒水後白	終不然這胎	終不然這胎	終不然這胎	終不然這胎	終不然這胎	這胎終不然	這胎終不然	終不然這胎
木一二一二煞	買不迭香和絹	絹	絹	絹	絹	扇	扇	絹
狀一一一江城子	珠在掌，恁憐儂	恁	恁	恁	恁	您	您	恁
狀一二一北江兒水	（黃）當一壺茜真珠纏	黃一茜	黃一茜	旦一茜	旦一茜	黃一賽	黃一賽	旦一茜

七、結語

袁宏道評本《四聲猿》爲鍾人傑刻《徐文長文集》附錄，鍾刻本源據商維濬刻《徐文長三集》，稍事刪改，其鐫刻精工，遠勝商刻。鍾刻本《徐文長文集》風行海内，流布甚廣，至少存在四種覆刻本，故所附袁評《四聲猿》也存在至少四種覆刻。明末讀書坊本《徐文長文集》，實乃初刻本晚期印本，並非翻刻之本。袁評《四聲猿》源出商刻，略事改訂，刻工署名黃伯符的徽州刻本即據以

翻刻。《盛明雜劇》與杭州“延閣”刻本、澂道人評本爲一系，其評語雖號稱袁宏道評，實則摘録所謂袁宏道評以及延閣刻本評語，組合而成；其曲詞賓白則以襲用延閣刻本爲多，略事校訂，遂成自家面目。

馮先思：北京師範大學文學院博士後

校勘 版本目錄學研究第十輯

《史記》徐廣注錯簡考

孫利政

徐廣《史記音義》原本單行，十三卷，早佚，但主要内容因裴駰《史記集解》而得以存世。《史記集解》原本也是單行，八十卷，爲了便於檢讀，後人將其散放入《史記》相應的正文下。現存六朝抄本《張丞相列傳》殘卷、《酈生陸賈列傳》全卷已是白文合注文的樣式，單行本唐初猶存，後漸漸亡佚。故嚴格説來，《史記音義》原書早已不存，這裏所説的版本其實是《史記》的版本，也是廣義上的版本。年深日久，由於種種原因，《史記》徐廣注各本都存在不同程度的文字訛倒的現象。

本文以中華書局 2014 年版修訂本《史記》爲底本，通校八個版本的《史記》，簡稱如下：1. 景祐本：北宋景祐間（1034-1038）刊本《史記集解》一百三十卷（有配補）。2. 紹興本：南宋紹興初杭州刻本《史記集解》一百三十卷（有配補）。3. 耿本：南宋淳熙三年（1176）張杅刊八年（1181）耿秉重修《史記集解索隱》一百三十卷。4. 黃本：南宋慶元建安黃善夫《史記》三家注合刻本一百三十卷。5. 彭本：元至元二十五年（1288）彭寅翁《史記》三家注合刻本一百三十卷。6. 凌本：明萬曆四年（1576）凌稚隆《史記評林》一百三十卷。7. 殿本：清乾隆四年武英殿《史記》三家注合刻本一百三十卷。8. 百衲本：1936 年上海商務印書館涵芬樓百衲本《二十四史》本。試對徐廣注的錯簡進行一番梳理，總結出徐廣注錯簡的六種類型，凡前賢已發者從略。稱引書中内證標明底本相應册數及頁碼，以便按覈。

一、文字訛倒例

一又云

《周本紀》"不顯亦不賓滅"徐廣注："一云'不顧亦不賓成',一又云'不顧亦不恤'也。"（1/166）

按：徐廣異文注無"一又云"之例，當作"又一云"，此倒。"又一云"猶"又一本云"，如《魯周公世家》"夫政不簡不易，民不有近；平易近民，民必歸之"徐廣注："一本云'政不簡不行，不行不樂，不樂則不平易；平易近民，民必歸之'。又一本云'夫民不簡不易；有近乎簡易，民必歸之'。"（5/1843-1844）又《宋微子世家》"今殷民乃陋淫神祇之祀"徐廣注："一云'今殷民侵神犧'，又一云'陋淫侵神祇'。"（5/1945）又《趙世家》"卻冠秫絀"徐廣注："又一本作'鮭冠黎緤'也。"（6/2180）又《傅靳蒯成列傳》"陽陵侯傅寬、信武侯靳歙皆高爵，從高祖起山東"徐廣注："一無'高'字。又一本'皆從高祖'。"（8/3286）舊抄本《周本紀》正作"又一云"，可爲確證。

大報享祠

《孝武本紀》"報祠大饗"徐廣注："一云'大報享祠'也。"（2/593）

按：《封禪書》"報祠大享"徐廣注："一云'大報祠享'。"（4/1673）饗、享字通。徐廣注異文"大報享祠""大報祠享"必有一倒，竊疑徐廣所見一本作"大報祠享"，《孝武本紀》注"享祠"爲"祠享"之倒。祠享即立祠以祭品敬神，"享（饗）"與上文"承休無疆"爲韻。

讀嗛與銜同

《大宛列傳》"烏嗛肉蜚其上"徐廣注："讀'嗛'與'銜'同。"（10/3846）

按："讀嗛"二字倒，當互乙。《佞幸列傳》"太后由此嗛嫣"徐廣注："嗛，讀與'銜'同，《漢書》作'銜'字。"（10/3881）

二、異文錯簡例

一作壁

《楚世家》："伏師閉集解徐廣曰："一作'壁'。"塗。"（5/2071）

按：諸本徐廣注在"塗"下，《會注》作"徐廣曰塗一作壁"七字[1]。《列女傳·節義傳·楚昭越姬》作"伏師閉壁"[2]。據此當以"壁"爲"塗"之異文。

---

[1] ［日］瀧川資言：《史記會注考證》，上海古籍出版社，2016年，第2118頁。

[2] （漢）劉向：《古列女傳》，《叢書集成初編》第3400冊，中華書局，1985年，第130頁。

檢汲古閣本《史記集解》亦在“墊”下，金陵本蓋因閉、壁音近而誤移徐廣注於“閉”下，當據諸本乙正。

自常山以下代上黨以東

《趙世家》：“自常山以至代、上黨集解徐廣曰：“一云‘自常山以下，代、上黨以東’。”，東有燕、東胡之境，而西有樓煩、秦、韓之邊，今無騎射之備。”（6/2179）

按：徐廣所見一本作“自常山以下，代、上黨以東，有燕、東胡之境，而西有樓煩、秦、韓之邊，今無騎射之備”，即徐廣注“自常山以下，代、上黨以東”對應史文“自常山以至代上黨東”九字。即徐廣注本在“東”字下，後人誤移於“東”上。

一云其夫亡也

《張耳陳餘列傳》“外黃富人女甚美，嫁庸奴，亡其夫去集解徐廣曰：“一云‘其夫亡’也。”，抵父客。”（8/3121）

按：檢金陵本徐廣注在“亡其夫”三字下，景祐本、紹興本、耿本、黃本、彭本、凌本、百衲本同，殿本脫此注。1959年點校本：“外黃富人女甚美，嫁庸奴，亡其夫集解徐廣曰：“一云‘其夫亡’也。”，去抵父客。”① 則修訂本因改動標點而徑移徐廣注於“去”下。《漢書·張耳陳餘傳》：“外黃富人女甚美，庸奴其夫，亡邸父客。”② 以“其夫亡”易《史記》“亡其夫去”四字，與《漢書》似合符契。然“嫁”字不可解③。《記纂淵海》卷一九二引《史記》：“外黃富人女甚美，嫁庸奴，其夫亡，去抵父客。”④ 此即從徐廣“一云”，自可通。此注當從諸本置“亡其夫”三字下，不可因標點而失其舊。

因去詳狂

《淮陰侯列傳》“遂謝蒯通。蒯通說不聽，已詳狂爲巫集解徐廣曰：“一本‘遂不用蒯通，蒯通曰：“夫迫於細苛者，不可與圖大事；拘於臣虜者，固無君王之意。”說不聽，因去詳狂’也。”。”（8/3183）

按：《長短經》卷七：“遂謝蒯生，蒯生曰：‘夫迫於苛細者，不可與圖大事；拘於臣虜者，固無君王之意。’說不聽，因去佯狂爲巫。”⑤ 以此參之，徐廣注所

---

① （漢）司馬遷：《史記》，中華書局，1959年，第2571頁。

② （漢）班固：《漢書》，中華書局，1962年，第1829頁。

③ 王念孫以“嫁”爲衍文。《讀史記雜志》：“一本是也。‘嫁’字後人所加。亡字本在‘其夫’下。‘庸奴其夫’爲句，‘亡去’爲句，‘抵父客’爲句。”然王念孫亦以“其夫亡”爲“亡其夫”三字異文。

④ （宋）潘自牧：《記纂淵海》，中華書局，1988年，第3066頁。

⑤ （唐）趙蕤：《長短經》，《叢書集成初編》第598册，商務印書館，1939年，第203頁。

指異文當止於"詳狂",并不包括"爲巫"二字。則徐廣注本在"詳狂"下。

言景帝曰諸侯或連數郡非古之制非久長策不便請削之上令公卿

《袁盎晁錯列傳》："遷爲御史大夫,請諸侯之罪過,削其地 集解 徐廣曰:"一云言景帝曰'諸侯或連數郡,非古之制,非久長策,不便,請削之',上令公卿云云"。",收其枝郡。奏上,上令公卿列侯宗室集議,莫敢難,獨竇嬰爭之,由此與錯有卻。"(8/3325)

按:徐廣注當在下文"上令公卿"下,指"請諸侯之罪過削其地收其枝郡奏上上令公卿"十九字而言。

言未卒因涕泣交流噓唏不能自止

《扁鵲倉公列傳》："言未卒,因噓唏服臆,魂精泄橫,流涕長潸 集解 徐廣曰:"一云'言未卒,因涕泣交流,噓唏不能自止'也"。",忽忽承睞,悲不能自止,容貌變更。"(9/3376)

按:《太平御覽》卷七二一引《史記》作"言未及畢,因歔欷大息,涕泣橫流,不能自止,容貌變更"[1],與徐廣注異文略近。則徐廣注"言未卒,因涕泣交流,噓唏不能自止"當在"悲不能自止"下,指"言未卒因噓唏服臆魂精泄橫流涕長潸忽忽承睞悲不能自止"二十五字而言。

抱兒鞭馬南馳也

《李將軍列傳》："行十餘里,廣詳死,睨其旁有一胡兒騎善馬,廣暫騰而上胡兒馬,因推墮兒 集解 徐廣曰:"一云'抱兒鞭馬南馳'也"。",取其弓,鞭馬南馳數十里,復得其餘軍。"(9/3471)

按:《漢書·李廣蘇建傳》："行十餘里,廣陽死,睨其傍有一兒騎善馬,暫騰而上胡兒馬,因抱兒鞭馬南馳數十里,得其餘軍。"[2] 以《漢書》校之,則徐廣注異文"抱兒鞭馬南馳"指《史記》"推墮兒取其弓鞭馬南馳"十字,即本作"廣暫騰而上胡兒馬,因推墮兒,取其弓,鞭馬南馳 集解 徐廣曰:"一云'抱兒鞭馬南馳'也"。"數十里,復得其餘軍",後人誤移至"推墮兒"下。

乃下具告單于

《匈奴列傳》："是時鴈門尉史行徼,見寇,葆此亭,知漢兵謀,單于得,欲殺之, 集解 徐廣曰:"一云'乃下,具告單于'"。"尉史乃告單于漢兵所居。單于大驚曰:"吾固疑之。"(9/3510-3511)

按:《會注》此《集解》在下文"漢兵所居"下[3]。《漢書·匈奴傳上》:"時雁門尉史行徼,見寇,保此亭,單于得,欲刺之。尉史知漢謀,乃下,具告單于。

---

① (宋)李昉等:《太平御覽》,中華書局,1995年,第3194-3195頁。
② (漢)班固:《漢書》,第2443頁。
③ [日]瀧川資言:《史記會注考證》,第3778頁。

單于大驚，曰：'吾固疑之。'"① 以此參之，則徐廣注"乃下，具告單于"當爲"乃告單于"四字之異文，當在"乃告單于"下，今諸本錯位。

三、上下文錯簡例

表云徙於北河榆中耐徙三處拜爵一級

《秦始皇本紀》："於是使御史悉案問諸生，諸生傳相告引，乃自除犯禁者四百六十餘人，皆阬之咸陽，使天下知之，以懲後。益發謫徙邊**集解**徐廣曰："《表》云'徙於北河、榆中，耐徙三處，拜爵一級'"。始皇長子扶蘇諫曰：'天下初定，遠方黔首未集，諸生皆誦法孔子，今上皆重法繩之，臣恐天下不安。唯上察之。'始皇怒，使扶蘇北監蒙恬於上郡。

三十六年，熒惑守心。有墜星下東郡，至地爲石，黔首或刻其石曰'始皇帝死而地分'。始皇聞之，遣御史逐問，莫服，盡取石旁居人誅之，因燔銷其石。始皇不樂，使博士爲《仙真人詩》，及行所游天下，傳令樂人謌弦之。秋，使者從關東夜過華陰平舒道，有人持璧遮使者曰：'爲吾遺滈池君。'因言曰：'今年祖龍死。'使者問其故，因忽不見，置其璧去。使者奉璧具以聞。始皇默然良久，曰：'山鬼固不過知一歲事也。'退言曰：'祖龍者，人之先也。'使御府視璧，乃二十八年行渡江所沈璧也。於是始皇卜之，卦得游徙吉。**遷北河、榆中三萬家，拜爵一級**。"（1/329–331）

按：《六國年表》："（秦始皇三十六年）徙民於北河、榆中，耐徙三處（**集解**徐廣曰："一作'家'"。），拜爵一級。石晝下東郡，有文言'地分'。"（2/908）《表》與"（秦始皇三十五年）益發謫徙邊"不合。此徐廣注當在下文"遷北河、榆中三萬家，拜爵一級"下，即"遷北河、榆中三萬家，拜爵一級**集解**徐廣曰："《表》云'徙於北河、榆中，耐徙三處，拜爵一級'"，正是引《表》"耐徙三處"云云注明與"三萬家"異同。《年表》徐廣注"一作'家'"，亦與《秦始皇本紀》合。今諸本錯位。

四月

《高祖本紀》："楊熊走之滎陽，二世使使者斬以徇。**集解**徐廣曰："四月。"南攻潁陽，屠之。"（2/456）

按：《漢書·高帝紀上》："（三月）西與秦將楊熊會戰白馬，又戰曲遇東，大破之。楊熊走之滎陽，二世使使斬之以徇。四月，南攻潁川，屠之。"② 與徐

---

① （漢）班固：《漢書》，第 3765 頁。

② （漢）班固：《漢書》，第 18 頁。

廣所云"四月"不合。然南攻潁陽（《漢書》作"川"）在四月，故徐廣注"四月"當在"南攻潁陽屠之"下，今諸本誤移於此。《秦楚之際月表》"秦斬（楊）熊以徇"在三月，"攻潁陽"在四月（3/933），與《漢書》合。

七月

《高祖本紀》"漢王敗固陵，乃使使者召大司馬周殷舉九江兵而迎武王，行屠城父，隨劉賈、齊梁諸侯皆大會垓下。$\boxed{集解}$徐廣曰："七月。"立武王布爲淮南王。"（2/477）

梁玉繩《史記志疑》卷六："布王在四年七月，此誤書於四年之末，應在歸太公呂后前。"①

按：《漢書·高帝紀下》："（五年）十一月，劉賈入楚地，圍壽春。漢亦遣人誘楚大司馬周殷。殷畔楚，以舒屠六，舉九江兵迎黥布，并行屠城父，隨劉賈皆會。"②與徐廣所云"七月"不合。疑徐廣注"七月"本在末句"立武王布爲淮南王"下。黥布封爲淮南王在漢四年七月，《黥布列傳》："四年七月，立布爲淮南王。"（8/3157）《秦楚之際月表》"立布爲淮南王"（3/957）亦在四年七月。誠如梁說，此正文及注疑皆錯簡。《漢書》"立黥布爲淮南王"在"立韓信爲齊王"下，竊疑史文及注亦本在前文"乃遣張良操印綬立韓信爲齊王"（2/474）下。

十一月辛丑

《孝文本紀》："孝文皇帝元年十月庚戌，徙立故琅邪王澤爲燕王。辛亥，……壬子，遣車騎將軍薄昭迎皇太后于代。皇帝曰：'呂産自置爲相國，呂祿爲上將軍，擅矯遣灌將軍嬰將兵擊齊，欲代劉氏，嬰留滎陽弗擊，與諸侯合謀以誅呂氏。呂産欲爲不善，丞相陳平與太尉周勃謀奪呂産等軍。朱虛侯劉章首先捕呂産等。太尉身率襄平侯通持節承詔入北軍。典客劉揭身奪趙王呂祿印。益封太尉勃萬户，賜金五千斤。丞相陳平、灌將軍嬰邑各三千户，金二千斤。朱虛侯劉章、襄平侯通、東牟侯劉興居邑各二千户，**金千斤**$\boxed{集解}$徐廣曰："十一月辛丑。"。封典客揭爲陽信侯，**賜金千斤**。'十二月……。"（2/530-531）

按：此注當在下句"封典客揭爲陽信侯賜金千斤"下，注典客劉揭受封爲陽信侯的時間。蓋《音義》僅標"金千斤"三字，故後人誤移置上句。《漢書·高惠高后文功臣表》陽信夷侯劉揭"元年十一月辛丑封，十四年薨"③，此即徐說所本。《史記·惠景閒侯者年表》陽信"元年三月辛丑，侯劉揭元年"（3/1186），與《漢書》不合。此云"孝文皇帝元年十月庚戌""（十月）辛亥""（十月）壬子""（元年）十二月"，顯然與《年表》相違，故徐廣取《漢書》之說。抑

---

① （清）梁玉繩：《史記志疑》，中華書局，2006 年，第 228 頁。
② （漢）班固：《漢書》，第 50 頁。
③ （漢）班固：《漢書》，第 625 頁。

或今《年表》"三"字乃"十一"之誤邪？

常五年一脩耳

《孝武本紀》："天子親至泰山，以十一月甲子朔旦冬至日祠上帝明堂集解徐廣曰："常五年一脩耳。今適二年，故但祀明堂。"，每脩封禪。"（2/609）

按：此注當在"每脩封禪"下，涉釋"脩"字。《封禪書》："天子親至泰山，以十一月甲子朔旦冬至日祠上帝明堂，毋脩封禪集解徐廣曰："常五年一脩耳，今適二年，故但祠於明堂。"。"（4/1682）當據乙正。

秦拔郢楚走陳

《魯周公世家》："二十三年，文公卒，子讎立，是爲頃公。頃公二年，秦拔楚之郢集解徐廣曰："《年表》云文公十八年，秦拔郢，楚走陳。"，楚頃王東徙於陳。十九年，楚伐我，取徐州。"（5/1868）

按：秦拔楚郢、楚王徙陳史事，《六國年表》在魯文公十八年（前278）："秦拔我郢，燒夷陵，王亡走陳。"（2/892）而《世家》在魯頃公（文公子）二年（前271），故徐廣引表以著異同。徐廣注當在"楚頃王東徙於陳"下，與"楚〔王〕走陳"相應，今本錯在上句。

班氏云厲公躍者桓公之弟也

《陳杞世家》："三十八年正月甲戌己丑，桓公鮑卒。桓公弟佗，其母蔡女，故蔡人爲佗殺五父及桓公太子免而立佗集解譙周曰："《春秋傳》謂佗即五父，《世家》與《傳》違。"索隱譙周曰"《春秋傳》謂他即五父，與此違"者，此以他爲厲公，太子免弟躍爲利公，而《左傳》以厲公名躍。他立未踰年，無諡，故"蔡人殺陳他"。又莊二十二年《傳》云"陳厲公，蔡出也，故蔡人殺五父而立之"。則他與五父俱爲蔡人所殺，其事不異，是一人明矣。《史記》既以他爲厲公，遂以躍爲利公。尋厲利聲相近，遂誤以他爲厲公，五父爲別人，是太史公錯耳。班固又以厲公躍爲桓公弟，又誤。是爲厲公。桓公病而亂作，國人分散，故再赴集解徐廣曰："班氏云厲公躍者，桓公之弟也。"。"（5/1906）

按：此注當在"桓公弟佗"或"故蔡人爲佗殺五父及桓公太子免而立佗"或"是爲厲公"下，援引班固説以明《史》《漢》異同。即《史記》以桓公弟佗爲厲公，以桓公太子免的弟弟躍爲利公（詳《史記》下文），而《漢書》以厲公名躍，且爲桓公之弟，兩文有異。而《左傳》記載又異，故《集解》引譙周明之，《索隱》辨析異同，以《左傳》爲是。《索隱》"譙周曰"云云辨析《集解》引譙周説，而"班固又以厲公躍爲桓公弟"即針對徐廣引班固説而言。故徐廣注當在彼處與《索隱》呼應。或在"桓公弟佗""是爲厲公"下，亦無不可。置於"故再赴"下則遠矣。

班氏云元君者懷君之弟

《衛康叔世家》："懷君三十一年，朝魏，魏囚殺懷君。魏更立嗣君弟，是爲元君。元君爲魏壻，故魏立之 集解 徐廣曰："班氏云元君者，懷君之弟。"。
（5/1940）

按：此注當在"是爲元君"下。前文："孫文子、甯惠子共立定公弟秋 集解
徐廣曰："班氏云獻公弟焱。"爲衛君，是爲殤公。"（5/1931）可見今本徐廣注
位置較爲隨意，并不精確，蓋由《集解》或後人散注入篇時造成的偏差。

上黨有閼與

《趙世家》："趙與之陘 集解 徐廣曰："一作'陸'，又作'陘'。或宜言'趙
與之陘'。陘者山絶之名。常山有井陘，中山有苦陘，上黨有閼與。"，合軍曲陽，
攻取丹丘、華陽、鴟之塞。"（6/2182）

按：據注徐廣以爲當作"趙與之陘"，故舉井陘、苦陘以釋"陘"字，而"上
黨有閼與"一句不可解。閼與作爲地名，不可省稱作"與"，徐廣明謂"趙與之
陘"，則以"與"爲動詞，非"閼與"。"閼與"於下文"秦、韓相攻，而圍閼與"
首見，《正義》："上於連反，下音預。"（6/2194）《魏世家》"拔閼與"徐廣注
"在上黨"，《正義》"閼，於連反。與音預"（6/2237），以此相參，"上黨有閼與"
當本在下文"而圍閼與"下，因此文有"與"字，且符合"某地有某地"的句式，
後人誤置於此。

霸陵縣有軹道亭

《外戚世家》："故迎代王，立爲孝文皇帝，而太后改號曰皇太后，弟薄昭封
爲軹侯 索隱按《地理志》，軹縣在河內，恐地遠非其封也。按：長安東有軹道亭，
或當是所封也。薄太后母亦前死，葬櫟陽北。……薄太后後文帝二年，以孝景
帝前二年崩，葬南陵。以呂后會葬長陵，故特自起陵，近孝文皇帝霸陵 集解 徐
廣曰："霸陵縣有軹道亭。"。"（6/2392）

按：徐廣注"霸陵縣有軹道亭"置於"霸陵"下，似是而非。當在上文"弟
薄昭封爲軹侯"下，即注"軹"字，故《索隱》亦云"長安東有軹道亭，或當
是所封也"。《秦始皇本紀》"降軹道旁"《集解》："徐廣曰：'（軹道）在霸陵。'
駰案：蘇林曰'亭名，在長安東十三里'。"（1/348）《蘇秦列傳》"我下軹，道南
陽"徐廣注："霸陵有軹道亭。"（7/2759）以此相參，則徐廣實注"軹"字，《索
隱》從之。蓋因"霸陵"二字，故後人誤置於下文。

它《史記》本皆不見嚴安

《平津侯主父列傳》："嚴安上書曰……以遭萬世之變，則不可稱諱也。書奏
天子，天子召見三人，謂曰：'公等皆安在？何相見之晚也 集解 徐廣曰："它《史
記》本皆不見嚴安，此旁所纂者，皆取《漢書》耳。然《漢書》不宜乃容大異，
或寫《史記》承闕脱也。"！'"（9/3582-3585）

按：徐廣注當在嚴安所上書之末句"則不可稱諱也"下，更切。《漢書·嚴
朱吾丘主父徐嚴終王賈傳》與此相關，今分上下，上爲嚴助、朱買臣、吾丘壽

王、主父偃、徐樂諸傳，下爲嚴安、終軍、王褒、賈捐之諸傳。《漢書》將嚴安所上書歸於本傳，其書"則不可勝諱也"後尚有"後以安爲騎馬令"七字[①]。《史記》"書奏天子，天子召見三人"（《漢書》作"書奏，上召見三人"）云云《漢書》實在主父偃傳中[②]。細繹徐廣注，其所見別本《史記》皆無"嚴安上書曰"至"則不可稱諱也"一段，此本有之，乃旁人取《漢書》嚴安傳文誤衍入《史記》[③]。但徐廣同時也意識到"《漢書》不宜乃容大異"，故據《漢書》認爲《史記》原本或有此文，別本皆傳抄闕脱。換言之，徐廣注針對嚴安上書一大段，與在《漢書·主父偃傳》中的"書奏"云云無涉，故宜在"則不可稱諱也"下。

拘彌國去于寘三百里

《大宛列傳》："其北則康居，西則大月氏，西南則大夏，東北則烏孫，東則扞罙集解徐廣曰："《漢紀》曰拘彌國去于寘三百里。"、于寘。"（10/3836-3837）

按：諸本《集解》在"于寘"二字下，是。《索隱》："拘彌與扞罙是一也。"（10/3837）徐廣注本在"扞罙、于寘"下，引荀悦《漢紀》以釋兩地距離。檢汲古閣本《史記集解》亦在"于寘"下。單《索隱》本標出"扞罙""于寘""注漢紀""注拘彌"，金陵本據單《索隱》重新調整注文文字及位置，故與諸本《集解》《索隱》文字、位置有異。此條徐廣注當從諸本乙正。

四、因歸併徐廣注而形成之錯簡

一云塞路一云以衆入漢中

《高祖功臣侯者年表》"阿陵"："以連敖前元年從起單父，以塞疏入漢集解徐廣曰："一云'塞路'，一云'以衆入漢中'。"。"（3/1092）

按：《索隱》："起單父塞路入漢。一云'塞疏'，一云'以衆疏入漢'。"（3/1092）《漢書·高惠高后文功臣表》作"以連敖前元年從起單父，以塞路入漢"[④]。據《索隱》及《漢表》，則徐廣注異文"塞路"指"塞疏"二字而言，"以

---

① （漢）班固：《漢書》，第2814頁。

② （漢）班固：《漢書》，第2802頁。

③ 需要指出的是，今本《史記·主父偃列傳》"是時趙人徐樂、齊人嚴安俱上書言世務，各一事"後有徐樂和嚴安的上書各一篇，而在《漢書》中則各自歸於徐、嚴本傳，似司馬遷但插述其書文，班固則專門別出作傳，使眉目清晰，不相雜側，傳文内容實相差不大。即以《漢書》校之，徐樂與嚴安性質相似，它本既皆不見嚴安，則是否見徐樂，即徐樂上書一段是否也存在"旁所篡"或"相承闕脱"的可能，無從窺知。然以《漢書》及徐廣注參之，"它《史記》本皆不見嚴安"云云在"則不可稱諱也"下更爲確切。

④ （漢）班固：《漢書》，第567頁。

衆疏入漢"指"以塞路入漢"而言，疑本作"以塞疏集解徐廣曰："一云'塞路'。"入漢集解徐廣曰："一云'以衆疏入漢'。""，蓋二句相鄰，後人故將二注合併。

今饒陽在河間

《趙世家》"（趙悼襄王）六年，封長安君以饒正義即饒陽也。瀛州饒陽縣東二十里饒陽故城，漢縣也，明長安君是號也。。魏與趙鄴。九年，趙攻燕，取貍、陽城。兵未罷，秦攻鄴，拔之集解徐廣曰："今饒陽在河間。又《年表》曰拔閼與、鄴九城。"。"（6/2204）

朱東潤《張守節〈史記正義〉説例》："（趙攻燕取貍陽城）句下《集解》引徐廣曰：'今饒陽在河間。'疑徐廣、裴駰所見本皆作'饒陽'，故有此説，斯則《史記》原文是否作'貍陽城'未可知也。"[1]

按：朱氏已覺"今饒陽在河間"六字與正文不應，故疑"貍陽城"別本或作"饒陽"。竊疑"今饒陽在河間"本在上文"封長安君以饒"下，釋"饒"字，與《正義》合。即作"六年，封長安君以饒集解徐廣曰："今饒陽在河間。正義即饒陽也。瀛州饒陽縣東二十里饒陽故城，漢縣也，明長安君是號也。。魏與趙鄴。九年，趙攻燕，取貍、陽城。兵未罷，秦攻鄴，拔之集解徐廣曰："（又）《年表》曰拔閼與、鄴九城。"。"《六國年表》趙悼襄王偃九年："秦拔我閼與、鄴，取九城。"（2/903）徐廣引《年表》以著與《世家》"九年，趙攻燕，取貍、陽城。兵未罷，秦攻鄴，拔之"諸字異同，與六年文毫無干涉。後人將上條歸併於下條，又增"又"字，則遙釋六年地名，又兼列九年異文，駁雜混淆。徐廣標字列注，似不至如此，當由後人誤合二注也。

又一本皆從高祖

《傅靳蒯成列傳》："陽陵侯傅寬、信武侯靳歙皆高爵集解徐廣曰："一無'高'字。又一本'皆從高祖'。"，從高祖起山東。"（8/3286）

按：疑徐廣注本作"陽陵侯傅寬、信武侯靳歙皆高爵集解徐廣曰："一無'高'字。"，從高祖集解徐廣曰："又一本'皆從高祖'。"起山東。"又一本"皆從高祖"指"皆高爵從高祖"六字而言，即又一本無"高爵"二字。後人將下條注歸併入上條，則"皆從高祖"四字無著落。

一云差以毫釐一云繆以千里

《太史公自序》："故《易》曰'失之豪釐，差以千里'集解徐廣曰："一云'差以毫釐'，一云'繆以千里'。"。"（10/4005）

李笠《廣史記訂補》卷一二："《集解》下'一云'二字誤衍。"[2]

---

① 朱東潤：《張守節〈史記正義〉説例》，《史記考索》，武漢大學出版社，2009年，第114頁。
② 李笠：《廣史記訂補》，復旦大學出版社，2001年，第362頁。

按：景祐本、彭本徐廣注作"一云差以毫厘繆以千里"十字，與李説合。紹興本作"故《易》曰'失之豪厘**集解徐廣曰："一云'差以豪厘'。"**，差以千里**集解徐廣曰："一云'繆以千里'。"**'"《漢書·司馬遷傳》引《易》作"差以豪氂，謬以千里"[1]。謬、繆同音通用。以此參之，則徐廣注兩個"一云"分別對應"失之豪厘"和"差以千里"，即如紹興本所示。蓋二句相鄰，後人故將二注合併。依徐廣注體例，"一云"者俱當指一處異文，此分指兩處，爲免誤解，故景祐本、彭本及李笠删下之"一云"也，然失其舊。

五、異篇錯簡例

李陵以天漢二年敗也

《孝武本紀》："其後五年，復至泰山脩封**集解徐廣曰："天漢三年。李陵以天漢二年敗也。"**，還過祭常山。"（2/613）

按：《封禪書》："其後五年，復至泰山脩封**集解徐廣曰："天漢三年。"**。還過祭恒山。"（4/1684）"李陵以天漢二年敗也"九字不可解，與《孝武本紀》無涉，疑爲他篇錯簡。此九字蓋本在《太史公自序》"七年而太史公遭李陵之禍"徐廣注"天漢三年"後。即作"於是論次其文。七年**集解徐廣曰："天漢三年。李陵以天漢二年敗也。"**而太史公遭李陵之禍，幽於縲紲。"（10/4006）

據《李將軍列傳》，李陵天漢二年（前99）秋"遂降匈奴"，故徐廣釋太史公遭李陵之禍而受刑在天漢三年（前98），距太初元年（前104）開始纂修《史記》正好"七年"，又補充説明李陵敗降的時間。後人誤移此句於《孝武本紀》下，遂與正文不相應。《封禪書》注作"天漢三年"（4/1684），**無此九字**，極是！

六、同詞注釋的錯位

按照常理來説，同篇之中，注釋同一個詞語時，往往注文附於被釋詞首次出現處，下文即可一概從省。而徐廣有些注文卻并非如此，如：

1.《曆書》："游兆（**集解徐廣曰："作'游桃'。"**）攝提格征和元年。"（4/1516）《札記》卷三："案：'游兆'已見太初三年，疑錯簡。"[2]

2.《大宛列傳》"而樓蘭、姑師小國耳"徐廣注："即車師。"（10/3850）

按：上文"而樓蘭、姑師邑有城郭"《正義》："二國名。姑師即車師也。"

---

① （漢）班固：《漢書》，第2717頁。
② （清）張文虎：《校刊史記集解索隱正義札記》，中華書局，1977年，第316頁。

即假設《音義》單行本僅標出"游兆""姑師"等詞，而一篇之中多次出現該詞，那麼後人在散注入篇時就有可能放錯位置。又《日者列傳》"多言誇嚴"徐廣注"（嚴）一作'險'"（10/3912），《太史公自序》"不台"徐廣注"無台輔之德也。一曰怡，懌也，不爲百姓所説"（10/4009）等等，注文均不在被釋詞首次出現處，這樣的例子不在少數。

這些是否都是錯簡呢？筆者認爲，大部分都可以視爲錯簡，但也存在另一種可能：徐廣同篇中重複注一詞者亦有此例，如《越王句踐世家》"狡兔"注"狡，一作'郊'"和"無假"注"無，一作'西'"均出現兩次。換言之，是否以上幾條在被釋詞首次出現的時候其實原本也有注文，祇是這些重複的注文後來經過裴駰及後人選擇和删汰了。當然，這些注文的位置對於文義來説基本沒有什麼影響，在此不再一一辨析。

以上總結了徐廣注錯簡的六種類型，産生錯簡的原因是《史記》在流傳中注文與正文相合：由裴駰的《史記集解》本，繼而與司馬貞《史記索隱》合併爲二家注本，再與張守節《史記正義》合併成三家注本，通行至今，在合併的過程中或多或少産生了文字錯位的現象。由徐廣注可以窺知，三家注中仍存在不少類似的錯簡，有待學者們的繼續研究。

附記：本文是在南京師範大學趙生群、蘇芃兩位老師的指導下完成的，南京大學崔璨學姐幫助檢閲資料，并致謝忱！

孫利政：南京大學文學院博士研究生

人物 版本目録學研究第十輯

章式之先生編年事輯

薛玉坤

章鈺（1865～1937），譜名鴻鈺，字式之，一字汝玉，號堅孟，又字茗理，別署茗篴、蟄存、負翁、晦翁，晚年自號霜根老人、北池逸老，江蘇長洲（今蘇州）人。近代藏書與校讎名家。光緒中嘗從俞樾游，光緒十五年（1889）中江南鄉試第六名，光緒二十九年（1903）成進士，以學習主事籤分刑部湖廣清吏司。同年又保送經濟特科，召試一等。後奏留本籍辦理學務，籌辦初等小學堂40餘所，以辦學有成，保加四品銜。光緒三十三年（1907）冬入兩江總督端方幕，宣統元年（1909）端方調任直隸總督，先生隨行。後調任外務部一等秘書，兼京師圖書館編修。辛亥後退居天津，自以爲於國事無所裨益，以藏書、校書自遣。在津期間，嘗應嚴修之邀，主講崇化學會數年。又參加城南詩社、須社等，與津沽文人詩酒文會，雅集唱酬。1914年，清史館開館，館長趙爾巽聘爲纂修，主修乾隆《大臣傳》《忠義傳》及《藝文志》。1931年移居北京，1937年5月病卒。子四人：元善、元美、元群、元義；女二人：元淑、元暉；孫鼎、熊、武、正等。著有《胡刻通鑑正文校宋記》《讀書敏求記校證》等，又手自編定詩文集《四當齋集》十四卷。

同治四年乙丑（1865） 一歲

五月二十一日，生於江蘇長洲縣（今蘇州），父章瑞徵，字蘭舟。母劉氏，長洲澋墅鎮梅垞公女。長兄銓，殤。

其先出五代閩太傅章仔鈞，自二十八世祖諭公以後，族居浙江諸暨泰南鄉，世以務農爲業。洎曾祖章明芳改而服賈，始由越遷蘇。迨祖、考兩世，均居閭門外普安橋，遂著籍爲長洲縣人。

同治六年丁卯（1867）　三歲

十二月十九日，弟鑒生，字亮之。

同治九年庚午（1870）　六歲

是年移居郡城城隍廟東雍熙寺西。廟後瓦礫堆積，雜樹據之，先生幼年常在此放風箏、捉蟋蟀。

同治十二年癸酉（1873）　九歲

附學於太姑丈徐炳奎（燮堂）家塾，塾師夏從鋙（夢薌）。

同治十三年甲戌（1874）　十歲

四月，妹章鑫生，字稚蘭。

光緒三年丁丑（1877）　十三歲

從塾師沈紹傑（廉卿）、沈紹俌（賚卿）昆仲讀《詩經》《禮記》。

光緒五年己卯（1879）　十五歲

是年，爲蔣養韓（廷琦）代幽蘭巷王氏館事，學徒名念曾，爲先生及門之第一人。

光緒七年辛巳（1881）　十七歲

是年，受知於江蘇學政里安黃體芳（漱蘭），補博士弟子員。後因父督修蘇州文廟，爲府學所在地，因撥入府學，肄業紫陽書院。

光緒八年壬午（1882）　十八歲

秋，至金陵參加鄉試不售，期間侍父游甘露寺，拜全椒薛時雨在寧講學之薛廬。

本年父始棄賈設館爲童子師，來學者皆坊肆貧苦子弟，書、數之外，必教以爲人大要，謂此輩幼年不聞正言，將來易流爲不善。

是年，移居胥門內西美巷。

光緒癸未九年（1883）　十九歲

是年，嘗處蒙館於胥門外由斯巷。

光緒十年甲申（1884）　二十歲

是年，受業於吳縣雷浚先生，得聞小學家言。雷浚，字深之，號甘溪，精於小學，有聲道、咸、同、光間，著有《説文外編》《説文引經例辨》。

是年，讀曾文正公家書，遂有志爲學。又或於是年，始游德清俞樾先生之門，於爲學門徑益得大概。

光緒十二年丙戌（1886）　二十二歲

七月二十五日，父章瑞徵罹傷寒病卒，年五十一。配周氏，吳縣祝三公女，以端淑稱，早卒。繼配劉氏，長洲滸墅鎮梅坨公女。子四：長銓，殤。次即鈺。三鑒。四鈞，殤。女三：長殤。次章鑫字直隸鹽山孫幼芝，江蘇候補道毓驤長子。

三殤。

冬，弟章鑒由滬歸，贈先生《周易正義》（嘉慶二十年江西南昌府學刊十三經注疏本）六册。

光緒十三年丁亥（1887） 二十三歲

十一月，黃彭年（子壽）調任江蘇布政使。

是年，受業於倪濤（聽松）。

光緒十四年戊子（1888） 二十四歲

三月，黃彭年用前掌教蓮池故事，就正誼書院西偏可園舊址創建學古堂，購書數萬卷，遴諸生分齋肄業，聘雷浚爲學長。先生爲黃彭年所賞拔，與胡玉縉同爲齋長。

四月，黃彭年贈其《尊勝陀羅尼經幢》拓本。

十一月，借畢沅靈岩山館原刻本《山海經》校浙江書局覆刻本，有翻本不誤而原本反誤者。

冬，母病，延武進馬縵雲爲醫。先生後嘗爲馬縵雲《靈岩贈別圖》作序。

光緒十五年己丑（1889） 二十五歲

六月十七日，潘鍾瑞來訪學古堂，先生導覽，又同游對門滄浪亭。潘鍾瑞爲潘奕雋族曾孫，曾與其族叔潘遵墩及吳嘉淦、王壽庭、宋志沂、劉觀藩等繼戈載輩之後，重建吳中詞社，稱盛一時。

七月初五日，東漢大儒鄭玄生辰，學古堂舉祭禮，先生與焉。

秋，中式江南鄉試第六名。

九、十月間，娶胡氏，作媒者吳縣俞田增（麗生）。胡氏，名玉，仁和人，生同治丁卯（1867）五月十八日。父欽蓮，字馥堂，母黃氏。胡馥堂寓蘇時，與先生父交契，重其爲人，謂先生或繼其志，以是締姻。

是年，先生以捷鄉試，薄有文望，院課膏獎及聞弟子修脯，時有所入。又爲人作酬應文字，常有潤筆，歲入稍豐。而母弟鑒挾其鑒別之能，往來滬上，遠及燕齊，時亦還贍家用。

光緒十六年庚寅（1890） 二十六歲

二月初二日，北上應會試，寓宣武門外達子營同邑汪鳴鑾工部侍郎宅纍月，不售而歸，五月十四出都，二十三日到滬。先生壬辰、甲午、戊戌會試皆寓汪鳴鑾齋。

十一月，吳江勝溪柳兆熏（柳亞子曾祖父）卒，其孫柳慕曾具狀乞撰墓表。

十二月初四日，黃彭年調任湖北布政使甫兩月即卒於任上，先生與學古堂諸生請爲位於學古堂北院，春秋報祀。

光緒十七年辛卯（1891） 二十七歲

四月，跋抄本《小謨觴館全集注》。

六月，跋同治十三年傳忠書局刊本《三十家詩抄》。

七月二十八日，跋光緒二年江蘇書局刊本《陸宣公集》。

是月，據鮑廷博刻本錄出《太平御覽引書目》一卷。

八月十四日，以坊本涵虛子注《素書》校湖北崇文書局本，或改或補約百字。

是月二十日，跋同治七年武林吳氏刊本《定盦文集》。

是月，又跋光緒二年浙江書局覆江都秦氏刊本《揚子法言》、同治八年江蘇書局重刊本《古文辭類纂》。

十月，陸廷楨（幹甫）携蔡九霞注本《陸宣公集》以示。陸幹甫爲先生己丑鄉試同年，是年應歸安吳氏聘，客授來蘇，館舍與先生鄰比，課餘即扣門顧談，街鼓嚴始去。二人彼此推重，相得甚歡，如是者一年。

十一月，據連筠簃本《群書治要》校長恩書室叢書本《吳子》《司馬法》。

是月，又跋《孫子注》《吳子》《司馬法》諸書。

是年，於蘇州靈芬閣書坊得鮑廷博點校補正本《入蜀記》。

光緒十八年壬辰（1892） 二十八歲

春，再應會試不售。

五月，據顧千里翻刊吳元恭本經注、歸安陸氏翻刊宋咸平單疏本校勘南昌府學刊本《爾雅注疏》，七月始訖事。九、十月間，又據古逸叢書所刊蜀大字本校經注一過。

六月，孫秋實携示手錄龔定庵未刻文，系從湯伯述所藏定公手稿照繕者，先生即照繕一分并跋。

閏六月初二日，跋光緒二年浙江書局覆明世德堂刊本《列子》。

是月，又據盧文弨《群書拾補》本、郝懿行箋疏本校《山海經圖贊》《山海經補注》。

七月二十日，跋同治十年刊本《瀟灑書齋書畫述》。

是月，又據通行本錄出《太平廣記引用書目》一卷。

八月十一日，子元善生於蘇州金太史巷寓宅。

是月二十日，校畢《玉海》附刻十三種之《急就篇》并題記。

十一月，據古逸叢書影宋紹熙余仁仲本，校讀嘉慶二十年南昌府學刊本《春秋穀梁傳注疏》一過。

十二月，據吳昌綬藏翻袁本《世說新語》對校湖北崇文書局本并題記。

光緒十九年癸巳（1893） 二十九歲

二月，蘇州城西支硎塘東暉橋重建，先生爲作記。

三月下旬，句讀道光十二年刊本《校讎通義》一過并跋。

五月，據鎮海張氏翻日本刻《八史經籍志》本校同治八年金陵書局刊本《漢書》并跋。

七月，據鐵花館翻宋本《新序》校讀湖北崇文書局刊本并跋，又據《群書拾補》改十之五六，十日卒業。

是年，學古堂同齋生金山阮惟和（子英）請撰其先人銘幽之文，以錢儀吉《碑傳集》及徐渭仁《隨軒金石文字九種》爲報。

光緒二十年甲午（1894） 三十歲

二月，手抄錢塘諸可寶《許君疑年録》一卷，諸可寶爲先生學古堂同窗。

春，三應會試不售。

五月二十日，從陽湖趙寬（君閬）借其尊人趙烈文（惠甫）所讀本《定庵文集》校讀一過。

六月，元和王同德（潤之）以《三通序》一書持贈。

十一月初二日，跋光緒二年浙江書局覆西吳嚴氏刊本《商君書》。

是月十二日，又跋同治五年彭氏重刊本《持志塾言》，書爲光緒己丑冬學古堂監院吳履剛（梅心）所贈。

十二月二十五日，張一麐（仲仁）以其祖張世棠《生餘留草》乞題，先生爲題五律一首。

除夕，據陽湖趙氏抄本手抄《校正元親征録》并題記。

是年，先生又設帳金太史巷里第，與僑寓名宿若張上龢（芷蓴）、陳如升（同叔）等時相唱酬，張上龢之子張爾田（孟劬）即於此時執贄受業。

光緒二十一年乙未（1895） 三十一歲

正月二十五日，趙寬（君閬）持贈《斠補隅録》，趙君閬有甌江之役，是日首途。

四月下旬，借書院内課生朱建侯藏顧文彬（艮庵）點定本與光緒中覆刊錢塘徐氏本對勘一過。

是月，又題劉樹棠（景韓）《師竹軒詩集》。劉景韓光緒十五年署江蘇布政使，爲先生書院肄業師，是書爲其手贈先生者。

閏五月初一日，從王仁俊（捍鄭）處借得顧炎武《聖安本紀》、黃宗羲《行朝録》，飭胥照録保存，校畢并記。

是月十七日，據江陰金武祥（溎生）粟香室四稿録出《後漢書李賢注引書目》《續漢志劉昭注引書目》，校畢并記。

是月，又借張一麐（仲仁）藏邵作舟（班卿）所校汪士漢刊本《白虎通疏證》，與淮南書局本對勘并題記。

十一月，陳如升（同叔）以《綠梅花下填詞圖》徵詞，先生賦《湘月》酬之，是爲《四當齋集》存詞之始。

是月，又借夏孫桐抄本《黑韃事略》，飭胥抄録并題記。

十二月初十日，手録潘曾沂所藏當時投贈詩翰，十六日訖事。此册爲弟章鑒以賤值得於煙館。

十二月二十日，俞田增（麗生）病卒，先生作《父執俞麗生先生小傳》，書界遺孤。俞氏爲先生初娶胡氏媒人。

是年，爲蘇州察院場振新書社印行《唐人五十家小集》署端。

光緒二十二年丙申（1896） 三十二歲

正月初四日，學古堂同學董瑞椿（茂堂）借觀陳如升（同叔）抄本蔣敦復《嘯古堂駢體文抄》。

是月十三日，俞陛雲（陛青）持贈其祖俞樾所撰《經課續編第五卷》。

是月二十九日，跋光緒十五年長沙王氏刊本《國朝十家四六文抄》，稱李慈銘"駢文冲淡，有自得之趣"。

二月初四日，跋《奇晉齋叢書》殘本。是書爲上元訓導張是保（誦穆）所贈。

是月十七日，夏孫桐示以堂弟夏孫穚（稻孫）校本《開方之分還原術》，照錄一分并記。

三月二十三日，據夏孫桐藏抄本《晉書地理志》照錄一過并記。

春，張上龢（沚荸）召蘇州鷗隱詞社社友同游天平山，張自賦一詞，先生和以《賀新郎·和張沚荸（上龢）天平春眺》。

四月二十三日，陳如升（同叔）携示蔣敦復《山中和白雲》手寫稿，五月初八初九日，先生傳錄一過并記。

光緒二十三年丁酉（1897） 三十三歲

三月，吳昌綬贈《大錢圖録》一册，其書衣識語云："堅孟名位未可量，異日揚歷大農，或際議圜法時，出此一爲考核，定當憶及堯獻。書此以爲息壤，不第志吾兩人在菰蘆中通書之樂也。"

六月，與張一麐、孔昭晉倡議創辦蘇學會，定期講習。立會大意有三：（一）以因時制宜爲主，取其互相講習，振起人才，爲將來建立學堂張本。（二）以中學爲主，西學爲輔，中學爲體，西學爲用。以中學包羅西學，不能以西學凌駕中學。（三）專以學問相砥礪，勿議朝政。

八月，取嚴可均《全上古三代秦漢三國晉南北朝文》對勘孫星衍所編《續古文苑》。

十一月，爲漸學廬本《帕米爾輯略》署端。

光緒二十四年戊戌（1898） 三十四歲

正月，中西學堂落成，招收生徒，教習中西學及英法語言文字，先生被聘爲中學教習。此前，俞樾曾致書江蘇布政使朱之榛（竹石）代爲説項，稱："中西學堂聞即將開辦，章式之孝廉鈺求充中學教習。此君爲公所素知，且蒙青眼，故敢代求。如可位置，千乞留意。"

春，四應會試不售。

八月，跋光緒十二年平湖朱之榛刊本《定盦文集補編》。

秋，據孫宗弼（伯南）藏《左蘀石貞公文集》，飭胥傳録一過，并乞陳如升（同叔）對校，至冬畢事。

秋，又據王纘先寫本手抄《各國約章專條偶抄》一卷。

十一月初七日，跋乾隆三十四年稻香樓刊《玉臺新咏》，此書爲陳如升（同叔）所贈。

是月十四日，於冷攤得光緒五年文達堂重刊本《茶餘客話》。

是月，又得吳縣汪縉撰《汪子遺集》。

十二月初旬，宗舜年（子戴）邀游上海，同游者趙寬（君宏）、鄧邦述（孝先），行篋中携《明人尺牘抄存》一卷録副。此行又隨所見録宋大儒《三劄卷》、董思翁《荔枝卷》《載書訪友卷》《秋風匹馬圖卷》卷文。

是年先生嘗與趙寬（君閎）及俞陛雲（階青）、鄧邦述（孝先）、宗舜年（子戴）諸人泛舟蘇州山塘，以意氣相投，結爲兄弟之盟，時有細雨，歸倩金心蘭作《吳舲話雨圖》紀之。後五人又同舉經濟特科，時人以"五鳳"譽之，傳爲佳話。

光緒二十五年己亥（1899）　三十五歲

正月二十一日，據陶溶宣（心雲）手寫本抄録《廣雅書局擬刻史學叢書目録》一卷。

是月二十三日，手治前所抄録《明人尺牘抄存》成册，趙寬（君閎）自常熟來蘇，適在座。

二月，手録汪之昌（振民）師《補南唐書藝文志》手稿訖事，此書去年三月借自汪之昌子汪開祉（鶴舲）。

三月二十五日，於蘇州坊肆購得張煌言《采薇吟殘稿》一册，月末，俞陛雲（階青）嘗借讀。

四月上旬，雨行閱市，得《大學或問》及《周易程傳》二書，點校垂畢，得鄧邦述鄂中書。

八月，宗舜年（子戴）邀作常熟之游，夜宿其藏書樓，盡覽其先世所藏，得見管廷芬《讀書敏求記》彙校本，鄭重借歸，有志過録，插架有年而未果。

九月初九日，冒廣生（鶴亭）出佳紙索録近作，臨蘇軾書三段應之。

是月，曾有諸暨祭掃祖墓之行，往返兩旬。

十一月初八日，有劄致冒廣生（鶴亭），談及江標（建霞）新卒，稱："鈺與之相交十年，蹤不甚密，而頗服其留心文獻，獎借後來。"

是年，先生與周星詒（季貺）、費念慈（西蠡）、曹元忠（君直）、顧麟士（鶴逸）、蕭穆（敬孚）諸人往還最密，常以談舊槧舊藏爲慰藉。

光緒二十六年庚子（1900）　三十六歲

三月，始與吳重熹（仲飴）交，先生《石蓮闇詞題詞》有"回首滄浪畔，春夢嫋蘿煙"句，回溯奉教之始。

五月，得《四寸學》稿本二册，奉請俞樾爲題數語。

是月，冒廣生（鶴亭）借觀陳如升（同叔）抄本《霜猿集》并題記以還，又以《話荔圖册》求賜序。

夏，諸暨蔡啓盛（矓客）自天津赴任湖南華容縣知縣，道過蘇州，訪俞樾。俞樾招先生與傅振海（曉淵）同集曲園春在堂，傅振海亦曲園弟子。

秋，俞樾借讀冒襄《樸巢詩選》并題記以還。

十一月，曹元忠（君直）借先生《黑韃事略》抄本，以家藏本對校。

十二月初二日，俞樾八十正慶之辰，先生代江蘇巡撫恩壽作《德清俞曲園先生八十壽序》。

是月二十四日，妻胡氏卒，年三十四。與先生生子三：長飴孫，殤。次元善。三福善。

歲暮，購得米舫、兩櫺軒遞藏本《西京職官印録》二册。

光緒二十七年辛丑（1901） 三十七歲

夏，三子福善殤。

七月初六日，據秀水王祖錫（孟麟）所藏手稿校杭世駿《道古堂集》。

十一月，續娶仁和王丹芬，字梅亭，婚禮在妻兄王緯辰元和縣任所舉行。按，俞樾本年四月二十四日致徐琪（花農）函稱："式之斷弦待續，郋亭（汪鳴鑾）屬小孫作媒，未知成否。"則先生續弦，作媒者或即俞陛雲（階青）。

是月，江蘇巡撫聶緝椝奉旨設學堂，以中西學堂改爲蘇省大學堂，先生仍爲中文教習。

光緒二十八年壬寅（1902） 三十八歲

八月十五日，中秋，爲顧麟士（鶴逸）畫册題詞。

九月，吳昌碩書贈詩頁。

十月，爲《平三角和較術圖解》署端。

本年始移居蘇州大石頭巷。

光緒二十九年癸卯（1903） 三十九歲

三月初，抵開封，五應會試。按，光緒辛丑科會試因庚子事變推遲，又因《辛丑合約》限制，及北京貢院被毀，故借開封貢院補行。試畢旋里略事休息。在汴期間，得嘉慶二十一年胡克家刻《資治通鑑》一百册；又與商城縣令、舊友陸廷楨時相過從，臨別獲贈《蟻蟓集》一帙。

四月，榜發，先生中式第七十四名貢士，旋赴京應復試。

五月二十四日，赴保和殿應殿試。

是月二十八日，太和殿臚唱，先生得二甲十四名，賜進士出身。奉旨以部署用，籤分刑部湖廣司學習主事。

閏五月十六日，經都察院左都御史陸潤庠保薦，保和殿參加經濟特科考試。

是五月二十日，經濟特科初放榜，共取一百二十七人，其中一等四十八名，二等七十九名。先生與梁士詒、張一麐、楊度、陳曾壽、胡玉縉、許寶蘅、俞陛雲、鄧邦述等同列一等。

是月五月二十七日，保和殿參加經濟特科復試。

七月，於京城得清順治十五年修補印本《曾南豐先生文集》。

八月初，以朝廷新罹庚子之禍，銳意變法，朋黨漸起，遂告歸奉母。回蘇後仍任蘇省大學堂中文教習。

是月，借顧麟士（鶴逸）藏姚椿（春木）校明刻本《曾南豐先生文集》度寫一過。顧鶴逸又持贈《通鑑校勘記》一冊。

十月二十五日，跋純白齋抄本《樹藝篇》，并手輯引用書目。

十一月十二日，母生日，俞樾有賀聯曰：“京國賦歸來慈壽欣當日南至，山堂精考索清班應屬魯東家。”

十一月，劉世珩（蔥石）持贈其所刻《重定金石契》。

是年，俞樾以所撰《金剛經注》手稿相贈。

光緒三十年甲辰（1904） 四十歲

三月二十九日，跋道光間重刊本《忠雅堂詩集》，是日妻兄王紹延自滬來。

是月，書估嘗攜長洲蔣氏心渠齋刊《姑蘇名賢小記》底本來售，以價昂未果。

四月，跋《大錢圖録》，是書爲吳昌綬光緒丁酉三月所贈。

五月中旬，借顧麟士（鶴逸）藏吳翌鳳《經籍舉要》手稿迻録一分并跋。

六月，江蘇巡撫恩壽離任前以先生自中西學堂開辦時“即延聘到堂，善誘循循，始終罔懈，實爲該學堂勤勞最著之員”，奏請賞加四品銜。

是月，新任江蘇巡撫端方委先生辦理撫署文案，非議者以爲文案爲撫署軍機處，關係甚大，章素無能名，不知用何術内結而得此也。

八月，端方復聘先生爲辦理學務處參議，協助創辦江蘇師範學堂。

秋，羅振玉（叔言）贈《孫成買地券》拓本，時羅叔言與先生同事學務處，又爲江蘇師範學堂監督。

十月初一日，偕妻王丹芬（梅亭）爲滬上之行，丙夜無眠，點讀《漁洋山人詩集》。

十一月初七日，蔣黼（伯斧）手贈《緯學源流興廢考》。

是月，江蘇師範學堂正式開課，時端方已升任兩江總督。

十二月十四日，據鄧邦述所得甫里王氏本《庚子銷夏記》過録各家校語。

光緒三十一年乙巳（1905） 四十一歲

二月初一日，至行轅謁見新任江蘇巡撫陸元鼎（春江）。

是月，俞陛雲父母并登周甲，先生撰《德清俞封翁六十雙壽序》爲祝。

七月初七日，外叔祖劉鼎梅贈愛日精廬舊藏《覆瓿集》。

是月，又得《宋太宗實錄》殘本八卷及潘祖蔭舊藏日本抄本《金石年表》。

八月，奉命創辦蘇州初等小學堂四十所，爲官辦蒙學，是蘇州新式學堂之始。限於經費，先設二十處，每處招生四十名，暫行試辦，再議推廣。

九月晦，鄧邦述得張燕昌原刻《重定金石契》，眉間有吳兔床批，先生借歸，遂寫一過。

十一月，游上海，於吳昌綬處借得陳介祺致吳雲尺牘數十紙，錄爲副本。1916年上海商務印書館影印《簠齋尺牘》十二冊，其十一、十二冊即爲先生錄副。

是月，外姑王母劉太夫人六旬正慶，先生以文爲壽。

是年，羅振玉（叔言）贈《法帖釋文考異》。

光緒三十二年丙午（1906） 四十二歲

正月初七日，得錢良擇（木庵）《撫雲集》手稿，首有查慎行題詩手迹。

二月初一日，長、元、吳三縣公立師範傳習所開學，先生被公請爲總理。

二月二十二日，俞樾賜贈其所撰《春在堂詩編》十二冊。

三月，於蘇州舊家得《淄川薛氏遺書》二十四冊，爲長白富察昌齡（敷槎）舊藏。

四月，跋光緒十九年癸巳學古堂同齋生阮惟和（子英）所贈道光十七年上海徐氏刊本《隨軒金石文字九種》。

閏四月十三日，赴滬採購開辦初等小學堂所需書籍及各項用品。

八月，得黃丕烈影宋本《梅花喜神譜》，爲戴文節（熙）故物。

九月初一日，跋去年十一月游滬所抄錄吳昌綬藏《簠齋尺牘》。

是月十二日，復見錢良擇《撫雲集》刻本，遂與本年新正所得稿本對勘。

是月二十八日，繆荃孫自滬抵蘇，於王同愈寓中晤先生。

十月初一日，繆荃孫又來晤，先生示以《群雄事略》《宋太宗實錄》《莊氏史案》《董氏案略》凌萬頃《閬風集》，大半皆劉履芬手抄本。又同赴沈玉麒（旭初）招飲。

是月中旬，曾至南京，繆荃孫贈《對雨樓叢書》《金石目》《樂章集》《中吳紀聞》等書。

十一月初一日，張謇、鄭孝胥等人在上海組織預備立憲公會，該會宣布"敬尊諭旨，以發憤爲學，合群進化"爲宗旨，力謀"使紳民明悉國政，以預備立憲基礎"，鄭孝胥任會長，張謇、湯壽潛任副會長，先生亦列名《預備立憲公會會員題名錄》。

十二月十八日，母劉氏卒，年六十八，以鈺官封太恭人。

是年，於蘇州某書肆得《詩話總龜》前後集。

是年，爲挽回蘇杭甬鐵路路權，先生積極參與蘇省鐵路公司的籌辦及籌款活動。

光緒三十三年丁未（1907） 四十三歲

春，從顧麟士（鶴逸）借《書畫總考》，屬寫手照繕一過。

四月，接替陸懋勳出任江蘇師範學堂監督一職。

五月，與蔣季和、王同愈、尤鼎甫等創立蘇省地方自治研究會，先生爲會長。

六月中旬，曾至南京，繆荃孫贈《南渡十將傳》《蕭茂挺文集》。

九月杪，題《武曌御製詩》裱本。

十月四日，跋《鄭羲下碑》，此碑先生曾仿寫數十過。

是月十八日，爲爭取蘇杭甬鐵路路權，蘇省拒款會會員在學務公所集議，公舉先生爲副會長。

十一月，辭去蘇省師範學堂監督兼二十區小學堂總理二差，奉兩江總督端方調，將赴寧襄辦督署文案。

是月，從蔣黼（伯斧）處借抄《元秘書監志》，蔣伯斧亦嘗佐幕端方。

是年，又得《石林居士建康集》，爲潘鍾瑞（瘦羊）遺書散出者；又從姚文棟（子樑）借得吳晉錫《歸來草堂集》抄本傳錄一過并跋。

光緒三十四年戊申（1908） 四十四歲

正月十五日，跋去冬從蔣黼（伯斧）處借抄《元秘書監志》。

是月十六日，跋抄本《名迹錄》，是書原本爲元和顧氏所藏，去歲冬月屬馬望屺照繕，并托嘉定唐伯蓀對勘。

是月，赴寧入幕兩江總督府前，嘗謁別江蘇布政使朱之榛（竹石），朱竹石對先生期許甚厚，謂有唐名臣多出記室，李衛公（德裕）建樹尤宏，并賜贈《李衛公文集》一帙。

是月，舉家移居南京，所賃寓廬在內橋龍王廟後北堂子巷，近南唐澄心堂故址。當時同在端方幕府者有繆荃孫、宗舜年、趙寬、況周頤、丁秉衡、程志和、景朴孫、沈銘昌諸人，每逢春秋佳日，常結伴出游。

是月，妻兄王緯辰邀登鎮江金山，寺僧出沈周《金焦圖》乞題。時王緯辰任丹陽縣令。

是月，無錫秦寶瓚（岐臣）寄贈其所著《遺篋錄》一帙。

二月二十一日，繆荃孫招飲，傅苕生、程樂庵、景朴孫、錢壽甫、錢誦穆、丁秉衡、潘毅遠同座。

三月初一日，自繆荃孫處借《八旗文經》，兩月後歸還。

五月初六日，繆荃孫來晤，并借《宋太宗實錄》一册。

是月二十七日，跋十六年前學古堂同齋生阮惟和（子英）所贈江蘇書局刊本《碑傳集》。

六月二十九日，晤繆荃孫，并還所借《吳郡志》《江左石刻文編》。

七月初一日，晤繆荃孫，并借《江右石刻文編》。

是月，跋抄本《南村帖考》，此書爲先生望日從獨山莫氏傳録。

九月十九日，跋齋藏明萬曆二年李廷楫刊本楊萬里《錦繡策》，此書有乾嘉老輩點勘。

是月二十一日，跋仁和汪端撰《自然好學齋詩抄》，以爲"思潔體清，出自巾幗，殊爲傑出"。

是月二十二日，於城南狀元境書坊購得《雍州金石記》及《閨秀正始集》。

十月，丁國鈞（秉衡）携示吳翌鳳《與稽齋叢稿》手稿本，篇目較刻本爲多，初擬購藏，以價昂未果。

十一月初三日，跋嘉慶七年刊本《與稽齋叢稿》，中云："風輪火劫，後顧茫茫，姑藉故紙遣有涯之生而已。"

是月初五日，跋知不足齋叢書本《入蜀記》，有鮑廷博手校。

十二月，被端方聘爲江南圖書館參議。

是年，曾借幕府同僚趙寬（君閬）家藏《瞿木夫年譜》，倩繆荃孫處寫人傳録一册。又因是書所載瑣事太多，擬專輯其有關學問者，後因隨端方北行，未卒業（後裝治成《瞿木夫年譜節本未成稿》一卷）。

是年，又借顧麟士（鶴逸）藏劉履芬抄本《絳雲樓書目》，欲將其中所附夾數百簽語録下，藏之篋衍有年，至庚申（1920）歲寒始訖事。

是年，徐乃昌（積餘）抄贈《金石學録》一册。

是年，繆荃孫因不堪其江陰壽興沙新漲二千畝沙田事與蘇州某善堂纏訟多年，有意與善堂董事石祖芬（子元）、江衡（孝成）和息，先生常居中調停。

是年，子元善入江南高等學堂預科，與趙元任等同學。

宣統元年己酉（1909）　四十五歲

正月初六日，隨兩江總督端方由寧乘火車抵蘇視事。

是月，又嘗自兩江幕府假還蘇州視弟疾，期間弟力慫售得宋駙馬都尉王晉卿山水軸。

二月初一日，爲及門王大炘《食苦齋印存》題詞。

是月初四日，繆荃孫來晤，并借《瞿木夫年譜》、葉昌熾《語石》稿。

是月初五日，得繆荃孫贈葉奕彬刻《石林》三種；又借繆荃孫藏《奕載堂文集》《徐籀莊先生年譜》。此後一月，節録《徐籀莊先生年譜》中與金石學問有關涉及同時名流往還蹤迹成《徐籀莊先生年譜節本》一卷。

是日，俞陛雲（階青）寄贈俞樾所撰《春在堂雜文》。

是月十七日，端方招飲，朱桂卿、余壽平、蔡伯浩、繆荃孫、宗子戴、伍蘭生、況夔生、沈佑彥同席。

是月，復從宗舜年（子戴）借管廷芬彙校本《讀書敏求記》，如式繕録，五旬而畢。

閏二月初二，跋《寶硯齋印譜》，爲嘉慶間松江藏書家沈慈（十峰）舊藏。

是月初六日，從繆荃孫處借《瞿木夫書跋》《藝風續藏書記》。

是月初十日，借趙寬（君閬）藏原刻本《庚子銷夏記》，過錄其上何焯等各家校語。

是月十六日，撰《胡祥鑅墓誌》并書。

是月，蘇州爲預備立憲而籌辦諮議局舉行初選，先生當選爲長洲縣代表，後因係兩江總督督署文案，按章無選舉權和被選舉權作罷。

三月十四日，書《朱之榛墓誌并蓋》。朱之榛爲江蘇布政使時對先生期許甚厚。

是月二十日，王雷夏（宗炎）約悅賓樓西餐，李瑞清（梅庵）、吳瓈（康伯）、應德閎（季中）、陳慶年（善餘）同席。

四月二十一日，端方招陪伯希和，繆荃孫、況周頤、王孝禹、劉師培、景朴孫、陳慶年等同席。

四月二十九日，陳作霖（伯雨）持贈其所撰《金陵通紀》六冊。

是月，正定王耕心贈其所撰《賈子次詁》一書，時王氏與先生同事於江南圖書館。

是月，又借趙寬（君閬）藏《都公譚纂》傳錄一過。

五月初二日，端方招飲，宗子戴、陳慶年等同席。

五月十七日，與李瑞清、陳三立、劉師培、繆荃孫、陳慶年、樊增祥等於督院督練公所新洋樓公宴端方，時端方將調任直隸總督。

是月，於江南圖書館常熟丁國鈞（秉衡）案頭見嚴元照（修能）批校《鮚埼亭集》，假歸過錄，未及半即有北征之役。

是月，又從繆荃孫處傳錄《佳趣堂書目》一卷。

六月初一日，端方離寧，赴任直隸總督，先生隨節北上，旋供職吏部。在京寓正陽門外延壽寺街長元吳會館，與仁和高時顯（野侯）鄰巷過從，志趣相得。高野侯時官內閣中書，善書畫，工篆刻。

八月二十八日，跋明遺民董説《補樵書》手稿。此書先生以賤值得之金陵書肆。

是月下旬，又借顧麟士藏清抄本《大觀錄》傳錄一過并跋。

十一月下旬，鄧邦述（孝先）以吉林交涉使入覲，先生於其邸中見漢陽葉潤臣抄本《讀書敏求記》，中附黃丕烈校語極多，爲管校本所未具者，詢知爲蘄水陳曾壽家藏，復請孝先轉借，以五日之力，傳錄黃丕烈校語一過。

十二月，貴池劉世珩（蔥石）手贈其重刊《歷代鐘鼎彝器款識法帖》一帙。

歲末，奉調外務部，充一等秘書，庶務司幫主稿，兼京師圖書館編修。

宣統二年庚戌（1910）　四十六歲

三月，南歸金陵接眷入京，假寓故兵部尚書沈桂芬宅，與沈桂芬從孫治臣時相過從。沈桂芬，吳江人，先生己丑（1889）江南鄉試座師。弟章鑒亦於是時從行，兄弟同居京城，得享怡怡之樂。南歸時，復從江南圖書館丁國鈞（秉衡）處借得嚴修能批校《鮚埼亭集》入京過錄，去年未竟之事始訖。

五月，陸潤庠與夫人七十正慶，作《元和陸中堂師七十雙壽序》爲賀。陸潤祥爲先生癸卯經濟特科保薦人。

六月十五日，批校光緒二十五年長沙葉氏景宋本《唐女郎魚玄機詩》并題記。

是月十九日，農商部主事楊晉（仲莊）招飲，姚漢章（作霖）、高時顯（野侯）、戴兆鑒（朗臺）、謝石欽（鳳蓀）、許寶蘅（繼湘）等同座。

夏，與平湖葛詞蔚訂交於京師，先生慕其尊人葛金烺（毓珊）之爲人，嘗敬作像贊一篇。

七月十二日，常熟丁國鈞（秉衡）抄錄《清吟閣書目》四卷，并取原抄本對勘一過，郵寄先生京邸。

是月十五日，檢讀齋藏《憨山大師法語內卷》并題記。

是月二十五日，又檢讀齋藏《天壤閣叢書》并題記。

是月，曾於楊晉（仲莊）處見趙之謙《悲庵印稿》，所拓邊款有三詩，爲趙之謙《悲庵居士詩剩》所佚，錄附於後。

八月，《大清光緒新法令》由商務印書館編印刊行，前有先生代端方所作序。

九月初九日，劉世珩招同林紓、褚德彝、曾習經、章華、徐乃昌、曹元忠、冒廣生、袁勵准集小忽雷閣，聽彈小忽雷。是年春，劉世珩新得唐代樂器小忽雷，名其齋曰"小忽雷閣"。

是月，繆荃孫入京任京師圖書館監督，與先生時相過從。

十月初十日，跋《高陶堂遺集》，書爲曩日朱之榛（竹石）師所贈。

是月，弟章鑒以北地多寒，於氣體不宜，返南中度歲。

是年，蔣黼（伯斧）手贈其父蔣清翊（敬臣）雙唐碑館所刻《古清涼傳》，蔣伯斧曩佐端方幕，時亦隨端方入京。

是年，又嘗乞高時顯（野侯）補模齋藏《廣金石韻府》所缺二頁。

是年，金武祥（溎生）自江陰赴京，與先生重晤都門，先生有長歌贈之。

是年，子元善應外務部游美學務處考試，名列副榜，入清華學堂補習。

宣統三年辛亥（1911）　四十七歲

正月，與癸卯會試同年單鎮（束笙）同寓宣武門外上斜街，得其母楊太夫人善待。

二月二十七日，從張耕汲借觀杭世駿手寫《全韻梅花詩冊》并題跋。

三月十九日，繆荃孫奉命回江南催常熟鐵琴銅劍樓捐獻圖書，先生往送行。

是月二十四日，汾陽王式通（書衡）携贈稿本《儀鄭堂詩文殘稿》。

是月，於京師圖書館繆荃孫處見章壽康（碩卿）抄本《讀書敏求記》一册，借歸校録。

四月二十五日，弟鑒卒，年四十五，先生聞耗南返。章鑒元配、繼娶均無出，以先生三子元群爲嗣。

五月十九日，與葉昌熾話別，即刻進京。

是月奔喪返里期間，蘇州紫陽書院山長鄒福保持贈其集資刊行《范文正忠宣二公全集》十六册；又得《趙凡夫傳》《寒山自序》《寒山行實》三種合一册、吳翌鳳（枚庵）舊藏《武侯八門神書》一册。

閏六月初九日，繆荃孫贈《碑傳集》。

夏，子元善以庚子賠款公費生保送留美，入康奈爾大學文理學院化學系。先生臨别贈言："保重身體、勿背孔教、勤修學業、尊重名譽、勿近危險、不得浪費、勿入黨會、婚姻不得自主。"

夏，族父老寓書京邸，云於秋間重輯《鳳山章氏辛亥宗譜》，命先生序其簡端。

八月十五日，檢讀齋藏《揚州畫舫録》并題記，此書爲潘祖年（仲午）所贈，實即潘祖蔭遺籍。

是月二十二日，繆荃孫招飲會賢堂飯莊，勞乃宣（玉初）、吳重憙（仲飴）、王錫蕃（季樵）、孫雄（師鄭）同席。酒半，得武昌起事之訊，衆人失色。

是月下旬，跋《姜堯章先生集》。此書爲潘鍾瑞（瘦羊）校本，歿後散出，先生得於冷攤。潘瘦羊與先生塾師倪濤（聽松）交契，身後遺書散佚，先生收得范成大、姜白石等集。時武昌事變爆發不久，先生心情煩悶。

是月，江蘇布政使陸鐘琦調任山西巡撫，入覲來都，臨别，先生爲祖道於畿輔先賢祠。

九月十七日，因武昌事變，京城風聲日亟，人心惶惶，先生送妻孥至天津奧國租界么家店同年單鎮（束笙）母楊太夫人寓所，另賃同院土屋數椽處之。而自己姑仍返京趨曹，一家細弱，賴楊太夫人扶護，恃以無恐。

九月，《鳳山章氏辛亥宗譜》重修，先生爲撰《先考朝議府君事略》《先妣劉太恭人事略》《母弟亮之家傳》《元配胡恭人家傳》。

秋，蔣黼（伯斧）贈《張希古墓誌》拓本。

十月，借曹元忠（君直）所藏明本及吳中老輩沈欽韓（文起）手校汲古閣本《隋書》迻校一過。

十二月下旬，有感國事終不可爲，而蘇州尚伏危險，上海租界又非力所能任，遂檢點長物，僑津謀歸計。

是月，僑津後，羅振玉贈《普照寺鐘銘》拓本。

民國元年壬子（1912） 四十八歲

二月初十日，汾陽王式通（書衡）持贈《袁海叟詩集》二冊。

春，賦《高陽臺》詞惜春。

四月二十七日，跋鄧邦述藏《栟櫚先生集》校本，時鄧邦述亦辟地天津。

五月中旬，借鄧邦述藏《中州集》評校本與齋藏明汲古閣刊本比勘并跋。

五月二十八日，以《唐詩別裁集》付郵長子元善，時元善留學美國。

是月，又借讀鄧邦述藏楊秋室校箋《鮚埼亭集》并跋，以卷帙過巨，無從迻寫；又跋鄧邦述藏季振宜編《全唐詩》。

六月，借鄧邦述藏小山堂趙氏舊抄本《三朝北盟會編》與光緒四年越東排印本比勘，七月十五日校畢。

是月，又借鄧邦述藏何義門校本《李賀歌詩編》《三唐人集》過録一過。

七月初二日，檢讀齋藏《李長吉集》并題記。

是月，又跋舊抄本《三朝北盟會編》。是書借自鄧邦述，自六月初二日起，至七月十五日，竭四十五日之力，全校入光緒四年越東排印本。

是月，又應葛詞蔚之屬，爲其刊行葛金烺《愛日吟廬書畫録》作序。

八月初八日，釋奠日，跋殘宋本二蘇集。

九月初七日，跋齋藏《溫飛卿詩集箋注》。此書先生二十三歲時曾借葉昌熾藏本傳録何焯批語。

是月十四日，臨仿《吳延陵季子廟碑》十過并題記。

是月中旬，又借鄧邦述藏元刊本《松雪齋全集》，與光緒八年洞庭楊氏刊本比勘。

是月，又從鄧邦述借讀元刊《范忠宣公文集》，并照校於宣統庚戌歲寒堂新刊本。

十月初七日，跋齋藏抄本《皇祐新樂圖記》。

十一月，跋齋藏劉履芬寫本《鬼谷子》。此書先生曾據傅增湘藏繆荃孫校本及鄧邦述藏勞權昆季校本對勘。

是月，又借傅增湘藏秦氏石研齋景抄本《周此山先生詩集》校齋藏劉履芬抄本。

十二月初八日，跋孔莛毅校本《舊五代史》。是書爲鄧邦述所藏。先生自九月十七日起，以同治十一年湖北崇文書局刊本對勘，至十一月十七日始訖事。十八日復又句讀汲古閣刊十七史本歐陽修《五代史》。

是日，有信寄繆荃孫，信中言及半年以來致力校勘《舊五代史》事，又稱"長夏經沅叔、孝先、佩伯發起，擬彙集各家書目，爲宋元本窮源溯流之舉，終以材料不多，因而中止"。

是月二十六日，葉昌熾得先生信，信中自言校書遣日，亦荊棘叢中安身之一法。

是月二十七日，從鄧邦述借出鮑廷博抄校本《司空表聖文集》，與傅增湘各傳校一本。

是月二十九日，跋齋藏《老子章義》。此書先生曾據傅增湘藏宋刻宋印范應元《老子道德經古本集注》詳勘兩過。

是月三十日，跋傅增湘藏《宋刊老子集注》。

是月，高時顯（野侯）自滬寄贈《西泠五布衣遺著》。

是年，吳昌綬得盛昱家散出殘宋本饒節《倚松集》，時沈曾植、繆荃孫正謀重刻江西詩派韓、饒二集，繆荃孫遂致書津門，請先生就樣本詳校一過。

民國二年癸丑（1913） 四十九歲

正月初二日，偕鄧邦述往吳慈培寓賀歲。

是月初十日，有信寄繆荃孫，信中詢及南中舊雨近況，并附寄《鬼谷子續》校記。

是月十七日，跋齋藏汲古閣初印本《渭南文集》。此書先生曾據篋中鮑廷博校本及傅增湘藏明正德本對勘。

是月二十日，鄧邦述將離津赴任東三省鹽運使，與傅增湘、吳慈培爲其餞行。

是月，又借傅增湘藏日本五山本《中州集》，專校所附樂府。

二月初三日，與傅增湘、吳慈培至李盛鐸寓，觀其木犀軒藏書，留晚餐。

二月初五日，有信寄繆荃孫，提及校《南齊書》事，并請轉交致葉昌熾一信。

三月初，跋傅增湘藏宋紹興眉山七史本《南齊書》。此書先生曾據以校勘齋藏明嘉靖修補本及金陵書局本，發現明以來諸種版本所缺佚文四頁。

暮春，又據傅增湘藏宋紹興眉山七史明修補本《陳書》校金陵書局刊本。

四月十六日，子元義生。

是月十七日，施仲魯來談蘇軾《水龍吟》咏楊花詞。

五月初五日，跋齋藏翻刻本《華陽國志》。此書先生曾借吳慈培（偶能）藏題襟館原印本逐字校勘。十三日，又取舊藏葉石君手校明天啓本對讀。

是月初七日，有信寄繆荃孫，中云"鈺流寓津門，坐待槁餓，幸傅沅叔、鄧孝先、吳佩伯諸人相距甚近，頗資通假"，又云擬將宋元本明翻舊本校抄本通編一目，請繆氏爲助。

是月十三日，借吳昌綬藏本校讀汲古閣刊十七史本《五代史》，十九日校畢。

是月十四日，傳錄翁同龢校張惠言《詞選》題署、評校、圈點，凡位置、筆色一依原本，此書爲吳昌綬珍藏寄示索題者。

是月十八日，跋吳昌綬景刊元延祐本《知常先生雲山集》。是書爲仁和吳氏雙照樓景刊宋元本詞之一種，刊行時由先生手校。

是月，鄧邦述新得馮舒《懷舊集》原刻本，借與齋藏涉喜齋叢書本校讀一過。

六月二十九日，據吳昌綬藏舊本《晉書》校畢同治十年金陵書局刊本并跋。

八月初九日，取《百宋一廛賦注》與前月繆荃孫寄贈其代適園張鈞衡所刻之《百宋一廛書錄》對勘一過。

九月初五日，致書繆荃孫，中云"甍跋排比竣事，比即付寫"，又稱即日移居天津河北宇緯路宇泰里。

是月十三日，據吳慈培（偶能）藏明本校齋藏湖北崇文書局本《中論》并題記。

是月二十日，題吳昌綬藏抄本《河南集》。

十月初日二，是日至明年正月，吳昌綬陸續寄視董康以珂羅版影印日本藏宋本《劉賓客文集》，先生據以校入結一廬朱氏剩餘叢書本。

是月初四日，據傅增湘藏宋殘本傳校清雍正元年汪郊刊《司馬書儀》朱印本并跋。

是月初七日，據傅增湘藏明本校讀平湖朱氏常慊慊齋重刊本《李衛公文集》并跋，此書爲光緒三十四年江蘇布政使朱之榛（竹石）所贈。

是月十七日，致書繆荃孫，中云"所最切望者，莫如韓藏士禮書之甍跋。現已合三家刊過外，共五百七十九篇"。按，"韓藏士禮書"指松江韓應陛讀有用書齋所藏黃丕烈舊藏。

是月二十二日，致函繆荃孫，再談輯補黃丕烈藏書題跋事。

十一月十六日，據傅增湘影宋本《東坡和陶詩》校《陶詩集注》所附《東坡和陶詩》并跋，《陶詩集注》爲潘鍾瑞（瘦羊）舊藏。

是月二十日，據明活字本校讀傅增湘藏《唐百家詩》本《唐玄宗皇帝集》。

十二月初三日，據繆荃孫藏葉東卿藍格抄本《劉燕庭所得金石》轉寫一過。

是月初八日，跋齋藏《史晨碑》拓本。

是月十一日，據結一廬藏寫本校讀粵雅堂叢書續刻本《益齋集》。

是月，又跋傅增湘校本《欒城集》，中云："癸丑夏月，沅叔乃携祠堂本入京，借寓鄰寺，日往館中（京師圖書館）就校，始知祠本脫文極夥，有篇至千字者。沅叔慨然見假，於是祠本四集共九十六卷，先後得五十一卷。"

民國三年甲寅（1914） 五十歲

正月二十五日，致書繆荃孫，談輯補黃丕烈藏書題跋進展。

是月，又從傅增湘借校繆荃孫藏殘宋本《東坡先生後集》。

二月初二日，手寫《天禄琳琅正後編目》一卷。

是月初六日，跋傅增湘藏宋慶元潯陽郡齋刊本《方言》，并檢《有學集》，錄錢謙益跋文於卷末。

是月二十三，致書繆荃孫，信中言及吳昌綬爲先生五十生辰作啓徵詩。又云如若賦詩，不妨以四當齋校書圖爲題云云，且告以"四當"名齋之意。

是月，張一麔（仲仁）以新得《高季迪先生大全集》寄津審視，爲照寫一過，并跋，中云："鈺自辟地以來，以校書遣日，通假朋好，以宋元本勘正通行本，卷已逾千，傳録義門評校亦有《三國志》、飛卿、昌穀、《三唐人集》《中州集》多種。"

是月二十七日，據日本景宋本校齋藏浙江書局覆刊明世德堂本《文中子》并題記。

三月初七日，借鄧邦述藏宋咸注本校湖北崇文書局刊《孔叢子》，并補録所缺《連叢》《小爾雅》。

是月，又借鄧邦述校補本《吳都文粹》傳校一過。

四月二十九日，據昆山沈愚《懷賢録》補毛晉《宋六十名家詞》本《龍洲詞》所未收詞三十三闋。

是月三十日，據明萬曆五年子彙叢書本《孔叢子》校崇文書局刊本。

五月二十一日，五十壽辰，鄉舉同年金兆蕃有長歌以賀。

是月二十九日，又借吳昌綬藏明七卷無注本《孔叢子》校崇文書局刊本。

是月下旬，校宋景祐本《漢書》訖事，跋稱："海鹽張氏涵芬樓有配元明本宋刻《漢書》，價至千金。癸丑十二月，江安傅沅叔（增湘）鄭重借至津門。"又稱："仁和吳伯宛（昌綬）聞有此舉，先以净本寄贈。沅叔乞假携將，有饋貧之雅。保山吳偶能（慈培）、江寧鄭正盦（邦述）則并時點筆，匡益有加，皆風誼之可識者。"

閏五月初五日，宗舜年以手録家藏黃丕烈書跋十種寄示，此爲先生輯録蕘圃藏書題識所據本之一。

是月十四日，借吳慈培（偶能）校宋本《莊子》傳校《莊子郭注》《莊子集釋》并題記。

是月二十三日，在北京，致書繆荃孫，談及入職清史館事，及傅增湘、吳昌綬近況，又請轉校朱祖謀所需詞刻封面三紙。時清史館臨時籌辦處成立，先生以參與籌辦事宜，故時時入京，在京居吳昌綬寓。

是月，賦《水調歌頭》題吳重憙《石蓮庵詞》。

是月，據明萬曆五年子彙本校《關尹子》《亢倉子》。

六月二十四日，致書繆荃孫，談輯補蕘圃藏書題識事，并訊南中舊雨劉世珩、徐乃昌消息。

七月初一日，借吳重憙藏李璋煜、許瀚校本《説苑》傳校一過。

七月初四日，致書繆荃孫，提及清史館將開館，又云編纂清史，須先修訂國史館舊檔目録。

七月十二日，清史館正式開館，館長趙爾巽聘先生爲纂修。此後，每月入館一、二次，主修乾隆《大臣傳》《忠義傳》及《藝文志》。

是月，以去歲傅增湘借自上海涵芬樓之《述古堂書目題詞》一冊與《讀書敏求記》比勘。

八月初一日，至北京參加清史館第一次會議。

九月初四日，吳昌綬以繆荃孫所寄《藝風堂文別存辛壬稿》一冊轉交先生。

是月十七日，繆荃孫自上海赴任清史館總纂，途經天津，先生同行至京，晚食吳昌綬寓，董康（授經）、朱祖謀（古微）、夏孫桐（閏枝）、傅增湘（沅叔）、張爾田（孟劬）等同席。

是月二十一日，與董康、夏孫桐、吳昌綬、傅增湘等在北京東興樓宴請繆荃孫。

十月十三日，繆荃孫自京返滬，途經天津，先生約聚風園晚飯。

是月二十一日，跋陸敕先校宋本《國語》。此書爲吳重憙藏，先生曾借校士禮居黃氏叢書本。

是月二十四日，托某親戚帶奉《南齊書》一部并函札一通與繆荃孫，函中以撰清史藝文志、貳臣傳事請教。

十一月初二日，致書繆荃孫，求觀藝風所著《遼藝文志》底稿，以作撰《清史藝文志》參考。

是月十八日，據吳慈培（偶能）臨校黃丕烈校本《吳地記》與江蘇書局本比勘，竟日畢事。

是月二十一日，吳昌綬持贈席氏刊唐詩百名家集本《孟東野集》，先生又借其所藏明弘治本校之。

是月二十二日，大雪節，跋陸敕先校宋本《國語》。是書爲吳重憙所藏，先生借與黃丕烈刊天聖明道本《國語》比勘，并錄校記一通請吳重憙正定。

十二月二十七日，據宋眉山七史本校齋藏金陵書局刊本《周書》。

是年，吳昌綬嘗屬先生比勘舊寫本《秋澗樂府》，朱祖謀後據此復校元刊本，刊入《彊村叢書》。

民國四年乙卯（1915） 五十一歲

正月十九日，是日起校金陵書局本《北史》，斷斷續續，至九月二十日畢事。

是月，吳昌綬借校《前塵夢影錄》，大加批抹。

三月，跋海豐吳重憙藏《鮚埼亭集》抄本，并手錄《李元仲傳》一篇，以補餘姚史夢蛟刻本之闕。跋稱：“《李元仲傳》一篇，史刻殆以有所避忌去之。其實此文足以喚起陷溺之人心，於今日尤爲對證發藥。特手與錄出，爲流傳張本，石蓮先生（吳重憙）必嘉我讀書之知要也。”

是月，又借吳重憙藏藝芸精舍景元本《契丹國志》，與掃葉山房刊本比勘，五日訖事。

是月，又借吳重憙藏鮑廷博校本《武林舊事》，傳錄一過。

四月，跋吳重熹藏藝芸精舍景元本《契丹國志》，又跋吳重熹藏舊抄本《大金國志》、五硯樓抄本《大金國志》，傅增湘藏明抄藍格本《大金國志》。其跋舊抄本《大金國志》，稱據吳氏、傅氏所藏各本統校通行之掃葉山房刊本，又稱："先生（吳重熹）既藏藝芸《契丹國志》，又藏此本及五硯樓本，發篋見示。老輩開牖後學之遺風，於今未墜。"

是月，又借讀吳重熹藏元刊本《圖繪寶鑒》并跋。

五月，據吳重熹藏舊抄本《鴻慶居士集》與武進盛氏《常州先哲遺書》本對勘。

六月，從王季烈（君九）同年借讀其家藏王鏊畫像卷，據其中王鏊手書畫像贊及疏稿校入齋藏明嘉靖十五年三槐堂原刊本《王文恪公集》。

是月，又據鮑廷博手寫本《一角編》轉錄一過；從徐用錫《圭美堂集》錄出《字學札記》二卷。

八月十五日，以沈寶硯校本、張訒庵抄本合校曹楝亭重刊本《硯箋》。

是月下旬，借吳昌綬藏明刻《中吳紀聞》對校齋藏《槐廬叢書》本。

九月，借傅增湘藏楊守敬校宋本《論衡》傳校一過。

秋，子元善留美歸來，先生爲其謀任直隸工業實驗所化學技士。

十月二十二日，有信寄繆荃孫，云自己每月必到清史館一二次，與夏孫桐、吳昌綬常相過從，極有興會。

是月，吳昌綬贈雙照樓影宋本《酒邊集》初印本，并題云："年來常與茗柯主人唔對，狂談快論，輒於酒邊傾瀉。今薌林《酒邊集》刻成，不可不志此一段因緣。"

十一月十七日，冬至，吳重熹携示所藏舊寫本《齊東野語》，先生爲題觀款。

十二月，跋抄本《樂圃餘稿》。此書爲吳兔床拜經樓舊藏，後歸吳重熹，先生重其爲鄉先生遺著，傳錄一過。

十二月二十九日，除夕，吳昌綬有詩贈先生，中云："三好我追汪季用，四當君儕胡應麟。"

是月，外姑王母劉太夫人七旬正慶，先生以文爲壽。

是月，又跋拜經樓抄本《罔極錄》。

是年，黃彭年（陶樓）子黃國瑄奉陶樓遺稿一束屬爲編次，當就原有各篇及見各刻本爲稿所未具者分別校錄，厘定卷目。

是年，王季烈（君九）自蘇州來津，携來葉昌熾代爲編輯之《滂喜齋藏書記》樣本一册，先生假讀并屬再乞一册於葉昌熾。

是年，又爲新刊張上龢詞集《吳漚煙雨》署端。

民國五年丙辰（1916） 五十二歲

正月初一日，有七律一首和吳昌綬。

三月，跋曹元忠所得顧千里《郑水雜詩》手稿。

四月初十，爲府學同學金祖澤書其母袁氏墓誌。

六月十三日，檢讀齋藏《嵩高靈廟碑》拓本并題識。

七月十三日，有信寄繆荃孫，提及吳昌綬境況窘迫，以嫁女在即，擬售書以充嫁資。

八月，題單鎮《桂陰課子第二圖》，圖爲顧麟士（鶴逸）所作。

九月十六日，子元善結婚，配張紹璣，紹興人，畢業於天津北洋女子師範學校。介紹人爲女師學監汪開祉（鶴舲），先生學古堂師汪之昌子。繆荃孫有賀幛，吳昌綬亦有《茗理長子彥馴花燭詞》六首爲賀。

秋，以代陸潤祥作《劉忠誠公神道碑銘并序》請高德馨商榷。

十月初七日，陸長佑（孟孚）手贈其所刊《巡城瑣記》。陸孟孚爲陸增祥孫，先生蘇州府學同窗。

是月十九日，跋稿本《寫經樓金石目》，此書出弟章鑒遺篋。

是月二十九日，有信寄繆荃孫，云《蕘圃藏書題識》已成定本，又云近來排寫《讀書敏求記》各校本，兼用元刊《宋史》對讀新本，已久未入清史館。

是月，張一麐以所藏元杭州路刊本《宋史》全帙見假。

十一月二十四日，托繆荃孫子祿保帶信給繆荃孫，稱：“敝友高遠香德馨，應石蓮之屬，代補金石分省目，需閱《光緒湖南省志》金石一類，持鈺函告取，幸借與之。”

十二月初旬，借傅增湘藏殘抄明成化本《東坡七集》校寶華盦重刊本。

是月二十四日，有信寄繆荃孫，云所纂《藝文志·經部》已得大概，并求借盛昱（意園）藏書目。

是月，以清史館事入京，以所撰《藝文志》經部稿商諸夏孫桐；又晤嘉興沈曾桐，談及傳錄管廷芬所校《敏求記》及補輯大略，沈喜有同好，出視管氏清本三冊。知即前借繆藝風所存卷一、卷三之底本，而多出卷二一卷，卷首亦脫數頁，爲之狂喜，鄭重假歸，定以管本作原輯，而凡所見各本，類次於後注明補字。另錄净本，則請同學高德馨爲助。

冬，傅增湘以巨金購得宋槧《資治通鑑》百衲本，約先生同用鄱陽胡克家翻刻元興文署本校讀，并約各校各書，校畢互勘，以免脫漏。

是年，金還（仍珠）重刊其尊人金和《秋蟪吟館詩抄》，整理時與先生及吳昌綬一再商榷。

民國六年丁巳（1917） 五十三歲

正月十一日，以清史館事入北京。

正月十七日，有信寄繆荃孫，稱已移居天津三經路修業里口。

正月下旬，南歸返里，見繆荃孫。又曾晤葉昌熾，詢及北中近事，相對嗚咽；

又於書坊得《虢季子白盤》原拓本。

二月，返里期間，曾據張一麟藏元杭州路本校浙江書局本《宋史》第三百十四卷。

是月，吳重憙八十正壽，先生作有《海豐吳侍郎八十壽序》，中云："時先生辟地海濱逾六稔矣……以鈺粗知讀書，不惜自降涯分，齒諸小友之列，旬一至焉，月一至焉，每見必詳述先世舊聞與夫道咸以來老輩之學業傳派，并時出所著詩詞諸稿，令與商定。藏有舊槧名校，則出諸篋衍，通假而不厭，蓋先生事事以古處待鈺，鈺亦得以熏德善良，不至為時風衆勢之所劫，窮居之樂，此其一也。"

三月二十日，返里期間，有信寄繆荃孫，稱："鈺南歸後，頗欲入京，因內人歸寧，旋遇乃兄王緯辰作古，滯未返寓，故尚有待。"按，先生約在是月下旬返天津。

是月，仁和陸懋勳（免儕）以母喪來赴，屬以銘幽之文。陸與先生同舉癸卯經濟特科。

是月底，約在是時返回天津。

五月二十九日，借傅增湘録本《庚子銷夏記》傳録一過。

八月二十三日，彙裝先師俞樾手授副墨《曲園日記》《瓊英小傳》《重游泮水試草》等為一册。

是月，又借傅增湘藏諸家校宋婺州本《周禮》傳校一過。

九月初八日，以清史館事至北京，夏孫桐招飲廣和居，繆荃孫、張爾田、金兆蕃、吳昌綬同席。

九月初九日，偕繆荃孫、夏孫桐陶然亭登高。

九月十一日，吳昌綬招飲，繆荃孫、王大鈞、朱容生、張孟劬、夏孫桐、王書衡、繆祿保同席、

九月十五日，繆荃孫交《孫佩南文集》《王尚書奏議》十三册，托帶往天津王漢輔。

九月十八日，交繆荃孫《滂喜齋藏書記》三卷後返回天津。

九月二十一日，跋沈曾桐藏《讀書敏求記》，於年來校勘是書大略，言之甚詳。

十月初十日，繆荃孫自京返滬，途徑天津，與先生晤面，并交還《滂喜齋讀書記》。

十月二十一日，往謁吳重憙。

是月，始全力以張一麟藏元本校浙江書局本《宋史》。

是月，長孫章鼎出生，吳昌綬有詩寄賀。

十一月初五日，夕飲潘子欣所，見黃筌《雙雞圖》、郎世寧《嬰戲圖》，皆端方故物。

十一月初九日，高德馨來，以《讀書敏求記校證》底本相商，漸有頭緒。

十二月初八日，借讀吳重熹藏抄本《棗林雜俎》并題記。

十二月二十八日，訪朱家寶（皤農），飲以癸酉陳釀。

除夕，有詩和吳昌綬。

是年，又以與吳昌綬合輯之菱圃藏書題識六百二十五則歸繆荃孫，後於民國八年己未刊印成《菱圃藏書題識》十卷，編者由三人合署。

民國七年戊午（1918） 五十四歲

正月二十一日，老友高德馨自蘇來津，爲言故鄉凋敝，物價奇昂。高德馨辛亥後謝事伏居，借飲酒種花自遣，先生知其不能自給，遂爲作介，邀其來天津坐館，講授經史。高德馨寓津逾十年，先生爲布置硯席，時來棲止，極窮魚呴沫、寒鳥交聲之樂。

二月初九日，應懷寧葉問樵之請，題其曾大父戒子詩冊。

是月，張文孚（叔誠）設館延請先生爲其長子懋鵬授經。先生曩日嘗應文孚之請，爲其父張翼（燕謀）撰墓誌銘。

三月，金兆蕃（篯孫）寄贈張鳴珂撰《疑年賡錄》一冊，金篯孫爲先生光緒己丑鄉舉同年。

是月，羅振玉題贈其所撰《傅青主先生年譜》。

四月，跋《陳同叔先生手寫稿》，追念曩日與陳如升游從事。

五月初一日，以清史館事赴京。

五月初七日，繆荃孫招飲京城古渝軒，并送先生《三唐人集》及《士禮居題跋》草稿三卷。

是月二十九日，跋齋藏《孔宙墓碑》，據墨蹟考證爲舊拓本。

是月，曾借吳興蔣孟蘋藏吳兔床校《讀書敏求記》、黃丕烈校《讀書敏求記》，逐條錄入彙校本中，時先生《讀書敏求記校證》一書，已得第一稿。

六月二十一日，吳重熹病卒天津，往吊，吳重熹次子對以墓誌爲請，垂涕應之。先生《海豐吳撫部墓誌銘》稱："自公解組而後，鈺適奉調外務部，京邸鄰近，隨時請益，推挹逾分，有不敢承者。同僑津步，益不勝氣類之感，酬唱問答，僅走爲疲，忽忽七八年。"

八月十四日，王國維致羅振玉信中云："昨晚孫益庵言及劉澄如所撰《續皇朝文獻通考》尚待續外，劉聚卿薦章式之（鈺）爲之，而式之非二百元不能來，詢維願爲此否，如願爲則俟與翰怡言之，但月修不能過五十元。維告以今歲明年正需此補助，此事或可望有成，但成亦不知在何時耳。"

是月二十二日，檢讀歸安鄭元慶《石柱記箋釋》（附三種）并跋，是書收藏有朱彝尊印。

九月二十六日，檢讀齋藏《李戢妃鄭中墓誌》拓本并漫題小詩一首。

九月，中牟倉澹庵手拓《苟肅墓誌》以贈。

十月十三日，檢讀齋藏玉句草堂本《杜工部集》《望溪文集》初刻本并題記。

十二月初八日，題《獅井復居圖》，圖爲先生外舅胡馥堂舊物。

本年，又曾與唐肯、崔汝襄纂修《霸縣誌》。

民國八年己未（1919） 五十五歲

正月初七日，跋蔣孟蘋藏黃丕烈校《讀書敏求記》，并傳録校語。

二月，翁斌孫（弢甫）六十正慶，先生作《常熟甕廉訪六十壽序》爲賀。翁弢甫辛亥後隱居津上，與先生往還甚密。

三月十二日，嚴修（范孫）六十生辰，先生有詩爲壽。

三月二十一日，跋明楊節湣公遺像卷。此卷原爲先生弟章鑒所收，弟歿後，先生於遺篋中檢得，後托章梫（一山）歸諸楊節湣公後人。

四月十三日，繆荃孫有信寄先生，并附《蕘圃題跋後序》。

五月十三日，繆荃孫有信寄先生，并寄黃蕘圃藏書題識全部，又求抄《八瓊室題跋》。

六月下旬，有信寄繆荃孫，并寄回《蕘圃藏書題識》十册。

七月上旬，校讀《小松園閣詩録》，此書爲光緒甲午乙未間先生從陳如升（同叔）處借録。

閏七月十六日，收到寧海章梫（一山）寄贈其所撰《一山文存》。

九月初九日，王季烈輯録葉昌熾日記成《緣督廬日記抄》十六卷，其序中稱："烈先將遺詩悉爲録出，成《奇觚廎詩集》五卷，殺青行世。同邑章式之外部亦年丈生前文字交也，因助校詩集，假讀日記，謂年丈一生爲學之要、數十年朝野故事，胥萃於兹，尤宜輯録付梓，以廣流傳。烈心善其言，而兵戈遍地，遷徙無常，扃之篋衍，未遑展卷，及前歲移家遼東，始取此稿，次第逐録……式之外部嘆爲山海之藏，取材無盡。"

是月，徐森玉高價購贈《元顯雋墓誌并蓋》拓本；羅振玉贈《元毓墓誌》《趙仲侃妻劉是墓誌》拓本。

十月，吳昌綬寄贈新出土《元鑽墓誌》拓本。

十二月初一日，跋齋藏《白鶴觀碑》拓本，據補《山右石刻文編》録文一百七十餘字。

冬，爲劉承幹商借陸長佑（孟孚）藏陸增祥《八瓊室金石補正》書稿，并受劉承幹之約，爲之校讎，是書後由劉氏刊於 1925 年。

冬，翁斌孫（弢甫）持贈其叔祖翁同龢《瓶廬詩稿》。

民國九年庚申（1920） 五十六歲

正月初四日，癸卯經濟特科同年周學淵（立之）來談，語多奇警，先生以爲有心人也。周立之爲前兩廣總督周馥之子，時寓津沽，與先生多相倡和。

正月二十日，老友高德馨返蘇度歲後復來津，爲言故鄉凋敝，物價奇昂。

二月初七日，老友貴池劉世珩自京來津，以《天發神讖》《天璽紀功》兩明拓屬題，并以聚學軒叢書一篋爲贈。

三月十八日，《宋史》全書校畢。是書以浙江書局本爲底本，校以張一麐藏元杭州路刊本，校出卷二九二《田況傳》脱頁一頁，計四百字，此爲明監本、武英殿本所缺，盧文弨校元刊本，亦未能校出。又校出其他脱誤近萬字，前後斷續近四年方終卷。

是月，又借王季烈（君九）同年藏王鏊銅章一方，鈐於齋藏明嘉靖十五年三槐堂原刊本《王文恪公集》卷端。

四月，袁世凱族弟袁世傳（述之）來顧，以津上奉母之居署曰春暉堂者，屬爲之記。

是月，又題祁縣渠楚南《麓臺招隱圖》，時楚南已歿，圖爲楚南請先生乞顧鶴逸作。

五月十八日，據《斠補隅錄》本校光緒五年嘯園刊《唐摭言》并題識。

是月，又爲陸潤庠夫人作《元和陸師母八十壽序》爲賀。

六月，傳校傅增湘校宋眉山七史本《梁書》。

是月，又跋張一麐藏元本《宋史》還之。

八月初二日，跋《笠澤叢書》，是書前月二十七日曾借羅振玉藏戈宙襄、戈載父子校本《笠澤叢書》傳校一過。

九月初六日，復據上虞羅氏藏讀畫齋校抄本校《大金國志》，是書乙卯（1915）歲先生已據吳重熹、傅增湘所藏各本三校。

十月二十六日，跋弟子張爾田所撰《史微》。張爾田時與先生同應清史館之聘，主修《後妃傳》《樂志》《刑法志》及《地理志》江蘇篇。

十二月，三六橋贈《闕特勤碑并陰側》拓本。

冬，爲拯救直魯豫晉湘陝閩浙各省水旱兵災，上海題襟館書畫會發起賑災，徵集書畫，先生提供聯十副、字扇三十。

是年，林墨青等在天津發起成立存社，以保存國粹爲宗旨，徵詩徵文，先生多次被延請爲主課人。

是年，爲妻兄王燮（紹延）撰墓表，王氏卒於民國七年戊午三月。

是年，陳際唐（堯齋）卒於天津，爲作挽詩二首。陳堯齋嘗代理吳縣知縣。

民國十年辛酉（1921） 五十七歲

正月十四日，林墨青六十壽辰，先生有詩爲祝。林墨青後與嚴修等創立崇化學會，延先生主講習。

二月中旬，借周學淵（立之）同年某氏注本《柳河東集》傳錄一過。

是月，羅振玉集殷墟文字爲偶語百聯，以爲臨池之助。先生與高德馨、王季烈亦先後繼作，後成《集殷墟文字楹帖彙編》一册。

是月，羅振玉在天津開設博愛工廠，救濟旗人，邀先生分主印刷，東方學會所出書數十種皆先生經營校印。

三月，檢讀《金源剳記》，追記四十年所見前鄉前輩張蓉亭治許氏説文學事。

是月，吳昌綬拓贈《趙德麔題字》。

是月，津門名宿嚴修、王守恂發起成立城南詩社，先生應邀入社，時與諸人唱酬往還。

四月，前兩廣總督周馥《易理彙參》脱稿刊行，先生爲作後序。

是月，老友金誦清購得《開有益齋讀書志》寄贈。

夏，嘗贈羅振玉《庚子京師褒恤録》，是書爲城南詩社社友王守恂所編。

八月二十一至二十三日，據黎庶昌覆宋紹熙本，校讀清同治金陵書局本《春秋穀梁傳》。

九月初八日，跋光緒三十四年所借顧麟士（鶴逸）藏劉履芬抄本《絳雲樓書目》，并寄還。

十月初九日，據敦煌石室唐寫卷校《抱朴子》。

十一月二十四日，跋貴池劉世珩（蔥石）所藏明拓《國山碑》。

是月，羅振玉贈墓誌拓本二百餘種。

歲末，羅振玉購贈《元鑒妃吐谷渾氏墓誌》拓本。

民國十一年壬戌（1922） 五十八歲

正月，於津市得《楊澹造陀羅尼經幢》拓本。

二月，於津市得《大盂鼎》拓本，爲未歸潘祖蔭前拓本。

三月，羅振玉贈《嵩山三闕》足拓本。

是月，檢讀齋藏沈欽韓《春秋左氏傳地名補注》，爲劉履芬寫本。

四月，跋友人唐肯（企林）所藏明文徵明書《救荒濟記》册，并爲補脱文六頁。唐企林爲霸縣知事，嘗邀先生纂《霸縣誌》。

五月，羅振玉借觀《三峰集》并題記。

六月，爲謝嘉祐（受之）所藏《金陵勝迹圖》題記，并逐頁附以絶句，計四十八首。謝氏爲先生光宣之際在寧老友，時同寓天津。

是月，羅振玉贈《王僧男墓誌并蓋》拓本。

八月二十二日，羅振玉贈《段模墓誌》拓本。

是月，嘗爲《清史稿》編纂事入京，於清史館得萬壽堂本《天下一統志》。時又有日本刊本一帙，館長趙爾巽（次珊）命胥照録其序持贈。

九月，無錫許同莘手舅氏張太守殉難事狀乞表其墓。許同莘曾任外務部秘書，與先生同僚。

是月，俞陛雲游宜興得《國山碑》拓本以贈。

十一月，借錢駿祥（新甫）所得錢載、錢儀吉、錢泰吉、朱休度、翁方綱諸家評點本《樊榭山房集》過錄一過。

十二月，自津赴京，二十三日傅增湘招游藏園，舉祭書之典。是日同集者徐禎祥、彥惠、朱文鈞、徐鴻寶、沈兆奎、張允亮、王式通、吳昌綬。

冬，爲羅振玉《永豐鄉人雜著》題端。

民國十二年癸亥（1923） 五十九歲

正月，竭二日之力，以陳維崧後人藏陳氏手寫詞稿校錄於二十卷本《湖海樓詞集》，并作一長跋。

是月，爲清史館館長趙爾巽八十壽辰作壽序以祝。

是月，又得《曹海凝墓誌并蓋》《楊神威墓誌》拓本。

三月，周肇祥（養庵）手拓《元質墓誌》以贈。

四月初二日，跋齋藏《湖海樓儷體文集》，其上吳農祥、劉大魁評語係據高德馨所得本轉錄。

是月初八日，浴佛日，跋羅振玉藏宋吳益書首《大佛頂楞嚴經呪》。

是月，先師黃彭年遺文《陶樓文抄》十四卷刊行，先生另摹陶樓六十八歲小像於卷首，并跋尾。是書乃先生所編，并與胡玉縉、高德馨等出資，由京城琉璃廠文奎齋承刊。

五月，周肇祥（養庵）又拓贈《元惊墓誌》。

是月，門人吳賡虁自寧波寄贈《慶元路廟學記》拓本。

六月二十八日，與王秉恩、柯劭忞、陳三立、辜鴻銘、葉爾愷、鄭孝胥、朱祖謀、陶葆廉、李孺、寶熙、王季烈、張美翊、徐乃昌、陳曾矩、陳毅、金梁、劉承幹、王國維、羅振玉等人聯名發起成立東方學會，以重振舊學爲宗旨，實際組織者爲羅振玉。

是月，題蔣敦復手稿《萬言書》，此書爲陳如升（同叔）手贈，有俞樾、莫友芝題記。

七月二十八日，在京，赴曹秉璋、吳昌綬、王式通約，同座者夏孫桐、許寶蘅。先生贈許寶蘅新刻《陶樓文抄》。

是月，門人吳賡虁復由寧波寄贈《妙光塔銘》拓本。

八月初二日，在京廣和居設宴，到許寶蘅諸人。

是月初三日，仍在京，金兆蕃、鄭沅、閔爾昌招飲陶樓，許寶蘅亦在座。

是月初七日，在天津，於書肆得《鄭晃墓誌》拓本。

是月，吳昌綬贈《合邑五十人造像記》拓本。

九月，羅振玉贈《熹平石經》拓本。

十月初十日，是日起據惠棟《後漢書補注》校同治八年金陵書局刊《後漢書》，至次年八月初九始畢。

十月，及門王韶九（大成）寄贈《韓敕造孔廟禮器碑》拓本。

十一月，爲羅振玉《雪堂所藏古器物圖》署端。

除夕，有《示兒輩》詩云："戀闕未償三徑願，劬書空老六旬身。世方多難誰敦古，家本清寒敢厭貧。爲語兒曹休上壽，所期德慶衍先人。"

冬，以張上龢所繪《四當齋勘書圖》出示夏孫桐，請書緣起於禎端，夏爲譜《瑞鶴仙》詞。金兆蕃亦有《瑞鶴仙》詞題《四當齋勘書圖》，稱"時式之箋證讀書敏求記方寫定"。

是年，徐乃昌在天津重新展開《晚晴簃詩彙》的編纂，先生或在是時參與其中。署名詩逋《城南十子歌》稱："式之南派亦清剛，春在平生賜也牆，晚晴詩選費評量。"

是年，又有詩《趙次珊尚書八秩卻壽重新史館舫齋用朱椒堂先生舫齋夜坐韻成詩三首索和》《上元劉紹雲新建宗祠落成癸亥年七十一作詩章之》。

民國十三年甲子（1924） 六十歲

正月初一日，手錄《孝經》一通，傳示兒孫輩，題詞稱："私謂變故之來，其始皆由要君者無上、非君者無法、非孝者無親三者而起。撥亂反正，仍非從明人倫著手，斷無此理。至求所以明人倫之道，則《孝經》一書備矣。"

是日，羅振玉以所臨洛陽新出土東漢司空袁敞殘碑一通贈先生。

二月，返蘇祭掃。於里中得《魏法師碑并陰》拓本、《玉筍》拓本、天台國清寺舊藏唐銅鐘拓本；又乞老友高德馨（遠香）覓工拓《蘇州府學義田碑》《蘇州儒學碑》。南返時又嘗一至滬，外舅胡馥堂受業弟子管向洪邀登市樓聽評彈，并購吳下春初諸小食相款。

三月，前湖南提學使吳慶坻病卒於杭州里第，先生以道遠未克行吊，作《仁和吳子修年丈哀詞》以申哀悃。

是月，羅振玉又拓贈《正始石經》一紙。

五月二十一，六十生辰，夏孫桐以舊藏古器瓦當小品拓本一冊爲贈，并壽詩三絕；嚴修、費仲深皆有壽詩；子元善又商請北京楊梅竹街文奎齋王孝文刻印先生所纂《讀書敏求記校證》爲賀。

六月，手編《辛壬癸甲借閱詩集目》一卷，計自順康至同光共三百八十四家附明人集四家。

是月，門人李希民寄贈《元暐墓誌》拓本。

七月，羅振玉贈《善英禪師塔銘》拓本。

是月，金清菜（誦清）以重印其尊人金吉石臨晉唐小楷相告，先生爲題詞。

八月，應經濟特科同年張祖廉（彥雲）之屬，爲其曾祖張達泉《脈望館詩抄》作序。

是月，爲東方學會刊印《臣軌》署端。

十月初七日，吳昌綬卒於北京，先生自天津寄送挽聯："是文章九命定例如斯君爲天才真領受，算因果三生凡緣了矣我猶世法費悲哀。"後又代其女蕊圓手輯詩文詞遺稿，成《松鄰遺集》十卷，1929 年刊行。

十一月，爲劉承幹刊印《八瓊室金石補正》題簽。

是年，爲羅振玉著《魏書宗室傳注》署端。

民國十四年乙丑（1925） 六十一歲

三月，爲常熟張蘭思（南褧）所輯《柳如是遺集》作序，中云："常熟張君南褧，鈺四十五年前同補博士弟子員老友也，桑海以後，益以鄉邦掌故爲己任。"

是月，癸卯同年周薀良子周祖琛（伯澄）贈《元君墓誌蓋》拓本。

四月，張蘭思（南褧）跋先生藏錢良擇（木庵）《撫雲集》手稿。

閏四月，羅振玉贈《梁彥通神道碑》拓本。

是月，跋明萬曆詞壇合璧本《花間集》，中云："此爲老友吳伯宛弱冠以前閱本。至宣統季年，乃發興景刊宋元本詞，此書用明正德陸元大本。鈺曾爲之詳校，逐字逐筆，無少苟者。"

是月，陶湘重刊仿宋本《營造法式》，先生與傅增湘、羅振玉、吳昌綬等參校。

五月，爲上虞羅氏貽安堂刊行容庚《金石編》署端。

六月初一日，應劉承幹之邀，爲其所刊印太倉陸增祥《八瓊室金石萃編補正》作序，中云："翰怡（劉承幹）又以君九與鈺同僑津上，諉誰校事，首尾七年，殺青斯竟。"

七月十七日，常熟孫雄（師鄭）六十生辰，先生作《孫師鄭六十乞詩爲賦詩史閣一篇》。

九月十六日，檢讀影寫愛日精廬宋刊本《增廣箋注簡齋詩集》并題記。

十月初二日，檢讀嘉慶十一年家刊本《潛研堂集》并題記。

十二月，譚祖壬舉聊園詞社於北京，先生與時居津門者如郭則沄、楊壽枏等亦常於來京時與會。

歲暮，張蘭思（南褧）以敦煌莫高窟唐寫經殘卷請題。

是年，涉園陶湘影刊洪武本《程雪樓集》雕版畢工，先生爲覆勘一過，并跋。

是年，爲羅振玉輯印《高郵王氏遺書》署端。

本年前後，郭則沄等成立冰社於天津，以詩爲主，先生入社。冰社後改組成須社，以詞爲主。

民國十五年丙寅（1926） 六十二歲

正月二十日，避兵城南，夜訪羅振玉，獲贈《正始石經殘字》拓本。

是月下旬，點閱《魏書》訖事。

三月，爲涉園陶湘影刊洪武本《程雪樓集》署端。

四月，作《讀書敏求記校正後記》，詳述作此書始末。

五月三十日，吳縣旅津同鄉會假華商公會召開成立大會，此會由先生與汪開祉（鶴舲）等倡設。

七月，爲亡友光緒己卯鄉試同年陸廷楨（幹甫）詩文遺稿《思耆齋剩稿》作序。

八月初五日，與詩友津南秋禊，賦《齊天樂》詞紀事。

是月二十四日，跋二十二卷本《漁洋山人詩集》，以爲此乃王士禎三十二歲前作，不足以窺其至也。

十月十六日，在北京，赴傅增湘約晚餐，吳用威、冒廣生、曹秉璋、王式通、傅治薌、楊熊祥、許寶蘅同座。

十二月十八日，大寒節，爲王季烈（君九）所輯葉昌熾《奇觚廎詩集》作序，序中稱：“鈺於光緒戊子從侍講（葉昌熾）應院課，同爲貴築黃子壽師所賞拔，奉手承教，交在師友之間。”

十二月十九日，蘇軾誕辰，詩友舉壽蘇會，先生分韻賦詩得兹字。

除夕，應章同、章華昆仲之請，爲題《銅官感舊圖》。

是年，夏孫桐以《庚子辛丑間所賦詞手書長卷》索題，先生賦《水龍吟》應之。

民國十六年丁卯（1927） 六十三歲

二月二十九日，李經佘（新吾）古稀慶辰，先生撰《合肥李星吾侍講七十征壽啓》，李氏爲李瀚章子、李鴻章侄，曾任翰林院侍講。

是月，又爲東方學會刊行《懷岷精舍金石跋尾》題首。

三月十二日，跋吳大澂《皇華紀程》手稿。此稿爲王韶九（大成）得於濟南，寄津請題。

五月初三日，王國維自沉頤和園昆明湖，先生聞耗賦四律吊之。

是月，又爲東方學會排印《振綺堂書目》署端。

六月，爲亡友陸廷楨（幹甫）撰墓表，序稱：“執友幹甫陸君既卒之十年，鈺既徇介弟恂甫之請編序其遺集已，復以表墓之文爲請。鈺與君同鄉舉，君先成進士，令中州。歸田以後，鈺旅泊北中，蹤迹不相接。”

九月初九日，重陽節，陳寶琛、鄭孝胥約津南登高，即席分韻賦詩。

十月，萬繩栻（公雨）贈《元延明妃馮氏墓誌》拓本。

是月，天津士紳嚴修、華世奎、林兆翰等創設崇化學會開學，傳播國學，延先生爲主講習，先生提出以“弘毅”爲訓勉學生之辭。

十二月十七日，南潯藏書家張鈞衡（適園主人）病卒，先生致送挽詩。

是年，己丑鄉試同年吳士鑒（絅齋）六十，先生有詩壽之。

是年，武進涉園陶湘影刊宋咸淳本《百川學海》，先生代爲作序，并署端。

民國十七年戊辰（1928） 六十四歲

正月二日，冰社同人集於郭則沄寒碧簃，友朋各攜古物互賞。先生以黃忠端斷碑硯往，主人郭則沄出示綠端蟬腹硯，各有曾賓穀題刻，出於一手。郭則沄以詩章之，先生亦繼作《題襟館雙硯歌》。冰社約於 1925 年前後由郭則沄等倡立於天津，以詩爲主，後改組成須社，以詞爲主。

三月二十日，女元淑受石門錢氏聘。

三月二十九日，次子元美舉長女。

四月十八日，避兵暫寄寓英租界三德里汪鶴齡（開祉）處，就近日到張文孚家坐館。

五月初二日，還求是里寓所。

五月十四日，津上相識以亂後過先生求是里寓所，各談經過，同付一嘆，而以癸卯同年周蘊良子周祖琛（伯澄）所談爲最深遠。

是月，詞社須社成立，成員有先生及郭則沄、楊壽枏、陳恩澍、林葆恒、胡嗣瑗、陳曾壽、唐蘭等二十人，另有陳寶琛、樊增祥、夏孫桐、高德馨、邵章、夏敬觀等社外詞侶十三人，以郭則沄爲社長。月三集，限調限題，首集舉於郭則沄栩樓，先生賦《蘇幕遮》紀之。

六月下旬，羅振常（子經）自上海來津，云藏有孔天胤刻《資治通鑑》全帙，允設法寄津。

七月初六日，赴北京，晤傅增湘，傅適得明孔天胤本《資治通鑑》全帙而中配元刻胡注一殘本十冊，乃先借十冊歸津。

是月，須社第五集，賦《摸魚兒》咏七夕；第六集，賦《齊天樂》咏秋鐙；第七集，賦《玉京秋》咏殘荷。

八月初九日，鄭孝胥攜長子東渡日本，爲溥儀復辟謀求日人支持，先生有詩送之。

是月，須社第八集，賦《南樓令》（待月）。

九月初九日，瑩園登高，分韻賦詩得同字。

是月，須社第十二集，賦《百字令》（柳墅感舊）；第十三集，賦《慶春澤慢》咏初雪。

秋，羅振玉移居旅順，先生撰二聯爲別："差擬表聖王官名，合署遺山野史亭。""所南畫里蘭無土，雲美寢中有松風。"皆舉遺民故實相況。

十月，須社第十四集，賦《定風波》咏夕陽。第十五集，賦《更漏子》咏寒夜；第十六集，賦《金縷曲》咏寒鴉。

十一月，須社第十七集，賦《錦纏道》咏長至；第十八集，賦《江城子》（憶梅）；第十九集，賦《東風第一枝》咏唐花。

十二月，須社第二十集，賦《法曲獻仙音》咏臣廠家藏陸象山先生珊然琴；

第二十一集，賦《瑞鶴仙》咏東坡生日；第二十二集，賦《菩薩蠻》拈坡公歲暮三咏爲題。

是年始全力校勘《資治通鑑》，自閏二月至九月，以胡克家刻本爲底本，校以宋百衲本、涵芬樓四部叢刊影宋本、京師圖書館藏北宋殘本、明孔天胤本逐字比勘。在《資治通鑑》二百九十四卷中，校出脱、誤、衍、倒四者，蓋在萬字以上。内脱文五千二百餘字，關係史事爲尤大。後手寫校記七千餘條，編成《胡刻通鑑正文校宋記》三十卷《附録》三卷。

民國十八年己巳（1929） 六十五歲

正月初七日，須社第二十三集舉於郭宗熙棲白廎，賦《玉燭新》咏人日。

正月二十二日，有詩四首和嚴修病中預挽。

是月，須社第二十四集，賦《金縷曲》題萬樹舊藏鳳硯；第二十五集，賦《漢宮春》咏新燕。

二月初四日，嚴修病卒，崇化學會同人舉行公祭，祭文爲先生所撰，先生又哭以四律。

二月十二日，須社第二十六集舉於白廷夔栗齋，賦《淡黃柳》咏花朝。

二月二十五日，須社第二十七集，賦《驀山溪》咏寒食。

三月，須社第二十八集，賦《一叢花》咏木筆；第二十九集，賦《春草碧》咏本意；第三十集，賦《買陂塘》題漁洋山人戴笠圖。

四月，須社第三十一集，賦《探春令》咏絮影；第三十二集，賦《憶舊游》咏豐臺芍藥。

五月，須社第三十五集，賦《減字木蘭花》咏薛濤箋；

六月，須社第三十八集，賦《夢芙蓉》咏荷花生日。

是月，八里臺觀荷，有《點絳唇》詞和林葆恒。

夏，署名吳門雙修主人編述之《春波影》小説由國光印書局出版，前有章鈺集龔自珍詩句題詩一首。吳門雙修主人名趙廷玉，爲章鈺昔日長元吳公立師範傳習所弟子。

七月十七日，陶湘（蘭泉）六十壽辰，先生有古風長歌爲賀。

是月，須社第四十集，賦《買陂塘》咏秋水；第四十一集，賦《洞仙歌》咏蟹。

八月十四日，須社第四十三集舉於白廷夔冰絲庵，賦《湘月》。

是月，又參加須社第四十二集，賦《桂枝香》咏月餅；第四十四集，賦《聲聲慢》咏秋聲。

九月九日，須社第四十六集舉於楊壽枬雲在山房，賦《龍山會》。

是月，又參加須社第四十五集，賦《攤破浣溪沙》咏早菊；須社第四十七集，賦《南鄉子》咏寒衣。

秋，爲趙寬（君閬）祖母方蔭華《雙清閣詩》作序。先生與趙寬有兄弟之盟，曩年曾同入端方幕府，又同舉癸卯經濟特科。時《雙清閣詩》將收入陶湘《喜咏軒叢書》刊行。

十月十四日，羅振玉寄贈其新著《漢熹平石經殘字集録》，羅振玉時居旅順。

十月，須社第四十八集，賦《疏影》咏影；第四十九集，賦《滿江紅》咏忠樟；第五十集，賦《永遇樂》紀事。

十一月，須社第五十二集，賦《阮郎歸》擬小山韻；第五十三集，賦《瑶華》咏水仙。

十二月，須社第五十四集，賦《踏莎行》咏寒菜；第五十五集，賦《行香子》咏祀灶；第五十六集，賦《八聲甘州》咏寒雞。

是年，又與武進桂舫殷交。時同客沽上，桂舫殷管征榷，二人氣誼相親，無異昆弟。後桂氏南歸，二人仍書札往還不絕。

民國十九年庚午（1930） 六十六歲

正月，須社第五十七集，賦《慶春宮》咏豹房銅牌；第五十八集，賦《清平樂》咏上元花燈；第五十九集，賦《淡黃柳》咏新柳。

是月，僑津友人任鴻慶造訪，奉其先人狀略，請爲表墓之文（墓表完成於是年孟秋）。

二月，須社第六十集，賦《應天長》咏費宮人；第六十一集，賦《醉鄉春》咏酒痕。

是月，崇化學會創辦人之一趙聘卿與夫人五旬眉壽，眾人以祝嘏之文屬先生。

三月初七日，清明，須社第六十二集，應林葆恒之招，飛翠軒看杏花，賦《探芳信》詞紀之，時林葆恒將南行。

是月，須社第六十三集舉於郭則沄樹樓，到十二人，并攝影留念，先生賦《百字令》紀之；第六十四集，賦《惜餘春慢》餞春。

春，太倉陸長佑（孟孚）母錢太夫人九十正壽，先生受僑津鄉人之托，撰祝嘏之文。

四月，須社第六十五集，賦《綠意》咏綠陰；第六十六集，賦《臨江仙》咏新荷；第六十七集舉於郭宗熙棲白廎，賦《琵琶仙》，郭新自濱江歸。

是月，顧麟士（鶴逸）病卒於蘇州，先生聞耗草《元和顧隱君誄》哭之。

是月，前翰林院侍讀嘉興錢駿祥病卒天津，其子錦孫奉狀乞銘。先生辛亥後與錢駿祥同客津沽，多有往來。

五月，須社第六十九集，賦《石湖仙》題白石道人歌曲；第七十集，賦《玲瓏玉》咏冰。

是月，又爲陸潤庠夫人作《元和陸師母九十壽序》爲賀。

六月，須社第七十一集，賦《鼓笛令》咏蛙；第七十三集，賦《齊天樂》咏早蟬。

是月，鄧邦述、吳曾源、楊俊、潘承謀、張茂炯、蔡晉鏞、顧建勳、吳梅、王謇等九人在蘇州舉六一消夏詞社，五日一集，限調限題，閱三月，得十八題。先生亦有遥和之作《曲玉管》（蟬）、《醉蓬萊》（竹葉青）、《月華清》（團扇）、《玲瓏玉》（藕）、《四園竹》（叢竹）、《玉簟涼》（涼枕）等十一闋。

閏六月二十四日，須社第七十六集，賦《齊天樂》咏荷花生日。

是月，又參加須社第七十四集，賦《玲瓏四犯》咏雨；第七十五集，賦《木蘭花慢》題陳圓圓入道小像。

夏，亡友顧麟士（鶴逸）後人至津，奉毛扆（斧季）精抄《絶妙好詞》二册，酬謝先生撰顧鶴逸墓誌銘。

七月，須社第七十七集，賦《塞翁吟》咏殘棋；第七十八集，賦《百字謠》咏破硯；第七十九集，賦《無悶》題《五峰草堂圖卷》，圖乃陳曾壽爲詞社社友胡嗣瑗所繪。

八月，須社第八十集，賦《渡江雲》咏桂；第八十一集，賦《畫堂春》咏燭；第八十二集，賦《剔銀鐙》咏雁。

是月，及門吳兆麟（子與）函寄其友王凌霄《燕詒圖》請題。

是月，又自上海借來《成都雲南刻書目》，抄録裝訂成册。

九月十八日，立冬，須社第八十四集舉於李書勳水香簃，先生賦《山亭宴》紀事。

是月，又參加須社第八十三集，賦《雙調憶王孫》咏秋草；第八十五集，賦《蘇幕遮》咏冬柳。

十月，須社第八十六集舉於郭則澐栩樓，應郭則澐之屬，賦《一枝春》題其所藏彭剛直繪紅梅小幅；第八十八集，賦《風入松》咏寒鐘。

是月，張一麐、吳子深等在蘇州倡議成立冬季書畫濟貧會，以書畫義賣所得救濟苦寒百姓，先生列名發起人。

十一月，須社第九十集舉於白廷夔栗齋，先生賦《水龍吟》感舊。

十二月十二日，清詞人納蘭容若誕辰，須社第九十二集舉於陳曾壽蒼虬閣，先生賦《鳳凰臺上憶吹簫》頌其人。

除夕，跋《正誼紫陽書院試卷》，追憶往日讀書時事。

是月，又參加須社第九十一集，賦《金縷曲》咏吳柳堂先生罔極編墨蹟；第九十三集，賦《郭郎兒近拍》賀郭則澐得長孫。

民國二十年辛未（1931） 六十七歲

正月初七日，人日，須社第九十四集舉於郭則澐栩樓，賦《一萼紅》紀事。

是月，用世綵堂本《柳河東集》與咸同間永州楊季鸞校刊本對勘一過。

是月，爲羅振玉《遼居乙稿》《貞松堂集古遺文》署端。

是月，須社第九十五集，賦《浣溪沙》題韻香女道士仿馬湘蘭蘭花卷，是集不限調；第九十六集，過水西莊遺址，賦《憶舊游》追悼社友查爾崇（查灣），自注稱："查灣少時游吳下，每見輒談金閶舊事。"第九十六集，賦《鶯啼序》題王晉卿山水軸，圖爲先生藏，是集不限調。

是月，妻姊錢塘許節母六十壽辰，先生撰壽序以祝。

是月，又應夏孫桐之屬，賦《浣溪沙》題其所藏《韻香道女模馬湘蘭畫蘭》長卷。卷中題跋另有朱祖謀、吳昌綬、鄧邦述、閔爾昌、邵章、陳曾壽、俞陛雲、郭則沄等。

二月十九日，清明，須社第九十八集，賦《雙調望江南》紀事，是集不限調。

五月十二日，須社第一百集舉於楊壽枏雲在山房。此爲須社最後一集，先生賦《百字令》，自注稱："百集中鈺所作凡九十四。"

六月二十一日，歐陽修誕辰，焚香行禮，賦七律一首。

七月初五日，東漢大儒鄭玄誕辰，集郭則沄栩樓，賦五古長歌一首。

七、八月間，移居北京，賃居織女橋。離津時，郭則沄以詩贈別，先生和之。

八月，爲王大隆（欣夫）所輯黃丕烈《士禮居遺詩》作序。

是月，爲先師前學古堂學長汪之昌撰墓表，汪之昌卒於光緒二十一年，距今已三十餘年。

是月，又爲鄉舉同年金兆蕃（篯孫）《安樂鄉人詩集》作序，中云："鈺與秀水金君篯孫同鄉舉者四十餘年矣。君嘗服官吾吳，壬子以後又嘗同預史局，兩人靈鈍不侔，而情好如昆弟。君開朗沈毅，軼出儕輩。詩學則承其鄉撝石、谷原、柘坡諸先生之緒，致力尤深。比來手寫稿若干卷，寓書督序。"

九月初九日，重陽節，賦《驀山溪》詞，抒寫故園之思。

是月，顧廷龍始來謁，時以金石目錄之學請益。

十二月二十八日，赴傅增湘藏園祭書會，以夜寒道遠先歸。是會至者柯劭忞、夏孫桐、許寶蘅、陳任中、陳垣、徐森玉、沈兆奎、張庾樓、袁同禮、趙萬里、劉詩孫、傅岳棻，主客計十四人。

歲末，徐森玉贈《崔湛墓誌》拓本。

是年，五十年前蘇州府學同學陸長佑（孟孚）七十，先生有詩壽之；又預撰《天津林君墨青七十一歲贈言》，林墨青七十一歲生辰在來歲正月十四日。

是年，先生作著《胡刻通鑑正文校宋記》刊行。

民國二十一年壬申（1932） 六十八歲

二月，趙萬里携贈《左棻墓誌并陰》拓本。

是月，應曹纕蘅之屬，爲題《移居圖》引首，圖爲張大千作。

三月初一日，晚赴陸宗振（陸潤庠次子，字麟仲）約，座有胡玉縉（綏之）、吳燕紹（季荃）、朱修爵（莘耕）、許寶蘅（季湘）、汪榮寶（袞甫）、王懷玢（季槼）等。

三月二十六日，在京蘇人集京城蘇太義園顧亭林祠舉行春祭，先生擔任主祭，并書與祭題名卷。

是月，什刹海禊集，分韻得絲字，賦《浣溪沙》。

春，費樹蔚（仲深）來北京養痾，以贈蘇州商會會長劉正康文屬爲繕正。先生六月初一日跋稱："宣統辛亥後，鈺以故里無家，僑居天津北郊。計自壬子春正兵變，至辛未秋杪倭釁，二十年間，凡夫内戰之迭僕迭起者，以北郊密邇車站，軍隊用爲根據地，游行街市，占住民居。鈺寓五尺短牆外皆悍隊，友人至以兵爲四壁、書爲家相謔。"

四月，徐森玉贈《溫仁朗墓誌并蓋》拓本。

五月二十八日，顧炎武誕辰，復往大相國慈仁寺顧亭林專祠祭奠，并書與祭題名卷。

夏，邵章（伯絅）贈《昭光寺鐘銘》拓本。

秋，費樹蔚自北京旋蘇，因知先生愛小浮山人（潘曾沂）詩而自失潘氏《閉門》《船庵》兩集，遂爲物色，得之寄贈。

十二月初一，顧廷龍父顧元昌寄示蘇城宋紹定井欄全拓，先生爲之題記。

十二月十九日，東坡誕辰，顧廷龍來謁。先生詢其外叔祖王同愈境况，并以《宋槧蘇詩施顧注題跋抄》手寫本一册見示。

除夕，徐森玉贈《成晃墓誌》拓本。

是月，曾因事至天津，與郭則沄有詩唱和。

冬，邵章（伯絅）又贈《趙希墍等題名》《達公塔銘》拓本。

歲末（1933 年 1 月），北平圖書館委員會聘先生與傅增湘、陳垣、余季豫、徐森玉、趙斐雲、葉左文諸先生組成"宋會要輯稿編印委員會"，推陳垣爲委員長，開始《宋會要輯稿》的影印籌備。

民國二十二年癸酉（1933） 六十九歲

四月初八日，爲王慈凝題徐幼文山水軸。

是月十六日，跋《鞠遵及妻董氏合葬墓誌》拓本。原石歸吳大澂，顧廷龍輾轉乞贈。

是月，妹章鑫六十壽辰，先生撰文表彰其義行。先生妹字鹽山孫壽芝，未婚而夫卒，過門守貞。

五月，華壁臣七旬眉慶，先生撰《贈言》爲賀。華氏爲天津崇化學會創始人之一。

閏五月十八日，汪榮寶病逝於北京協和醫院，先生撰七律一首挽之。

是月，夏孫桐贈《雲堂洞題名》拓本。

八月十八日，顧廷龍父顧元昌卒，馳書唁之，并爲撰墓誌。

九月二十六日，跋日本金石拓本卷，時已臥疾四月．.

是月，宗老章星五自晉攜贈《裴光庭墓碑》《硤石寺上方閣記》拓本。

秋，潘承弼（景鄭）贈《玄宗像贊》拓本。

十一月初六日，冬至，應宗人之請，序《鳳山章氏癸酉宗譜》。

是月，潘承弼（景鄭）贈蘇城石刻《徐大師銘》《三清殿石柱》拓本。

又爲胡玉縉題《雪夜校書圖》；題齋藏宋駙馬都尉王晉卿山水軸。

民國二十三年甲戌（1934） 七十歲

五月二十一日，先生古稀誕辰，海鹽朱彭壽（小汀）舉所藏有與先生同姓名者所刻書（《楊忠湣公全集》四卷，明容城楊繼盛撰，清蕭山先生重訂，康熙四十九年敬一齋重刊本）爲贈。先生嘗爲朱彭壽手定《壽鑫齋雜記》二十四卷作序。

六月二十八日，立秋，以歐陽修全集本校勘光緒十三年槐廬本《集古録跋尾》，校出誤字若干。

夏，潘承弼（景鄭）寄贈《歸去來辭》拓本。

七月，龐元濟（萊臣）來游故都，就織女橋寓齋乞題惲南田《載鶴圖》。

是月，法學家周祖琛請爲其父周藴良撰墓表，又爲周祖琛所編其父《惕齋續集》作序。周藴良與先生癸卯同歲通籍。

是月，潘承弼（景鄭）乞姊丈顧廷龍假先生所藏抄本《江左石刻文編》録副。

是月，葉景葵據寫本影印清張惠言《説文諧聲譜》，先生爲序，并署端。此書由先生老友戴姜福寫定。

八月初一日，與傅增湘、胡適等宴聚。是日胡適日記云："晚飯席上與董康、傅增湘、先生、孟森諸老輩談，甚感覺此輩人都是在過去世界里生活。章式之（鈺）已七十歲，精神極好。"

九月二十九日，應友人陳漢第（叔通）之屬，跋明馬湘蘭蘭卷。

秋，蘇州正社書畫社來京在中山公園展覽作品，先生與溥心畬等連袂加入，并爲會員。

秋，子元善又自西安攜呈《雁塔題名》拓本。

十一月，約在是時，自織女橋移居北池。

十二月，爲俞陛雲（階青）所撰詩話《錦囊餘馥》作序。

是月，爲新河張樾臣（蔭）《士一居印存》題詞。

冬，據康熙壬辰朱岳壽刊本《樂圃餘稿》校抄本一過，脱文全補，誤字改正不少，一日畢事。

是年，邵章贈其家祠刊本邵懿辰《半岩廬所著書》一帙十種。

民國二十四年乙亥（1935） 七十一歲

三月初六日，費樹蔚（仲深）病卒，先生致送挽詩。

春，爲邵章詞集《雲淙琴趣》署端。

春，子元善自西安得《趙國燕太妃墓碑》拓本以奉。

春，舊交沈修遺稿《未園集略》八卷由沈宗弼吳梅編成，釀金印行，章鈺亦與捐資。

四月二十二日，夏孫桐七十九初度，先生賦《沁園春》詞爲壽。

五月初九日，赴京城伯夷祠致祭，奉《伯夷頌帖》於神位前，并充讀祝生。

是月二十八日，跋《大中五年銅磬》拓本，此銅磬容庚曾拓贈先生一分。

是月，爲顧廷龍藏原刑部尚書薛允升（雲階）《服制備考》題識。

六月廿三日，跋傅增湘新得曹元忠《新輯丹邱集》手稿。

七月，有詩題夏孫桐藏埃及女王造像。

八月，譚祖壬與關穎人合觴陳三立，先生與朱益藩、江瀚、吳子和、夏孫桐、吳向之、傅增湘、趙劍秋、郭則沄諸人同至，并於譚氏聊園留照紀念。

九月二十一日，顧頡剛宴客，到先生與胡玉縉、葉景葵、潘承厚、容庚、洪業、田洪都、錢穆、顧廷龍、章元義。

九月二十三日，秋祭顧炎武，先生携子元善（孫鼎代）、元美、元群、元義與祭。到者另有胡玉縉、胡文森、陸增煒、陸繼舒、王福昶、戴姜福、汪惟韶、王慎賢、朱修爵、陸輔賢、王世征、曹壽丞、顧廷龍。

九月，爲王大隆（欣夫）所輯顧千里《思適齋題跋》作序。輯錄思適齋題跋之議，乃先生首發。

是月，又跋元槧《茅山志》。是書爲吳兔床舊藏，後歸吳重熹，所缺五卷爲江山劉履芬（泖生）補寫。先生跋稱：“泖生先生以部曹改外，著有《古紅梅閣集》，駢體詩詞，沈雅高雋。鈺冠年得之，幾能背誦。”

是月，葉景葵由上海携珍藏嚴可均《全上古三代秦漢三國晉南北朝文》稿本首二冊十六捲入京，先生借校粵刻本，并爲題跋。

十一月，以韓景雲《韓集點勘》與聊城楊氏所藏世綵堂本《昌黎先生集》對勘一過。

十二月十九日，壽蘇會分韻賦詩得江字。

是月，手定詩文集《四當齋集》畢，自記謂：“鈺之差堪自信者，文無家法，但不敢悖先正所論文法而已；學無宗旨，但不敢忘先聖賢所垂訓與示戒而已。寧違一時之趨尚，不受良心之責備，極自憐、極自幸也。”

冬，跋毛斧季精抄《絕妙好詞》。此書爲亡友顧鶴逸舊藏，鶴逸作古，遺孤乞爲志墓之文，庚午夏到津步申謝，奉此爲酬。

是年，郭則沄輯錄其父郭曾炘平生行迹之應紀者，成十二事，屬人圖成一冊，曰“幾杖引年圖”，先生爲疏大略於後。

是年，嚴修次子嚴持約逝世，章鈺爲撰《天津嚴持約哀詞》。

是年，上海開明書店將輯印《二十五史補編》，寄示擬用書目，請先生斟酌，先生爲作題詞，并署端。

民國二十五年丙子（1936） 七十二歲

三月十七日，跋齋藏陳如升抄本《國難睹記》《小松園閣雜著》，皆陳氏所贈。

是月二十八日，跋齋藏《埕室録感》。

是月，屬同學戴姜福（綏之）繕寫手定詩文集《四當齋集》。

四月初九日，夫人王丹芬六十壽辰，在家宴客，到徐森玉、胡適、顧廷龍等人。

是月，爲燕京大學圖書館刊行《三山老人不是集》題記。

五月初五日，檢讀齋藏《六研齋二筆》并題識。

是月二十六日，檢讀齋藏《嶺雪軒瑣記》并題識，云"作者七十後自道身心所得，予年與之同，故多所領會，去心病不少。"

六月，弟子顧廷龍於燕京大學圖書館見高尚同（世異）手録各家批校本《讀書敏求記》，以先生《讀書敏求記校證》所未見之陳其榮（荄庵）校本及袁克文（寒雲）、高世異題記録呈，以備補遺。

夏，俞陛雲取《唐詩三百首》中五言律詩課孫，日講一首，經月積成一卷。先生見之，喜其便於初學，爲署端曰"詩境淺説"。

七月十三日，跋《戲鷗居詞話》，此詞話爲陳如升手抄贈章鈺者，先生後屬王欣夫刊入其所編《叢編》中。

九月朔日，戴姜福繕寫《四當齋集》十四卷清本告成，先生附以小像裝治成帙，并自題數語。

秋，出章太炎所撰《春秋左氏讀》示顧廷龍。光緒中章太炎受業於俞樾，先生時亦從游，因相熟識，既而各走四方，遂不復通音問。此書爲章氏早年所著，同門時手贈者。章太炎本年四月二十五日病殁。

十月，葉景葵入北京，訪先生於病榻中，先生出示手定文集，係倩戴姜福繕正者。葉景葵謂可照原稿附之影印，并表示願出資協助之意。

民國二十六年丁丑（1937） 七十三歲

正月，啓功嘗來謁，借先生朱墨批注本《書畫總考》。啓功時從先生長洲縣學同學戴姜福（綏之）習文史詞章。

三月二十五日（5月5日），口授遺囑，對家祀、家事、詩文集刊行、藏書、喪葬示範、紀念物贈賜等一一安排。

是時，葉景葵再入北平，曾到門問疾不下七八次，時先生已病在床褥，言語模糊。

三月二十六日（5月6日），子元善自南京來侍疾。

三月二十九日（5月9日），以皮癌久治不愈，病逝於北京。

四月二十日（5月29日），出殯，停柩法源寺。後歸葬蘇州福壽山梅灣。

秋，俞陛雲（階青）爲先生遺集《四當齋集》作序，中云："余與之締交五十載，相知最深。"

九月二十日（10月23日），藏書分三類由遺孀王丹芬或贈與、或寄存燕京大學，雙方簽訂協定，燕京大學代表洪業、司徒雷登、田洪都簽字并章，見證人爲俞陛雲、陳漢第及張克均。受業弟子顧廷龍爲編《章氏四當齋藏書目》，於民國二十七年（1938）夏由燕京大學圖書館刊行。

薛玉坤：蘇州大學教授

《皇朝新刊寶賓録》辨僞

陳鴻圖

　　宋代倡導文治，文人之間喜號成風，明代楊慎《升庵集》即指出："別號之稱，唐人猶未數數然，至宋則人人有之，或人兼數號"。[①] 起號不但成爲當時社會的風尚，更是文人雅士之間爭奇炫博的手段，如宋人譚友聞《自號録·序》所云："近代騷人墨客，摘號取奇，行輩相望，非曳仕塗之裾，駕學海之航者，誰得而知之。"[②] 宋代類書中葉廷珪《海録碎事》、祝穆《事文類聚》、王應麟《小學紺珠》等已注意搜集一些歷代名號，供時人查檢之用，後來更出現如宋代徐光溥《自號録》專門收集當代公卿騷人之號，編成專書。而《寶賓録》一書較諸前作，不僅取録名號範圍廣泛，而且涵蓋内容更豐富，堪稱宋代名號集大成之作。是書由宋馬永易撰，文彪續補，舉凡古今殊異名號，都一一收集。《寶賓録》自入清以來已佚亡，清代開四庫館時從《永樂大典》中輯録，是爲現存最完備之輯本。近年來有學者指出上海辭書出版社圖書館藏有一部清抄二十卷本《皇朝新刊寶賓録》，爲《寶賓録》之全本。[③] 此書曾爲浙江南潯藏書大家蔣汝藻密韻樓收藏，又經近代藏書家羅振常鑒定過，不少現代古籍和版刻書目著録時多斷定爲據宋本抄録。惟筆者經目驗原書，并比對現存《寶賓録》佚文，發現其内容與今存輯本大有不同，應是後人僞冒宋本之作。本文首先考察《寶賓

---

① （明）楊慎：《升庵集》，《文淵閣四庫全書》，臺灣商務印書館，1986年，卷二，第1270頁。

② （宋）譚友聞：《自號録·序》，《叢書集成初編》，商務印書館，1937年，第1頁。

③　方健：《久佚海外永樂大典中的宋代文獻考釋》，載《暨南史學》2005年第3輯，第182頁。

録》的成書及流傳狀況，再而全面考證其僞作之處，冀望透過兹編之撰能有助吾人進一步把握此書之價值，繼而能爲古籍真僞鑒定提供實例。

一、

《實賓錄》，亦稱《異號錄》，其最初的作者爲宋代馬永易。馬永易，[①] 字明叟，約宋徽宗（1082-1135）時維揚高郵人。[②] 其人生平事迹無多，僅知曾官池州石埭縣尉，著有《唐職林》《元和朋黨錄》《壽春雜誌》等書。《實賓錄》之流傳，晁公武《郡齋讀書志》稱《異號錄》二十卷，云："右皇朝馬永易明叟編。古今殊異名號，如銅馬帝，無愁天子之類。頃嘗見近世人增廣其書，名曰《賓實錄》，亦殊該博。"[③] 陳振孫《直齋書錄解題》作《實賓錄》三十卷，後集三十卷，謂："高郵馬永易明叟撰，蜀人句龍材校正，文彪增廣。其三十卷者，本書也。義取'名者實之賓'爲名。"[④]《宋史·藝文志》又分《異號錄》《實賓錄》各三十卷。[⑤]《四庫全書總目》云："是書見於晁公武《讀書志》者稱《異號錄》二十卷，而陳振孫《書錄解題》作《實賓錄》，謂永易所撰，蜀人句龍材校正，文彪增廣，凡本書三十卷，後集三十卷。《宋史·藝文志》又分《實賓錄》《異號錄》各三十卷，皆題永易所撰。諸家紀載，頗舛錯不合。今以其説互相參證，疑陳氏所稱本書，乃永易原撰，本名《異號錄》，陳氏所稱後集，即文彪所續，始取名爲實賓之義，併本書亦改題今名。《宋志》蓋誤分爲兩書，而晁公武所見，則爲未經增廣之本，故尚題爲《異號錄》也。"[⑥] 由此來看，馬永易初成是書原題作《異號錄》，經蜀人句龍材校正，文彪增廣之後，乃以《實賓錄》一名統之。

至於本書的分合，陳振孫《直齋書錄解題》稱《實賓錄》由"本書三十卷，

---

① 馬永易，晁公武《郡齋讀書志》卷一四引同，陳振孫《直齋書錄解題》卷五作"馬永錫"、卷一四作"馬永易"。《文獻通考》卷一九六引陳錄作"永易"，阮廷焯《馬永易元和錄輯》一文據此以"永易"爲正，惟《文獻通考》卷二〇二引陳錄亦作"永錫"，則宋時已二名兼用，今亦姑從諸書作"馬永易"。阮文見《馬永易元和錄輯》，《大陸雜誌》第六十五卷（1982 年）第五期，第38-44 頁。

② （宋）晁公武撰，孫猛校證:《郡齋讀書志校證》，上海古籍出版社，1990 年，卷一四，第664 頁。

③ 同上。

④ （宋）陳振孫撰，徐小蠻、顧美華點校:《直齋書錄解題》上海古籍出版社，1987 年，卷一四，第 427 頁。

⑤ （元）脱脱等撰:《宋史·藝文志》，中華書局，1977 年，卷二〇七，第 5300 頁。

⑥ （清）永瑢等總裁，紀昀等總纂:《四庫全書總目》中華書局，1981 年，卷一三五，第1146 頁。

後集三十卷"合組而成，四庫館臣更明確指出"本書三十卷"乃馬永易《異號錄》原書，"後集"部分則屬於文彪新續。然晁公武《郡齋讀書志》所錄《異號錄》初編僅得二十卷，明人所寓目《異號錄》亦無三十卷本，令人懷疑"本書"是否仍保留馬永易初編之舊。《異號錄》一書在成書後已有人校正和增廣其書，增廣者既然補充了大量內容，在卷帙上似乎也有重新調整篇卷的需要，惟原書今已不存，其"本書三十卷"是否同樣經後人編改而成，仍有待進一步考究。

《異號錄》和《實賓錄》兩書作於何時，今已無法確考，祇能從諸書簿錄中推斷。最早著錄兩書的是晁公武《郡齋讀書志》，據學者考證，晁書初成於南宋高宗紹興二十一年（1151），終成於南宋孝宗淳熙七年至十四年（1180-1187），[①]從引用《實賓錄》時代較早的文獻來看，成書於南宋高宗紹興二十四年（1154）陳葆光的《三洞群仙錄》已見稱引，或可以確定兩書之成書年代下限當不晚南宋高宗時期。現存舊本佚文尚有一些避諱字，全都避北宋諱，而不及於南宋，馬永易本爲北宋徽宗時人，如果這些諱字都屬於原書之孑遺，則《異號錄》成書時代或不晚於北宋。

《異號錄》和《實賓錄》兩書均收錄於宋代《郡齋讀書志》和《直齋書錄解題》中，說明兩書在宋代流傳甚廣。至明代仍可見《異號錄》與《實賓錄》之踪跡，明人陳士元《名疑》考證歷代人名時檢索過二書，《永樂大典》《說郛》等書亦據之抄錄。大抵明代書錄中凡稱引《異號錄》者，如《國史經籍志》名號類《異號錄》二十卷、陳第《世善堂藏書》目錄史類類編《異號錄》二十卷等，其合於《郡齋讀書志》卷數者，當屬於馬永易之初編本。至於稱作《實賓錄》者，如《文淵閣書目》卷二《實賓錄》一部十冊，《實賓錄》一部一冊；晁氏《寶文堂書目》類書《實賓錄》等，大多不標出卷數，疑即增廣之本。

《異號錄》和《實賓錄》入清後已罕見諸書載錄，蓋其時兩書已佚，現存之輯本乃清代開四庫館時從《永樂大典》中輯出。《四庫》本原分十四卷，主要依據《永樂大典》輯錄，據筆者目見所及，有文淵閣和文津閣兩個全本。張金吾《愛日精廬藏書志》一書載有"《實賓錄》十四卷，文瀾閣抄本"，[②]《中國古籍善本書目》著錄南京圖書館藏愛日精廬抄本，現殘存卷十一至十四。[③]《四庫》本雖祇從《大典》輯出，但編纂時曾比對過浙江范氏天一閣藏本以及陶宗儀《說郛》本，天一閣藏本疑即明正德（1506-1521）年間蘇臺雲翁抄錄之別本《實賓錄》，原書題稱"別本"，實際上全書"從《說郛》抄出，一字不殊"，[④] 不具備輯錄之

① 《郡齋讀書志校證》，前言，第 1 頁。
② （清）張金吾：《愛日精廬藏書志》，中華書局，1990 年，卷二六，第 493 頁。
③ 中國古籍善本書目編輯委員會編：《中國古籍善本書目·子部》，第 798 頁。
④ （清）永瑢等總裁，紀昀等總纂：《四庫全書總目》，卷一三五，第 1146 頁。

價值，故館臣并未有採用。至於館臣採用陶珽重編一百二十卷本《説郛》，因非陶宗儀原本之舊，衹得寥寥數條，以致漏輯大量佚文。筆者過去曾據張宗祥涵芬樓一百卷本，以及香港大學馮平山圖書館所藏沈瀚《説郛》抄本等文獻輯録，所得佚文較之陶本多出二百多條，可補舊輯本闕漏。①

二、

《實賓録》自入清以來已佚亡，未聞有全本。上海辭書出版社圖書館藏有一部《皇朝新刊實賓録》，《中國古籍善本書目》著録作"清抄本"，筆者曾親檢原書。此書原題"馬永易撰，文彪續補集"，凡二十卷，半頁十行，行二十字，小字雙行，無行格。各卷按類分列，卷一《易》、卷二《書》、卷三《詩》、卷四《周禮》、卷五《儀禮》、卷六《春秋》、卷七《公羊》、卷八《孟子》、卷九天道、卷十地理、卷十一至十六考史、卷十七評文、卷十八評詩、卷十九評文和卷二十雜識。書前附頁用朱筆抄録孫淵如《藏書記》及張金吾《愛日精盧藏書志》識語，後附墨筆抄寫之《欽定四庫全書》提要。卷首有馬永易和文彪兩人序文，序後載有"乾道壬辰九月九日，吳興施氏元之刻於三衢坐嘯齋梓"刊記，書末題署"乾隆著雍敦祥閼逢攝提格，仁和王大樓娛僛氏全男咸録於城東艸廬"。書中鈐印有"如僛""歙西長塘鮑氏知不足齋""李兆洛印""申蓍白事""抱經堂藏書印"和"中華書局圖書館珍藏"等印記。

據書中夾附簽紙中有"用吳興蔣氏藏書"和"蔣箱號49"等注記，當爲清末民初湖州四大藏書樓之一密韻樓所藏。密韻樓爲浙江南潯蔣汝藻之藏書樓，其藏書豐富，尤以宋元善本爲多，後來蔣氏因經商失敗，遂將藏書售出，部分藏品爲商務印書館、北平圖書館和中華書局等購得。今觀此書鈐有"中華書局圖書館珍藏"印鑒，審之應屬當年該局購置之蔣氏藏本。②1958年中華書局所藏典籍悉歸《辭海》編輯部，後改稱上海辭書出版社，故此書一直藏於該社。蔣汝藻的藏書後來經過王國維整理，編纂成《密韻樓藏書志》（後改稱《傳書堂藏善本書志》），1921年王國維致書蔣氏之子穀孫時曾提及此書，謂："初訝其內容不類，比細觀之，乃影抄元刊《困學紀聞》而易其首尾，誠可異也。"③此

---

① 陳鴻圖：《馬永易〈實賓録〉佚文輯考》，《雲漢學刊》第二十一期，第36-61頁。

② 王有朋介紹上海辭書出版社館藏古籍時提到："蔣氏藏書多宋元版，惜售與商務後，毀於日寇轟炸。其所遺未售的有明刊清刻及地方志，間也有稿本、精抄本。1941經人介紹後，中華書局以十五萬元僞法幣全數收購，共得古籍4194部、54366册。其中地方志有千種左右，間有罕見之本"。見潘美月、沈津編著：《中國大陸存藏古籍概況》，編譯館，2002年，第338頁。

③ 房鑫亮編：《王國維書信日記》，浙江教育出版社，2015年，第623頁。

書籤紙亦謂以《困學紀聞》僞之，未審是否出自王氏之手，然此書既經王國維披覽，則爲蔣氏舊藏無疑。

本書除經王國維鑒定外，又曾爲近代藏書家羅振常所目驗，羅氏《善本書所見録》卷三著録"《皇朝新刊實賓録》二十卷"即此本。據《善本書所見録》所記該本前有馬永易、文彪序，序有題識二行曰："乾道壬辰九月九日，吳興施氏元之刻於三衢坐嘯齋梓"，行款"十行，二十字"，[①] 比照觀之，不論刊記和行款皆同於上海辭書出版社藏本。羅氏又謂此本經清代李申耆所藏，[②] 按李申耆名兆洛，晚號養一老人，家富於藏書，乃清代著名學者，本書卷一鈐有"李兆洛印"和"申耆白事"二枚白文印記，蓋即羅氏判定依據之來源。《善本書所見録》誤將此書定爲"影宋抄本"，今人著録時亦多未能辨明真僞，如《中國古籍善本書目》稱"《皇朝新刊實賓録》二十卷，宋馬永易撰，宋文彪補，清抄本"，[③] 未辨其僞。《中國古籍版刻辭典》據書中刊記以爲南宋紹興間吳興人施元之刊刻，[④]《浙江歷代版刻書目》亦從此書逕稱作"乾道八年衢州府刊本"。[⑤] 王國維早年爲蔣氏整理藏書時，雖曾懷疑本書爲僞作，惜未加以詳考，後人未能留意。有見及此，下文將舉證説明本書僞作之處，以助吾人進一步對此書真僞之把握。

首先，查核卷前馬永易和文彪兩序，可以發現兩序實際雜抄自他書而成，并非原本之序文。就馬序而言，其文云：

> 儒家者流，誠資博洽；天下之事，故有本原。苟道聽之未詳，則賓圍而奚解？實繁廣記，以避無稽。嘗謂經籍之典，頗易探討；耳目之接，或難周知。上交以退寓鐘陵，靜尋近史，及諸小説雜記之類，引起經、史、子、文評，而下盡唐人之前。攟細務之所因，庶閑談之引據，如曰小不足講，惜則包羞，聊此篇聯，無誚叢脞。尺數百事，採撠事實，編纂成書，分二十卷，名曰《實賓録》，可以資治體，助名教，供談[笑]，廣見聞，如嗜常珍，不廢異饌，下筯之處，水陸具陳矣。覽者其詳擇焉，時嘉泰丙申七月庚戌馬永易書。

開首"儒家者流，誠資博洽；天下之事，故有本原"至"聊此篇聯，無誚

---

① 羅振常撰，汪柏江、方俞明整理：《善本書所見録》，上海古籍出版社，2014年，卷三，第115頁。

② 同上。

③ 中國古籍善本書目編輯委員會編：《中國古籍善本書目·子部》，上海古籍出版社，1994年，第799頁。

④ 瞿冕良：《中國古籍版刻辭典》（增訂版），齊魯書社，2009年，第392頁。

⑤ 《浙江省出版志》編纂委員會辦公室編，胡學彥編次，沈榮枚校訂：《浙江歷代版刻書目》浙江人民出版社，2008年，第15頁。

叢脞。尺數百事，採摭事實”一段，乃抄自宋人李上交《近事會元序》，緊接“可以資治體”至“覽者其詳擇焉”一段則掇拾曾慥《類説序》而成。檢《實賓錄》輯本收錄名號之年代上起於先秦，下至唐五代，作僞者大抵爲免露出破綻，乃將《近事會元序》“上起唐武德而下，盡周顯德之前”，改竄作“引起經、史、子、文評，而下盡唐人之前”。而馬序題署作於“嘉泰丙申七月庚戌”，惟查南宋寧宗“嘉泰”年號未有“丙申”年，持之比對《近事會元序》始知原序本作“丙申嘉祐”，作僞者僅更改“嘉祐”年號，卻未有措意“丙申”年不能與“嘉泰”年號對應，以致前後不一，留下僞作漏洞。

其次，題稱文彪撰作之序文，乃抄襲自宋末元初牟應龍爲王應麟《困學紀聞》所作的序文，其文謂：

> 宋咸淳間，永易先生尚書馬公以博學雄文聞於時。兩制訓辭，爾雅深厚，嘆而服者，皆曰非先生不能作；奇傳異書，賾微隱奧，疑而問者，皆曰非先生不能知。晚歲飛遯，未嘗一日去書不觀。頗聞著述甚富，恨未之見也。忽其子昌世書來曰：“吾父平生書最多，惟《實賓錄》尤切於爲學者。今以其書視子，幸爲序所以作之之意，寘諸篇端。”蓋九經諸子之旨趣，歷代史傳之事要，制度名物之源委，以至宗工鉅儒之詩文議論，皆後學所當知者。公作爲是書，各以類聚，考訂評論，皆出己意，發前人之所未發。辭約而明，理融而達，該邃淵綜，非讀書萬卷，何以能之？連日夜披閱，目力爲廢，不意垂盡之年，獲睹希世之珍。序引固非晚陋所敢當，然先祖光祿與公之父吏部同年進士，先父大理與公同朝者三，相得益歡，事分之厚，不并它人。況昭父閉門讀父書，求己志，又予所深敬者。是用承命而不辭，托名於不朽焉，觀者毋以爲僭。政和二年秋八月壬辰隆山文彪謹識。

牟序原文稱“厚齋先生尚書王公以博學雄文聞於時”，至僞文彪序已更易作“永易先生尚書馬公以博學雄文聞於時”。王應麟南宋時官至禮部尚書兼給事中，原序文稱作“尚書王公”，僞作者竟枉顧史實，訛稱馬永易同樣官至“尚書”。文彪序言及“忽其子昌世書來曰：‘吾父平生書最多，惟《實賓錄》尤切於爲學者。’”所稱引之“昌世”本爲王應麟之子“王昌世”，實非馬永易之子，凡此種種，皆能看出僞作者改竄序文的痕跡。

如前文所言，《實賓錄》初編二十卷，《皇朝新刊實賓錄》分作二十卷，當亦沿襲宋代簿錄的卷數，以求取信於人。今檢此書二十卷類目，按《易》《書》《詩》《周禮》《儀禮》《春秋》《公羊》《孟子》、天道、地理、考史、評文、評詩、評文和雜識等排列，全是剿襲自王應麟《困學紀聞》一書。就其內容而言，以現存《四庫》本、《説郛》所引《實賓錄》各條比對，皆不見任何與古人名號有關的內容，而書中各條引文和評論卻幾乎全摘自《困學紀聞》，如卷一《易》“辭非止言語，今之文，古所謂辭也。”卷十三考史：“案《馬后紀》，入太子宮在援卒之後，防未然之説，非也”等條目，都是直接依照《困學紀聞》的按語抄録而來，反映出僞作者剽竊他書時，但求全文照録以蒙騙過關而已。

此書文彪序後載有“乾道壬辰九月九日，吳興施氏元之刻於三衢坐嘯齋梓”刊記，又自言“仁和王大樓娛僾僼氏全男”録於乾隆年間。王大樓其人事迹尚待考證，然觀刊記題署之内容和年份實啓人疑竇。施元之字德初，南宋吳興人，紹興年間進士。施氏於宋代刊刻過《學易集》和《滄浪集》等多部圖書，坐嘯齋爲其室名，[①] 據錢曾《讀書敏求記》著録，施氏還刻有北宋蘇頌《新儀象法要》三卷，其卷終二題云：“乾道壬辰九月九日，吳興施氏元之刻本於三衢坐嘯齋梓”，[②] 核之本書所載刊記，竟與《新儀象法要》刊刻年月日等内容同出一轍，連繫上文所見僞作序文和内容來看，令人懷疑其刊記乃從《新儀象法要》抄録而來，并藉此假冒影寫自宋槧。不特如此，兩序前還有自稱“孫淵如《藏書記》”之題記，謂此乃“影宋抄《實賓録》二十卷”，并經“錢牧齋宗伯以宋刊影抄校”，今查孫星衍和錢謙益兩人各藏書題記，均未著録此書，復據書中内容皆無校勘之語，自可知是僞托孫星衍和錢謙益等名人作求售之用，由此而觀之，書中所鈐抱經堂、知不足齋等藏章印記當大有可能出自後人所僞蓋。

總而言之，《實賓録》原書本爲專門收集古今殊異名號之作，僞作者識見淺薄，對原書内容不甚了了，乃逕行將其改易成綜論經、史、子集之著作，無疑暴露出其魚目混珠，蒙騙讀者的意圖。《皇朝新刊實賓録》剽襲王應麟《困學紀聞》一書，并僞作馬永易和文彪序文，内容東拼西湊，顯非馬永易等人所編。殆入清後《異號録》和《實賓録》兩書皆亡，不復見宋本原來面目，書估乃從宋人目録僞作宋本之抄本，其意在哄抬書價而已。今既知《皇朝新刊實賓録》爲僞作，則利用《實賓録》時自當以輯本爲是，而不應再視其爲宋本之孑遺。

陳鴻圖：香港恒生管理學院中文系助理教授

---

① 瞿冕良：《中國古籍版刻辭典》，第 392 頁。

② 錢曾著，管廷芬、章鈺校證：《讀書敏求記校證》，上海古籍出版社，2007 年，卷三，第 292 頁。

收藏 版本目録學研究第十輯

新見"來燕榭書跋"考釋

王長民

  翻閱《河北大學圖書館館藏珍貴古籍圖録》，該館藏《采石瓜洲斃亮記 附建炎復辟記》清抄本，每半頁十一行，行二十三字，抄寫工整。内文有朱筆句讀，人名處右側皆畫有分隔號標識。册末有黄裳先生朱墨題跋四行，《來燕榭書跋》[①]《古籍稿抄本經眼録：來燕榭書跋題記》[②]失收，輯佚之文亦未收録[③]。内容爲：

  庚寅冬十二月初一日得此舊鈔本於海上。黄裳。

  辛卯春二月初八日重裝記。是日得張宗子《史闕》原稿本六帙[④]，又殘元本杜詩。快甚。

---

 ① 黄裳：《來燕榭書跋》（增訂本），中華書局 2011 年。

 ② 黄裳：《古籍稿抄本經眼録：來燕榭書跋題記》，中華書局，2013 年。

 ③ 目力所及，補輯黄裳題跋者：楊愛娟《〈來燕榭書跋〉補遺五則》（載《山東圖書館學刊》2012 年第 4 期），孟永林《黄裳著述中未收古籍題跋考釋》（載《中國典籍與文化》2013 年第 1 期），孟永林《黄裳藏天一閣藏書題跋輯釋》（載《古籍整理研究學刊》2013 年第 3 期），張若雅《蘇州大學圖書館館藏黄裳藏書題跋甄録》（載《晉圖學刊》2014 年第 1 期），韋力《黄裳跋文瑞樓抄本〈百衲居士鐵圍山叢談〉》（載《書林》2014 年第 3 期），朱永惠、李愛華《黄裳著述中未收題跋六則輯録研究》（載《圖書館學研究》2015 年第 21 期），黄偉《黄裳〈來燕榭書跋〉訂補》（載《嘉興學院學報》2016 年第 28 卷第 1 期）。按，孟永林所輯題跋，有三篇重複。

 ④ "是"下，原衍"書"字。按，"書"字右旁二短橫，係衍文符號。

辛卯春清明前六日重閱漫記。①

黃裳（1919-2012），原名容鼎昌，山東益都人，當代著名文學家、藏書家，齋名"來燕榭"，著述甚豐。②《河北大學圖書館善本書目》所載"采石瓜洲斃亮記一卷宋蹇駒撰附建炎復辟記一卷清抄本，一冊"③者，即此本也。其上藏印纍纍，黃裳印有：黃裳藏本（朱）、草草亭藏（朱）、裳讀（朱）、黃裳流覽所及（朱）、黃裳（白文連珠）。其他印有：竹垞鄉親（白）、曾爲忻虞卿所藏（朱）、嘉興忻虞卿氏三十年精力所聚（白）、天津師範大學圖書館珍藏（朱）。

"竹垞鄉親"爲馮登府之印。馮登府（1780-1840），字雲伯，號勺園、柳東，嘉興人。馮氏詩宗朱彝尊，尤愛搜集朱彝尊遺墨，故特治印"竹垞鄉親"④。"曾爲忻虞卿所藏""嘉興忻虞卿氏三十年精力所聚"爲忻寶華之印。忻寶華，生卒年不詳，字虞卿，嘉興人，諸生，致力於鄉邦文獻之輯錄，清末民初藏書家。

《采石瓜洲斃亮記》⑤，一卷，宋蹇駒撰。蹇駒（1123-？），字少劉，潼川鹽亭人，紹興十八年（1148）進士，官雅州守。《三朝北盟會編》《建炎以來繫年要錄》⑥等均引。《絳雲樓書目》《傳是樓書目》等著錄，未注其版本。《八千卷樓書目》《述古堂藏書目》《文選樓藏書記》《皕宋樓藏書志》等著錄爲抄本。此書又有刻本流傳，收入《奇晉齋叢書》《函海》等叢書。《金史紀事本末》云："《瓜洲斃亮記》所載採石之功，未免失之誇詡，皆嫉功之言，不足信。"⑦

《建炎復辟記》，一卷，不著撰人名氏。《三朝北盟會編》《建炎以來繫年要錄》《宋中興紀事本末》等均引。《直齋書錄解題》《文獻通考》《文淵閣書目》《澹生

---

① 河北大學圖書館編：《河北大學圖書館館藏珍貴古籍圖錄》，河北教育出版社，2018年，第104頁。

② 《東方早報》2012年9月6日文化版第一版，用整版篇幅刊出石劍鋒長文，較爲詳細地介紹了黃裳先生的生平事蹟。亦可參"黃裳的書香世界"，載《學人藏書聚散錄》，馬嘶著，清華大學出版社，2010年，第112-122頁。

③ 河北大學圖書館編：《河北大學圖書館善本書目》，1981年油印本，第5頁B面。北京大學圖書館索書號：Z838/6。按，《中國古籍總目》著錄"采石瓜洲斃亮記一卷"清抄本三種，著錄"建炎復辟記一卷"抄本六種，均未著錄河北大學圖書館藏此冊抄本。見《中國古籍總目·史部》，中國古籍總目編纂委員會編，上海古籍出版社，2009年，第257頁、第254頁。

④ 朱彝尊（1629-1709），嘉興人，號竹垞，清初著名學者，著有《經義考》《五代史注》《日下舊聞》等。

⑤ 或稱《瓜洲斃亮記》《采石瓜洲記》《採石斃亮記》《瓜步斃亮記》《瓜洲斃敵記》等，名稱不一。"敵"，當係清人避金主完顏亮之諱而改。

⑥ 蒙文通以爲，《建炎以來繫年要錄》所引，係李心傳將《張燾行狀》誤爲《采石瓜洲斃亮記》，詳《從〈采石瓜洲斃亮記〉認識到宋代野史中的新聞報導》，載《四川大學學報》1955年第二期，第159-165頁。

⑦ （清）李有棠撰，崔文印點校：《金史紀事本末》，中華書局，2015年，第472頁。

堂藏書目》①等著録，未注其版本。《述古堂藏書目》《鐵琴銅劍樓藏書目録》《文選樓藏書記》等著録爲抄本。此書亦有刻本流傳，收入《學津討原》《函海》《武林掌故叢編》等叢書。

張岱《史闕》手稿，六帙，竹紙黑格，半頁八行，行二十字，白口單邊。黃裳撰有長跋②，頗以爲幸："我從紹樵手中所得書不少，最值得記起的是張宗子的稿本《史闕》等三種。《史闕》被他當作'奇貨'要了高價。"③據《采石瓜洲斃亮記》題跋，黃裳得《史闕》是在二月初八日，《史闕》題跋亦言："此《史闕》六帙，余見之傳薪案頭。……辛卯春二月初八日，得書歸來，燈下漫書。黃裳。"④然黃裳《夢憶》題跋提及購入《史闕》時間與此不同："辛卯春二月十二日，獲此王見大本《夢憶》於海上。時方得宗子《史闕》手稿及《西湖夢尋》之後二日，鴛湖晤光耀之後一日也。黃裳記。"⑤據此，則得《史闕》與《西湖夢尋》在二月初十日。查黃裳《西湖夢尋》題跋，"此張宗子《西湖夢尋》，五卷二册。……辛卯春分前六日，海上書，黃裳"⑥，"辛卯春分前六日"，正是"辛卯春二月初八日"。則《夢憶》題跋所言，二月初十日得《史闕》手稿，恐誤。雖僅隔四天，仍不免記憶有差。由上引諸條題跋可知，辛卯二月初八日，黃裳得《西湖夢尋》，然未將其寫入《采石瓜洲斃亮記》題跋中。

黃裳屢言未藏元本杜詩，"工部詩異本最多，篋中無宋元刊，明以後刻都二三十本"⑦、"余喜收杜集，篋中所儲都數十種。無宋元刻。最舊者明初刻集千家注本"⑧，實則辛卯年（1951）曾購藏元殘本。誠如黃裳自言，"記憶是不可靠的，内容也記不真切了，所以這衹能是一種掛一漏萬的回憶録"⑨。至於黃裳所藏元殘本杜詩所指何書、卷帙幾何、版本特徵，《來燕榭書跋》《來燕榭讀書記》《前塵夢影新録》等均未提及。

---

① 《澹生堂藏書目》宋犖漫堂抄本（國圖藏）著録爲"一卷，一册，李忠定公綱"，清光緒十八年會稽徐氏鑄學齋刻本卷五著録爲"一卷，李綱"，不詳何據。

② 黃裳：《古籍稿抄本經眼録：來燕榭書跋題記》，第277-278頁。關於《史闕》原稿本及得書經過，參《古籍稿抄本經眼録：來燕榭書跋題記》第266-289頁、《前塵夢影新録》第39-40頁。（黃裳：《前塵夢影新録》，齊魯書社，1989年）

③ 黃裳：《古籍稿抄本經眼録：來燕榭書跋題記》，第289頁。

④ 黃裳：《古籍稿抄本經眼録：來燕榭書跋題記》，第277頁。

⑤ 黃裳：《來燕榭書跋》（增訂本），第138頁。

⑥ 黃裳：《來燕榭書跋》（增訂本），第135頁。

⑦ 《前塵夢影新録》"集千家注批點杜工部詩集二十卷"條，第67頁。

⑧ 《來燕榭書跋》（增訂本），第43頁。亦見《來燕榭讀書記》"杜工部集"條，黃裳著，遼寧教育出版社，2001年，上册，第275頁。

⑨ 《前塵夢影新録》，"前記"，第3頁。

黃裳《采石瓜洲斃亮記》題跋之"庚寅"，即 1950 年。《劫餘古豔·序》，"丁酉以還，改買書而爲賣書，其得僅免於饑寒者，以此。易歡愉而爲惆悵，情事迥異矣"①。丁酉，即 1957 年。由首頁鈐有"天津師範大學圖書館珍藏"印，可推測其流出時間。1958 年 6 月，天津師範學院改名爲天津師範大學。1960 年夏，復改爲河北大學。《采石瓜洲斃亮記》從黃裳來燕榭售出、入藏天津師範大學圖書館，當在 1958 年至 1960 年之間。黃裳持有時間，不足十年。該書經馮登府—忻寶華—黃裳—天津師範大學（今河北大學前身）遞藏。是否尚有其他藏家，因未發現有力證據，不得而知。

黃裳嘗言"舊藏零散者多矣"②。來燕榭藏書分散於衆多圖書館和私藏家，想必仍有大量書跋題記尚未爲學界周知。期冀能有更多人措意於此，補綴輯録"來燕榭書跋"，爲將來重訂《來燕榭書跋》提供便利，嘉惠學林。唯有此，纔能更加全面充分地研究黃裳及其藏書。

王長民：北京大學出版社典籍部編輯

---

① 黃裳：《劫餘古豔》，大象出版社，2008 年，第 1 頁。
② 周晶：《落葉時節憶黃裳》，載《藏書家》第 17 輯，齊魯書社，2013 年，第 144 頁。

采石瓜洲斃亮記

門八左宣教郎潼川寋駒編次

紹興辛巳逆亮渝盟先是遣使賀天中節登對出悖語要將

相大臣乞割兩淮襄漢之地朝廷駭愕上命宰相就都堂宣

虜悖語侍從臺諫備虜之策宰相又宣聖語今日更不問和

與守只問戰當如何剋已提兵駐汝州之溫湯示渡江漢侵

上流以窺吳會朝論紛紛遣成閔提禁衛五萬兵守襄漢中書

舍人虞允文言今虜原疑形之我上流不足慮盡撤禁

衛之兵萬一虜出兩淮異日何以應之不役遂徐成閔湖北

京西路制置使以行未幾亮還汴京

九月亮以重兵五萬就五十萬出淮東時劉錡為淮南浙西

《采石瓜洲斃亮記》清抄本

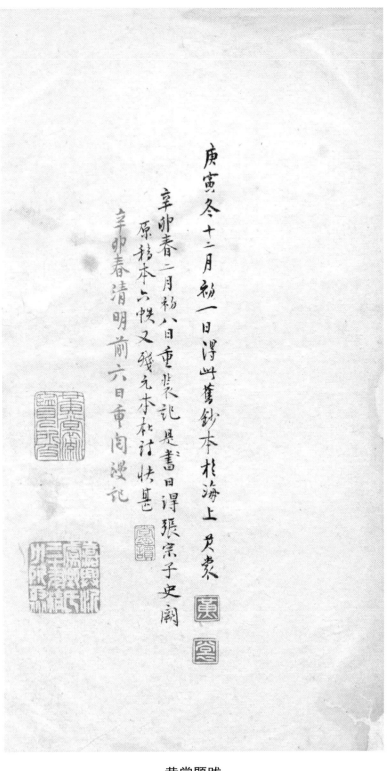

黄裳題跋

《版本目録學研究》第十一輯徵稿啓事

　　《版本目録學研究》每輯設典籍、目録、寫本、版本、校勘、活字與套印、版畫、人物、收藏、形制與裝潢、保護與修復、感言十二個長期欄目，舉凡版本目録學範疇內的考論文章，均所歡迎。

　　第十一輯計劃於 2019 年中期出版。論文要求如下：

　　1. 行文通順簡練，言之有物，論之有據，不襲舊說，不蹈空言。

　　2. 請發繁體字版（包括圖版說明），請認真核對繁簡體字。

　　3. 題目與作者姓名須附英譯，均用宋體 4 號字。

　　4. 內容提要用第三人稱寫法，用宋體 5 號字。

　　5. 正文用宋體 5 號字。

　　6. 正文層次序號爲一、（一）、1、（1），層次不宜過多。

　　7. 正文中儘量少用圖表，必須使用時，應簡潔明瞭，少占篇幅。

　　8. 正文中的夏曆、歷代紀年及月、日、古籍卷數、葉數等數字，作爲語素構成的定型詞、詞組、慣用語、縮略語、臨近兩數字并列連用的概略語等，用漢字數字。西元紀年及月、日、各種記數與計量等，用阿拉伯數字。

　　9. 引用文獻隨文注釋，用宋體小 5 號字。每頁單獨編號，編號用①②③……。請認真核對引文。

　　10. 參考文獻用宋體 5 號字。

　　11. 文末請附作者姓名、出生年月、工作單位、職務、職稱、聯繫地址、郵編、手機號碼、Email 地址。用宋體 5 號字。姓名、單位、職稱將隨文刊出。

　　12. 投稿如附圖版，请务必达到清晰度较好和幅面适当，模糊或过小者將不予刊出。

　　13. 凡已經接到編輯部收到投稿的復函，沒有接到未能通過審稿的通知函，則所投稿件正在編輯刊發之中，謹請釋念。

　　14. 論文出版後，出版社向作者支付稿酬，並寄送樣書 1 冊、抽印本 15 冊。

　　15. 投稿請勿郵寄紙本，請提供 Word 文檔，可同時提供 PDF 文檔，以 Email 發至《版本目録學研究》編輯部，具體如下：

　　　　張麗娟　zhanglijuanpku@126.com

　　　　劉薔　roselau@tsinghua.edu.cn

《版本目録學研究》編輯部聲明

1. 本出版物不以任何形式收取版面費、審稿費等任何費用。
2. 本出版物已被《中國學術期刊網路出版總庫》及 CNKI 系列資料庫收録，以數字化方式傳播。作者文章著作權使用費與出版社稿酬合計一次性給付。免費提供作者文章引用統計分析資料。作者向本出版物投稿發表，即表示已經同意上述聲明。

《版本目録學研究》編輯部地址：

北京市海淀區頤和園路 5 號　　　100871
北京大學國學研究院大雅堂（原化學南樓）一層 128 號
電話：010–62751189

Contents（英文目録）

Bibliographical Studies of Traditional Chinese Texts, No.10

Collation

People

Collection